Erfolgreiche Geldanlage für Dummies – Schummelseite

Ihre Spar- und Anlagemöglichkeiten

Wie macht man aus wenig Geld mehr? Wie macht man aus einem kleinen Vermögen ein großes? Die Antwort ist im Prinzip einfach: sparen und anlegen. Sie haben folgende Möglichkeiten:

- ✔ **Bankkonten und Sparbriefe:** Da parken Sie Ihr Geld und bekommen dafür, dass Sie es nicht ausgeben, Zinsen. Die Zinsen sind abhängig vom aktuellen Zinsniveau, aber auch von der genauen Kontenart und natürlich von dem, was die Bank Ihnen bietet.

- ✔ **Versicherungen:** Lebens- und Rentenversicherungen sind ein beliebtes Sparmodell. Am Ende der Laufzeit gibt's das angesparte Geld – entweder auf einen Schlag oder in monatlichen Raten. Allerdings stehen die Erträge aus solchen Versicherungen meist im krassen Gegensatz zu ihrer Beliebtheit. Besonders rentabel sind sie nämlich nicht.

- ✔ **Staatsanleihen:** Statt Ihr Geld zu einer Bank zu tragen, können Sie es auch einem Staat leihen. Da jedoch viele Staaten von der Pleite bedroht sind, empfiehlt sich vor allem die Bundesrepublik Deutschland als Kreditnehmer. Dazu eröffnen Sie ein Schuldbuchkonto (eine Art Depot) bei der Finanzagentur des Bundes. Sie können beispielsweise Bundesschatzbriefe kaufen oder die Tagesanleihe des Bundes. Allerdings sind die Zinsen nicht gerade üppig …

- ✔ **Unternehmensanleihen** kaufen Sie an der Börse und leihen damit Ihr Geld einem Unternehmen. Dafür brauchen Sie ein Wertpapierdepot. Aber Achtung: Prüfen Sie das Unternehmen genau, bevor Sie dessen Anleihen kaufen. Sonst ist das investierte Geld futsch!

- ✔ **Pfandbriefe** sind eine besondere Art von Anleihen, die mit echten Krediten unterlegt sind. Speziell in Deutschland ist diese Anlageklasse sehr, sehr sicher. Aber Sie ahnen es sicher schon: Dafür sind die Zinsen ziemlich mickrig.

- ✔ **Investmentfonds**, oder kurz Fonds genannt, sind für Anleger eine clevere Sache. Denn auf diese Weise lässt sich auch wenig Geld sinnvoll an der Börse anlegen. Sie kaufen die Fondsanteile und der Fondsmanager kümmert sich um den Kauf von Wertpapieren im richtigen Mix. Das ist empfehlenswert für alle, die keine große Lust haben, sich mit dem Börsengeschehen zu befassen, und die trotzdem an der Börse Geld anlegen möchten.

Erfolgreiche Geldanlage für Dummies – Schummelseite

- ✔ **Aktien** sind Unternehmensanteile, die Sie an der Börse kaufen können. Auch wenn die Aktienkurse stark schwanken, gibt es auf lange Sicht kaum eine rentablere Geldanlage. Voraussetzung ist natürlich, dass Sie solide Unternehmen auswählen und sich Zeit lassen, bis Sie wieder verkaufen
- ✔ **Immobilien:** Unterschätzen Sie den Wert eines eigenen Hauses nicht. Schon gar nicht, wenn es um die finanzielle Vorsorge geht. Was Sie an Miete sparen, summiert sich über die Jahre auf ein erkleckliches Sümmchen. Wer es sich also leisten kann, ist mit dieser Form von Altersvorsorge gut bedient.

Geld vom Staat und vom Arbeitgeber

Warum eigentlich immer nur eigenes Geld sparen? Viel schöner ist es doch, sich bezuschussen zu lassen. Und siehe da: Auch dafür gibt es eine ganze Reihe von Möglichkeiten:

- ✔ **Vermögenswirksame Leistungen:** Viele Arbeitgeber zahlen Ihnen einen Zuschuss zum Gehalt. Allerdings nur wenn Sie das Geld anlegen und zudem selbst einen Teil Ihres Gehalts einzahlen. Dann müssen Sie mindestens sieben Jahre warten. Aber es lohnt sich: Bei Fälligkeit haben Sie ein nettes Sümmchen auf die Seite gebracht. Und manchmal gibt's zusätzlich vom Staat ein Bonbon (die sogenannte Arbeitnehmersparzulage) gratis dazu.
- ✔ **Riester-Rente:** Die gesetzliche Rentenversicherung wird in Zukunft wohl nicht mehr allzu viel ausspucken. Deshalb fördert der Staat die private Vorsorge. Es gibt zig Möglichkeiten, zu riestern. Und alle belohnt der Staat mit Zuschüssen oder Steuervorteilen.
- ✔ **Rürup-Rente:** Das ist sozusagen die staatlich geförderte Altersvorsorge für Wohlhabende. Denn die Förderung besteht in einer Steuerersparnis – und Steuern sparen kann nun einmal nur, wer viele Steuern zahlen muss und folglich gut verdient. Ob sich Rürup für Sie lohnt, lassen Sie besser von einem Fachmann überprüfen.
- ✔ **Direktversicherung:** Das ist eine Versicherung, die Ihr Arbeitgeber für Sie abschließt. Ein Teil Ihres Gehaltes wird für die Prämien aufgewendet. Sie sparen damit Steuern und Sozialversicherungen. Und Sie bekommen oft auch noch vom Arbeitgeber einen Zuschlag.

Erfolgreiche Geldanlage für Dummies

Judith Engst und Janne Kipp

Erfolgreiche Geldanlage für Dummies

WILEY-VCH Verlag GmbH & Co. KGaA

Bibliografische Information der Deutschen Nationalbibliothek
Die Deutsche Nationalbibliothek verzeichnet diese Publikation
in der Deutschen Nationalbibliografie; detaillierte bibliografische
Daten sind im Internet über http://dnb.d-nb.de abrufbar.

1. Auflage 2012

© 2012 WILEY-VCH Verlag GmbH & Co. KGaA, Weinheim

Wiley, the Wiley logo, Für Dummies, the Dummies Man logo, and related trademarks and trade dress are trademarks or registered trademarks of John Wiley & Sons, Inc. and/or its affiliates, in the United States and other countries. Used by permission.

Wiley, die Bezeichnung »Für Dummies«, das Dummies-Mann-Logo und darauf bezogene Gestaltungen sind Marken oder eingetragene Marken von John Wiley & Sons, Inc., USA, Deutschland und in anderen Ländern.

Das vorliegende Werk wurde sorgfältig erarbeitet. Dennoch übernehmen Autoren und Verlag für die Richtigkeit von Angaben, Hinweisen und Ratschlägen sowie eventuelle Druckfehler keine Haftung.

Printed in Germany

Gedruckt auf säurefreiem Papier

Coverfoto: © BNY59, MBPHOTO INC., istockphoto
Projektmanagement und Lektorat: Evelyn Boos, Schondorf
Satz: Mitterweger & Partner, Plankstadt
Druck und Bindung: CPI, Ebner & Spiegel, Ulm

Print ISBN: 978-3-527-70600-6

Über die Autoren

Judith Engst, verheiratet mit Janne Jörg Kipp (siehe unten)

Judith Engst, geboren in Ehingen an der Donau, ist Diplom-Forstwirtin, verabschiedete sich aber nach Studium und Referendariat von Lodenmantel, Gewehr und Dackel. Fortan kümmerte sie sich nur um den zweiten Namensbestandteil Ihres Studiengangs (»Wirtschaft« ohne »Forst«) und wandte sich ganz dem Thema Wirtschaft und Finanzen zu. Sie absolvierte ein Volontariat an der Bonner Journalisten-Akademie. Ihr Spezialgebiet ist die publizistische Beratung in den Bereichen Börse und Geldanlage, Recht und Steuern, Unternehmensführung und Kommunikation. Ihr Ziel besteht darin, Kompliziertes einfach darzustellen und trockene, auf Fachchinesisch verfasste Materie so zu übersetzen, dass auch Nichtfachleute sie sofort verstehen. Als freie Wirtschafts- und Finanzjournalistin schrieb sie zahlreiche Bücher – so beispielsweise »Börsenstrategien für Dummies« und andere Ratgeber zu Wirtschaftsthemen (zum Beispiel Bewerben, Erben und Vererben, Abgeltungsteuer und Finanzkrise).

Janne Jörg Kipp, verheiratet mit Judith Engst (siehe oben)

»Wirtschaft und Geldanlage«: So beschrieb Janne Jörg Kipp, geboren in Hannover, von Kindesbeinen an einen großen Teil seiner Hobbys. Mit Beginn seines Studiums zum Diplom-Ökonom machte er sein Hobby zum Beruf. Das Studium finanzierte er sich mit der Beratung von Kleinunternehmern und privaten Geldanlegern (Softwareentwicklung, inhaltliche Beratung wie Seminare, Konzepte, Strategien). Dank einer mit »sehr gut« abgeschlossenen Diplomarbeit hatte er nach Beendigung seines Studiums die Wahl: Unternehmensberatung oder Geldanlageberatung. Er entschied sich zunächst für den Standardweg, die Unternehmensberatung, nahm dann aber ein Angebot des »Verlag für die Deutsche Wirtschaft«, Bonn, zur publizistischen Beratung von Selbstständigen und privaten Geldanlegern an. Unternehmensberatung, Geldanlageberatung und der Berufswunsch »Publizistik« vereinten sich endlich. Schließlich wechselte er zeitweise die Seiten und entwickelte als Manager sowie Herausgeber zahlreiche Publikationen zu Geld- und Börsenthemen. Seit Sommer 2009 führt er gemeinsam mit seiner Frau Judith Engst selbstständig die »Fachmedienagentur für Wirtschaft und Finanzen«, um wieder beratend tätig zu sein.

Cartoons im Überblick
von Rich Tennant

Seite 27

Seite 49

Seite 133

Seite 249

Seite 275

Seite 299

Fax: 001-978-546-7747
Internet: www.the5thwave.com
E-Mail: richtennant@the5thwave.com

Inhaltsverzeichnis

Über die Autoren	7
Einführung	**21**
Über dieses Buch	21
Konventionen in diesem Buch	22
Was Sie nicht lesen müssen	22
Törichte Annahmen über den Leser	23
Wie dieses Buch aufgebaut ist	23
Teil I: Erst mal die Basics: Wie viel anlegen? Was sparen? Wie vorgehen?	24
Teil II: Eine (angeblich) sichere Sache – Bankkonten, (Bau-)Sparverträge und Versicherungen	24
Teil III: Wertpapiere – Anlagemöglichkeiten beim Staat und an der Börse	24
Teil IV: Immobilien – das eigene Haus	25
Teil V: Anlagemöglichkeiten mit Förderung von Staat und Arbeitgeber	25
Teil VI: Der Top-Ten-Teil	25
Symbole, die in diesem Buch verwendet werden	26
Wie es weitergeht	26

Teil I
Erst mal die Basics: Wie viel anlegen? Was sparen? Wie vorgehen?   27

Kapitel 1
Grundsätze für Sparfüchse   29

Definieren Sie Ihre Ziele – und das möglichst konkret	29
Das Minimalziel: mehr als den Inflationsausgleich schaffen	29
Erstes Ziel: eine eiserne Reserve für Notfälle	30
Zwischenziele: neues Auto, neue Waschmaschine, schöner Urlaub	31
Ein Pflichtziel für (fast) jedermann: die eigene Altersvorsorge	32
Die Gewissensfrage: Wie viel Geld soll ich sparen oder anlegen?	32
Sparraten für alltägliche Anschaffungen errechnen	33
Wie viel brauchen Sie überhaupt? – Sparraten für die eigene Altersvorsorge errechnen	33
Nicht vergessen: Legen Sie die Rahmenbedingungen für Ihre Geldanlage fest	35
Warum Geldanlage nicht immer oberste Priorität hat	36
Wichtiger ist, existenzielle Risiken abzusichern	36
Wichtiger ist, laufende Kredite abzuzahlen	37

Kapitel 2
Die Qual der Wahl: Möglichkeiten zur Geldanlage — 39

- Wie gut ist eine Geldanlage? – fünf Kriterien zur Bewertung — 40
- Geldanlage bei Banken und Bausparkassen — 41
  - Bankkonten und Sparbriefe: Geldanlage für jedermann — 41
  - Bausparverträge: beliebt, aber nicht gerade billig — 42
  - Lebens- und Rentenversicherungen: die lahmen Enten unter den Geldanlagen — 43
- Bundesschatzbriefe & Co.: sicher, aber nicht immer rentabel — 44
- Nicht nur für Spekulanten interessant: börsengehandelte Wertpapiere — 45
- Das eigene Haus: Altersvorsorge in »Betongold« — 46
- Nicht vergessen: Manche Geldanlagen fördert der Staat oder der Arbeitgeber — 46

Teil II
Das Naheliegendste: Banken, Bausparkassen und Versicherungen — 49

Kapitel 3
Bankkonten und Sparverträge: sicher, aber wenig rentabel — 51

- Das Tagesgeldkonto: der Parkplatz fürs Geld — 51
  - So funktioniert ein Tagesgeldkonto — 52
  - Warum ein Tagesgeldkonto kein normales Girokonto ist — 52
  - Welche Zinsen bringt ein Tagesgeldkonto? — 53
  - Tagesgeldkonto: die Vor- und Nachteile im Überblick — 55
- Sparkonto: der Geldparkplatz für Dauerparker — 56
  - So funktioniert ein Sparkonto — 56
  - Wie hoch die Zinsen bei Sparkonten sind — 57
  - Sparkonten: die Vor- und Nachteile im Überblick — 57
- Festgeldkonto: »eingemauert« für eine bestimmte Frist — 58
  - So funktioniert ein Festgeldkonto — 58
  - Welche Zinsen Ihnen ein Festgeldkonto bringt — 59
  - Festgeld: die Vor- und Nachteile im Überblick — 59
- Sparbriefe (Sparverträge): das Abstellgleis fürs Geld — 60
  - So funktioniert ein Sparbrief — 60
  - Welche Zinsen Sie bei Sparbriefen erwarten können — 60
  - Namens- und Inhabersparbriefe: ein kleiner, aber wichtiger Unterschied — 61
  - Sparbriefe: die Vor- und Nachteile im Überblick — 61
- Banksparpläne: alles in allem recht uneinheitlich — 62
- Gewinnsparen: Geldanlage mit Lotterie — 63
  - So funktioniert das Gewinnsparen — 63
  - Gewinnsparen: die Vor- und Nachteile im Überblick — 64

Das Fremdwährungskonto (Währungskonto): ein Geschäft mit der Inflationsangst 65
    So funktioniert ein Fremdwährungskonto 65
    Welche Zinsen Ihnen ein Fremdwährungskonto bringt 65
    Fremdwährungskonto: die Vor- und Nachteile im Überblick 66

Kapitel 4
Unbedingt prüfen: Wie sicher ist Ihr Geld bei einer Bankenpleite? 69

Einlagensicherung: Was ist das? 69
    Was sind überhaupt geschützte »Einlagen«? 70
    Was nicht unter die Einlagensicherung fällt 70
Welche Bank Ihnen welche Einlagensicherung bietet 71
    Genossenschaftsbanken: volle Absicherung aller Einlagen 72
    Sparkassen, Landesbanken, Landesbausparkassen: Auch hier sind alle Einlagen voll geschützt 73
    Öffentliche Banken: Hier ist der Einlagenschutz auf 100 000 Euro begrenzt 74
    Private Bausparkassen in Deutschland: volle Absicherung für Bauspargutheben 74
    Private Banken in Deutschland: die Mehrzahl ist sicher 75
Bankenpleite – wie die Entschädigung abläuft 77
Sonderfall: Geldanlagen bei Versicherungen 78

Kapitel 5
Bausparverträge: Nur was für Spießer? 79

Erst sparen, dann Geld ausleihen: So funktioniert ein Bausparvertrag 79
    Vertragsabschluss: worauf es ankommt 80
    Die Ansparphase: einzahlen, bis genug Geld beisammen ist 82
    Die Zuteilung: Wann gibt's endlich Zaster? 82
    Die Tilgungsphase: Der Kredit wird abgezahlt 84
Bausparen: die Vor- und Nachteile im Überblick 89

Kapitel 6
Bankenauswahl – Meiden Sie Knauserbanken und Gebührenfresser 91

Was bringt's? Guthabenzinsen und Werbegeschenke 91
    Guthabenzinsen: je höher, desto besser 91
    Lockmittel und Werbegeschenke 92
Was kostet's? Gebühren für Konten oder Sparverträge 93
    Gebühren fürs Giro- oder Tagesgeldkonto 94
    Abschlussgebühren für Bausparverträge 94
    Gebühren für allerlei Kleinkram: Warum kostenlos nicht immer kostenlos ist 95
    Sollzinsen: weitere Kosten, falls Sie mal in die Miesen geraten 101

Kapitel 7
Lebens- und Rentenversicherungen: Sicher ist sicher ...   103

Kapitallebensversicherungen: Geld gibt's bei Tod oder Fälligkeit   103
   Risiko- oder Kapitallebensversicherung? – Eine Grundsatzfrage   104
   Ausbildungs-, Aussteuer- oder Sterbegeldversicherung: das Gleiche
   in Grün, Rosa oder Schwarz   104
   Von wegen reine Geldanlage: Wie Ihre Versicherungsbeiträge
   aufgeteilt werden   105
   So legt die Versicherung Ihr Geld an   106
   Was Sie später kriegen – die sogenannte Ablaufleistung   107
Rentenversicherungen: im Prinzip auch nicht viel anders   110
   Auch hier: »normal« oder fondsgebunden   110
   Die Sache mit der Auszahlung   111
Nicht zu vernachlässigen: die steuerliche Seite   111
   Das gilt bei Kapitallebensversicherungen, die bis einschließlich 2004
   abgeschlossen wurden   112
   Das gilt bei Kapitallebensversicherungen, die ab 2005 abgeschlossen wurden   113
   Das gilt bei Rentenversicherungen mit monatlicher Auszahlung   114
Bewertung: Wie gut sind Lebens- und Rentenversicherungen als Geldanlage?   115
Was tun mit laufenden Policen?   116

Kapitel 8
Direktversicherungen: Betriebliche Altersvorsorge für (fast) jedermann   119

Was eine Direktversicherung ist und wie sie funktioniert   120
   Häufig inklusive (aber nicht unbedingt sinnvoll): Todesfallschutz
   und Berufsunfähigkeitsversicherung   120
   Ebenfalls häufig: Direktversicherungen in Verbindung mit
   Riester-Altersvorsorge   121
Mit Direktversicherungen Steuern und Sozialabgaben sparen   121
   Alte Direktversicherungen (Abschluss vor 1. Januar 2005)   122
   Neuere Direktversicherungen (Abschluss ab 1. Januar 2005)   123
Was bei einem Arbeitgeberwechsel geschieht   124
Bewertung: Direktversicherung – ja oder nein?   125

Kapitel 9
Versicherungen auswählen: So geht's   127

Versicherungsvertreter, Versicherungsmakler und Honorarberater:
ein himmelweiter Unterschied   128
   Versicherungsvertreter: nur eine Marke im Angebot   128
   Versicherungsmakler: größere Auswahl, mehr Vergleich   129
   Versicherungsberater: objektive Beratung auf Honorarbasis   129
Verbraucherschützer und Co.: oft die günstigere Alternative   130
Vergleichsportale im Internet: meist kompliziert, oft einseitig   131

Teil III
Wertpapiere – Geld beim Staat und an der Börse anlegen   133

Kapitel 10
Ohne Depot oder Schuldbuchkonto läuft gar nichts   135

Depot: das Lager für Ihre Wertpapiere   135
   Brokerwahl leicht gemacht   136
   Depoteröffnung: So gehen Sie vor   137
Schuldbuchkonto: das Lager für Bundesschätzchen & Co.   139
Noch ein Formular – aber eines, das Geld spart: der Freistellungsauftrag   139

Kapitel 11
Staatsanleihen: Spielen Sie doch mal Kreditgeber für ein Land   141

Bundesschätzchen und Co.: Was es beim Bund so alles gibt   141
   Täglich verfügbar: die Tagesanleihe des Bundes   142
   Wie viel Zinsen die Tagesanleihe abwirft   143
   Tägliche Zinsgutschrift: Was bringt das?   143
   Bewertung: Wie gut ist die Tagesanleihe?   144
Bundesschatzbriefe: stufenweise mehr Zinsen   145
   Bundesschatzbriefe Typ A: sechs Jahre Laufzeit, jährliche Zinsausschüttungen   146
   Typ B: sieben Jahre Laufzeit, Zinsausschüttung erst am Ende   147
   Bewertung: Lohnt sich eine Affäre mit Bundesschätzchen?   147
Noch mehr Schätzchen: Finanzierungsschätze, Bundesobligationen und klassische Staatsanleihen   148
   Finanzierungsschätze: die »umgedrehten« Staatsanleihen   149
   Bundesobligationen: fünf Jahre Laufzeit, Ausstieg jederzeit möglich   150
   Bundesanleihen: die Klassiker in der Riege der Bundeswertpapiere   153
   Bewertung: Sind Bundesanleihen empfehlenswert?   154
Staatsanleihen anderer Länder   155
   Staatsanleihen aus dem Euroraum   155
   »Sichere« Staatsanleihen außerhalb der Eurozone   156
   Hochzinsanleihen pleitegefährdeter Staaten   157
   Staatsanleihen auswählen – Betriebsanleitung für Unerschrockene   157

Kapitel 12
Unternehmens- und sonstige Anleihen: Geld verleihen, Zinsen kassieren   159

Unternehmensanleihen: eine bunte Mischung   159
   Zinskupon: Wie viel Prozent bringt Ihnen die Anleihe?   160
   Nenn- oder Nominalwert: Wie viel Geld leiht sich der Emittent beziehungsweise wie viel zahlt er zurück?   161

Mindestanlage und Stückelung: Meist können Sie nicht nur 100 Euro »verleihen«	162
Anleihekurs: Tägliches Auf und Ab ist ganz normal	163
Stückzinsen: Zinsen für den Vorbesitzer	165
Sonderbedingungen: Nachrangigkeit, vorzeitiges Kündigungsrecht und was es sonst noch so alles gibt	165
Rating: Wie zahlungskräftig ist der Emittent?	167
Anleihen auswählen: eine Wissenschaft für sich	167
Anleihen kaufen: die Tücke mit der Stückzahl	167
Bewertung: Wie gut sind Unternehmensanleihen?	168
Inflationsgeschützte Anleihen: schöne Idee, aber ...	169
So funktionieren inflationsgeschützte Anleihen	170
Bewertung: Sind inflationsgeschützte Anleihen wirklich das Gelbe vom Ei?	171

Kapitel 13
Zertifikate: Anleihen im Tarnanzug 173

So funktionieren Zertifikate	173
Die bunte Zertifikatewelt: Was Index-, Discount-, Bonus- und Garantiezertifikate unterscheidet	174
Indexzertifikate: einheitlich und überschaubar	175
Discountzertifikate: eine Art Schlussverkauf	176
Bonuszertifikate: Wenn das Wörtchen »wenn« nicht wär ...	177
Garantiezertifikate: garantiert fragwürdig	178
Bewertung: Wie gut sind Zertifikate?	178

Kapitel 14
Pfandbriefe: abgesicherte Anleihen 181

Anleihe mit »Pfand«: So funktionieren Pfandbriefe	181
Die »gedeckte« Anleihe	181
Keinerlei Ausfallgefahr: Warum Pfandbriefe als ausgesprochen sicher gelten	183
Sicherheiten decken das Ausfallrisiko	183
Bei Pfandbriefen gibt es kein Emittentenrisiko	184
Pfandbriefe auswählen: So geht's	184
Pfandbriefe im Schnellcheck: Empfehlenswert oder nicht?	186

Kapitel 15
Bonität und Ratings: Prüfen Sie die Zahlungskraft der Emittenten 187

Was Ratings sind und welche Aussagekraft sie haben	187
Wer erstellt Ratings – und warum?	188
Was wird überhaupt »geratet«?	190
Leider etwas unübersichtlich: die Notenskala bei Ratings	190
Es geht aber auch einfacher: eine Grobeinteilung für Profis (oder für Dummies)	192
Wie beim Wetter: Es kommt auch auf den Ausblick an	192

Zertifikate: kein Rating, sondern ein Ratespiel ... 193
Hilfskrücke: der Blick auf die »Credit Default Swaps« 193
Wo Sie Informationen über aktuelle »Credit Spreads« finden 194

Kapitel 16
Fonds: Auf einen Schlag einen Wertpapiermix kaufen — 195

Investmentfonds: die Wundertüte Ihrer Bank 195
Fonds sind Sammelstellen für Ihr Geld 195
Wer steckt dahinter? Die Fondsgesellschaft nennt sich KAG 196
Was Sie bei Auswahl, Kauf und Verkauf von Fondsanteilen beachten müssen 197
Begriffe, auf die Sie in jedem Fondsprospekt stoßen 198
Ihre Sicherheit bei Fondsinvestments 199
Die wichtigsten Fondstypen – und worin sie investieren 200
Offene und geschlossene Fonds 200
Arten offener Investmentfonds – was Sie so alles kaufen können 201
Fonds aussuchen: So geht's 208
Die Bewertung: Fonds können die richtige Wahl sein (müssen es aber nicht) 210
Fonds kaufen: So geht's kostensparend 211

Kapitel 17
Einfach Dax oder Dow Jones kaufen – börsengehandelte Fonds (ETFs) — 213

ETFs sind Passivfonds, die meistens einen Index nachbilden 213
Fondsgebühren bei ETFs: erfreulich niedrig 214
Schritt für Schritt zum richtigen ETF 215
Schritt 1: Suchen Sie einen Index aus 215
Schritt 2: Wählen Sie einen ETF-Anbieter aus 218
Schritt 3: Wertpapierorder aufgeben 220
Bewertung: Wie empfehlenswert sind ETFs? 221

Kapitel 18
Fondssparpläne: regelmäßig Anteile kaufen — 223

Wie Fondssparpläne funktionieren 223
Fondsanteile günstig kaufen – der Cost Average Effect macht's möglich 224
Extra Kohle: Einige Fondssparpläne genießen staatliche Förderung 225
Erst prüfen: Ist Ihr Wunschfonds sparplanfähig? 226
So richten Sie einen Fondssparplan ein 226
Aufgepasst: So umgehen Sie mögliche Gebührenfallen 227
Ausgabeaufschlag vermeiden 227
Ordergebühren reduzieren 228
Bewertung: Lohnen sich Fondssparpläne? 228

Kapitel 19
Nicht nur was für Zocker: Aktien direkt kaufen — 231

- Aktien: Sachwerte mit eingebautem Inflationsschutz — 231
  - Was sind Aktien? — 232
  - Ihre Chancen: Kursgewinne und Dividenden — 233
  - Auf die Größe kommt es an: Standard- und Nebenwerte — 233
  - Stamm- und Vorzugsaktien: Reden ist Silber, Schweigen ist Gold — 235
- Das ABC der Aktienauswahl — 236
  - Timing: die Sache mit dem richtigen Einstiegszeitpunkt — 236
  - Aktienauswahl: Diese Regeln helfen Ihnen bei der »Trüffelsuche« — 237
- Welche Aktien Sie auf keinen Fall kaufen sollten — 244
- Bewertung: Lohnt sich ein Aktieninvestment? — 245
- Tipps zur Orderaufgabe — 246

Teil IV
Immobilien: »Betongold« als Altersvorsorge — 249

Kapitel 20
Immobilien: Mietfrei im Alter – eine wichtige Form finanzieller Vorsorge — 251

- Eigenheim: Für wen eine selbst bewohnte Immobilie überhaupt infrage kommt — 251
- Vermietimmobilie: Geldanlage und Inflationsschutz in einem — 253
  - Wie rentabel sind Mietshäuser oder Mietwohnungen? — 253
  - Für wen sich ein Vermieterdasein lohnt — 255
- Bauen oder kaufen? – Die Qual der Wahl — 256
  - Bauen: Traumhaus in Sicht – aber nicht exakt planbar — 256
  - Kaufen: Vielleicht kein Traumhaus – aber besser berechenbar — 257
- Haus, Wohnung, Doppelhaushälfte: Was darf's sein? — 258
- So finden Sie »Ihre« Immobilie — 259
- Preise vergleichen und Kosten senken: So entlasten Sie Ihren Geldbeutel — 260
  - Preise: Oft Verhandlungssache! — 260
  - Steuern sparen nicht vergessen! — 261
- Bewertung: Wie gut sind Eigenheim und Vermietimmobilie als Altersvorsorge? — 262
  - Eigenheim: Bedingt empfehlenswert — 262
  - Vermietimmobilie: Es kommt darauf an … — 263

Kapitel 21
Immobilien finanzieren: Kredit ist nicht gleich Kredit — 265

- Finanzierungsmöglichkeiten und was von ihnen zu halten ist — 265
  - Annuitätendarlehen: monatlich gleiche Raten zahlen — 266
  - Bausparkredit: fast das Gleiche … — 271
  - Festzinskredit mit Kapitallebensversicherung: ein weitverbreiteter Blödsinn — 271
- Spartipps zur Immobilienfinanzierung — 273

Teil V
Geldanlage mit Förderung von Staat und Arbeitgeber   275

Kapitel 22
Riester: Rentenbaustein für (fast) jedermann   277

    Wer darf überhaupt »riestern«? – Leider nicht alle Bürger   277
    Was die Riester-Rente ist   278
        Voraussetzung für alle Riester-Verträge   278
        Die Riester-Förderung: Zulagen und Steuervorteile   280
        Steuerersparnis: nicht einfach, aber lohnend   282
    Durchblick im Riester-Dschungel: welche Formen von Riester-Verträgen es gibt   282
    Bewertung: Lohnt sich »Riestern«?   283

Kapitel 23
Rürup- oder Basisrente: Altersvorsorge mit Steuerersparnis   285

    Wer einen Rürup-Vertrag abschließen darf   285
    Wie Rürup-Verträge funktionieren   285
        Wann ist ein Vertrag »Rürup-fähig«? – Die Voraussetzungen   286
        Wie funktioniert die staatliche Förderung? – Ein reines Steuersparmodell   287
    Welche Formen von Rürup-Verträgen es gibt   289
    Bewertung: Lohnt sich »Rürup«?   290

Kapitel 24
Vermögenswirksame Leistungen, Arbeitnehmersparzulage, Wohnungsbauprämie: kleine Bonbons der Geldanlage   293

    Vermögenswirksame Leistungen: Der Arbeitgeber leistet »Sparhilfe«   293
        Bewertung: Wenn's Geld umsonst gibt, sollten Sie das auch annehmen   295
    Arbeitnehmersparzulage: staatliche Zuschüsse zum VL-Vertrag   296
    Wohnungsbauprämie: staatliche Förderung für Bausparverträge   297

Teil VI
Der Top-Ten-Teil   299

Kapitel 25
Zehn Geldanlagen, von denen Sie besser die Finger lassen   301

    Geschlossene Fonds   301
    Staatsanleihen aus Südeuropa und von Schwellenländern   302
    Außerbörsliche Anleihen und Genussscheine   302
    Hebelinvestments (etwa Optionsscheine und Hebelzertifikate)   303
    Garantie- und Kapitalschutzzertifikate   303

Diamanten	304
Kunst und Antiquitäten	304
Ferienwohnungen im Ausland	305
Beteiligungsmodelle (»Private Equity«)	305
Finanzprodukte mit seltsamen Namen	306

Kapitel 26
Zehn Tipps, um Ihr Erspartes vor dem Finanzamt zu retten — 307

Nichtveranlagungsbescheinigung ausstellen lassen	307
Erteilen Sie der Bank einen Freistellungsauftrag (oder mehrere)	307
Holen Sie sich zu viel gezahlten Steuern zurück	308
Liegt Ihr Steuersatz unter 25 Prozent, belassen Sie es nicht bei der Abgeltungsteuer	308
Behalten Sie vor 2009 gekaufte Aktien und Fonds im Depot	308
Richten Sie für Nachkäufe ein zweites Depot ein	309
Sparen Sie bei Immobilienkäufen Grunderwerbsteuer	309
Achten Sie bei Immobilienverkäufen auf die Spekulationsfrist	309
Kündigen Sie alte Kapitallebensversicherungen nicht vorschnell	310
Machen Sie Ihre Riester- und Rürup-Beiträge in der Steuererklärung geltend	310
Beantragen Sie die Arbeitnehmersparzulage	310

Kapitel 27
Zehn Tipps, wie Sie Ihre Freizeit genießen und Ihr Geld für sich arbeiten lassen können — 311

Denken Sie nicht nur ans Geld, sondern auch an das, was Sie sonst noch reich macht	311
Investieren Sie vor allem in Bildung	311
Lernen Sie auch als Aktionär, kein Nachrichten-Junkie zu werden	312
Verkneifen Sie sich für die Geldanlage nicht jede Lebensfreude	312
Laufen Sie nicht jedem Geldanlagetrend hinterher	313
Beachten Sie den Grundsatz: Zeit ist Geld	313
Überschlafen Sie alle Geldanlage-Entscheidungen	313
Lassen Sie sich nie zu Investments drängen	314
Wenn Sie ein Eigenheim haben: Freuen Sie sich darüber	314
Lehren Sie auch Ihre Kinder den vernünftigen Umgang mit Geld	314

Stichwortverzeichnis — 315

Einführung

»Geld allein macht nicht glücklich. Es gehören auch noch Aktien, Gold und Grundstücke dazu.« Soweit die Einschätzung des US-Schauspielers Danny Kaye. Aber jetzt mal ernsthaft: Die Glücksforschung beschäftigt sich seit einigen Jahren tatsächlich mit dem Thema Geld. Viel Überraschendes haben die Wissenschaftler dabei allerdings nicht herausbekommen, sondern nur das, was der Volksmund schon lange sagt. Nämlich dass Geld allein nicht glücklich macht. Aber es gilt inzwischen ebenso als bewiesen, dass finanzielle Sicherheit sehr wohl eine Voraussetzung für Glück – und zum Teil sogar für langes Leben – ist. Was ja eigentlich auch klar ist: Das Kunststück gelingt wohl den wenigsten Menschen, trotz ständiger Geldsorgen dauerhaft glücklich und zufrieden zu sein.

Wer also glaubt, ohne Geld glücklicher zu sein, den wollen wir nicht davon abbringen. Für alle, die auf Geldsorgen gut verzichten können, ist dieses Buch gedacht. Wir versprechen Ihnen nicht, innerhalb weniger Jahre steinreich und überglücklich zu werden. Aber wenn Sie ein bisschen Zeit und Gehirnschmalz investieren und Ihr Geld klug anlegen, wird sich Ihr Vermögen zumindest vermehren und Ihnen ein finanziell sorgenfreies Dasein ermöglichen.

Aber noch was ganz anderes: Wir wollen Ihnen Mut machen, das Thema »Geldanlage« beherzt anzugehen. Denn schwer ist das nicht. Sie brauchen keine hoch komplizierten Berechnungen anzustellen. Sie brauchen sich auch keine stundenlangen Monologe irgendwelcher Vermögensberater anzuhören. Ein bisschen Köpfchen und der Wille, kluge Entscheidungen zu treffen, ist alles, was Sie brauchen. Und natürlich diesen Schmöker, damit Sie wissen, welche Entscheidungen klug sind …

Über dieses Buch

»Lieber eine Stunde über Geld nachdenken, als eine Stunde für Geld arbeiten.« Dieser Spruch des US-amerikanischen Milliardärs John D. Rockefeller ist einfach klasse! Denn genau darum geht es – nicht nur, aber auch – in diesem Buch: Darum, in Sachen Finanzen das Denken nicht anderen zu überlassen, sondern selbst zu überlegen, was gut ist. Bei Ihren Entscheidungen stehen folgende Fragen im Vordergrund:

- ✔ **Wie viel Geld können Sie für Sparen und Anlegen erübrigen?** Sie brauchen für die Geldanlage nicht zum Geizhals zu werden, der sich selbst nichts mehr gönnt und anderen schon gleich gar nicht. Überlegen Sie sich einfach, welche Sparraten bei Ihren Einkommens- und Vermögensverhältnissen sinnvoll und vertretbar sind, ohne Ihnen die Luft abzuschnüren.

- ✔ **Bis wann brauchen Sie das Geld?** Es ist ein Unterschied, ob Sie das Studium Ihrer Kinder finanzieren wollen, den nächsten Urlaub oder Ihre Altersvorsorge. In diesem Buch erfahren Sie, welche Anlageformen Ihr Geld für lange Zeit fest im Griff haben und bei welchen Sie freier sind, es zu entnehmen, wann es Ihnen passt.

✔ **Welche Geldanlage lohnt sich?** Pauschal lässt sich diese Frage nicht beantworten. Es kommt auf Ihre persönlichen Erwartungen und Ihre finanziellen Verhältnisse ebenso an wie darauf, wie schnell Sie das Geld wieder brauchen. Bummeln Sie durch dieses Buch und schauen Sie sich in Ruhe an, was es auf dem Bazar der Geldanlagen so alles gibt. Sie bekommen für jede Anlageform eine Einschätzung, wann sie empfehlenswert ist und wann nicht. Dann können Sie in Ruhe entscheiden, was für Sie am besten ist – und mit dem Anbieter um die besten Konditionen feilschen. Gerne können Sie dabei im orientalischen Bazar einen Tee mit ihm trinken, aber lächeln Sie dabei nur, um ihm die Zähne zu zeigen ...

✔ **In was sollten Sie auf keinen Fall investieren?** »Investiere in nichts, das frisst«, besagt eine indische Weisheit. Wir präzisieren diesen Ratschlag ein wenig: »Investiere in nichts, was nur frisst und keine Milch gibt.« Diesen Tipp bekommen Sie in diesem Buch etwas konkreter serviert: Wir sagen Ihnen, wo die großen Gebührenfresser bei der Geldanlage sitzen. Und wo die Verlustrisiken so groß sind, dass sie womöglich Ihr ganzes Vermögen verschlucken – ohne auch nur ein Tröpfchen Milch herauszurücken.

Konventionen in diesem Buch

Komplizierte Erklärungen, Schachtelsätze und »Konfusiogramme« (verwirrende Grafiken) werden Sie in diesem Buch vergeblich suchen. Wir mögen es gerne leicht verständlich – und gehen davon aus, dass Sie in dieser Hinsicht auch nicht anders sind. Deshalb:

✔ Alle Fachbegriffe, die Sie womöglich noch nicht kennen, schreiben wir *kursiv* und natürlich bekommen Sie auch eine Erklärung dafür.

✔ Nützliche Internetadressen werden in `Schreibmaschinenschrift` gedruckt als Zeichen dafür, dass Sie sie abtippen müssen.

Was Sie nicht lesen müssen

Dieses Buch eignet sich durchaus auch als Bettlektüre. Natürlich nicht weil es so langweilig ist, sondern weil es nichts macht, wenn Sie irgendwann mal zwischendrin einschlafen: Sie können diesen Ratgeber häppchenweise lesen und finden sich dank des modularen Aufbaus später trotzdem mühelos zurecht.

Modularer Aufbau heißt: Baustein für Baustein erläutern wir Ihnen die verschiedenen Möglichkeiten zur Geldanlage. Sie können sich beim Lesen auf das beschränken, was Sie wirklich interessiert, und die anderen Bausteine weglassen. Aber natürlich können Sie auch das ganze Meisterwerk systematisch von vorn bis hinten durcharbeiten. Wenn Sie dabei feststellen, dass einzelne Abschnitte für Sie doch nicht so interessant sind, überspringen Sie sie einfach. Sie bekommen das Wichtigste auch dann mit, wenn Sie nicht alles gründlich lesen.

Weglassen können Sie vor allem die Texte in den grauen Kästen. Darin finden Sie historische Begebenheiten, nette Anekdoten oder amüsante Geschichten zum Thema. Schließlich soll das Lachen und Schmunzeln auch beim ernsten Thema »Geldanlage« nicht zu kurz kommen.

Falls Sie aber nur an den wichtigsten Fakten interessiert sind, macht es nichts, wenn Sie die grauen Kästen überspringen. Denken Sie aber dran, dass genau die Informationen in den grauen Kästen Ihnen auf der nächsten Party gute Dienste leisten können, wenn Sie mal als Anlageexperte auftreten möchten.

Törichte Annahmen über den Leser

»Ich habe viel von meinem Geld für Alkohol, Frauen und schnelle Autos ausgegeben. Den Rest habe ich einfach verprasst«, sagte einst George Best, nordirischer Fußballer und legendärer Stürmer bei Manchester United. Okay – das ist natürlich auch eine Möglichkeit, mit Geld umzugehen …

Da Sie aber dieses Buch gekauft haben, gehen wir jetzt mal davon aus, dass Sie etwas anders drauf sind als der alte Haudegen. Zumindest einen Teil Ihres Geldes werden Sie nicht für Alkohol, Frauen (respektive Männer), schnelle Autos oder sonstige Vergnügungen ausgeben, sondern für später auf die Seite legen. Vermutlich dürften folgende Annahmen Sie ganz gut beschreiben:

✔ Sie hoffen, sich durch die Geldanlage eine Zukunft ohne finanzielle Sorgen bauen zu können.

✔ Sie fragen sich, ob die bereits abgeschlossenen Versicherungen und Sparverträge ausreichen, um künftig finanziell gut über die Runden zu kommen.

✔ Sie sind verunsichert angesichts von Eurokrise und Staatsschulden und wünschen sich eine Antwort auf die Frage, was man in diesen Zeiten am besten mit seinem Geld macht (außer sinnlos verprassen).

✔ Sie haben in Ihrem Leben schon diverse Anlagetipps ausprobiert, aber so richtig zufrieden waren Sie nur mit wenigen davon.

✔ Sie misstrauen Bankberatern, Versicherungsvertretern und Finanzmaklern, die Sie mit unverständlichem Zeug zutexten und anschließend bedrängen, irgendeinen Vertrag zu unterschreiben.

✔ Sie wollen für Ihr Geld kluge Entscheidungen treffen, sind aber nicht sicher, ob Sie genug Wissen für eine erfolgreiche Geldanlage mitbringen.

✔ Sie wollen Ihr Geld nicht mehr auf 1 000 verschiedene Anlagemöglichkeiten verstreuen, sondern sinnvoll strukturieren und den Überblick behalten.

Wie dieses Buch aufgebaut ist

Wir stellen Ihnen hier Baustein für Baustein die Möglichkeiten für eine erfolgreiche Geldanlage vor. Aber vorher sind Sie dran, sich noch einige Gedanken über Ihre finanziellen Verhältnisse zu machen – und darüber, was Sie mit Ihrer Geldanlage erreichen wollen.

Konkret ist dieses Buch in sechs Teile gegliedert:

Teil I: Erst mal die Basics: Wie viel anlegen? Was sparen? Wie vorgehen?

Zunächst geht es um Sie selbst und Ihre finanzielle Situation. Verschiedene Dinge beeinflussen Ihre Entscheidung, wie Sie Ihr Geld anlegen:

✔ Was wollen Sie erreichen?

✔ Wie viel Zeit haben Sie dafür?

✔ Wie viel Geld können Sie fürs Sparen und Anlegen erübrigen?

✔ Zu welchen Risiken sind Sie bereit?

✔ Welche Möglichkeiten der Geldanlage kommen für Sie infrage?

Bitte antworten Sie auf die ersten beiden Fragen jetzt nicht mit »Möglichst schnell reich werden«. Denn das können Sie auch mit der besten Geldanlage nicht bewerkstelligen, es sei denn, Kollege Zufall spielt Ihnen in die Hände oder Sie zählen Ihre Millionen in einer exotischen Währung. Aber wenn Sie sich realistische Ziele und Fristen setzen, können Sie durchaus einen vernünftigen Vermögensgrundstock aufbauen. Teil I hilft Ihnen, sich darüber klar zu werden, was Sie erreichen können und wollen.

Außerdem geht es darum, zu klären, was für Sie bei der Geldanlage Priorität haben sollte. Vielleicht müssen Sie von Ihrem Geld noch einen Kredit abzahlen. Oder Ihre Angehörigen für den Fall absichern, dass Ihnen etwas passiert. Das hat dann Vorrang.

Teil II: Eine (angeblich) sichere Sache – Bankkonten, (Bau-)Sparverträge und Versicherungen

Der Sparstrumpf hat ausgedient. Denn irgendwann einmal merkt jeder, dass das Geld darin nach Fußschweiß riecht und außerdem keine Zinsen abwirft. Also bringen Sie das Geld doch lieber zur Bank, zu einer Bausparkasse oder zu einer Versicherung. Traditionell gehören Bankkonten, Bausparverträge und Versicherungspolicen zu den beliebtesten Anlagen in Deutschland.

Wir klären für Sie, wie rentabel (oder unrentabel) die verschiedenen Sparprodukte der Banken, Bausparkassen und Versicherungen sind. Und welche Geldinstitute und Versicherungen Ihnen die maximal mögliche Sicherheit bieten.

Teil III: Wertpapiere – Anlagemöglichkeiten beim Staat und an der Börse

Bei dem Wort »Wertpapiere« denken die meisten Menschen nur an Aktien. Tatsächlich aber gibt es eine riesige Bandbreite – von konservativ und sicher bis spekulativ und riskant. Es gibt beispielsweise Staats- und Unternehmensanleihen, Zertifikate, Pfandbriefe, Investmentfonds und Aktien.

Einführung

All diese Anlagemöglichkeiten stellen wir Ihnen vor. Und keine Angst: An der Börse werden nicht nur riskante Wertpapiere gehandelt, sondern teilweise auch sehr konservative. Die Gewinnmöglichkeiten sind aber oft höher als bei Bankkonten und Versicherungspolicen. Was Sie über die einzelnen Wertpapiergattungen wissen sollten und worauf Sie bei der Auswahl achten müssen, erfahren Sie in Teil III.

Teil IV: Immobilien – das eigene Haus

Wie sagte schon Johann Wolfgang von Goethe? »Drei Dinge sind an einem Gebäude zu beachten: Dass es am rechten Fleck stehe, dass es wohlgegründet, dass es vollkommen ausgeführt sei.« Recht hatte er. Ein eigenes Haus ist – allen Unkenrufen zum Trotz – eine solide Geldanlage, an der Sie viel Freude haben können. Vor allem selbst genutzte Immobilien sind durchaus empfehlenswert. Gerade weil wir nicht wissen, wie sich die Kaufkraft des Euro in Zukunft entwickelt. Eine Inflation ist durchaus wahrscheinlich, die Investition in eine Immobilie als Sachwert daher sinnvoll. Wer eine Immobilie kauft, hofft zwar auf eine Wertsteigerung. Aber der Geldanlageeffekt kann bei selbst bewohnten Häusern und Appartements auch anders zustande kommen: nämlich durch die ersparte Miete. Und dadurch, dass es Ihnen im eigenen Haus egal sein kann, wenn die Mieten steigen. Denn: »Eigener Herd ist Goldes wert.«

Über die Finanzierung einer Immobilie hat sich der gute alte Goethe indessen nicht ausgelassen. Das tun dafür wir. Sie erfahren in Teil IV dieses Buches, welche Voraussetzungen erfüllt sein sollten, damit ein Hauskauf überhaupt infrage kommt. Und welche Möglichkeiten es gibt, den Traum von den eigenen vier Wänden zu bezahlen.

Teil V: Anlagemöglichkeiten mit Förderung von Staat und Arbeitgeber

Warum eigentlich nur eigenes Geld sparen? Viel schöner ist es doch, wenn Staat oder Arbeitgeber noch etwas drauflegen! Tatsächlich gibt es da einige Möglichkeiten. Etwa vermögenswirksame Leistungen und Arbeitnehmersparzulage. Oder Wohnungsbauprämie. Ebenso Riester- und Rürup-Rente. In Teil V lernen Sie, wie diese Anlageformen funktionieren, was Sie tun müssen, um Geld vom Staat oder Arbeitgeber zu bekommen, und wann sich das Ganze für Sie wirklich rentiert.

Teil VI: Der Top-Ten-Teil

In diesem Teil lernen Sie die Hitparade der Dos und Don'ts kennen. Zunächst einmal der Rat: Lassen Sie sich niemals auf undurchsichtige, riskante oder verlustreiche Geldanlagen ein. In unseren Top-Ten der Anlagemöglichkeiten, von denen Sie besser die Finger lassen, erfahren Sie, was genau damit gemeint ist.

Zudem gilt: Achten Sie darauf, dass Vater Staat sich in Form von Steuern kein zu großes Stück von Ihren Gewinnen abschneidet. Zehn legale und sehr empfehlenswerte Tipps, wenigstens Teile Ihres Ersparten vor dem Finanzamt zu retten, sollten Sie nicht nur kennen, sondern auch nutzen.

Und schließlich empfehlen wir Ihnen, sich nicht Tag für Tag mit Börsenkursen und dem Grübeln über Ihre Finanzen herumzuschlagen. Lassen Sie Ihr Geld für sich arbeiten und genießen Sie den Tag unbeschwert. Zehn Tipps dazu bilden den Schluss unseres Top-Ten-Teils.

Symbole, die in diesem Buch verwendet werden

Einfach, verständlich, humorvoll – so sind die ... *für Dummies*-Bücher. Und damit sich auch Ihr Auge beim Lesen nicht langweilt, haben wir unsere Texte mit ein paar Symbolen aufgelockert:

Die Zielscheibe mit dem Pfeil in der Mitte verwenden wir für Tipps, die ins Schwarze treffen. Wer sie befolgt, liegt genau richtig.

Die Bombe mit der brennenden Zündschnur verwenden wir als Achtung-Symbol. Hier wird's brandgefährlich, etwa weil Verlustrisiken oder Kostenfallen drohen.

Damit unsere Erklärungen nicht staubtrocken daherkommen, haben wir sie häufig mit Beispielen versehen. Immer wenn ein Beispiel folgt, sehen Sie dieses Symbol.

Mit diesem Bildchen beglücken wir Sie, wenn es um wichtige Begriffe und deren Definition geht.

Das Ausrufezeichen heißt: »Aufpassen!« Der Text dahinter liefert Informationen und Hintergründe für diejenigen, die es ganz genau wissen wollen. Wenn Sie aber keine Lust auf solche informativen Details haben, können Sie die entsprechenden Passagen auch problemlos überspringen.

Was Sie sich unbedingt merken sollten, ist mit diesem Symbol »garniert«. Das, was hinter diesem Bildchen steht, sollten Sie sich einprägen.

Wie es weitergeht

Gehören Sie auch bei Sachthemen zu den Genusslesern? Dann schlagen Sie am besten erst mal das Inhaltsverzeichnis auf und suchen sich das Kapitel aus, das Sie am meisten interessiert. Gehören Sie dagegen zu den Systematikern, dann beginnen Sie am besten von vorn und lesen das Buch bis hinten durch. Und wenn Sie diesen Schmöker von einem wohlmeinenden Onkel zu Weihnachten geschenkt bekommen haben, obwohl das Thema Geldanlage Sie kein bisschen interessiert, dann amüsieren Sie sich über die Cartoons und stellen das Buch anschließend ungelesen in Ihr Regal. Aber bitte nicht vergessen: Sobald jemand kommt und Sie danach fragt, loben Sie es in den höchsten Tönen als das beste Buch zum Thema Geldanlage, das Sie je gelesen haben ...

Teil I

Erst mal die Basics: Wie viel anlegen? Was sparen? Wie vorgehen?

In diesem Teil ...

»Sparen ist der vergebliche Versuch, sich an den eigenen spärlichen Einkünften zu bereichern.« So lautet die humorvolle Definition des Journalisten Wolfgang Weidner. Nicht gerade optimistisch, seine Sichtweise. Aber wenn Sie es richtig anstellen, klappt das mit der Bereicherung trotz aller Unkenrufe. Bevor Sie sich für einzelne Anlageformen entscheiden, sind ein paar grundsätzliche Gedanken notwendig. Dann erst können Sie die Geldanlage mit System betreiben – und dann wird sie auch nicht vergeblich sein.

Grundsätze für Sparfüchse

In diesem Kapitel
- Definition von Sparzielen
- Grundsätze bei der Geldanlage
- Festlegung von Sparraten und Sparfrist
- Vorgehen

»Spare in der Zeit, dann hast du in der Not.« Gar nicht so dumm, was unsere Altvorderen da gesagt haben. Und wenn Sie nicht zu den Draufgängern gehören, die sagen »Spare in der Not, da hast du Zeit dazu«, dann wissen Sie: Sparen ist kein Selbstzweck. Purer Geiz, bei dem man sich selbst und anderen nichts gönnt, macht niemanden glücklich. Umgekehrt ist aber Verschwendungssucht auch nicht gerade förderlich bei dem Ziel, sich selbst und die eigene Familie auf eine solide finanzielle Basis zu stellen. Vielmehr geht es darum, mit dem Sparen die eigene Zukunft abzusichern. Und für Ausgaben, die irgendwann in der Zukunft sicher kommen.

Definieren Sie Ihre Ziele – und das möglichst konkret

Sie streben finanzielle Unabhängigkeit an – und das ist auch sinnvoll. Zumindest dann, wenn Sie nicht ein Leben lang arm wie eine Kirchenmaus sein wollen. Was wollen Sie mit Ihrer Geldanlage erreichen? »Möglichst schnell reich werden«, antworten nicht wenige auf diese Frage.

Aber sorry. Das ist – zumindest bei mittleren Einkommen und ohne Lottogewinn oder einen reichen Erbonkel – nicht allzu realistisch. Und außerdem bringen Sie sich durch eine dermaßen unkonkrete Antwort um die Chance, für Ihre Ziele die optimale Geldanlage zu finden.

Fragen Sie sich immer zuerst, wofür Sie Ihr Geld eigentlich brauchen. Einfach so als schönes Extra, weil Sie eigentlich genug davon haben? Oder haben Sie damit Konkretes im Sinn? Wenn Sie Ihren Geldbedarf in der Zukunft beziffern, dann wissen Sie, bis wann Sie wie viel brauchen. Und ob Sie es bis zu diesem Zeitpunkt fest anlegen können. Und Sie wissen zudem, ob Sie sich lieber die Option erhalten wollen, auch zwischendurch mal auf das Angesparte zuzugreifen.

Das Minimalziel: mehr als den Inflationsausgleich schaffen

Selbst wenn Sie nicht auf ein konkretes Ziel hin sparen – ein Ziel gilt gewissermaßen als Minimalanforderung für alle Geldanlagen. Sie wollen mit dem Geld, das Sie auf die Seite legen, auf Dauer mehr als nur den Inflationsausgleich schaffen. Mit anderen Worten: Der laufende Zuwachs an Vermögen sollte möglichst größer sein als der Kaufkraftverlust des Geldes. Oder anders gesagt: Ihre Geldanlage muss Ihnen genügend einbringen, um die Preissteigerungen der Zukunft (mehr als) auszugleichen.

Damit ist ein entscheidendes Ziel der Geldanlage schon definiert: Die Inflation, also den laufenden Wertverlust unserer Währung, auszugleichen und möglichst sogar überzukompensieren. Denn Sie wollen am Schluss real mehr und nicht etwa weniger in der Tasche haben.

Im Übrigen wollen wir Ihnen nicht verschweigen, dass in Zukunft steigende Inflationsraten sehr wahrscheinlich sind. Die Euroländer sind so verschuldet, dass sie ihren Schuldenberg wahrscheinlich nur durch eine Geldentwertung in den Griff bekommen. Auf Deutsch heißt das: Die Europäische Zentralbank druckt Geld und mit diesem Geld werden dann die Staatsschulden bezahlt. Eine stark wachsende Geldmenge bei einer wesentlich weniger stark wachsenden Menge von Gütern und Dienstleistungen heißt aber automatisch: Die Inflation ist auf dem Vormarsch. Ablesen können Sie das schon jetzt an den steigenden Preisen, aber auch an der offiziellen Inflationsrate. Die in Deutschland gängigste heißt »Verbraucherpreisindex« und wird Monat für Monat vom Statistischen Bundesamt berechnet und veröffentlicht. Falls Sie es mit der Statistik nicht so haben, beobachten Sie mal die Preisentwicklung an der Tankstelle. Da kriegen Sie jetzt schon live und in Farbe mit, was Inflation ist.

Verschweigen wollen wir Ihnen aber auch nicht, dass bei einigen Geldanlagen dieses Ziel nicht zu erreichen ist. Gerade Geldanlagen, die als besonders sicher gelten, werfen dafür einfach zu wenig Zinsen ab. Sie sollten aber zumindest darauf achten, dass der »Wertschwund« Ihres Geldes nicht allzu hoch ausfällt.

Erstes Ziel: eine eiserne Reserve für Notfälle

Kennen Sie diese Erfahrung? Irgendwas kommt immer, das auf einen Schlag einen Haufen Geld kostet. Entweder das Dach wird undicht. Oder nach einem selbst verschuldeten Unfall braucht das lädierte Auto eine kostspielige Reparatur. Oder die Heizung streikt. Oder der Vermieter verlangt eine gesalzene Nebenkostennachzahlung, bei der Sie erst mal kräftig schlucken müssen. Zu blöd, wenn dann kein Geld da ist, um die hohe Rechnung zu begleichen. Und das Schlimme dabei: Wenn die Waschmaschine streikt, geht garantiert auch der Kühlschrank kaputt. Wieso? Keine Ahnung, vielleicht sind sie verwandt, vielleicht kommt aber auch nur ein Unglück selten allein.

»Alles halb so wild, dafür habe ich doch meinen Dispokredit«, sagen in solchen Fällen viele, vor allem junge Leute. Aber wollen Sie das wirklich? Überlegen Sie mal: Für einen Dispo zahlen Sie meist Sollzinsen im zweistelligen Bereich. Auch wenn das zunächst nach nicht allzu viel aussieht, können Sie das einer schwäbischen Hausfrau und einem ostwestfälischen Sparfuchs (also uns Autoren) unbesehen glauben: Das geht auf die Dauer ganz schön ins Geld.

Lise Mustermanns Konto ist ein Dreivierteljahr lang mit 2 500 Euro in den Miesen. Der Sollzinssatz für ihren Dispo beträgt 12 Prozent. Sie zahlt also in diesem Dreivierteljahr (2 500 Euro × 0,75 × 12 Prozent =) 255 Euro an Kreditzinsen für das überzogene Konto.

1 ▶ Grundsätze für Sparfüchse

Noch schlimmer ist es, wenn ein Konto ohne Dispokredit mit stillschweigender Duldung der Bank überzogen wird. Denn da langen die Banken erst recht kräftig zu und verlangen zwischen 15 und 20 Prozent. Angenommen, der Überziehungszins liegt bei 18 Prozent. Im obigen Beispiel würde Lise Mustermann dann 337,50 Euro an Kreditzinsen für das überzogene Konto zahlen.

Glücklicherweise geht es mit etwas vorausschauender Planung auch anders. Ihr erstes Spar- und Geldanlageziel ist daher eine eiserne Reserve für Notfälle. Zwei bis drei Monatsgehälter sollten Sie für unvorhergesehene Notfälle ansparen. Sie brauchen zudem jederzeit die Möglichkeit, auf dieses Geld zuzugreifen. Dafür bietet sich ein Tagesgeldkonto an. Also ein Konto, das wie ein Girokonto den täglichen Zugriff ermöglicht, das aber etwas bessere Zinsen bietet. Mehr dazu im Kapitel 3. Und nicht vergessen: Wenn Ihre eisernen Reserven tatsächlich wegen eines Notfalls auf einen Bruchteil zusammengeschrumpft sind, sollten Sie sie schnellstmöglich wieder auffüllen!

Zwischenziele: neues Auto, neue Waschmaschine, schöner Urlaub

Haben Sie in nächster Zeit irgendwelche Anschaffungen vor, die vergleichsweise viel Geld kosten? Ein neues Auto wäre ein solcher Fall, wenn Ihr altes beim letzten Mal nur noch mit Mühe durch den TÜV gekommen ist. Oder wenn Sie einfach mal wieder mit einem flotten Flitzer unterwegs sein wollen statt mit einer Karre, die längst in die Jahre gekommen ist.

Junge Leute sparen oft für ihren Führerschein oder das erste Mofa. Hausfrauen und -männer wünschen sich eine neue Waschmaschine, die nicht mehr so rattert und aus den Wollpullis der Kinder nicht bei jedem Waschgang Filzkugeln macht. Und außerdem gibt es noch die Träume von einem Luxusurlaub unter Palmen, einer Besteigung des Kilimandscharo oder einer Städtereise nach Sydney. Alles nicht ganz billig. Aber bezahlbar, wenn Sie dafür laufend Geld zurückzulegen.

Wenn irgend möglich, finanzieren Sie solche Dinge nicht auf Pump. Denn das rächt sich bitter. Sie müssen den Kredit in monatlichen Raten tilgen und zahlen auf die geliehene Summe auch noch teure Zinsen. Zinsen, die in aller Regel viel höher sind als das, was Sie mit Ihrer Geldanlage erzielen können. Und Sie stehen bei unvorhergesehenen Ereignissen – wie dem Ableben Ihres Autos – plötzlich ohne die nötigen Mittel für eine Neuanschaffung da. Wer schon einen Kredit hat, der wird es bei zusätzlichem Finanzbedarf schwer haben, sich noch mehr Geld zu leihen und die Raten aus dem laufenden Einkommen pünktlich zu bedienen.

Ein Beispiel gefällig? Hans Mustermann hat für einen Urlaub einen Ratenkredit über 3000 Euro aufgenommen. Dafür zahlt er jährlich 7 Prozent Zinsen. Diesen Ratenkredit stottert er im Monatsrhythmus mit 75 Euro ab (mehr geht beim besten Willen nicht). Das heißt: Er braucht 2 Jahre und 10 Monate, bis der Kredit getilgt ist. Und insgesamt belaufen sich allein die Zinszahlungen auf happige 307,43 Euro. (Wenn Sie es nachrechnen wollen, empfehlen wir den Tilgungsrechner von www.fmh.de. Gehen Sie dazu auf »Tools und Rechner«.)

Bei Ihren Sparbemühungen haben Sie einen unsichtbaren Helfer. Den Zinseszinseffekt. Je länger Sie sparen, desto weniger Geld brauchen Sie zurückzulegen, um die gewünschte Summe zu erreichen.

 Was macht der Zinseszinseffekt aus? Das können Sie selbst einmal durchrechnen. Keine Sorge, Sie brauchen sich jetzt nicht mit dem Taschenrechner hinzusetzen und mühsam irgendwelche Zahlen einzutippen. Viel einfacher geht's mit dem Renditerechner der FMH Finanzberatung aus Frankfurt. Gehen Sie mal auf deren Internetseite www.fmh.de und klicken Sie auf »Tools und Rechner«. Jetzt können Sie wählen: Wollen Sie einen Einmalbetrag anlegen oder in regelmäßigen Raten sparen? Und wenn in Raten, wie oft wollen Sie sie dann einzahlen? Wollen Sie außerdem einen gleichbleibenden Zinssatz? Oder einen gestaffelten, also in Zukunft steigenden Zins? Und soll die Abgeltungsteuer (also die Steuer auf Kapitalerträge) gleich abgezogen werden oder nicht? Probieren Sie es aus: Was wird aus einer Geldanlage mit 2 Prozent in einem, in zwei, in zehn oder in 30 Jahren? Und was wäre, wenn Sie 5 oder 9 Prozent schaffen würden? Auch konkrete Angebote von Banken oder Versicherungen zu Ihrer Altersvorsorge können Sie hier nachrechnen. Sie werden sehen: Das Ganze ist sehr erhellend.

Ein Pflichtziel für (fast) jedermann: die eigene Altersvorsorge

Ein Ziel dürften die meisten Anleger jedoch gemeinsam haben – die finanzielle Absicherung fürs Alter. Denn längst ist bekannt: Die gesetzliche Rentenversicherung wird es wohl nicht fertigbringen, genug Geld an alle zukünftigen Rentner auszuzahlen. Und wenn Sie jetzt sagen: »Ätsch, ich bin ja zum Glück Beamter«, freuen Sie sich nicht zu früh. Denn so marode, wie unsere Staatsfinanzen derzeit sind, kann es gut sein, dass auch Ihre Pension nicht ausreicht, um Ihnen im Alter ein halbwegs sorgenfreies Leben mit einem akzeptablen Lebensstandard zu sichern. Dann gibt es auch noch die Hasardeure, die denken, bei ihrem ungesunden Lebensstil bräuchten sie keine Altersvorsorge. Darauf sollten Sie sich nicht verlassen, denken Sie nur an Kettenraucher, die auch im hohen Alter noch topfit sind.

Jetzt aber genug der Hiobsbotschaften. Denn immerhin haben Sie ja die Möglichkeit, selbst finanziell vorzusorgen. Das Schöne ist, dass der Zinseszinseffekt Ihnen dabei hilft. Das heißt, im Laufe der Jahre sammelt sich nicht nur das Geld an, das Sie auf die Seite schaffen. Sondern dank der langen Ansparphase kommt noch ein erkleckliches Sümmchen an Zinsen und Zinseszinsen dazu.

Übrigens gibt es viele verschiedene Möglichkeiten, fürs Alter vorzusorgen, und einige davon werden vom Staat und vom Arbeitgeber gefördert. Wenn Sie sich speziell dafür interessieren, empfehlen wir Ihnen die Kapitel 8, 22 und 23.

Die Gewissensfrage: Wie viel Geld soll ich sparen oder anlegen?

Wie viel Geld Sie anlegen wollen, hängt von mehreren Fragen ab:

- ✔ davon, wie viel Geld Sie ansparen wollen beziehungsweise müssen
- ✔ davon, bis wann Sie das Geld brauchen oder wie lange sie es anlegen wollen (kurz-, mittel- oder langfristig)

1 ➤ Grundsätze für Sparfüchse

✔ von dem, was Sie guten Gewissens erübrigen können, ohne dass Sie selbst und Ihre Familie jeden Tag billige Kartoffelsuppe aus der Dose löffeln müssen

Die ersten beiden Fragen können Sie schon beantworten: Denn sie hängen vom oben definierten Ziel Ihrer Geldanlage ab. Machen wir's konkret für die einzelnen Ziele: So errechnen Sie Ihre monatlichen Sparraten.

Sparraten für alltägliche Anschaffungen errechnen

Gehen Sie die Liste mit Ihren Zielen durch. Da können Sie jetzt schon absehen, welche Summe Sie voraussichtlich brauchen werden.

Wollen Sie vor dem übernächsten TÜV-Termin, den Ihr uralter Klappergolf ganz sicher nicht überstehen wird, einen Gebrauchtwagen kaufen? Dann müssen Sie die Summe von beispielsweise 10 000 Euro innerhalb von vier Jahren ansparen. Die Bank bietet Ihnen einen Sparplan mit dieser Laufzeit an, für den Sie 2,5 Prozent Zinsen bekommen. Jetzt können Sie ausrechnen, was Sie monatlich dafür anlegen müssen. Gehen Sie dazu auf den »Sparplanrechner« der FMH Finanzberatung im Internet, den Sie auf der Seite www.fmh.de finden. 10 000 Euro tragen Sie im Kästchen »Endkapital« ein. Die Zahl 4 tippen Sie ins Kästchen »Ansparzeit« und den Zinssatz 2,5 Prozent ins Kästchen »Zinssatz«. Dann lassen Sie sich die monatliche Sparrate errechnen – und dann wissen Sie, dass Sie immerhin 192,09 Euro pro Monat dafür sparen müssen.

Wie viel brauchen Sie überhaupt? – Sparraten für die eigene Altersvorsorge errechnen

Etwas undurchsichtiger ist das Ganze bei der Altersvorsorge. Zwar können Sie Ihren voraussichtlichen Rentenbeginn schon jetzt benennen. Das wird in der Regel spätestens beim Erreichen des Rentenalters sein. Welche Summe Sie bis dahin angespart haben müssen, hängt aber von verschiedenen Faktoren ab:

✔ von Ihrem dann gewünschten Lebensstandard, der über die Höhe der monatlichen Auszahlungen entscheidet

✔ von der Frage, ob Sie dann Mieter sind oder Eigenheimbesitzer. Auch das beeinflusst die Höhe des monatlichen Einkommens. Deshalb ist übrigens das Eigenheim auch gar keine schlechte Geldanlage (siehe Kapitel 20).

✔ von der Frage, ob Sie nur von den Zinsen leben wollen oder ob mit steigendem Alter der angesparte Kapitalstock aufgezehrt werden soll. Damit verbunden ist auch die Frage, für wie viele Jahre die Rente reichen soll (für 15, 20 oder 25 Jahre)? Bei Johannes Heesters wären selbst 35 Jahre zu wenig. Aber der Mann hat sich ja seine Arbeitskraft bis ins hohe Alter erhalten ...

✔ nicht zuletzt von der Kaufkraft des Geldes ab Beginn der Rente. Die kann heute allerdings kein Mensch prophezeien.

Rechnen Sie damit, dass Sie zwischen 75 000 und 200 000 Euro bis zum Beginn des Rentenalters auf jeden Fall auf die Seite bringen müssen. Wenn Sie ein eigenes Haus haben, reicht weniger, weil Sie sich dann immerhin die Mietzahlungen sparen können. Aber berücksichtigen Sie dennoch die Unterhaltskosten der eigenen Immobilie. Vielleicht brauchen Sie ja im Alter Putzfrau und Gärtner?

Wie viel genau werden Sie brauchen? Ein Werkzeug, mit dem Sie sich einer Antwort auf diese Frage zumindest nähern können, ist abermals der Rechner der FMH Finanzberatung auf der Internetseite www.fmh.de. Unter »Tools und Rechner« gehen Sie auf »Auszahlplanrechner«. Jetzt geben Sie mal probehalber ein, welche monatliche Rente Sie haben wollen. Dann müssen Sie eine Prognose treffen, wie viele Jahre Sie ab Rentenbeginn noch leben werden (ja, das klingt zynisch, das wissen wir) und welchen Zinssatz Sie vermutlich ab Rentenbeginn für Ihr angespartes Geld bekommen. Lassen Sie sich anschließend mal das Anlagekapital errechnen. Falls Sie Ihren Kindern nach Ihrem Tod das angesparte Kapital vererben möchten, empfiehlt sich der »Auszahlplan (Kapitalerhalt)«. Dann würden Sie nur von den Zinsen leben und die Summe, die Sie ansparen müssten, wäre entsprechend höher. Und wer noch wissen will, wie das Ganze mit Inflation und Abgeltungsteuer aussieht, kann das mit dem »Rentenplaner« tun, der ebenfalls unter »Tools und Rechner« zu finden ist. Spielen Sie damit mal herum, damit Sie ein Gefühl dafür kriegen, wie viel Geld Sie bis zum Rentenbeginn ansparen müssen.

Im Auszahlplanrechner legen Sie beispielsweise fest: Sie wollen zu Ihrer sehr spärlichen gesetzlichen Rente monatlich zusätzlich 400 Euro haben. Diese Zahl geben Sie im Kästchen »Monatlicher Entnahmebetrag« ein. Da all Ihre Vorfahren sehr alt geworden sind, rechnen Sie damit, dass Sie nach Rentenbeginn noch 25 Jahre leben werden. So lange müssen das angesparte Geld und die Zinsenreichen, die Sie während der Rentenzeit auf das erhalten, was abzüglich der monatlichen Entnahmen noch übrig ist. Sie gehen außerdem davon aus, dass sich das nicht entnommene Kapital ab Rentenbeginn mit 4 Prozent pro Jahr verzinst. Jetzt lassen Sie sich das Anlagekapital errechnen, das zu Rentenbeginn vorliegen muss – und schwupps, schon wirft Ihnen der Rechner die stolze Zahl von 76.360,67 Euro aus. Das brauchen Sie als Kapitalstock zu Rentenbeginn für die gewünschte monatliche Zusatzrente.

So – jetzt liegen die Tatsachen auf dem Tisch. Nun stellt sich natürlich die Frage, wie Sie dahin kommen. Und abermals sollten Sie den Sparplanrechner beziehungsweise Rentenrechner auf www.fmh.de bemühen. Geben Sie ein, was Sie monatlich guten Gewissens für den Vermögensaufbau entbehren können. 100 Euro? 200 Euro? Oder nur 10, 20 oder 50 Euro? Und geben Sie die Anzahl der Jahre bis zum Rentenbeginn und einen Zinssatz ein, den Sie für Ihr Erspartes bekommen können. Wenn jetzt der gewünschte Endbetrag herauskommt: Gut so. Wenn nicht, dann haben Sie mehrere Möglichkeiten:

✔ Sie stocken Ihre monatlichen Sparraten auf. Aber Achtung: Das sollten Sie nur tun, wenn Ihr Konto dadurch nicht ins Minus gerät.

✔ Sie sagen sich: »Okay, statt mit 400 Euro Zusatzrente monatlich bin ich auch mit 350 Euro zufrieden.«

✔ Sie verschieben Ihren Rentenbeginn ein paar Jährchen nach hinten. Aber diese Aufgabe nimmt Ihnen mit hoher Wahrscheinlichkeit ohnehin der Gesetzgeber ab. Dennoch: Ihre gesundheitliche Situation müssen Sie dabei berücksichtigen. Wenn Sie als Dachdecker bereits jetzt einen kaputten Rücken haben, ist diese Option vielleicht nicht so klug …

✔ Sie suchen nach einer Geldanlage, die etwas höhere Erträge bringt. Dann aber sollten Sie sich auch das Risiko bewusst machen, das Sie bei höheren Zinsen meist in Kauf nehmen.

Genau um diesen letzten Punkt geht es im nächsten Kapitel. Darum, welche Geldanlagen es überhaupt gibt und mit welchen Zinsen Sie dafür durchschnittlich pro Jahr rechnen können.

Nicht vergessen: Legen Sie die Rahmenbedingungen für Ihre Geldanlage fest

Wunderbar – Ihre Ziele haben Sie jetzt. Wer aber nur weiß, wie viel Geld er wann wofür braucht, hat noch nicht alle nötigen Entscheidungen gefällt. Und auch das Wissen um die monatlichen Sparraten oder den Einmalbetrag und die Laufzeit der Geldanlage bringt Sie bei der Frage, wie Sie Ihr Geld anlegen, nicht weiter. Denn es gibt noch weitere Entscheidungen, die für eine systematische und erfolgreiche Geldanlage nötig sind. Sie müssen sich darüber im Klaren sein, welche Rahmenbedingungen für Sie akzeptabel sind und welche nicht. Das betrifft vor allem drei Punkte:

✔ **Risiko:** Sind Sie bereit, zwischenzeitliche Verluste zu riskieren? Oder gar – wie beim Lotto – für eine große Gewinnchance auch mal ein komplettes Geldsümmchen aufs Spiel zu setzen? Oder sind Sie ein Sicherheitsfanatiker, der von Anfang an sagt: »Bei mir darf der Wert meiner Geldanlage auf keinen Fall unter die Summe fallen, die ich eingezahlt habe.«? Falls Sie zwischenzeitliche Verluste nicht akzeptieren wollen, sind nicht nur Aktien und Fonds für Sie ausgeschlossen, sondern auch Geldanlagen mit hohen Abschlusskosten (zum Beispiel Bausparverträge oder Kapitallebensversicherungen) sind dann für Sie tabu.

✔ **Zugriffsmöglichkeiten:** Soll Ihr Geld erst zum gewünschten Termin zur Verfügung stehen? Oder wollen Sie sich die Möglichkeit vorbehalten, auch zwischendurch darauf zuzugreifen, wenn's mal eng wird? Viele Geldanlagen bieten diese Möglichkeit nicht. Mit der Folge, dass der betreffende Sparer dann einen Kredit aufnehmen muss, wenn er mehr Geld braucht. Ärgerlich ist ein beschränkter Zugriff auch bei steigenden Zinsen. Dann können Sie Ihr Geld nämlich nicht in eine andere Geldanlage umschichten, die bei vergleichbarem Risiko mehr abwirft.

✔ **Flexibilität:** Eine Reihe von Anlagemöglichkeiten sieht feste monatliche Sparraten vor. Was aber, wenn Sie plötzlich arbeitslos werden? Dann können Sie sich womöglich die hohen Sparraten nicht mehr leisten. Auch das sollten Sie berücksichtigen. Ideal sind Geldanlagen, bei denen Sie die Sparraten nicht nur von vornherein selbst festlegen, sondern sie auch jederzeit nach eigenem Ermessen nach oben oder unten an Ihre aktuellen Einkommensverhältnisse anpassen können.

Welche Geldanlage bringt welche Rahmenbedingungen mit sich? Auch darüber sollten Sie sich im Klaren sein, bevor Sie einen Vertrag abschließen oder einer Anlageempfehlung folgen. Mehr dazu erfahren Sie im nächsten Kapitel.

Warum Geldanlage nicht immer oberste Priorität hat

Es gibt Dinge, die wichtiger sind als Sparen. Bevor Sie jetzt an was Falsches denken: Nein, wir meinen nicht Urlaub, Shopping, teure Uhren und die Mitgliedschaft in einem angesagten Golfclub. Sondern die Dinge, um die Sie sich im Alltag zuerst kümmern sollten, bevor Sie überhaupt mit dem Sparen und Geldanlegen beginnen. Denn leider ist es Tatsache: Das Geld reicht meist nicht für alles gleichzeitig.

Die wichtigste Regel lautet folglich: Legen Sie nur Geld an, das Sie nicht für etwas Wichtigeres brauchen. Jetzt stellt sich natürlich die Frage, was wichtiger ist. Ganz einfach:

- ✔ Wichtiger ist, existenzielle Risiken abzusichern.
- ✔ Wichtiger ist, laufende Kredite abzuzahlen.
- ✔ Wichtiger ist, die neue Freundin mit einem tollen Flitzer zu beeindrucken. (Ach so, Sie sind schon verheiratet oder über das Alter hinaus, in dem man mit einem Sportwagen protzt? Na gut – dann vergessen Sie diesen Punkt einfach – oder definieren ihn um in: der eigenen Frau ein Cabrio schenken)

Wichtiger ist, existenzielle Risiken abzusichern

Es gibt Risiken, die Sie beziehungsweise Ihre Familie in echte Existenznöte bringen können. Diese Risiken durch den Abschluss einer entsprechenden Versicherung zu minimieren, hat absoluten Vorrang vor der Geldanlage.

Stellen Sie sich vor, Ihnen passiert was und Ihre Familie steht ganz ohne Absicherung da. Oder Sie werden plötzlich so krank, dass Sie nicht mehr arbeiten können. Oder Ihr Haus wird durch einen Brand zerstört. Das alles sind Horrorvorstellungen, aber zum Glück können zumindest die finanziellen Folgen solcher Szenarien durch entsprechende Versicherungen aufgefangen werden. Zur existenziellen Absicherung notwendig sind aus unserer Sicht folgende Versicherungspolicen:

- ✔ **Eine Haftpflichtversicherung.** Es ist leider so: Sie können auch für Dinge in Haftung genommen werden, die Sie gar nicht vorsätzlich herbeigeführt haben. Angenommen, jemand rutscht bei Glatteis auf dem Gehweg vor Ihrem Haus aus und bricht sich einen Arm, weil Sie nicht gestreut haben. Dann haften Sie für die Behandlungs- und Rehakosten. Und angenommen, diese Person wird dadurch arbeitsunfähig, weil es ausgerechnet ihre rechte Hand war, die nach diesem komplizierten Bruch bleibende Schäden zurückbehalten hat. Dann haften Sie dieser Person für eine lebenslange Rente. So dumm kann es laufen. Und damit Sie nach einem solchen Haftpflichtschaden nicht völlig mittellos dastehen, ist eine Haftpflichtversicherung ein absolutes Muss.

- **Eine Risikolebensversicherung.** Das gilt zumindest dann, wenn Sie Kinder haben, die noch in der Schule oder Ausbildung sind. Und wenn Ihr Ehemann beziehungsweise Ihre Ehefrau den Lebensunterhalt nicht allein bestreiten kann, zum Beispiel weil er oder sie sich um die Kinder kümmert.

- **Eine Gebäudeversicherung fürs Eigenheim.** Meist verlangt das schon die Bank, bei der Sie den Hypothekenkredit aufnehmen, mit dem Sie Ihr Haus abzahlen. Aber selbst wenn Sie Ihr Haus ganz ohne Kredit finanziert haben: Verzichten Sie nicht auf den Schutz gegen Brände, Sturmschäden, Rohrbrüche etc. Überlegen Sie sich außerdem, mit der entsprechenden Police auch noch die sogenannte Elementarschadenversicherung abzuschließen, damit die Versicherung auch Schäden aus Überschwemmungen, Erdbeben, Erdrutschen etc. übernimmt. Das ist nämlich derzeit in der normalen Gebäudeversicherung noch nicht inbegriffen.

- **Eine Berufsunfähigkeitsversicherung.** Was passiert, wenn Sie im arbeitsfähigen Alter sind, aber aus gesundheitlichen Gründen nicht mehr arbeiten können? Ohne Berufsunfähigkeitsversicherung stehen Sie dann blöd da. Achtung – eine Unfallversicherung reicht hier nicht zur Absicherung des existenziellen Risikos, denn die meisten Fälle von Berufsunfähigkeit passieren aufgrund einer Krankheit (zum Beispiel Schlaganfall) und nicht aufgrund eines Unfalls. Ob allerdings eine Berufsunfähigkeitsversicherung uneingeschränkt sinnvoll ist, können wir Ihnen nicht beantworten. Denn leider drücken sich manche Versicherer im Ernstfall dann doch vor den eigentlich nötigen Zahlungen.

Was Sie sonst noch an Versicherungspolicen abschließen, ist Ihre Sache, wenn diese nicht gerade vorgeschrieben sind (vorgeschrieben sind beispielsweise eine Kfz-Haftpflicht für Fahrzeughalter, Hundehaftpflicht für Hundebesitzer und so weiter).

 Die Deutschen neigen dazu, eher zu viele als zu wenige Policen abzuschließen. Rentabel ist das nicht. Daher unser Tipp: Beschränken Sie sich auf das absolut Notwendige. Was Sie von Ihrem Geld neben den Lebenshaltungskosten noch erübrigen können, stecken Sie lieber in eine rentable Geldanlage. Mit einer eisernen Geldreserve für Notfälle (siehe oben), sind Sie meist besser bedient als mit einer Versicherungspolice, die Sie vor dem Diebstahl Ihres Handys oder vor dem Überspannungsschaden an Ihrer Stereoanlage schützt.

Wichtiger ist, laufende Kredite abzuzahlen

Sie haben derzeit noch einen Kredit zu tilgen? Dann legen Sie das Thema Geldanlage gedanklich erst mal zur Seite. Das ist jetzt noch nicht dran. Viel wichtiger ist, zunächst diesen Kredit abzuzahlen.

Für diese Regel gibt es einen ganz einfachen Grund: Die Kreditzinsen sind fast immer deutlich höher als die Guthabenzinsen, die Sie bei vertretbarem Risiko mit Ihrer Geldanlage bekommen können. Ob Sie nun 6 Prozent für ein Hypothekendarlehen, 8 Prozent für einen Ratenkredit, 11 Prozent für Ihren Dispo oder 18 Prozent für Ihren ungenehmigten Überziehungskredit zahlen, ist dabei fast egal: Wenn Sie gleichzeitig Geld anlegen, machen Sie ein Minusgeschäft. Eine Beispielrechnung verdeutlicht, warum das so ist.

Angenommen, Sie haben 1 000 Euro auf einem Festgeldkonto mit einjähriger Laufzeit angelegt, für die Sie 2,2 Prozent Zinsen bekommen. Gleichzeitig überziehen Sie Ihr Girokonto ein Jahr lang Jahr lang um 1 000 Euro bei einem Zinssatz von 12 Prozent. Hier der Vergleich: Für Ihr Festgeldkonto kassieren Sie in einem Jahr 22 Euro (das sind 2,2 Prozent von 1 000 Euro). Aber für die Überziehung Ihres Girokontos zahlen Sie im gleichen Jahr 120 Euro Sollzinsen (12 Prozent von 1 000 Euro). Das heißt, unter Strich haben Sie ein Minus von 98 Euro gemacht.

»Dann muss ich das Geld eben rentabler anlegen«, entgegnen viele Leute, wenn sie dieses Argument hören. »Aktien oder Fonds bringen schließlich deutlich mehr als ein Festgeldkonto.« Das stimmt zwar, aber diese Argumentation hat trotzdem zwei Schwachstellen:

- ✔ 12 Prozent pro Jahr werden Sie auch mit Aktien nur in Ausnahmefällen verdienen. Der langjährige Durchschnitt mit DAX-Aktien liegt laut Deutschem Aktieninstitut bei etwa 9 Prozent pro Jahr. Bei Fonds sind die Gewinnchancen in der Regel noch geringer, weil hier auch noch Gebühren zu Buche schlagen.

- ✔ Je höher die Rendite (also der prozentuale Gewinn, den Ihre Geldanlage abwirft), desto höher ist das Risiko. Selbst wenn Sie mit Aktien durchschnittlich 9 Prozent pro Jahr machen können – sicher ist das nicht. Sie können es ja tagtäglich selbst an den Börsen beobachten: Immer wieder gehen die Kurse auf Talfahrt. Sie brauchen schon einen sehr langen Atem, um mögliche Verluste auszusitzen. Generell gilt die Faustregel: Je höher die Gewinnchancen, desto mehr Risiko bringt die entsprechende Geldanlage.

Dennoch gibt es einige wenige Ausnahmen von der Regel, nicht gleichzeitig Geld anzulegen und Geld auszuleihen. Die wollen wir Ihnen nicht verschweigen:

Betroffen ist zum einen die Riester-Rente bei kinderreichen Familien. Hier summieren sich die Zulagen, die der Staat pro Kind und Jahr zahlt, auf ganz anständige Beträge. Oft reichen dann schon 60 Euro Mindesteinzahlung pro Jahr, um die vollen Zulagen zu bekommen. Deshalb ist in solchen Fällen ein Riester-Vertrag empfehlenswert, auch wenn noch nicht alle Kredite getilgt sind. Mehr dazu in Kapitel 22.

Geld anzulegen, während Sie noch Kredite abzahlen, ist auch eine Möglichkeit bei sehr günstigen Hypothekenkrediten. Darunter fallen beispielsweise Förderkredite, wie es sie von den bundes- und landeseigenen Förderbanken für die energetische Sanierung von Häusern und Wohnungen gibt. Vergleichen Sie hier den Effektivzins des Kredits mit der jährlichen Rendite einer sicheren Geldanlage (zum Beispiel auf einem Bankkonto). Ist der Kredit günstiger und ist außerdem die pünktliche Bezahlung Ihrer Raten durch Ihre Geldanlage nicht in Gefahr, können Sie es wagen.

Die Qual der Wahl: Möglichkeiten zur Geldanlage

In diesem Kapitel
- Kriterien, nach denen Sie jede Geldanlage beurteilen sollten
- Geldanlagemöglichkeiten im Überblick
- Vor- und Nachteile
- Chancen und Risiken

Das, was Sie bei der Geldanlage auf keinen Fall machen sollten, ist, zu warten, bis irgendein Versicherungsvertreter auf Sie zukommt und Ihnen was aufschwatzt. Das Gleiche gilt natürlich für Bankmitarbeiter und freie Finanzberater. Diese Leute haben in der Regel ihre klaren Vertriebsziele und leben von den Provisionen. Folglich besteht immer die Gefahr, dass sie nicht das empfehlen, was für Sie als Anleger das Beste ist, sondern doch eher das, woran sie am meisten verdienen.

Seien Sie daher misstrauisch – vor allem bei vermeintlich kostenlosen Beratungen. Im Fokus einer solchen »Beratungstätigkeit« steht zwangsläufig die Provision. Nicht selten werden Ihnen daher vor allem Spar- oder Versicherungsverträge vorgeschlagen, die am meisten Provisionen abwerfen oder der betreffenden Bank, der Versicherung oder Fondsgesellschaft am meisten Gebühren einbringen. Was Sie als Anleger dagegen wissen wollen, nämlich welche Geldanlage Sie sich überhaupt leisten können, welche Risiken Sie zu akzeptieren bereit sind, wann Sie das Geld brauchen und wofür Sie es brauchen, ist oft zweitrangig.

Gehen Sie nie unvorbereitet in ein Beratungsgespräch. Mit den Infos, die dieses Buch liefert, können Sie sich selbst ein Bild davon machen, welche Geldanlage für Sie sinnvoll ist und welche nicht. Die ersten Schritte haben Sie bereits in Kapitel 1 gelesen: Machen Sie sich klar, was Sie erreichen wollen und welche Rahmenbedingungen gelten sollen. Dann erst überlegen Sie, welche Anlageart für Sie infrage kommt. In einem dritten Schritt holen Sie sich die Angebote verschiedener Banken oder Versicherungen ein oder ziehen den Vergleich eines Verbrauchermagazins zu Rate (zum Beispiel *Finanztest*). Dann marschieren Sie zielgerichtet zu der Bank, Bausparkasse, Versicherung oder Depotbank, bei der Sie das bekommen, was Sie wollen.

Wie gut ist eine Geldanlage? – fünf Kriterien zur Bewertung

»Gut ist eine Geldanlage, die in möglichst kurzer Zeit möglichst viel Geld bringt.« Das denken nicht wenige Anleger und fallen damit manchmal böse auf die Nase. Denn die Gewinne sind nicht alles, sondern nur eines von fünf Kriterien, nach denen Sie jede Geldanlage bewerten sollten:

1. **Rendite:** Gemeint ist der jährliche Gewinn in Prozent, den Ihre Geldanlage (voraussichtlich oder sicher) abwirft. Von der Rendite abziehen müssen Sie die Kosten, welche die betreffende Geldanlage mit sich bringt (Abschlusskosten, Provisionen, Verwaltungsgebühren, Transaktionskosten und die Kosten für den Kaffee und die Kekse, die Sie dem Vermittler kredenzen, während er Sie zu Hause zutextet ...).

2. **Sicherheit:** Gemeint ist hiermit die Frage, ob bei der betreffenden Geldanlage Verlustrisiken bestehen oder nicht. Je riskanter eine Geldanlage, desto mehr muss sie unter dem Strich bringen. Oder umgekehrt gesagt: Je sicherer eine Geldanlage, desto weniger Rendite können Sie als Anleger erwarten. Das geht so weit, dass sehr sichere Geldanlagen aktuell noch nicht einmal den Inflationsausgleich schaffen.

3. **Liquidität,** also die Möglichkeit, Ihr Geld wieder flüssig zu machen. Hier geht es um die Zugriffsmöglichkeiten auf Ihr Erspartes. Ist Ihr Geld bis zum Ende der Laufzeit quasi »eingemauert«, sodass Sie nicht herankommen? Oder haben Sie auch zwischendurch die Möglichkeit, Geld nach Bedarf locker zu machen? Mauern Sie auf keinen Fall zu viel Geld ein. Ein Notgroschen für unvorhergesehene Neuanschaffungen oder Reparaturen sollte auf jeden Fall ständig verfügbar sein.

4. **Flexibilität bei den Einzahlungen:** Dieses Kriterium betrifft vor allem Sparformen, bei denen Sie regelmäßig Geld einzahlen, zum Beispiel Banksparpläne, Fondssparpläne oder Kapitallebensversicherungen. Die entscheidende Frage lautet: Können Sie Ihre Sparraten beliebig aufstocken oder kürzen, je nachdem, wie Ihre finanzielle Situation gerade aussieht?

5. **Transparenz:** Haben Sie den vollen Überblick darüber, wie ein Anbieter Ihr Geld investiert? Und was Ihre Geldanlage Ihnen voraussichtlich einbringt? Verlassen Sie sich nicht auf Beispielrechnungen und Prognosen, sondern haken Sie nach, wie die Rendite sich errechnet. Ist Berechnung für Sie ein Buch mit sieben Siegeln? Schauen Sie hinter die Kulissen. Wenn Sie eine Geldanlage nicht verstehen, ist das in der Regel zumindest ein Warnzeichen.

Im Folgenden finden Sie einen kurzen Überblick über die verschiedenen Möglichkeiten, Geld anzulegen. Die Details zu jeder einzelnen Anlageart finden Sie dann in den folgenden Kapiteln.

2 ▶ Die Qual der Wahl: Möglichkeiten zur Geldanlage

Geldanlage bei Banken und Bausparkassen

Der Klassiker der Geldanlage sind die Möglichkeiten, die Banken und Bausparkassen bieten. Das lernt schon jedes Kind am Weltspartag: Zur Bank kann man sein Geld bringen, um es sicher zu verwahren und sogar Zinsen dafür zu bekommen (vermutlich sind aber den meisten Kindern die Geschenke am Weltspartag wichtiger).

Das Geld zur Bank zu tragen ist auf jeden Fall besser und sicherer, als die Scheine daheim unter die Matratze zu legen oder in den berühmten Sparstrumpf zu stopfen. Lassen Sie sich da von Bankenkritikern nichts anderes weismachen.

Sinnlos ist es, hohe Beträge einfach auf dem Girokonto vor sich hingammeln zu lassen. Denn für das Geld gibt es kaum mehr Zinsen als für das Bargeld im Sparstrumpf. Und es »gammelt« im wahrsten Sinne des Wortes, denn aufgrund der Inflation verliert es laufend an Kaufkraft. Stattdessen sollten Sie sich nach einträglicheren Alternativen umschauen.

Bankkonten und Sparbriefe: Geldanlage für jedermann

Viele Konten und Anlagemöglichkeiten sind zumindest etwas attraktiver als ein Girokonto und dabei genauso sicher. Sie haben bei normalen Geschäftsbanken die Wahl zwischen folgenden Anlageformen (mehr zu jeder einzelnen Anlageart finden Sie in Kapitel 3):

- ✔ **Tagesgeldkonten** gibt es bei fast allen Banken. Der Vorteil: Sie bekommen etwas mehr Zinsen als auf einem Girokonto und können jederzeit Geld einzahlen und abheben. Die Zinsen auf dem Tagesgeldkonto ändern sich je nachdem, welches Zinsniveau auf dem Geldmarkt vorherrscht, sprich, wie hoch die Leitzinsen der Zentralbank gerade sind und wie viel Geld im Umlauf ist.

- ✔ **Sparkonten** sind eine ebenfalls sehr gängige Sparform. Die Zinsen sind hier allenfalls minimal höher als bei Tagesgeldkonten. Einzahlungen sind auch hier jederzeit möglich. Dafür können Sie nicht beliebig viel Geld auf einmal abheben, sondern müssen sich in der Regel an eine dreimonatige Kündigungsfrist halten. Auch hier ändern sich die Zinsen von Zeit zu Zeit in Abhängigkeit vom Geschehen auf dem Geldmarkt.

- ✔ **Festgeldkonten:** Da legen Sie Ihr Geld für beispielsweise sechs, für zwölf, 24 oder 36 Monate fest. Sie wissen von vornherein, wie viel Zinsen Sie dafür erhalten, haben aber nicht die Möglichkeit, vor Ende der Laufzeit an Ihr Geld heranzukommen. Was natürlich in Sachen Flexibilität nicht gerade der Knaller ist.

- ✔ **Sparbriefe** (die bei Sparkassen – wer hätt's gedacht? – »Sparkassenbriefe« heißen) funktionieren ähnlich wie Festgeld. Auch hier sind die Zinsen von vornherein bekannt. Auch hier legen Sie sich für einen bestimmten Zeitraum fest. Im Unterschied zum Festgeld ist die Laufzeit bei Sparbriefen allerdings oft deutlich länger. Bis zu 10 Jahre sind hier möglich. Bei Sparbriefen üblich sind gestaffelte Zinsen, die im Laufe der Zeit stufenweise ansteigen. Das sieht häufig attraktiver aus, als es in Wirklichkeit ist. Die Zinsen sind oft trotzdem nicht berauschend. Außerdem ist es selten empfehlenswert, sein Geld für so lange Zeit »einzumauern«.

- ✔ **Banksparpläne** sind regelmäßige, fixe Einzahlungen auf ein Sparkonto, Festgeldkonto oder in einen Sparbrief. Dafür gibt's dann die entsprechenden Zinsen. Der Vorteil ist, dass man auf diese Weise automatisch spart. Das Geld wird vom Girokonto abgebucht und angelegt. Der Nachteil ist der nicht immer üppige Zinssatz. Außerdem müssen Sie bei den Bedingungen genauer hinschauen. Es sollte möglich sein, die Sparraten nach oben oder unten anzupassen. Oder auch einmal auszusetzen, wenn die knappe Kasse gerade keine Geldanlage erlaubt.

- ✔ **Gewinnsparen** bieten vor allem die Genossenschaftsbanken, aber auch viele Sparkassen an. Es handelt sich um einen Sparvertrag in Kombination mit einer Lotterie. Das bringt zwar sehr wenig an Guthabenzinsen, aber immerhin haben Sie als Anleger Aussicht auf einen netten Gewinn, zum Beispiel 100 oder 250 Euro, ein Auto oder eine Reise.

- ✔ **Fremdwährungskonten** sind Konten bei inländischen Banken, deren Guthaben nicht auf Euro, sondern auf die Währung eines anderen Landes lautet, zum Beispiel auf den Schweizer Franken. Sie werden aktuell immer wieder als Inflationsschutz empfohlen. Tatsache ist aber: Die Gebühren für Fremdwährungskonten sind hoch, der Nutzen ist gering, die Absicherung gesetzlich nicht vorgeschrieben und das Ganze eine sehr spekulative Form der Geldanlage.

Einen Vorteil haben aber fast alle Arten von Bankkonten und Bankeinlagen: Sie sind sehr sicher. Denn wenn Ihr Erspartes auf einem Bankkonto liegt, gibt es eine gesetzliche Einlagensicherung bis 100 000 Euro pro Bankkunde (Ausnahme: Fremdwährungskonten). Darüber hinaus bieten die meisten Kreditinstitute noch eine freiwillige Absicherung, die weit über die gesetzlichen Vorschriften hinausgeht. Wie Sie herausfinden, ob Ihre Bank das Ersparte zu 100 Prozent absichert und wie genau die Absicherung funktioniert, erfahren Sie in Kapitel 4.

Kommen wir zu den Nachteilen klassischer Bankkonten und Sparbriefe: Die Rendite lässt hier oft zu wünschen übrig und schafft oft noch nicht einmal den Inflationsausgleich. Ein weiteres Manko ist der Mangel an Flexibilität. Das gilt eingeschränkt für Sparkonten, ganz sicher aber für Festgeldkonten und erst recht für Sparbriefe. Wenn Sie erst einmal monate- oder jahrelang Däumchen drehen müssen, bis Sie an Ihr Erspartes herankommen, ist das meistens nicht besonders erfreulich.

Bank ist nicht gleich Bank. Es gibt erhebliche Unterschiede – nicht nur, was die gebotenen Zinsen angeht. Wie Sie für sich die richtige Bank auswählen, lesen Sie in Kapitel 6.

Bausparverträge: beliebt, aber nicht gerade billig

Was macht der Deutsche, wenn er etwas Geld erübrigen kann? Er marschiert zu einer Bausparkasse und schließt dort einen Bausparvertrag ab. Denn fürs Häuslebauen sind nicht nur die Schwaben berühmt – und auf die eigene Immobilie zu sparen, erscheint vielen sinnvoll.

Ein Bausparvertrag ist im Grunde genommen nichts anderes als eine Kombination aus einem Festgeldkonto und einem Kredit. Das angesparte Geld und der Kredit zusammen finanzieren den Hauskauf, Hausbau oder diverse Renovierungsmaßnahmen an der bereits gekauften Immobilie.

2 ▶ Die Qual der Wahl: Möglichkeiten zur Geldanlage

Der Vorteil von Bausparverträgen sind die vergleichsweise günstigen Kreditkonditionen, die bei Fälligkeit auch dann gewährleistet sind, wenn das allgemeine Zinsniveau gerade sehr hoch ist. (Aber Vorsicht: Sind die Zinsen im Keller können Sie Ihr Häusle entsprechend günstig auch ohne Bausparvertrag finanzieren.)

Ein großer Nachteil von Bausparverträgen sind die hohen Abschlussgebühren (bis zu 1,6 Prozent der Bausparsumme). Aber auch die niedrigen Guthabenzinsen und nicht zuletzt einige Mängel in Sachen Flexibilität machen die Sache nicht in jedem Fall attraktiv. (Mehr dazu siehe Kapitel 5.)

Lebens- und Rentenversicherungen: die lahmen Enten unter den Geldanlagen

Geld anzulegen ist nicht nur bei Banken und Bausparkassen möglich, sondern auch bei Versicherungen. Viele Versicherer bieten nicht nur reine Absicherungspolicen an, die nur im Schadensfall zahlen. Sondern sie werben auch um die Gunst der Sparer und Anleger. Geboten werden dort beispielsweise folgende Sparformen (Genaueres zu jeder einzelnen lesen Sie in den Kapiteln 7 und 8):

- ✔ **Kapitallebensversicherungen:** Neben dem reinen Todesfallschutz gibt es hier auch am Ende der Laufzeit einen Batzen Geld. Geld, das der Versicherer von den regelmäßig gezahlten Prämien abzweigt und anlegt. Dabei sind Versicherungen gesetzlich dazu verpflichtet, das Geld vergleichsweise sicher zu investieren. Übertrieben empfehlenswert sind Kapitallebensversicherungen aber trotzdem nicht. Besonders bei neuen Verträgen sind die Renditen äußerst mager – das liegt unter anderem an den hohen Kosten. Und auch was die Rentabilität und Flexibilität solcher Verträge angeht, ist diese Sparform nicht gerade der Hit. Noch weniger sind es die sogenannten fondsgebundenen Lebensversicherungen, die das Geld nicht in sichere Wertpapiere, sondern in Investmentfonds investieren.

- ✔ **Rentenversicherungen:** Eigentlich sind diese Versicherungsverträge nicht viel anders als Kapitallebensversicherungen. Nur entfällt hier der Todesfallschutz. Bei Fälligkeit wird die Summe außerdem nicht auf einmal ausgezahlt, sondern in Form von regelmäßigen Rentenzahlungen (meist monatlich). Vorteil: Auch wenn Sie 100 Jahre oder älter werden – die Rentenversicherung zahlt bis zum Schluss brav Ihre monatliche Rente. Nachteil: Diese Anlageform ist weder flexibel noch allzu rentabel, wenn nicht gerade eine Förderung durch Staat und Arbeitgeber dazukommen und Sie außerdem steinalt werden.

- ✔ **Direktversicherungen** sind eine Form der betrieblichen Altersvorsorge. Es handelt sich dabei ebenfalls um eine Rentenversicherungspolice. Die allerdings schließt Ihr Arbeitgeber für Sie ab. Die monatlichen Einzahlungen leisten Sie aus Ihrem Gehalt und manchmal schießt auch der Arbeitgeber noch etwas dazu. Das kann ein sinnvoller Baustein für die private Altersvorsorge sein, aber besonders rentabel und flexibel ist diese Anlageform nicht. Dazu kommt, dass Sie nicht jede dieser Policen zum neuen Arbeitgeber mitnehmen können, wenn Sie den Job wechseln. Interessant ist diese Form der Altersvorsorge eigentlich nur durch steuerliche Erleichterungen und möglicherweise durch einen Zuschuss vom Arbeitgeber.

✔ **Tages- oder Festgeld bei Versicherern (»Kapitalisierungsverträge«)** sind streng genommen keine Konten, sondern Versicherungspolicen Im Prinzip funktionieren sie aber genau gleich wie ein Bankkonto. Sie legen Ihr Geld bei einem Versicherer an und bekommen dafür feste Zinsen. Das kann eine sinnvolle Alternative zu Bankkonten sein, wenn ein Versicherer mehr Zinsen bietet als eine Bank. Auch für das Geld, das Sie hier anlegen, gibt es eine gesetzliche Absicherung.

Bundesschatzbriefe & Co.: sicher, aber nicht immer rentabel

Wenn in den Nachrichten von »überbordenden Staatsschulden« die Rede ist, wird meistens nicht gesagt, bei wem die Staaten denn ihre Schulden machen. Ganz einfach: Sie leihen sich Geld bei jedem, der bereit ist, ihre Schuldenpapiere zu kaufen. So auch die Bundesrepublik Deutschland, die verschiedene Arten von Staatsanleihen herausgibt. Einige davon zielen speziell auf Privatanleger ab.

Zum Kauf dieser Papiere brauchen Sie ein »Schuldbuchkonto« bei der Finanzagentur des Bundes, die früher »Bundesschuldenverwaltung« hieß. Wie Sie eines eröffnen, lesen Sie in Kapitel 10.

Sie erwägen, unserem armen, armen Land Geld zu leihen? Hier sind Ihre Möglichkeiten (die Einzelheiten dazu finden Sie dann in Kapitel 11):

✔ Die **Tagesanleihe des Bundes** ist vergleichbar mit dem Tagesgeldkonto bei einer Bank. Sie können sie täglich nach Belieben kaufen oder verkaufen und kassieren dafür Zinsen, die Ihnen tagesgültig gutgeschrieben werden. Sehr sicher, sehr flexibel, aber nicht gerade mit üppigen Zinsen bestückt. Da die halbe Welt der Bundesrepublik Deutschland gerne ihr Geld leiht, muss sich der Bund nicht sonderlich anstrengen, um seine Schuldenpapiere loszuwerden. Allzu rentabel ist eine solche Geldanlage also nicht.

✔ **Bundesschatzbriefe** gibt es in zwei Variationen: Typ A und Typ B. Der Unterschied liegt in der Laufzeit. Bei Typ A legen Sie Ihr Geld für sechs Jahre fest, bei Typ B sogar für sieben Jahre. Dafür gibt es gestaffelte Zinsen, die im Laufe der Zeit steigen und erst am Schluss ausgezahlt werden. Ob sich das lohnt, hängt von den Zinsen ab – und davon, ob Sie Ihr Geld so lange entbehren können. In Sachen Sicherheit gibt es nichts zu meckern.

✔ **Bundesobligationen, Staatsanleihen des Bundes und Finanzierungsschätze** kaufen Sie über Ihre Depotbank an der Börse. Der Vorteil ist, dass Sie sie auf diese Weise jederzeit kaufen und wieder verkaufen können und dass auch diese Papiere als sehr sicher gelten. Aber auch hier ist die Rendite mäßig, zumal die Transaktionskosten Ihre Gewinne schmälern.

An der Börse können Sie auch Staatsanleihen anderer Länder kaufen, zum Beispiel der USA oder der Ukraine. Aber seien wir ehrlich: Das ist in der Regel nicht empfehlenswert. Das Wort »Schuldenkrise« kennt man schließlich nicht nur im Euroraum. Selbst wenn Sie Staatsanleihen von Ländern kaufen wollen, die nicht mit ihren Schulden kämpfen, gehen Sie damit ein erhebliches Wechselkursrisiko ein.

2 ▶ Die Qual der Wahl: Möglichkeiten zur Geldanlage

Nicht nur für Spekulanten interessant: börsengehandelte Wertpapiere

»Die ganze Börse hängt nur davon ab, ob es mehr Aktien gibt als Idioten – oder umgekehrt.« So der legendäre Spekulant André Kostolany, Gott hab ihn selig. Angeblich hat er in seinem Leben mehr Geld mit seinen Büchern und Auftritten verdient als mit Börseninvestments. Denn er hat Gerüchten zufolge ganz gerne gezockt und da verliert man auch schon mal eine Stange Geld. Nehmen Sie André Kostolany also nicht unbedingt als Vorbild, was die Geldanlage angeht. Nehmen Sie ihn aber zum Vorbild in Sachen Lebenskunst, Gewitztheit und Gelassenheit. Denn er wusste, dass trotz allen Risiken an der Börse Geld zu verdienen ist.

Erst mal brauchen Sie ein Wertpapierdepot. Wie Sie das eröffnen, lesen Sie in Kapitel 10. Dann müssen Sie lernen, auf die richtigen Wertpapiere zu setzen und die Hauptgegner vernünftiger Anlageentscheidungen zu besiegen – nämlich die Gier und die Angst. Unter diesen Voraussetzungen ist es sogar ausgesprochen ratsam, auf börsengehandelte Wertpapiere zu setzen. Das sind Ihre Möglichkeiten:

- ✔ **Unternehmens- und sonstige Anleihen** bringen oft höhere Zinsen als Bundesanleihen. Dafür müssen Sie gegebenenfalls bei der Sicherheit Abstriche machen. (Mehr dazu in Kapitel 12.) Wie Sie übrigens herausfinden, ob ein Anleihenemittent zahlungskräftig ist oder doch eher ein Wackelkandidat, erfahren Sie in Kapitel 15.

- ✔ **Pfandbriefe** sind eine Art Anleihen, die mit realen Krediten zum Beispiel auf Häuser, Schiffe oder Flugzeuge unterlegt sind. Sie haben nichts zu tun mit den berüchtigten »Subprime Bonds«, welche die Welt 2008 in eine tiefe Finanzkrise gestürzt haben, sondern sind zumindest hier in Deutschland eine sehr sichere Angelegenheit. Und etwas besser als Bundesschatzbriefe sind ihre Zinsen allemal. (Mehr dazu in Kapitel 14.)

- ✔ **Investmentfonds,** kurz **Fonds** genannt: Das ist die bequemste Art, in Wertpapiere zu investieren. Sie kaufen die Fondsanteile und der Fondsmanager sorgt für einen bestimmten Mix aus Wertpapieren – das können Anleihen, Aktien, aber auch Immobilien sein. Der Vorteil: Sie können auch mit vergleichsweise kleinen Summen in verschiedene Wertpapiere investieren. Damit verringert sich das Risiko erheblich. Trotzdem gibt es bei Fonds zum Teil erhebliche Kursschwankungen. Ganz ohne Risiko ist dieses Investment also nicht. (Mehr zu Fonds erfahren Sie in Kapitel 16.)

- ✔ **Exchange Traded Funds,** kurz **ETFs** genannt, sind eine Sonderform der Investmentfonds. Sie bilden ganz einfach einen Index ab, zum Beispiel den Deutschen Aktienindex DAX. Das ist eine sehr transparente und effiziente Form, in Fonds zu Investieren. (Wie ein ETF genau funktioniert und was Sie bei der Auswahl beachten sollten, erfahren Sie in Kapitel 17.)

- ✔ **Fondssparpläne:** Wenn Sie regelmäßig einen festen Betrag in Fonds- beziehungsweise ETF-Anteile investieren, nennt sich das Fondssparplan. Als Geldanlage eine ausgesprochen gute Sache, vor allem wenn Sie noch jung sind. (In Kapitel 18 erfahren Sie mehr zu dieser interessanten Anlageform.)

- ✔ **Aktien:** Wer in Aktien investiert, muss sich ein bisschen was trauen und sollte nicht völlig ahnungslos sein. Denn die Kurse schwanken täglich, weil Angebot und Nachfrage ihren

Kurs bestimmt. Langfristig aber sind Aktieninvestments eine gute Sache, zumal sie als reale Unternehmensanteile auch vor Inflation schützen. Bei allen Schwankungen sind Aktien solider Unternehmen über Jahrzehnte wertbeständiger als beispielsweise Währungen. Wer also sein Geld rentabel investieren möchte, sollte sich einige solide Aktien ins Depot legen. (Was Sie dazu wissen müssen, lesen Sie in Kapitel 19.)

Das eigene Haus: Altersvorsorge in »Betongold«

Auf der Wunschliste der Deutschen steht ein eigenes Haus oder wenigstens eine Eigentumswohnung ziemlich weit oben. Auch das ist eine Geldanlage: Denn damit sparen Sie sich im Alter zumindest die monatliche Miete.

Allerdings ist das Eigenheim nicht uneingeschränkt zu empfehlen. Das A und O ist natürlich, dass Sie sich diese sehr kostspielige Form der Geldanlage auch wirklich leisten können. Was natürlich nicht bedeutet, dass Sie den gesamten Kaufpreis beziehungsweise die Baukosten jetzt sofort bar auf den Tisch blättern müssen.

Einen Hypothekenkredit zur Finanzierung aufzunehmen ist völlig normal. Dann aber sollten Sie Ihre anderen Geldanlagen erst mal auf Eis legen, bis das Eigenheim abgezahlt ist. (Was Sie im Einzelnen über die Immobilienfinanzierung wissen müssen, haben wir in Kapitel 21 für Sie zusammengestellt.)

Nicht vergessen: Manche Geldanlagen fördert der Staat oder der Arbeitgeber

Wo es Geld vom Staat oder Arbeitgeber gibt, wird eine Geldanlage gleich rentabler. Für einige der oben genannten Möglichkeiten gibt es Zuschüsse – oder die Möglichkeit einer Steuerersparnis. Hier für Sie die wichtigsten Anlagen, die gefördert werden:

- ✔ **Riester-Rente:** Der Staat propagiert es inzwischen schon selbst – jeder muss zusätzlich zur gesetzlichen Rente auch privat vorsorgen. Für Arbeitnehmer und deren Ehepartner hat er daher die Riester-Rente ins Leben gerufen, benannt nach dem ehemaligen Bundesarbeitsminister Walter Riester. Als Sparer profitieren Sie hier von staatlichen Zulagen, die umso höher ausfallen, je mehr Kinder Sie haben. Auch eine Steuerersparnis ist möglich. Die Riester-Rente ist sehr sicher. Außerdem können Sie Ihre Einzahlungen beliebig nach oben oder unten anpassen. Aber es gibt auch Nachteile: Sie kommen vor Fälligkeit nicht an Ihr Erspartes heran und vererben oder verschenken lässt es sich auch nicht. (Mehr dazu erfahren Sie in Kapitel 22.)

- ✔ **Rürup-Rente:** Während »Riester« eher für Arbeitnehmer gedacht ist, kann eine Rürup-Rente jedermann abschließen. Da die staatliche Förderung allerdings nur aus einer Steuerersparnis besteht, kommt diese Form der Vorsorge praktisch nur für Besserverdienende infrage. (Die Details dazu lesen Sie in Kapitel 23.)

- ✔ **Vermögenswirksame Leistungen, Arbeitnehmersparzulage und Wohnungsbauprämie:** Hier gibt es im wahrsten Sinne des Wortes Geld geschenkt. Nämlich vom Arbeitgeber und bis zu bestimmten Einkommensgrenzen auch vom Staat. Allerdings kriegen Sie die Kohle nicht bar auf die Kralle. Sondern Sie müssen dafür einen Sparvertrag abschließen und das Geld mindestens sieben Jahre lang unangetastet lassen. (Welche Sparverträge gefördert werden und was Sie sonst noch dazu wissen müssen, finden Sie in Kapitel 24.)

 Mit dieser Zusammenfassung haben Sie jetzt schon einen groben Überblick über Ihre Möglichkeiten, Geld anzulegen. Wenn Sie keine Lust haben, dieses Buch ganz durchzulesen, können Sie zu einzelnen Kapiteln springen, um sich über die Details der Geldanlagen genauer zu informieren, für die Sie sich wirklich interessieren. Dann finden Sie auch heraus, welche Anlageform zu Ihnen passt und welche eher nicht. Außerdem wissen Sie dann, was Sie beim Vergleich der einzelnen Angebote beziehungsweise bei der Auswahl beachten müssen.

Teil II

Das Naheliegendste: Banken, Bausparkassen und Versicherungen

»Die richtige Geldanlage auszuwählen, ist wie den richtigen Hut auszuwählen. Sie finden einen, der Ihnen steht und dann bleiben Sie dabei.«

In diesem Teil ...

»Sicherheit ist Trumpf!« So lautet die Devise der meisten Deutschen. Denn die Hitparade der beliebtesten Geldanlagen wird regelmäßig angeführt von Bankkonten aller Art, Versicherungspolicen sowie Bau- und anderen Sparverträgen. Das ist Grund genug, sich diese Anlagemöglichkeiten einmal genauer anzusehen.

Bankkonten und Sparverträge: sicher, aber wenig rentabel

In diesem Kapitel

▶ Tagesgeldkonto

▶ Festgeldkonto

▶ Sparbrief und -vertrag

▶ »Exotische Bankanlagen«: Gewinnsparen und Fremdwährungskonto

▶ Banksparplan

Der US-amerikanische Schriftsteller Mark Twain hat es auf den Punkt gebracht: »Eine Bank ist eine Einrichtung, von der Sie sich Geld leihen können – vorausgesetzt, Sie können nachweisen, dass Sie es nicht brauchen.« Also lassen Sie das mit dem Geldleihen besser erst einmal und gehen Sie lieber zur Bank, um welches anzulegen. Sollten Sie dann später doch mehr Geld brauchen als das Angesparte (zum Beispiel für einen Hauskauf), dann fällt Ihnen auf diese Weise der Nachweis nicht schwer, dass Sie es eigentlich gar nicht nötig haben ...

In diesem Kapitel erfahren Sie, dass Bankkonto nicht gleich Bankkonto ist und dass es für die Geldanlage nicht genügt, ein Girokonto zu besitzen. Besser sind spezielle Konten, die Ihnen zumindest etwas höhere Guthabenzinsen einbringen – und davon gibt es jede Menge.

Das Tagesgeldkonto: der Parkplatz fürs Geld

Erinnern Sie sich noch an die Notfallreserve aus Kapitel 1? Zwei bis drei Monatsgehälter sollten Sie erst mal auf die Seite legen, bevor Sie ernsthaft über eine weitergehende Geldanlage nachdenken. Auf diese Weise brauchen Sie nicht gleich Ihr Girokonto zu überziehen, wenn Ihr Junior das Auto gegen den Gartenzaun setzt oder Sie aus anderen Gründen plötzlich viel Geld brauchen.

Fragt sich nur, wo Sie diesen Notgroschen lagern. Daheim unter der Matratze ist keine gute Idee. Aber auch das Girokonto ist für diese Zwecke nicht geeignet. Denn erstens wirft es kaum Zinsen ab. Zweitens zeigt die Erfahrung: Was Sie als Sparer nicht sprichwörtlich »auf die Seite schaffen«, das ist irgendwann doch auf rätselhafte Weise verschwunden. Vielleicht weil der Aufsitzrasenmäher im Baumarkt dann doch eine zu starke Anziehungskraft entwickelt hat. Oder weil der schicke Louis-Vuitton-Koffer im Schlussverkauf ja so wahnsinnig günstig war. Und dann noch dieses traumhafte Paar Gucci-Schuhe ...

 Die wichtigste Grundregel beim Sparen und Anlegen lautet daher: Schaffen Sie das Geld tatsächlich beiseite. Raus aus Ihrem Portemonnaie, weg von Ihrem Girokonto. Denn Bargeld und das Guthaben auf dem Girokonto bieten keinen Anreiz zum Sparen, sondern nur zum Geldausgeben. Dank Kartenzahlung können Sie das Geld sonst beliebig ausgeben, egal wo Sie sind. Merken werden Sie es erst, wenn Sie später Ihren Kontostand prüfen und nichts als gähnende Leere vorfinden. Im Prinzip ist das Sparschwein der Kinder ein gutes Vorbild: Wer sein Geld hineinwirft, kriegt es nicht so leicht wieder heraus. Das eine oder andere Kind schafft es vielleicht, den Verschluss trotz aller Tücken zu knacken. Wenn nicht, dann bleibt nur noch das Zerschlagen mit dem Hämmerchen. Aber bevor das geschieht, setzt vielleicht doch noch das Nachdenken darüber ein, ob Scherben so viel Glück bringen, dass das gewünschte Paar Fußballschuhe diese wirklich rechtfertigt. So ähnlich ist es auch mit dem Tagesgeldkonto. Sie können zwar im Prinzip jederzeit darauf zugreifen. Aber Sie müssen vorher überlegen, ob Sie das Geld auch wirklich ausgeben wollen.

Ein Tagesgeldkonto ist für jeden Sparer und Anleger uneingeschränkt zu empfehlen. Das gilt zum einen – siehe oben – für den Notgroschen. Zum anderen ist es aber auch sinnvoll, größere Summen dort zwischenzuparken, bevor Sie entscheiden, was Sie damit machen.

So funktioniert ein Tagesgeldkonto

Bei einem Tagesgeldkonto handelt es sich um ein Konto, das Ihnen Zinsen bringt, das aber mit keinerlei Zugriffsbeschränkungen verbunden ist. Von »Tagesgeld« spricht man deswegen, weil Sie täglich auf die dort eingezahlte Kohle zugreifen können. Bankentäglich, um genauer zu sein, denn wir wissen alle, dass die Mehrzahl der Banken sich nicht unbedingt durch allzu großzügige Öffnungszeiten hervortut.

Wenn Sie also Geld auf ein Tagesgeldkonto legen, können Sie bei Bedarf beliebig darüber verfügen. Sie müssen weder eine Kündigungsfrist einhalten noch bis zu irgendeinem Fälligkeitstermin warten. Eine Überweisung aufs Girokonto genügt – und das Geld ist da.

Warum ein Tagesgeldkonto kein normales Girokonto ist

In aller Regel ersetzt ein Tagesgeldkonto kein Girokonto, sondern ergänzt es nur. Denn in Sachen Zahlungsverkehr bietet ein Tagesgeldkonto in aller Regel deutlich weniger Möglichkeiten. Was heißt das konkret? Nicht möglich sind bei einem Tagesgeldkonto im Normalfall ...

- ✔ **Überweisungen:** Sie können von einem Tagesgeldkonto kein Geld auf ein anderes Konto überweisen. Davon gibt es nur eine Ausnahme: Auf das sogenannte *Referenz-* oder *Verrechnungskonto* können Sie Geld überweisen. Das ist ein beliebiges Konto, das Sie bei Eröffnung des Tagesgeldkontos angeben. Üblicherweise nehmen Sie dafür Ihr Girokonto. Nur dahin können Sie das Guthaben vom Tagesgeldkonto per Überweisung umschichten.

- ✔ **Abhebungen mit EC-Karte:** Sie können vom Tagesgeldkonto auch nicht zwangsläufig Geld abheben. Oft müssen Sie die gewünschte Summe erst aufs Girokonto überweisen, um darüber verfügen zu können.

3 ▶ Bankkonten und Sparverträge: sicher, aber wenig rentabel

✔ **Einzugs- und Abbuchungsermächtigungen:** Auch diese Transaktionen sind bei einem Tagesgeldkonto üblicherweise nicht möglich.

✔ **Scheckeinlösungen:** Möglicherweise wird sich die Bank auch weigern, einen eingereichten Scheck auf Ihrem Tagesgeldkonto gutzuschreiben.

✔ **Überziehungen:** Es ist nicht möglich, ein Tagesgeldkonto zu überziehen. Es wird ausschließlich auf Guthabenbasis geführt.

Von dieser Regel gibt es aber Ausnahmen: Einige Direktbanken bieten Tagesgeldkonten, die im Zahlungsverkehr sämtliche Funktionen haben, die eines normales Girokonto auch hat. Dann brauchen Sie nur dieses eine Konto und nicht noch ein extra Giro- beziehungsweise Verrechnungskonto dazu.

Fraglich ist nur, ob Sie das auch wirklich wollen. Denn wie gesagt: Es hat durchaus seinen Sinn, nicht gedankenlos von jeder Shopping-Meile, jedem Porsche-Händler und jedem Wellness-Tempel per EC-Karte auf das Ersparte zugreifen zu können. Aber bestimmt sind Sie in Sachen Geldausgeben ein absolut disziplinierter Typ und lassen sich nie zu unüberlegten Spontankäufen hinreißen. Dann ist ein kombiniertes Tagesgeld-Giro-Konto natürlich kein Problem ...

Welche Zinsen bringt ein Tagesgeldkonto?

Die Guthabenzinsen sind bei Tagesgeldkonten nicht für alle Ewigkeit fix, sondern ändern sich immer wieder mal. Zinsänderungen nimmt die Bank aber nicht beliebig vor. Sondern vor allem dann, wenn sich das allgemeine Zinsniveau ändert. Sie muss sich schon deswegen anpassen, weil ihre Konkurrenten ihr sonst gnadenlos die Kunden wegschnappen. Denn die gehen nun mal gerne dahin, wo es fürs Tagesgeld höhere Zinsen gibt.

Wie hoch die Zinsen auf dem Tagesgeldkonto sind, richtet sich in aller Regel nach dem allgemeinen Zinsniveau auf dem *Geldmarkt*. So nennt man den Markt, auf dem sich die Zentralbank und die Geschäftsbanken gegenseitig Geld leihen. Dabei spielt der *Leitzins* eine große Rolle. Hier im Euroraum setzt die Europäische Zentralbank (EZB) die Leitzinsen für die gesamte Währungsunion fest. Dieser Zinssatz entscheidet darüber, wie günstig sich die Geschäftsbanken bei der Zentralbank mit Geld eindecken können. Sind die Leitzinsen niedrig, werden die Banken für Tagesgeldkonten auch nur niedrige Zinsen bieten. Sind die Leitzinsen hoch, steigt auch der Zins, den die Banken fürs Tagesgeld bieten. Wie hoch der Leitzins der Europäischen Zentralbank ist, erfahren Sie beispielsweise auf der Internetseite der Deutschen Bundesbank www.bundesbank.de. Da der Leitzins im Beamtendeutsch der Finanzbürokraten »Hauptrefinanzierungssatz« heißt, sollten Sie auf den Prozentsatz hinter diesem Begriff schauen.

Der Zinssatz auf einem Tagesgeldkonto liegt meist etwas unter dem Leitzins. Er entwickelt sich aber ähnlich wie der Leitzins. Konkret heißt das: Steigen die Leitzinsen, steigen auch die Zinsen auf dem Tagesgeldkonto. Sinkt das Niveau des Leitzinses, sind die Zinsen auf einem Tagesgeldkonto entsprechend niedriger. Eine Ausnahme sind Aktionen einzelner Banken zur Neukundenwerbung. Da kann es bei den Guthabenzinsen schon mal einen Ausreißer nach oben geben.

Aber Vorsicht bei Lockangeboten! Meist sind solche Aktionen auf wenige Monate begrenzt. Dann werden die Zinsen radikal gekürzt, oft sogar auf ein Niveau unterhalb des allgemein Üblichen. Und Bestandskunden profitieren ohnehin nicht davon.

Nicht nur für Erbsenzähler wichtig: die Häufigkeit der Zinsgutschrift

Es ist von Bank zu Bank verschieden, wie oft die Zinsen auf einem Tagesgeldkonto gutgeschrieben werden. Kaum eine Bank verbucht die Zinsgutschrift täglich. Die meisten Kreditinstitute schreiben die Zinsen quartalsweise gut, manche sogar nur halbjährlich oder jährlich. Das macht einen winzigen Unterschied aus, der im Zinseszinseffekt begründet ist. Dazu eine Beispielrechnung:

Auf Tagesgeldkonto A und B liegen jeweils 1 000 Euro. Der jährliche Guthabenzins beträgt bei beiden 2 Prozent pro Jahr. Allerdings werden die Zinsen bei Konto A nur einmal, am Ende des Jahres, gutgeschrieben, bei Konto B dagegen vierteljährlich jeweils am Ende eines Quartals (dann jeweils mit einem Viertel des Jahreszinses, also mit 0,5 Prozent). So sieht nach Ablauf eines Jahres die »Bilanz« aus:

Tagesgeldkonto A: Nach Ablauf eines Jahres liegen (1 000 Euro plus 2 Prozent von 1 000 Euro =) 1 020 Euro auf dem Konto.

Tagesgeldkonto B: Nach Ablauf des ersten Quartals liegen (1 000 Euro plus 0,5 Prozent von 1 000 Euro =) 1 005 Euro auf dem Konto. Nach Ablauf des zweiten Quartals liegen (1 005 Euro plus 0,5 Prozent von 1 005 Euro =)1 010,03 Euro vor. Nach Ablauf des dritten Quartals hat der Kontoinhaber (1 010,03 Euro plus 0,5 Prozent von 1 010,03 Euro =) 1 015,08 Euro auf seinem Tagesgeldkonto. Nach Ablauf des vierten Quartals kommen dann (1 015,08 Euro plus 0,5 Prozent von 1 015,08 Euro =) 1 020,16 Euro zusammen. Die vierteljährliche Zinsgutschrift macht hier also aufs Jahr gesehen einen finanziellen Vorteil von 16 Cent aus.

»Das ist doch lächerlich!«, werden Sie jetzt sagen. Und damit haben Sie durchaus Recht. Lächerlich ist der Unterschied allerdings nicht, wenn es um etwas höhere Zinssätze, große Summen und sehr lange Zeiträume geht. Denn dann läppern sich auch die Zinsen für die Nachkommastellen zu erklecklichen Beträgen zusammen.

Wenn Sie bei sonst gleichen Bedingungen die Wahl haben zwischen vierteljährlicher, halbjährlicher und jährlicher Zinsgutschrift, nehmen Sie die vierteljährliche Zinsgutschrift. Oder allgemein formuliert: Nehmen Sie bei gleichen Zinsen und gleicher Sicherheit immer das Konto, bei dem die Zinsgutschriften in möglichst kurzen Abständen erfolgen.

Manche »Tagesgeldkonten« werden auch von Versicherungen angeboten. Und nicht nur Tagesgeld, sondern auch Festgeld (siehe unten) können Sie bei vielen Versicherungsgesellschaften parken. Streng genommen handelt es sich dabei aber nicht um Konten, sondern um »Kapitalisierungsverträge«. Ihnen als Bankkunde kann das aber egal sein. Hauptsache, die Zinsen sind attraktiv (da können einige Versicherer durchaus mit der Bankenkonkurrenz mithalten). Der einzig

wirklich relevante Unterschied zu echten Konten ist die Absicherung solcher Gelder im Insolvenzfall. Denn was bei einer Versicherung liegt, fällt nicht unter die Einlagensicherung, sondern ist über die Auffanggesellschaft Protektor AG geschützt (mehr dazu in Kapitel 4).

Tagesgeldkonto: die Vor- und Nachteile im Überblick

Erinnern Sie sich noch an die fünf Kriterien, anhand derer Sie jede Geldanlage auf ihre Tauglichkeit überprüfen können (siehe Kapitel 2)? Ab sofort lesen Sie für jede hier vorgestellte Geldanlage eine Einschätzung in Bezug auf diese Kriterien. Was davon Ihnen wichtig erscheint und was nicht, entscheiden Sie selbst. Letztlich wissen Sie am besten, wie viel Rendite Sie sich wünschen, welche Risiken Sie zu tragen bereit sind, wie viel Flexibilität in Bezug auf die Ein- und Auszahlungen erforderlich ist und wie viel Transparenz Sie erwarten. Klarmachen sollten Sie sich aber dennoch, was jede Geldanlage an Vor- und Nachteilen mit sich bringt.

Was hat das Tagesgeldkonto in Bezug auf die fünf genannten Kriterien zu bieten?

1. **Rendite:** Sie haben es oben gelesen: Die Zinsen auf einem Tagesgeldkonto sind in Niedrigzinsphasen nicht der Hit. Liegen dazu Ihre Kapitalerträge (also Ihre Einkünfte aus der Geldanlage) insgesamt über 801 Euro (beziehungsweise 1 602 Euro für Ehepaare) pro Jahr, kommt außerdem noch die *Abgeltungsteuer* dazu. Der Staat schnappt sich dann ein gutes Viertel von dem, was über diesen sogenannten *Sparerpauschbetrag* hinausgeht. Das heißt: Es ist unter diesen Rahmenbedingungen schon ein ambitioniertes Ziel, mit einem Tagesgeldkonto den Inflationsausgleich zu schaffen. Positiv ist immerhin, dass für ein Tagesgeldkonto üblicherweise keine Gebühren anfallen, die die Rendite ansonsten auch noch schmälern würden. Und wenn die Zinsen hoch sind, ist diese Geldanlage top!

2. **Sicherheit:** Das Guthaben auf einem Tagesgeldkonto ist absolut sicher. Im gesamten EU-Raum ist für jede dort ansässige Bank eine Mindestsicherung von 100 000 Euro pro Bankkunde vorgeschrieben. Das gilt für alle *Einlagen*, also Guthaben, die auf Konten ruhen. Die meisten Banken sichern freiwillig mehr ab. Sie brauchen also nur die richtige Bank zu wählen, dann gehen Sie mit einem Tagesgeldkonto kein Risiko ein (mehr dazu in Kapitel 4). Eine Sache ist allerdings schwierig mit Tagesgeldkonten: der Kaufkrafterhalt. Steigen die Inflationsraten und ist der Leitzins sehr niedrig, dann wächst der Geldbetrag zwar, aber Sie können sich trotzdem immer weniger davon kaufen. Gegen Inflation bietet ein Tagesgeldkonto daher nicht den besten Schutz.

3. **Liquidität:** Hier ist das Tagesgeldkonto unschlagbar. Sie kommen jederzeit und ohne jede Beschränkung an das Ersparte heran, wenn Sie das wollen. Außer vielleicht, die Internetseite stürzt beim Online-Banking ab oder die Bank ist geschlossen.

4. **Flexibilität bei den Einzahlungen:** Auch hier ist das Tagesgeldkonto einsame Spitze. Sie können Einmalbeträge oder regelmäßige Summen einzahlen. Bei regelmäßigen Einzahlungen können Sie die Sparraten herauf- und herabsetzen, ganz wie es Ihnen beliebt. Und aussetzen können Sie auch, wenn in einem Monat mal zum Sparen nicht genug Geld übrig ist.

5. **Transparenz:** Transparenter als bei einem Tagesgeldkonto geht es nicht. Was Sie an Zinsen bekommen, können Sie sich selbst ausrechnen, das kriegen Sie problemlos hin, wenn Sie sich an Ihren alten Mathelehrer zurückerinnern, der Ihnen die Zinsrechnung liebevoll und geduldig – oder per Kopfnuss – erklärt hat. Über den Stand Ihres Guthabens werden Sie zudem regelmäßig in Kontoauszügen informiert. Verständlich ist diese Geldanlage auch – was will man mehr?

Fazit: Für den Notgroschen ist ein Tagesgeldkonto ideal. Da schlägt die magere Rendite nicht allzu sehr zu Buche. Gut geeignet ist ein Tagesgeldkonto außerdem für größere Beträge, die Sie irgendwo zwischenlagern müssen, bevor Sie entscheiden, was damit geschehen soll oder muss. Dabei ist es egal, ob es sich um den Nachlass von einer reichen Erbtante handelt oder um die Auszahlung einer Lebensversicherung.

Mit Ihrem Tagesgeldkonto müssen Sie nicht treuer Kunde Ihrer Hausbank sein. Vielmehr lohnt es, sich »fremdzugehen« (das empfehlen wir sonst nur bei ganz besonders verführerischen Angeboten ...). Denn vor allem die Direktbanken liefern sich einen heißen Wettbewerb um die Gunst der Sparer und tragen diesen Wettbewerb oft über attraktive Zinsen fürs Tagesgeld aus. Wo finden Sie nun die günstigsten Angebote? Entweder Sie geben in Google die Suchworte »Tagesgeld Vergleich« ein. Oder Sie schauen auf der Internetseite der FMH Finanzberatung (www.fmh.de) nach. Auch die Zeitschrift *Finanztest* veröffentlicht in jeder Ausgabe einen Vergleich verschiedener Tagesgeldangebote.

Sparkonto: der Geldparkplatz für Dauerparker

Sie haben es gelesen: Tagesgeldkonten verzinsen sich nicht allzu üppig. Das liegt unter anderem daran, dass die Bank nie wissen kann, wann Sie als Kontoinhaber Ihr Geld wieder abheben werden. Die Bank verleiht aber das Geld der Sparer auf der anderen Seite wieder an Kreditnehmer. Schließlich lebt sie von der Differenz zwischen den Zinsen, die sie den Sparern gibt, und den Zinsen, die sie von den Kreditnehmern verlangt. Folglich sind ihr *Einlagen* lieber, die ihr für längere Zeit sicher zur Verfügung stehen. Einlagen heißen alle Guthaben, die auf irgendwelchen Konten herumliegen. Dann kann sie besser planen und braucht sich nicht anderswo (zum Beispiel bei der Zentralbank oder bei anderen Banken) Geld zu leihen.

Aus diesem Grund preisen zumindest die Filialbanken ihre Tagesgeldkonten oft gar nicht so sehr an. Vielmehr sind sie ganz froh, wenn sich ihre Kunden stattdessen mit einem popeligen Sparkonto begnügen.

So funktioniert ein Sparkonto

Der Vorteil eines Sparkontos aus Bankensicht ist aus Kundensicht ein Nachteil: Das Geld, das auf einem Sparkonto liegt, können Sie nicht von heute auf morgen abheben. Vielmehr müssen Sie eine Kündigungsfrist einhalten, die üblicherweise drei Monate beträgt. In Einzelfällen können auch längere Kündigungsfristen vereinbart werden.

 Diese Kündigungsfrist gilt allerdings nicht für die Zinsgutschrift, die Sie üblicherweise am Jahresende bekommen. Alles, was Sie für das Vorjahr an Zinsen kassiert haben, dürfen Sie bis Ende Februar des Folgejahres auf einmal abheben. Dabei ist es egal, um welche Summe es sich dabei handelt. In diesem Fall brauchen Sie die Bank nicht vorzuwarnen. Sie haben ein Recht, den Betrag, den Sie als Zinsgutschrift erhalten haben, gleich abzuheben.

Ansonsten gilt hier, was auch bei Tagesgeldkonten der Fall ist. Ein Sparkonto bietet im Zahlungsverkehr nur sehr eingeschränkte Möglichkeiten. Mehr als eine Überweisung des Geldes auf ein Referenzkonto (zum Beispiel Ihr Girokonto) ist nicht möglich.

Wie hoch die Zinsen bei Sparkonten sind

Bei einem Sparkonto müssen Sie das Geld etwas länger auf der Bank liegen lassen als bei einem Tagesgeldkonto, wo es jederzeit verfügbar ist. Da müsste es eigentlich doch möglich sein, dass die Bank Ihnen Ihre Geduld honoriert. Tatsächlich aber werfen Sparkonten allenfalls minimal höhere Zinsen ab als Tagesgeldkonten.

Anders als beim Tagesgeldkonto, das oft als Aushängeschild für die Werbung genutzt wird, sind bei Sparkonten »Sonderangebote« mit höheren Zinsen auf weiter Flur nicht zu finden. Also ist es auch eher fraglich, ob Sie den Inflationsausgleich schaffen, wenn das Zinsniveau generell niedrig ist.

Außerdem gilt bei Sparkonten analog zum Tagesgeld: Die Zinsen bleiben nicht fix, sondern ändern sich laufend. Und ihre Höhe hängt ebenfalls vom Geschehen auf dem Geldmarkt ab. Die absolute Sicherheit, dass Ihnen der Zins erhalten bleibt, der Ihnen bei Eröffnung des Kontos genannt wird, haben Sie also nicht.

Sparkonten: die Vor- und Nachteile im Überblick

Sparkonten sind nicht gerade das Nonplusultra der Geldanlage. Hier die Beurteilung nach den fünf wichtigsten Kriterien, die Sie inzwischen bestimmt schon auswendig können:

1. **Rendite:** Im Idealfall ist die Rendite minimal besser als bei Tagesgeldkonten. Aber auch das muss nicht sein, weil Sparkonten im Gegensatz zu Tagesgeldkonten ein weitgehend unbeachtetes Dasein fristen und kaum jemals Werbung dafür gemacht wird. Ob Sie mit den mageren Renditen und gegebenenfalls nach Abzug der Abgeltungsteuer den Inflationsausgleich schaffen, ist fraglich. Ein Trost bleibt Ihnen: Auch hier zahlen Sie in der Regel wenigstens keine Gebühren.

2. **Sicherheit:** Auch für das Geld auf einem Sparkonto gilt: Es ist mindestens bis 100 000 Euro gesetzlich geschützt und fällt meistens auch noch unter die freiwillige Mehrabsicherung der Genossenschaftsbanken, Sparkassen oder privaten Banken in Deutschland. Was auf dem Sparkonto liegt, ist also in aller Regel sehr sicher angelegt, es sei denn, Sie lesen Kapitel 4 nicht sorgfältig durch und setzen prompt auf die falsche Bank. Aber auch hier gilt: Wenn die Sparzinsen nicht gerade höher sind als die Inflationsrate, machen Sie unterm Strich ein Minusgeschäft.

3. **Liquidität:** Hier gibt es Einschränkungen und zwar in Form der Kündigungsfrist, die üblicherweise drei Monate beträgt. Soll für die ausgezahlten Zinsen nicht diese Kündigungsfrist gelten, müssen Sie sie bis spätestens Ende Februar des Folgejahres abheben.
4. **Flexibilität bei den Einzahlungen:** Das Sparkonto ist in dieser Beziehung sehr flexibel. Einzahlungen können Sie jederzeit leisten, da freut sich die Bank über alles. Regelmäßig, unregelmäßig, hohe Beträge, kleine Beträge – ganz wie es Ihnen beliebt und Ihr Einkommen es zulässt.
5. **Transparenz:** Auch hier gibt es keinen Grund zur Beanstandung. Ein Sparkonto ist sehr transparent: Sie sehen genau, welche Zinsen Sie für Ihr Geld bekommen, und regelmäßige Kontoauszüge helfen Ihnen, den Überblick zu behalten.

Fazit: Ein Sparkonto ist in aller Regel entbehrlich. Es bringt meist kaum mehr Zinsen als ein Tagesgeldkonto. Dafür müssen Sie mit dem Geldabheben warten, bis die Kündigungsfrist verstrichen ist. So ein Blödsinn!

Festgeldkonto: »eingemauert« für eine bestimmte Frist

Angenommen, Sie haben gerade einen Geldbetrag übrig und wissen sicher, dass Sie ihn in nächster Zeit nicht brauchen werden. Dann ist ein Festgeldkonto eine Möglichkeit, es über eine gewisse Zeit für einen festen Zinssatz anzulegen.

So funktioniert ein Festgeldkonto

Als Erstes müssen Sie sich darüber im Klaren sein, welche Summe Sie anlegen wollen und wie lange Sie das Geld entbehren können. Meist haben Sie die Wahl zwischen

- drei Monaten,
- sechs Monaten,
- zwölf Monaten,
- 24 Monaten.

Haben Sie Ihr Geld erst einmal auf ein Festgeldkonto gelegt, gibt es allerdings kein Zurück mehr, wenn Sie plötzlich doch beschließen, sich jetzt sofort eine neue Sofagarnitur zu kaufen. Sie müssen bis zur Fälligkeit warten, bis Sie wieder über Ihr Guthaben verfügen können. Das Geld ist regelrecht »eingemauert«. Üblicherweise gilt das auch für die Zinsen, die meist ebenfalls erst bei Fälligkeit ausgezahlt werden.

Dafür wissen Sie von vornherein, welche Zinsen Sie für die gesamte Laufzeit erhalten. Von diesem Zinssatz wird die Bank auch dann nicht abweichen, wenn es grundlegende Änderungen auf dem Geldmarkt gibt. Steigen dort die Zinsen, ist das Pech für Sie als Sparer und Glück für die Bank: Sie kriegt Ihr Geld von Ihnen dann viel billiger als von der Zentralbank oder von anderen Banken. Sinken die Zinsen am Geldmarkt dagegen, haben Sie Glück und die Bank

Pech. Dann nämlich muss sie Ihnen die ursprünglich vereinbarten hohen Zinsen zahlen, obwohl sie sich das Geld anderswo deutlich günstiger leihen könnte.

Welche Zinsen Ihnen ein Festgeldkonto bringt

Immerhin belohnt die Bank das »Einmauern« des Ersparten mit einem Zinsaufschlag. Dabei gilt der simple Grundsatz: Je länger die Laufzeit, desto höher der gebotene Guthabenzins. Wenn Sie also Festgeldangebote anschauen, beachten Sie immer, für welche Laufzeit der jeweilige Zinssatz angegeben wird.

Noch ein weiterer Faktor spielt bei der Höhe der Zinsen eine Rolle: Die Frage, welchen Betrag Sie überhaupt anlegen wollen. Bei manchen Banken bekommen Sie umso bessere Zinsen, je höher der angelegte Betrag ist. Das kann pro Vierteljahr Laufzeit beispielsweise einen Aufschlag von 0,1 bis 0,25 Prozentpunkten auf den Guthabenzins bedeuten.

Festgeld: die Vor- und Nachteile im Überblick

Ja – wir wissen es: Sie gähnen vor Langeweile, wenn wir hier schon wieder unsere fünf Bewertungskriterien für Geldanlagen anführen. Aber es hilft nichts. Da müssen Sie jetzt durch.

1. **Rendite:** Berauschend sind die Zinsen aktuell auch beim Festgeld nicht. Aber immerhin etwas besser als bei Tagesgeld- und Sparkonten. Je länger Sie Ihr Geld anlegen, desto besser die Rendite. Gebühren haben Sie keine zu erwarten. Dafür aber bei Kapitaleinkünften oberhalb des Sparerpauschbetrags die Abgeltungsteuer, die ein gutes Viertel Ihrer Zinsen wieder auffrisst.

2. **Sicherheit:** Festgeld ist sehr sicher. Noch nicht einmal Sie selbst haben während der Laufzeit Zugriff darauf. Damit ist es schon mal vor der größten Gefahr geschützt, nämlich davor, für unsinnige Dinge ausgegeben oder gar verprasst zu werden. Nein, im Ernst: Für die Sicherheit bei Festgeld sorgen die staatliche Einlagensicherung und die freiwillige Mehrabsicherung der meisten Banken in Deutschland (siehe Kapitel 4). Gegen Inflation schützt ein Festgeldkonto dagegen oft nicht. Es sei denn, die Zinsen wären höher als die Inflationsrate.

3. **Liquidität** haben Sie beim Festgeld keine. Das Geld ist »eingemauert« und steht Ihnen bis zum Ende der Laufzeit nicht zur Verfügung. Basta.

4. **Flexibilität bei der Einzahlung** haben Sie auch keine. Denn üblicherweise werden nur Einmalbeträge als Festgeld angelegt. Sie entscheiden am Anfang über die Summe, die Sie investieren möchten. Danach müssen Sie keine Einzahlungen mehr leisten.

5. **Transparenz:** Da gibt es nichts zu meckern. Festgeld ist eine durchsichtige, verständliche Form der Geldanlage. Was Sie kriegen, können Sie sich an zwei Fingern ausrechnen – und manchmal hilft es, wenn Sie zusätzlich noch den Taschenrechner nehmen.

Fazit: Festgeld ist nur geeignet, wenn Sie sich absolute Sicherheit für Ihr Erspartes wünschen und bereit sind, dafür Abstriche bei der Rendite zu machen. Sie müssen zudem sicher sein, dass Sie das Geld für die komplette Laufzeit entbehren können, ohne zeitweise in finanzielle Bedrängnis zu kommen. Ansonsten lassen Sie besser die Finger davon. Denn es bringt nichts, Ihr Geld einerseits für vergleichsweise mickrige Zinsen als Festgeld »einzumauern« und es sich andererseits für vergleichsweise hohe Zinsen wieder von der Bank auszuleihen. (Siehe Kapitel 1).

 Auch beim Festgeld sollten Sie sich nicht bloß bei Ihrer Hausbank nach deren Angeboten erkundigen, sondern sich auch nach Banken umschauen, die mehr Zinsen bieten. Entsprechende Vergleiche finden Sie im Internet beispielsweise unter www.fmh.de. Oder Sie kaufen sich die Zeitschrift *Finanztest*, die monatlich ebenfalls die entsprechenden Tabellen veröffentlicht. Sparfüchse können sie auch in der Bibliothek kostenlos lesen.

Sparbriefe (Sparverträge): das Abstellgleis fürs Geld

Sparbriefe, die bei den Sparkassen überraschenderweise auch »Sparkassenbriefe« heißen, unterscheiden sich kaum vom gerade beschriebenen Festgeld. Es gibt nur einen sehr wichtigen Unterschied und das ist die Laufzeit. Sparbriefe laufen meist deutlich länger als Festgeldanlagen, üblich sind Laufzeiten zwischen einem und zehn Jahren. Die Übergänge sind allerdings fließend.

So funktioniert ein Sparbrief

Da gibt es wenig Neues: Sie kaufen für einen Einmalbetrag einen Sparbrief bei Ihrer Bank. Oder Sie zahlen eine vorher genau vereinbarte Summe in monatlichen Raten ein. Ein Sparbrief oder Sparvertrag ist gebührenfrei. Die Bank garantiert Ihnen für den eingezahlten Betrag einen festen Zinssatz. Er gilt für die gesamte Laufzeit und ist unabhängig davon, ob sich zwischenzeitlich die Zinsen am Geldmarkt ändern oder nicht.

Es gibt auch Sparbriefe mit einer sogenannten Zinstreppe. Da sind die Zinsen nicht in allen Anlagejahren gleich, sondern sie erhöhen sich stufenweise bis zum Ende der Laufzeit.

Welche Zinsen Sie bei Sparbriefen erwarten können

Um es gleich zu sagen: Die Zinsen bei Sparbriefen sind enttäuschend niedrig. Und das meist unabhängig davon, ob Sie eine Laufzeit von drei oder von zehn Jahren wählen. Zwar müssten in der Theorie die Zinsen umso höher sein, je länger Sie Ihr Geld anlegen. In der Praxis aber knausern die Banken bei den Sparbrief-Zinsen gerne mal.

Manchmal können Sie auswählen, ob Sie die Zinsen während der Laufzeit ausgeschüttet haben möchten oder ob diese Zinsen lieber zu Ihrem Sparbrief-Guthaben addiert und erst am Ende der Laufzeit zusammen mit der angesparten Summe ausgezahlt werden sollen. Bei dieser Variante muss Ihnen die Bank auch die erhaltenen Zinsgutschriften weiter verzinsen (also Zinseszinsen zahlen). Wenn Sie auf zwischenzeitliche Ausschüttungen nicht angewiesen sind, ist Ihre *Rendite*, also Ihr prozentualer Gewinn, dadurch etwas höher.

Bei den Sparbriefen mit Zinstreppe steigen die Zinsen zum Laufzeitende an.

Ein Sparbrief hat eine Laufzeit von fünf Jahren. Folgende Zinsen werden geboten:

- ✔ In Jahr 1 und 2 jeweils 1,5 Prozent
- ✔ In Jahr 3 und 4 jeweils 2,0 Prozent
- ✔ In Jahr 5 dann 4,5 Prozent

Solche Sparbriefe sehen ungeheuer attraktiv aus. »Bis zu 4,5 Prozent Zinsen!!!«, mag sich einer denken, »das ist doch schon eine ganze Menge.« Aber Achtung: Die 4,5 Prozent werden tatsächlich nur für ein einziges Jahr gezahlt. Für die restliche Laufzeit dagegen sind die Zinsen ausgesprochen mickrig. Meist sind solche Zinstreppen also nichts als Augenwischerei – ein Werbetrick der Banken, das ist alles.

Namens- und Inhabersparbriefe: ein kleiner, aber wichtiger Unterschied

Es gibt grundsätzlich zwei Typen von Sparbriefen: Solche, die auf Ihren Namen lauten, und solche, die auf den jeweiligen Inhaber lauten. Beim Namenssparbrief sind Sie als rechtmäßiger Eigentümer eingetragen. Folglich haben nur Sie selbst am Laufzeitende den Auszahlungsanspruch. Anders beim Inhabersparbrief: Dort hat diejenige Person den Auszahlungsanspruch, die im Besitz des Sparbriefes ist. Wenn Sie einen Inhabersparbrief also bei Fälligkeit Ihrer Tochter geben, kann sie damit zur Bank spazieren, sich das Geld auszahlen lassen und im nächsten Schuhgeschäft in Realwerte umtauschen.

Ein Inhabersparbrief mag praktisch erscheinen. Trotzdem sollten Sie die Finger davon lassen und allenfalls Namenssparbriefe kaufen. Denn nur solche Sparbriefe, die auf Ihren Namen lauten, unterliegen der Einlagensicherung (siehe Kapitel 4). Für Inhabersparbriefe gilt das nicht. Das Geld ist futsch, falls die betreffende Bank pleitegehen sollte. Dass in puncto Bankenpleite alles möglich ist, wissen wir spätestens seit der Pleite der US-amerikanischen Großbank Lehman Brothers im Herbst 2008.

Sparbriefe: die Vor- und Nachteile im Überblick

Und los geht's mit unserer üblichen Beurteilungsrallye:

1. **Rendite:** Na ja, immerhin der Inflationsausgleich ist mit Sparbriefen zu schaffen, wenn in nächster Zeit die Geldentwertung nicht weiter voranschreitet. Und wenn Ihre Erträge unter dem Sparerpauschbetrag bleiben und der Staat nicht auch noch die Abgeltungsteuer von Ihren Zinsen abzwackt.

2. **Sicherheit:** Sparbriefe sind sehr sicher. Sie müssen nur darauf achten, keine Inhaber-, sondern Namenssparbriefe zu kaufen. Außerdem kommen nur Banken infrage, die freiwillig die volle Absicherung der Spareinlagen bieten (siehe Kapitel 4). Und die Verzinsung sollte die Inflationsrate übersteigen – damit Sie nicht real einen Kaufkraftverlust hinnehmen müssen.

3. **Liquidität** haben Sie keine. Das Geld ist für lange Zeit »eingemauert« und für Sie als Anleger unerreichbar. Lediglich bei Sparbriefen, die jährlich die Zinsen ausschütten, anstatt sie einzubehalten, bekommen Sie zwischendurch ein bisschen Geld auf die Hand.

4. **Flexibilität bei den Einzahlungen:** In Sparbriefen legen Sie üblicherweise Einmalbeträge oder feste monatliche Raten an. Eine Änderung der Ratenhöhe ist üblicherweise nicht möglich. Mit der Flexibilität ist es also nicht weit her.

5. **Transparenz:** Immerhin hier können Sie ein Häkchen machen. Sparbriefe sind transparent. Denn die Zinsen stehen von vornherein fest und Sie können schwarz auf weiß ausrechnen, was Ihr Sparbrief bringt. Eine kleine Einschränkung gilt für Sparbriefe mit Zinstreppe. Die sind zwar eigentlich auch transparent und berechenbar. Da die Banken aber hauptsächlich mit dem am Schluss geltenden höchsten Zinssatz werben, müssen Sie mit spitzem Bleistift nachrechnen, um einen solchen Sparbrief richtig einschätzen zu können.

Fazit: Das große Manko bei Sparbriefen ist die fehlende Liquidität. Das ist nicht nur dann ärgerlich, wenn Sie während der Laufzeit dringend Geld brauchen. Sondern auch dann, wenn die Geldmarktzinsen wieder steigen. Denn Sie haben dann keine Chance, Ihr Sparbrief-Guthaben in eine rentablere Geldanlage umzuschichten. Bei einem sehr niedrigen Zinsniveau am Geldmarkt sind Sparbriefe folglich nicht gerade empfehlenswert. Sie sollten das Geld nicht ausgerechnet dann »einmauern«, wenn die Zinsen im Keller sind.

Banksparpläne: alles in allem recht uneinheitlich

Das Wort »Banksparplan« ist ein Sammelbegriff für alles Mögliche. Üblicherweise handelt es sich dabei um einen Sparvertrag (siehe oben den Abschnitt »Sparbriefe: das Abstellgleis fürs Geld«), in den feste monatliche Sparraten eingezahlt werden. Das Geld landet dann – je nach dem, was vereinbart ist:

✔ auf einem Sparkonto,

✔ auf einem Festgeldkonto mit fester Laufzeit oder

✔ in einem Sparbrief (Sparvertrag) mit fester und vergleichsweise langer Laufzeit.

Falls das Geld auf einem Sparkonto landet, rechnen Sie damit, dass sich die Zinsen in Abhängigkeit vom Geldmarkt ändern. Steigt das allgemeine Zinsniveau, wird die Bank (hoffentlich!) irgendwann auch die Zinsen für das bereits angesparte Guthaben anheben. Sinken sie, wird sie (garantiert!) auch die Guthabenzinsen senken. Dagegen bleiben die Zinsen bei Festgeldkonten und Sparbriefen fix, unabhängig davon, was sich am Geldmarkt tut.

Wenn Sie also herausfinden wollen, wie sicher, rentabel, liquide, flexibel und transparent ein solcher Banksparplan ist, schauen Sie sich die genauen Vertragsbedingungen an – und sehen Sie sich dazu die Vor- und Nachteile im Überblick an, die für die zugehörigen Konten gelten.

 Eine Besonderheit betrifft die sogenannten Riester-Banksparpläne: Hier sind die Sparraten flexibel nach oben oder unten anpassbar. Das ist gesetzlich für alle Riester-Verträge so vorgeschrieben. Zusätzlich gibt es eine staatliche Förderung, welche die Rendite aufbessert. Für Menschen, deren Rente nicht mehr allzu weit entfernt ist, sind Riester-Banksparpläne daher durchaus empfehlenswert, zumal sie nicht mit Gebühren belastet sind (mehr dazu in Kapitel 22).

Gewinnsparen: Geldanlage mit Lotterie

Vor allem die Genossenschaftsbanken und viele Sparkassen bieten diese Form des »Sparens« an. Was steckt dahinter? Beim Gewinnsparen kombinieren Sie als Bankkunde das Sparen mit einer Lotterie. Dazu kaufen Sie Gewinnsparlose bei Ihrer Bank. Die Preise sind bundesweit unterschiedlich. Ein Los kostet zum Beispiel 5 oder 10 Euro.

So funktioniert das Gewinnsparen

Von Ihrem Lospreis wird nicht Ihr gesamtes Geld angelegt, sondern nur ein Teil davon. Üblich sind 80 Prozent, also bei einem 5-Euro-Los 4 Euro. Auf welches Konto dieser Sparanteil fließt, legt die Bank fest. Häufig wird aber die Bank nur ein Sparkonto erlauben. Für diesen Spareinsatz gelten dann genau die gleichen Bedingungen wie für die oben beschriebenen Konten: Das Guthaben ist sicher (Einlagenschutz, siehe Kapitel 4), und ist im Rahmen der vereinbarten Kündigungsfristen wieder verfügbar.

Die restlichen 20 Prozent beziehungsweise 1 Euro von Ihrem 5-Euro-Los werden als Spieleinsatz in die Lotterie gesteckt. Das heißt aber nicht, dass alles Geld nun für Preise ausgegeben wird, die Sie als Gewinnsparer bei jeder Verlosung gewinnen können. Vielmehr teilt sich der Lotterieanteil Ihres Einsatzes folgendermaßen auf:

- ✔ **Lotteriesteuer:** 16,67 Prozent des Spieleinsatzes schnappt sich der Staat als Lotteriesteuer. Bezogen auf den Gesamteinsatz sind das immerhin 3,33 Prozent Verlust, bei einem 5-Euro-Los also 17 Cent.

- ✔ **Spenden:** 25 Prozent des Spieleinsatzes werden für gute Zwecke gespendet. Sie fließen üblicherweise in die Region zurück, in der die jeweilige Bank ansässig ist. Sei es für ein neues Fahrzeug, das das Pflegeheim der Caritas braucht, sei es für den Wiederaufbau eines von Vandalen zerstörten Spielplatzes, sei es für die Restaurierung örtlicher Kleindenkmäler. Über die Verwendung dieser Mittel entscheidet die Bank (sie bekommt ja genug Bettelbriefe). Aus Sparersicht ist das natürlich auch ein Verlust, nämlich 5 Prozent vom Gesamteinsatz oder 25 Cent bei einem 5-Euro-Los. Aber da es einem guten Zweck dient, stänkern wir an dieser Stelle nicht herum.

- ✔ **Verwaltungskosten:** Bis zu 3,33 Prozent des Spieleinsatzes darf die Bank beziehungsweise der verantwortliche Gewinnsparverein einbehalten, um seine Kosten zu decken. Bezogen auf den Gesamteinsatz sind das 0,66 Prozent, also weniger als 2 Cent. Wird weniger benötigt (und das kommt durchaus vor), kommt der Rest dem eigentlichen Zweck zugute, nämlich:

✔ **Gewinnausschüttungen:** 100 000 Euro, 10 000 Euro, 5 000 Euro, 1 000 Euro, 500 Euro, 250 Euro, 100 Euro, ein schickes Auto, eine schöne Reise oder andere Sachpreise – all das können Sie gewinnen. 55 Prozent des Lotterieeinsatzes, manchmal auch mehr (wenn die Verwaltungskosten die gesetzlich erlaubte Schwelle unterschreiten), fließen in die Preise. Bezogen auf den Gesamteinsatz heißt das: Rund 11 Prozent oder bei einem 5-Euro-Los 0,55 Euro werden für Preise ausgegeben. Dabei gehen die Gewinnsparvereine etwas anders vor als die staatlichen Lotteriegesellschaften: Sie versuchen nämlich, möglichst viele Gewinner mit Preisen zu beglücken. Wer also gewinnt, knackt zwar keinen millionenschweren Jackpot. Aber dafür dürfen sich mehr Leute über einen kleineren Gewinn freuen.

Gewinnsparen: die Vor- und Nachteile im Überblick

Im Galopp geht's jetzt wieder mal durch unseren Kriterienparcours.

1. **Rendite:** Beim Gewinnsparen machen Sie – netto betrachtet – zunächst einmal 20 Prozent Verlust. Das entspricht dem Anteil Ihres Einsatzes, der in die Lotterie fließt. Diese 20 Prozent werden Sie mit den Mickerzinsen auf einem Sparkonto auch nicht mehr wettmachen. Sollten Sie zu den glücklichen Gewinnern gehören, kann Ihre Rendite allerdings top sein. Die Gewinnchancen sind immerhin deutlich höher als beim staatlichen Lotto. Und Gewinne sind außerdem bis jetzt noch steuerfrei.

2. **Sicherheit:** 80 Prozent Ihres Einsatzes sind als Spareinlagen voll geschützt. Denn sie fallen unter die Einlagensicherung (siehe Kapitel 4). Mehr als die 20 Prozent, die in die Lotterie fließen, verlieren Sie also auf keinen Fall. Wie bei allen Bankkonten funktioniert der Inflationsschutz allerdings nur bei Guthabenzinsen, die die Preissteigerungen wieder wettmachen.

3. **Liquidität:** Es kommt darauf an, auf welches Konto der Sparanteil Ihres Gewinnsparloses fließt. Üblicherweise wird das ein Sparkonto sein. Und das heißt: Sie können erst nach Ablauf der Kündigungsfrist darauf zugreifen oder aber erst bei Fälligkeit der gewählten Anlageform.

4. **Flexibilität bei den Einzahlungen:** Gewinnsparlose kosten nicht allzu viel. Standard ist ein Los für 5 oder 10 Euro, es gibt bei manchen Banken auch monatliche Lose für 2,50 Euro. Es bleibt Ihnen überlassen, ob Sie regelmäßig Gewinnsparlose kaufen und wie viele davon. Über mangelnde Flexibilität brauchen Sie also kein Klagelied anzustimmen.

Fazit: Ginge es um die reine Geldanlage, würden wir Ihnen vom Gewinnsparen abraten. Da aber auch zusätzlich recht gute Gewinnchancen winken und ein Teil der eingezahlten Prämien außerdem für einen guten Zweck in Ihrer Region eingesetzt wird, fällt unser Urteil milder aus. Probieren Sie es aus, wenn Sie etwas »Spielgeld« übrig haben. Oder wenn Sie ein nettes Geschenk suchen. Ärgerlich ist nur, dass auch der Staat sich per Lotteriesteuer an Ihrem Spieleinsatz bedient. Als Geldanlage ist das Gewinnsparen zwar nicht rentabel. Aber als Spielerei ist es deutlich besser als andere Lotterien.

Das Fremdwährungskonto (Währungskonto): ein Geschäft mit der Inflationsangst

Fremdwährungskonten sind ursprünglich für Firmenkunden erfunden worden. Denn sie erleichtern den Zahlungsverkehr mit dem Ausland außerhalb der Eurozone und schalten Wechselkursrisiken aus. Wer regelmäßig Güter nach China liefert, wird es schätzen, wenn die Zahlungen aus dem fernen Osten direkt in der chinesischen Währung Yuan auf ein Konto bei der hiesigen Hausbank überwiesen werden.

Inzwischen interessieren sich aber auch viele Privatanleger für Fremdwährungskonten. Die Angst vor Inflation ist einfach allgegenwärtig. Deshalb wollen viele Bürger mit ihrem Vermögen in eine sichere Währung flüchten. Zu groß sind noch die Erinnerungen an die Hyperinflation 1923, in der man problemlos mit einem Millionen-Reichsmark-Schein eine Zigarette anzünden konnte, ohne dabei wesentliche Verluste zu erleiden.

Daher versuchen einige Banken ihren Kunden ein Fremdwährungskonto aufzuschwatzen. Zum Beispiel in Schweizer Franken. Oder in Norwegischer Krone. Denn diese Währungen gelten als Hort der Stabilität (was nicht unbedingt wahr ist).

So funktioniert ein Fremdwährungskonto

Das Geld, das Sie regelmäßig oder unregelmäßig auf ein solches Konto einzahlen, wird dort nicht in Euro gutgeschrieben, sondern in der Währung, auf die dieses Konto lautet. Zum Beispiel in Schweizer Franken. Jetzt gibt es zwei Szenarien:

- ✔ Verschlechtert sich der Eurokurs im Vergleich zum Schweizer Franken, machen Sie als Inhaber des betreffenden Fremdwährungskontos Wechselkursgewinne.

- ✔ Verbessert sich dagegen der Eurokurs im Vergleich zum Schweizer Franken, machen Sie also Kontoinhaber Wechselkursverluste.

Auf ein Fremdwährungskonto haben Sie in der Regel jederzeit Zugriff, es gibt also keine Kündigungsfrist oder Laufzeit. Die meisten Fremdwährungskonten sind einfach Tagesgeldkonten in fremder Währung. Es gibt aber auch Girokonten, von denen Abbuchungen, Überweisungen und Abhebungen problemlos möglich sind. Das erklärt sich aus der ursprünglichen Funktion als Abwicklungskonto für Geschäfte im Ausland. Firmenkunden brauchen dafür eine Art Girokonto in Fremdwährung, das alle Möglichkeiten des Zahlungsverkehrs bietet.

Diesen Service lässt sich die Bank allerdings gut bezahlen. Entweder sie erhebt jährliche Kontogebühren oder sie verlangt für jeden Umtausch von Fremdwährung in Euro oder umgekehrt ein Entgelt. Oder sie verschlechtert einfach die Umtauschkurse ein bisschen. Da verdient sich manche Bank eine goldene Nase daran.

Welche Zinsen Ihnen ein Fremdwährungskonto bringt

Die Zinsen auf einem Fremdwährungskonto unterscheiden sich manchmal deutlich von den Zinsen, die Sie für ein Konto bekommen, das auf Euro lautet. Der Grund dafür ist simpel: Oft hat die Notenbank im jeweiligen Land andere Leitzinsen festgelegt. Und die Verzinsung auf dem Fremdwährungskonto orientiert sich an den Leitzinsen der jeweils für die betreffende Währung zuständigen Notenbank.

Eine allgemeine Aussage darüber, wie hoch die Zinsen für ein Fremdwährungskonto sind, ist daher nicht möglich. Es kommt dabei sowohl auf die Währung an als auch auf das allgemeine Zinsniveau im jeweiligen Land.

Die Zinserträge spielen nicht unbedingt die wichtigste Rolle bei einem Fremdwährungskonto. Denn durch eine ungünstige Entwicklung der Wechselkurse werden Zinsgewinne womöglich wieder aufgefressen oder es entstehen sogar Verluste, die mehr als nur die Zinsgewinne zunichtemachen. Und in der Regel sind die Zinsen gerade in Ländern mit einer schwachen Währung hoch. Umgekehrt kann auch ein sehr niedrig verzinstes Fremdwährungskonto hohe Gewinne bringen, wenn sich der Wechselkurs der Fremdwährung zum Euro entsprechend positiv entwickelt. Das Problem ist nur: Das lässt sich nicht prognostizieren. Ein Fremdwährungskonto ist deshalb eine sehr spekulative Angelegenheit.

Warum lässt sich die Entwicklung zweier Währungen zueinander nicht prognostizieren? Weil Spekulanten und Zentralbanken hier immer wieder aktiv eingreifen und den Wert einzelner Währungen massiv in ihrem Interesse beeinflussen. Als Beispiel sei hier der Schweizer Franken genannt. Angesichts der Eurokrise gehen viele Investoren davon aus, dass der Schweizer Franken im Vergleich zum Euro steigen wird. Aber die Schweizer selbst haben als Exportnation kein Interesse an einem allzu starken Franken. Der verteuert nämlich ihre Exporte im Ausland. Wenn für einen Franken mehr Euro oder Dollar gezahlt werden müssen, gehören Schweizer Produkte im Zielland plötzlich nicht mehr zu den günstigen. Also greift die Schweizer Notenbank immer wieder ein und kauft Euro und auch Dollar. Damit stützt sie diese Währungen und schwächt zugleich den Franken, damit der Schweizer Export nicht leidet. Das ist zum Beispiel ein Grund, warum sich die Entwicklung zweier Währungen zueinander nie eindeutig prognostizieren lässt.

Fremdwährungskonto: die Vor- und Nachteile im Überblick

Fremdwährungskonten für Privatanleger sind gefährlich. Hier ein Überblick, warum wir zu dieser Einschätzung kommen:

1. **Rendite:** Die Rendite eines Fremdwährungskontos ist nicht prognostizierbar. Sie hängt nicht nur von den Zinsen ab, sondern auch von der Entwicklung der Wechselkurse zueinander (eigene Währung im Vergleich zur Fremdwährung). Dass Fremdwährungskonten außerdem hohe Gebühren kosten und dass die Bank sich üblicherweise jeden Umtausch von Fremdwährung in eigene Währung und umgekehrt extra vergüten lässt, verbessert die Rendite auch nicht gerade.

2. **Sicherheit:** Währungskonten sind nicht sicher. Auch dann nicht, wenn sie in einer vermeintlich sicheren Währung wie dem Schweizer Franken geführt werden. Das hat zwei Gründe: Bei Fremdwährungskonten bestehen hohe Verlustrisiken, wenn sich die Wechselkurse ungünstig zueinander entwickeln. Aufgepasst außerdem in Sachen Einlagensiche-

rung (siehe Kapitel 4): Fremdwährungskonten unterliegen nicht der gesetzlich vorgeschriebenen Einlagensicherung. Allerdings sichern viele Banken die Guthaben auf diesen Konten freiwillig ab, zahlen im Falle einer Bankeninsolvenz das Guthaben auf Fremdwährungskonten dann allerdings in Euro aus.

3. **Liquidität:** Hier gibt es keine Beanstandungen. Sie können jederzeit über das Geld auf einem Fremdwährungskonto verfügen. Wenn allerdings der Wechselkurs gerade ungünstig ist, kann es sein, dass Sie beim Geldabheben Verluste machen.

4. **Flexibilität bei den Einzahlungen:** Da haben Sie freie Hand. Sie können nach Belieben Geld einzahlen, in welchen Raten und Abständen auch immer.

5. **Transparenz:** Da liegt der Hase im Pfeffer. Denn Sie wissen zwar, welche Zinsen Sie für Ihr Fremdwährungsguthaben bekommen. Aber Sie wissen nicht, wie sich die Fremdwährung im Vergleich zum Euro entwickeln wird. Da gelingt einem ausgewiesenen Währungsexperten auch keine treffendere Prognose als einer Hellseherin mit Kristallkugel. Durchsichtig und verständlich ist eine solche Geldanlage nicht.

Fazit: Finger weg von Fremdwährungskonten, wenn Sie sie nicht aus geschäftlichen Gründen brauchen. Denn solche Konten sind hochspekulativ. Für die Geldanlage oder Vermögenssicherung sind sie daher nicht geeignet – egal, was Ihnen Eurokritiker einreden wollen. Wenn Sie Angst vor einer Inflation im Euroraum haben, dann setzen Sie lieber auf Sachwerte als auf Fremdwährungen. Mehr dazu in den Kapiteln 16 und 17 (Fonds und ETFs) sowie 19 (Aktien).

Unbedingt prüfen: Wie sicher ist Ihr Geld bei einer Bankenpleite?

In diesem Kapitel

- Gesetzliche Einlagensicherung
- Freiwillige Mehrabsicherung
- Wie sicher sind Sparkassen, Genossenschaftsbanken, private Kreditinstitute und Auslandsbanken?
- Wie Ihr Tages- und Festgeld bei Versicherungen geschützt ist

»Eine sichere Bank« – dieser Ausdruck hat sich im Volksmund fest etabliert. Das waren noch glückliche Zeiten, als niemand die Sicherheit einer Bank anzweifeln musste. Inzwischen hat das Vertrauen der Sparer in die Kreditinstitute – zu Recht – einen erheblichen Knacks bekommen. Denn es gab unter den Anlegern viele Verlierer, als im Herbst 2008 die US-amerikanische Großbank Lehman Brothers pleiteging. In der Folge sind auch mehrere deutsche Kreditinstitute nur haarscharf an einer Pleite vorbeigeschrammt. Überlebt haben sie nur, weil der Staat ihnen unter die Arme griff. Auch an einer anderen Bankeninsolvenz hatten deutsche Sparer zu knabbern. An der der isländischen Bank Kaupthing, die mit verlockend hohen Tagesgeldzinsen geworben hatte. Wer sein Geld tatsächlich dort anlegte, musste nach der Insolvenz der Bank 2008 und 2009 monatelang um sein Geld bangen.

Damit Ihnen das erspart bleibt, sollten Sie sich über die *Einlagensicherung* (also den Schutz Ihrer Bankguthaben) informieren. Lesen Sie in diesem Kapitel, wie diese Sicherung aussieht, welche Sparformen sie umfasst und welche dadurch nicht geschützt sind. Sie finden außerdem Informationen darüber, welche Banken bei der Einlagensicherung freiwillig über das gesetzlich vorgeschriebene Mindestmaß hinausgehen. Und damit das alles nicht so theoretisch bleibt, erfahren Sie auch, wie die Einlagensicherung bei den einzelnen Banken konkret aussieht und wo Sie aufpassen müssen.

Und falls Sie Ihr Geld nicht bei einer Bank, sondern als Tages- oder Festgeld bei einer Versicherung angelegt haben, erfahren Sie im letzten Abschnitt dieses Kapitels mehr darüber, wie es hier um die Sicherheit bestellt ist.

Einlagensicherung: Was ist das?

Spareinlagen (zur Definition siehe nächster Abschnitt »Was sind überhaupt geschützte Einlagen?«) sind in den meisten Ländern besonders geschützt. Das hat auch gute Gründe.

In jeder funktionierenden Volkswirtschaft kommt den Sparern und ihren Banken eine Schlüsselrolle zu. Die Banken sammeln das Geld der Sparer ein und legen es auf Konten. Zugleich nehmen Sie genau dieses Geld – und verleihen es in Form von Krediten weiter. Diese Umverteilung ist lebensnotwendig für eine florierende Wirtschaft. Wer investieren will und kein Geld hat, kann sich bei seiner Bank welches leihen. Das geht aber nur, wenn sich umgekehrt genügend Sparer bereit erklären, der Bank ihr Geld anvertrauen. Und wenn nicht alle Sparer plötzlich von Zweifeln um die Sicherheit befallen werden und gleichzeitig versuchen, ihr Geld abzuheben.

Es würde niemand sein Geld einer Bank zum Weiterverleihen anvertrauen, wenn er nicht sicher sein könnte, dass dieses Geld auch im schlimmstmöglichen Fall – einer Bankenpleite – nicht einfach verschwindet. Aus diesem Grund gibt es in den EU-Ländern die gesetzliche Einlagensicherung bis 100 000 Euro pro Bankkunde. Überdies bietet die Mehrzahl der Banken in Deutschland noch eine freiwillige Mehrabsicherung von Einlagen, die über diesen Betrag hinausgehen.

Lesen Sie hier zunächst, welche Sparformen unter die Einlagensicherung fallen und welche nicht. Anschließend erfahren Sie, wie der gesetzliche Schutz funktioniert und wie die freiwillige Mehrabsicherung bei den einzelnen Kreditinstituten aussieht.

Was sind überhaupt geschützte »Einlagen«?

»Bei einer Bank ist Ihr Geld sicher.« Schön wäre es, dieser Satz würde uneingeschränkt für alle Sparformen gelten. Das ist aber leider nicht der Fall. Geschützt sind nur die sogenannten *Einlagen*. Bei diesem Wort sollten Sie jetzt nicht an die Spezialsohlen denken, die man in die Schuhe hineinlegt, um Platt- und Spreizfüße zu kurieren. Sondern an Guthaben, die auf einem Bankkonto liegen. Genauer gesagt gehören zu den geschützten Einlagen

✔ **Sichteinlagen,** also alles Geld, das täglich verfügbar auf Giro- oder Tagesgeldkonten liegt,

✔ **Spareinlagen,** also alles Geld, das mit einer bestimmten Kündigungsfrist auf Sparkonten liegt, und

✔ **Termineinlagen,** also alles Geld, das in Sparverträge, Sparbriefe (genauer gesagt Namenssparbriefe) oder Sparpläne bei einer Bank oder Bausparkasse eingezahlt worden ist und erst ab einem bestimmten Fälligkeitstermin wieder an den Eigentümer ausgezahlt wird.

Was nicht unter die Einlagensicherung fällt

Mindestens genauso wichtig ist, zu wissen, was nicht unter die Einlagensicherung fällt. Bei manchen Sparformen besteht hier das Risiko eines Totalverlusts, wenn die entsprechende Bank pleitegeht. Dann ist die Kohle nämlich größtenteils weg. Bei anderen Sparformen ist die fehlende Einlagensicherung nicht weiter tragisch. Zu den besonders geschützten Sicht-, Spar- und Termineinlagen gehören nicht:

✔ **Inhabersparbriefe.** Das sind Sparbriefe, die nicht auf den Namen des Sparers lauten (siehe Kapitel 2). Sie gehören zu den *Inhaberschuldverschreibungen*, die man etwas einfacher auch verbriefte Forderungen nennen könnte. Das heißt: Wer sie bei der Bank vorlegt, hat einen Zahlungsanspruch gegen die entsprechende Bank. Dieser Anspruch ist aber futsch, wenn das Kreditinstitut pleite ist und gar nicht mehr zahlen kann.

✔ **Zertifikate.** Das sind von Banken herausgegebene Wertpapiere (siehe Kapitel 13). Sie gehören ebenfalls zu den Inhaberschuldverschreibungen. Egal, ob Bonus-, Index-, Discount-, Basket- oder Hebelzertifikate: Bei einer Bankeninsolvenz nutzt Ihnen der Zahlungsanspruch aus diesen Wertpapieren gar nichts mehr. Das gilt übrigens auch für die sehr beliebten Garantiezertifikate. Denn wenn die Bank als Garantiegeber zahlungsunfähig ist, ist die Garantie keinen Pfifferling mehr wert. Übrigens waren der größte Teil der Lehman-Zertifikate, mit denen Anleger in Deutschland im Herbst 2008 Schiffbruch erlitten, Garantiezertifikate.

✔ **Aktien, Fonds und ETFs.** Dass diese Wertpapiere nicht von der Einlagensicherung erfasst werden, ist für Sie als Anleger nicht weiter tragisch. Denn die Depotbank verwahrt sie nur treuhänderisch für Sie als Eigentümer. Das heißt: Sie haben einen Herausgabeanspruch. Diese Wertpapiere sind Ihr rechtmäßiges Eigentum. Ihren Anspruch auf den Inhalt Ihres Wertpapierdepots haben Sie auch dann, wenn die Bank nicht mehr zahlen kann und die Gläubiger bei ihr Schlange stehen.

✔ **Bankschließfächer.** Dass der Inhalt von Bankschließfächern nicht unter die Einlagensicherung fällt, ist ebenfalls nicht weiter schlimm. Denn auch auf die Wertgegenstände und Dokumente, die sich darin befinden, haben eventuelle Gläubiger der Bank im Insolvenzfall keinen Zugriff. Als Bankkunde haben Sie das Recht, sich den Inhalt des Schließfachs aushändigen zu lassen – fertig!

✔ **Fremdwährungskonten.** Konkret solche, die nicht auf die Währung eines EU-Mitgliedslandes lauten (sondern beispielsweise auf Schweizer Franken oder Norwegische Kronen). Eigentlich sind das sehr wohl Einlagen, und zwar üblicherweise täglich verfügbare Sichteinlagen. Das Einlagensicherungs- und Anlegerschutzgesetz schließt sie aber ausdrücklich von der vorgeschriebenen Einlagensicherung aus. Nichtsdestotrotz besteht dafür bei den meisten Banken immerhin eine freiwillige Absicherung dieser Guthaben.

Welche Bank Ihnen welche Einlagensicherung bietet

Bei der Einlagensicherung müssen Sie zwischen zwei Stufen unterscheiden:

✔ die **gesetzlich vorgeschriebene Mindestabsicherung**

✔ die **freiwillige Mehrabsicherung** durch viele, aber nicht alle Banken

Die gesetzlich vorgeschriebene Mindestabsicherung für Einlagen umfasst maximal 100 000 Euro pro Bankkunde. So viel muss jede Bank mit Sitz in Deutschland absichern für den Fall, dass sie zahlungsunfähig wird. Geregelt ist das in Deutschland im »Einlagensicherungs- und Anlegerentschädigungsgesetz« (EAEG). Wie häufig bei Gesetzesnamen haben Sie es hier mit einem wahren Zungenbrecher zu tun. Aber keine Angst, der Gesetzesinhalt ist nicht so kompliziert. Bis zu 100 000 Euro Guthaben bekommt jeder Bankkunde zurück, auch dann, wenn seine Bank zahlungsunfähig wird.

Übrigens gilt diese Vorgabe auch in anderen EU-Ländern. Denn ursprünglich hat die Europäische Union dazu eine Richtlinie erlassen, die alle EU-Mitglieder inzwischen in nationales Recht umgesetzt haben. Mitte 2009 ist die gesetzliche Einlagensicherung in Deutschland von vorher 50 000 Euro auf jetzt 100 000 Euro angehoben worden. Fast ist man in Versuchung zu sagen: Der Finanzkrise sei Dank!

Dass diese Mindestabsicherung gesetzlich vorgeschrieben ist, heißt aber noch nicht, dass Sie bei Einlagen unter 100 000 Euro jeder x-beliebigen Bank blind vertrauen könnten. Vorsicht ist vor allem bei diversen Auslandsbanken geboten, die mit durchaus attraktiven Zinsen auf den deutschen Markt drängen. Einige davon gehören keinem deutschen System zur Einlagensicherung an, sondern bieten stattdessen den Schutz ihres Heimatlandes an. Im Ernstfall kann der aber versagen, wie die pleitegegangene isländische Bank Kaupthing bewiesen hat. Der isländische Einlagenschutz war bei der Pleite der Bank 2008 unfähig, die Anlegerentschädigung aufzubringen, da der gesamte isländische Staat mitsamt seinen Banken und deren Sicherungseinrichtung zahlungsunfähig war. Was Sie bei Auslandsbanken beachten müssen, lesen Sie in Abschnitt »Ausländische Banken in Deutschland« weiter hinten in diesem Kapitel.

Über den gesetzlichen Schutz der Einlagen hinaus gibt es eine freiwillige Mehrabsicherung, welche zum einen die Sparkassen und Genossenschaftsbanken betrifft. Zum anderen bieten viele (jedoch nicht alle) Privatbanken und Bausparkassen eine freiwillige Einlagensicherung an, die weit über das gesetzliche Maß hinausgeht. Diese nahezu unbegrenzte Einlagensicherung ist eine gute Sache – selbst für Sparer, deren Bankguthaben die gesetzlich vorgeschriebenen 100 000 Euro noch gar nicht erreicht haben.

Es hängt ganz von der jeweiligen Bank ab, wie hoch die Absicherung tatsächlich ist. Einige schwarze Schafe sollten Sie meiden, bei denen ernsthafte Zweifel bestehen, ob sie die Einlagen wirklich ausreichend schützen (können).

Bevor Sie Ihr Geld einer Bank anvertrauen, fragen Sie nach, welcher Sicherungseinrichtung die betreffende Bank angehört. Überprüfen Sie das dann anhand von Mitgliederlisten der jeweiligen Sicherungseinrichtung, die allesamt im Internet veröffentlicht werden. Wo Sie die Listen jeweils finden, lesen Sie in den nächsten Abschnitten.

Im Folgenden finden Sie einen Überblick darüber, welche Banken welche Art von Einlagensicherung anbieten, wie genau die Absicherung funktioniert und wie sicher das Ganze tatsächlich ist.

Genossenschaftsbanken: volle Absicherung aller Einlagen

Zu den Genossenschaftsbanken gehören

✔ Volksbanken,

✔ Raiffeisenbanken,

✔ Sparda-Banken,

4 ➤ Wie sicher ist Ihr Geld bei einer Bankenpleite?

✔ Spar- und Darlehenskassen,

✔ PSD-Banken,

✔ die Bausparkasse Schwäbisch Hall,

✔ die Deutsche Apotheker- und Ärztebank und

✔ diverse andere genossenschaftliche Kreditinstitute.

Hier sind Ihre Einlagen zu 100 Prozent abgesichert, und das ohne Beschränkung auf einen bestimmten Betrag. Die Einlagensicherung läuft auf einen sogenannten *Institutsschutz* hinaus. Das heißt: Die Sicherungseinrichtung des Bundesverbands der Volksbanken und Raiffeisenbanken (BVR) sorgt dafür, dass keine seiner Mitgliedsbanken überhaupt jemals pleitegeht. Dazu gehört zunächst einmal die Vorbeugung gegen Fehlentwicklungen. Zeichnen sich bei einer Mitgliedsbank dennoch finanzielle Schwierigkeiten ab, wird die betreffende Bank saniert, um nicht in die Insolvenz zu geraten.

Der große Vorteil des Institutsschutzes ist: Geschützt sind dadurch nicht nur die klassischen Einlagen (also Guthaben auf Konten), sondern auch alle anderen Formen der Geldanlage bei den Genossenschaftsbanken – zum Beispiel Zertifikate, Inhabersparbriefe und Fremdwährungskonten aller Art.

Sie wollen wissen, ob Ihre Bank zur genossenschaftlichen Sicherungseinrichtung gehört? Das können Sie ganz einfach herausfinden. Gehen Sie auf die Internetseite des Bundesverbands der Volksbanken und Raiffeisenbanken (www.bvr.de). Klicken Sie erst auf »Verband«, dann auf »Sicherungseinrichtung«. Unter den ausführlichen Informationen dazu finden Sie schließlich den Link auf die »Mitglieder der Sicherungseinrichtung«.

Sparkassen, Landesbanken, Landesbausparkassen: Auch hier sind alle Einlagen voll geschützt

Auch bei Sparkassen, Landesbanken und Landesbausparkassen ist Ihr Geld zu 100 Prozent sicher. Auch hier ist der Sicherungsbetrag nicht auf die gesetzlichen 100 000 Euro beschränkt, sondern besteht in voller Höhe. Der Haftungsverbund dieser Kreditinstitute sorgt hier ebenfalls dafür, dass keine seiner Mitgliedsbanken pleitegeht (Institutsschutz). Dafür gibt es innerhalb der Sparkassenorganisation mehrere regionale Sparkassenstützungsfonds, eine Sicherungsreserve der Landesbanken und Girozentralen und einen Sicherungsfonds der Landesbausparkassen. Die angeschlossenen Sparkassen, Landesbanken und Landesbausparkassen müssen dort Mitgliedsbeiträge zahlen. Dafür springen diese Sicherungseinrichtungen finanziell in die Bresche, falls eine angeschlossene Bank womöglich ihren Zahlungsverpflichtungen nicht mehr nachkommen kann. Das bedeutet, dass auch hier nicht nur die klassischen Einlagen, sondern auch Inhaberschuldverschreibungen wie Zertifikate oder Inhabersparbriefe geschützt sind.

Sie sind im Zweifel, ob Ihre Bank zur Sparkassengruppe gehört und damit deren Sicherungseinrichtung angehört? Eine Liste aller angeschlossenen Institute finden Sie online auf der Seite des Deutschen Sparkassen- und Giroverbandes unter www.dsgv.de. Klicken Sie dazu auf »Haftungsverbund«.

Öffentliche Banken: Hier ist der Einlagenschutz auf 100000 Euro begrenzt

Einige Banken gehören auch dem Bundesverband Öffentlicher Banken Deutschlands an und sind dessen Entschädigungseinrichtung angeschlossen. Meistens sind das die Förderbanken des Bundes und der Länder. Früher gehörte aber auch die (damals größtenteils noch staatliche) Postbank dazu. Inzwischen wurde sie aber an die Deutsche Bank verkauft und ist seitdem Mitglied im Sicherungsfonds der privaten Banken (siehe nächster Abschnitt »Private Bausparkassen in Deutschland«).

Trotzdem gibt es noch die eine oder andere eine Bank, die im Geschäft mit Privatanlegern mitmischt und zu den öffentlichen Banken gehört. Prominentestes Beispiel ist die Deutsche Kreditbank DKB, eine 100-prozentige Tochter der Bayerischen Landesbank (BayernLB). Ihre Einlagen sind hier durch Entschädigungseinrichtung des Bundesverbands Öffentlicher Banken in Deutschland geschützt.

Allerdings beschränkt sich die Sicherung der Einlagen auf die gesetzlich vorgeschriebene Höchstsumme von 100000 Euro und schließt Fremdwährungskonten aus. Geschützt sind nur Konten, die auf Euro oder auf die Währung eines EU-Mitglieds lauten, zum Beispiel auf Britische Pfund oder Dänische Kronen.

Die Mitglieder finden Sie auf der Internetseite www.voeb.de unter dem Menüeintrag »Über uns«. Klicken Sie dort auf »Einlagensicherung« und scrollen Sie zur Liste der »zugeordneten Kreditinstitute«.

Private Bausparkassen in Deutschland: volle Absicherung für Bausparguthaben

Neben der Schwäbisch Hall, die zu den genossenschaftlichen Kreditinstituten gehört, und den verschiedenen Landesbausparkassen, die den Institutsschutz der Sparkassen genießen, gibt es in Deutschland auch eine Reihe von privaten Bausparkassen, so zum Beispiel die BHW, Wüstenrot oder Badenia. Alle zugehörigen Bausparkassen sind Mitglied in

✔ der gesetzlichen Entschädigungseinrichtung deutscher Banken, die das Ersparte zu 100 Prozent und bis zu einer Summe von 100000 Euro pro Bankkunde absichert.

✔ dem freiwilligen Bausparkassen-Einlagensicherungsfonds, der die Bauspar-Einlagen in unbegrenzter Höhe und die sonstigen Einlagen (Tagesgeld, Sparkonten, Festgeld etc.) bis zu einer Höhe von 250000 Euro pro Bankkunde absichert.

Eine Extrawurst braten die Allianz Dresdner Bauspar AG und die Deutsche Bank Bauspar AG, also die Töchter zweier großer Finanzkonzerne. Sie sind zwar auch Mitglied in der gesetzlichen Entschädigungseinrichtung. Die freiwillige Mehrabsicherung gewährleisten diese Bausparkassen jedoch über den »Einlagensicherungsfonds für Bank-Bausparkassen«. Alle Einlagen werden hier in voller Höhe abgesichert. Dabei ist es egal, ob sie in Bausparvertäge oder auf sonstige Konten bei der jeweiligen Bausparkasse eingezahlt wurden.

Eine Übersicht darüber, welche Bausparkasse welche Form der Einlagensicherung bietet, finden Sie im Internet unter www.bausparkassen.de. Klicken Sie auf »Verbraucherschutz«, dann auf »Einlagensicherung«.

Private Banken in Deutschland: die Mehrzahl ist sicher

Bei den Privatbanken (Deutsche Bank, Commerzbank, Comdirekt etc.) gibt es keinen Institutsschutz. Jede Privatbank kann theoretisch pleitegehen und die anderen Privatbanken springen nicht zu ihrer Rettung ein. Das läge auch nicht in ihrem Interesse, schließlich ist niemand böse, wenn ein Konkurrent weniger um die Gunst der Kunden ringt.

Für die Einlagensicherung der Sparer ist aber trotzdem gesorgt. Die meisten privaten Banken in Deutschland gehören der gesetzlichen Entschädigungseinrichtung deutscher Banken (EdB) an. Geht tatsächlich einmal eine dieser Privatbanken hops, übernimmt diese Einrichtung die Entschädigung der Sparer bis zur gesetzlichen Grenze von 100 000 Euro pro Bankkunde. Beachten Sie: Nur die Einlagen im engeren Sinne sind hier geschützt, nicht etwa die Inhaberschuldverschreibungen (Inhabersparbriefe oder Zertifikate).

Die Mehrzahl der Privatbanken sichert darüber hinaus aber noch höhere Summen ab. Dazu gibt es den freiwilligen Sicherungsfonds des Bundesverbands deutscher Banken (BdB).

Wenn Sie nicht gerade Millionenbeträge bei einer sehr kleinen Bank angelegt haben, können Sie also in aller Regel ebenfalls von einem vollständigen Schutz Ihrer kompletten Einlagen ausgehen, wenn Sie nicht gerade mehrere Hunderttausend Euro bei einer Bank deponieren. Nicht geschützt sind allerdings auch hier Zertifikate und Inhabersparbriefe. Der Schutz schließt dafür Fremdwährungskonten ein, egal, ob sie auf eine EU-Währung lauten oder beispielsweise auf den Schweizer Franken oder den chinesischen Yuan. Im Ernstfall bekommen Sie das Geld allerdings in Euro ausgezahlt – und nicht in der betreffenden Fremdwährung.

Aber Vorsicht: Nicht jede Privatbank ist Mitglied in diesem freiwilligen Sicherungsfonds. Von Nicht-Mitgliedern lassen Sie besser die Finger – zumindest wenn Sie höhere Beträge als 100 000 Euro anlegen wollen.

Sichert die private Bank, bei der Sie Ihr Geld anlegen wollen, freiwillig mehr ab als gesetzlich vorgeschrieben? Und wie hoch genau ist die geschützte Summe? Um das zu prüfen, gehen Sie so vor: Öffnen Sie die Internetseite www.bankenverband.de. Klicken Sie auf »Einlagensicherung«, danach auf »Sicherungsgrenze abfragen«. Aus einer Liste können Sie nun die Bank auswählen, für die Sie sich interessieren. Geben Sie Ihre Anschrift und E-Mail-Adresse ein und senden Sie Ihre Anfrage ab. Per Mail erhalten Sie dann die Info über einen bestimmten Betrag. Das bedeutet: Pro Bankkunde sind Einlagen in Höhe dieses Betrages voll abgesichert.

Was ist, wenn Sie in besagter Liste Ihre Bank nicht finden? Dann sollten Sie zunächst bei der Bank selbst nachfragen oder online nachschauen, welcher Sicherungseinrichtung sie angehört. Meist genügt es, wenn Sie auf der betreffenden Internetseite der Bank das Wort Einlagensicherung in das Suchfeld eintippen.

Machen Sie dann auf der Internetseite der genannten Sicherungseinrichtung beziehungsweise des entsprechenden Bankenverbandes die Gegenprobe, um zu prüfen, ob die Angaben richtig (und nicht etwa veraltet oder irreführend) sind.

Falls Sie eine Bank in keiner der genannten Sicherungseinrichtungen finden, ist das ein Warnzeichen. Ihr Geld sollten Sie dieser Bank dann lieber nicht anvertrauen. Sicher ist sicher.

Ausländische Banken in Deutschland: Vorsicht vor schwarzen Schafen

Zu den privaten Banken in Deutschland gehören auch einige Auslandsbanken. Viele davon sind mit ihrer deutschen Niederlassung ganz normal Mitglied in der (gesetzlichen) Entschädigungseinrichtung deutscher Banken und im freiwilligen Sicherungsfonds des Bundesverbands deutscher Banken. Aber eben nur viele und nicht alle.

Daneben gibt es einige, die zwar die gesetzliche und vielleicht auch eine darüber hinausgehende freiwillige Absicherung bieten – aber nur durch eine entsprechende Sicherungseinrichtung in ihrem Heimatland. Die insolvente isländische Kaupthing-Bank lässt grüßen. Sie war der isländischen Einlagensicherung angeschlossen, die am Schluss genauso pleite war wie die Bank selbst.

Aber in letzter Zeit machen beispielsweise auch Banken aus Lettland, Indien oder sonstigen Ländern Werbung für Tagesgeld auf dem deutschen Bankenmarkt. Und viele davon sichern auch die Einlagen deutscher Sparer nur in ihrem Herkunftsland ab. Das kann gut gehen. Im Ernstfall haben Sie es aber womöglich gleich mit mehreren Problemen zu tun.

✔ Sie können sich nicht so leicht über den Stand des Entschädigungsverfahrens informieren, weil deutsche Medien kaum darüber berichten. Auch von den Banken selbst erhalten Sie nicht unbedingt alle Informationen, die Sie über das Entschädigungsverfahren brauchen.

✔ Sie müssen im Insolvenzfall Ihre Entschädigungsansprüche in einer Fremdsprache melden, bestenfalls noch auf Englisch.

✔ Sie wissen nie, wie es um die Zahlungskraft der ausländischen Sicherungseinrichtung tatsächlich bestellt ist. Dass die deutsche Bankenaufsicht weder für die betreffende Bank noch für die Sicherungseinrichtung im Ausland zuständig ist, macht die Sache noch riskanter.

✔ Sie bangen (wie zum Beispiel bei Kaupthing) monatelang um Ihr Erspartes – und nicht immer ist gewährleistet, dass Sie Ihr Geld auch tatsächlich zurückbekommen.

✔ Sie müssten im Ausland klagen, falls Ihre Entschädigung trotz Rechtsanspruch nicht gezahlt wird. Und wer, außer auf internationales Recht spezialisierte Anwälte, die dafür ein Heidengeld verlangen, würde das schon ernsthaft in Erwägung ziehen?

So verlockend die Zinsversprechen von ausländischen Privatbanken auch sein mögen und so glaubhaft Ihnen die Bankberater beteuern, Ihre Einlagen wären dort absolut sicher: Wählen Sie lieber eine Privatbank aus, die sowohl Mitglied im Entschädigungsfonds deutscher Banken als auch Mitglied im Sicherungsfonds des Bundesverbands deutscher Banken sind. Das kann durchaus eine ausländische Bank sein – Hauptsache, ihre Einlagensicherung findet hier im Inland statt. Nur dann können Sie sicher sein, dass Sie im Insolvenzfall Ihr Guthaben mitsamt Zinsen reibungslos zurückbekommen.

Bankenpleite – wie die Entschädigung abläuft

Stellen Sie sich mal den schlimmsten Fall vor: Die Bank, bei der Sie Ihre Konten haben, ist akut von einer Pleite bedroht. Was passiert dann? Vier Schritte sind nötig, bis die Entschädigung an Sie fließt.

1. **Moratorium:** Bei einer drohenden Bankinsolvenz wird die Bankenaufsicht ein sogenanntes *Moratorium* über die Bank verhängen. Das heißt: Nichts geht mehr. Die Bankfilialen und Zweigstellen bleiben geschlossen, die Geldautomaten spucken kein Geld aus, der Zugriff auf das Online-Banking funktioniert nicht mehr. Die Bank darf in dieser Zeit Zahlungen weder leisten noch annehmen (außer fälligen Kreditraten). Als Bankkunde können Sie in dieser Zeit also weder Geld abheben noch Geld überweisen, noch Geld einzahlen. Längstens für sechs Wochen hat ein solches Moratorium Bestand. In dieser Zeit hat die Bank noch die Gelegenheit, sich selbst zu sanieren.

2. **Feststellung des Entschädigungsfalles.** Klappt das mit der Sanierung nicht spätestens bis zum Ende des Moratoriums, stellt die zuständige Bankenaufsicht den Entschädigungsfall fest. Damit ist der Startschuss für die Auszahlung der Einlagen (mitsamt Zinsen) gefallen.

3. **Anmeldung der Ansprüche.** Als Bankkunde bekommen Sie gleich nach der Feststellung des Entschädigungsfalles Post von der Entschädigungseinrichtung deutscher Banken beziehungsweise vom Sicherungsfonds des jeweiligen Bankenverbands. Wundern Sie sich nicht, wenn Sie nur einen Brief bekommen, selbst wenn Ihre Bank Mitglied in zwei Entschädigungseinrichtungen ist. Üblicherweise übernimmt die freiwillige Einlagensicherung in einem solchen Fall auch die Entschädigung über die gesetzlich vorgeschriebene Pflichtsumme. Im betreffenden Briefumschlag finden Sie ein Formular, in dem Sie Ihre Ansprüche anmelden müssen. Ihr Guthaben mitsamt den Zinsen ist dort bereits eingetragen. Sie müssen nur den Rest ausfüllen, das Ganze mit Datum versehen, unterschreiben und an den Absender zurückschicken.

4. **Auszahlung.** Spätestens 20 Tage nach Feststellung des Entschädigungsfalles muss Ihnen das Geld ausgezahlt werden. Falls Sie Ihre Ansprüche erst später anmelden, hat die Entschädigungseinrichtung für die Zahlung 20 Arbeitstage Zeit.

Warten Sie keinesfalls zu lange, um Ihre Ansprüche geltend zu machen. Wer das nicht innerhalb eines Jahres nach Feststellung des Entschädigungsfalles durch die Finanzaufsicht tut, hat kaum noch Chancen, sein Bankguthaben zurück zu bekommen. Falls Sie im Falle eines Falles keine Post von der Entschädigungseinrichtung erhalten, drehen Sie nicht lange Däumchen. Melden Sie sich stattdessen von sich aus bei der zuständigen Entschädigungseinrichtung und fordern Sie ein Antragsformular an. Wenn Sie vorhandene Konten und Guthaben nachweisen können (etwa durch Kontoauszüge), bekommen Sie Ihr Geld auch problemlos.

Sonderfall: Geldanlagen bei Versicherungen

Auf dem Markt um Tages- und Festgeldkonten sind inzwischen auch diverse Versicherungsgesellschaften stark vertreten. Und oft sind ihre Zinsen zumindest nicht schlechter als die der Banken. Aber wie sieht es mit dem Schutz der eingezahlten Guthaben aus?

Um es gleich zu sagen: Unter den gesetzlichen Einlagenschutz fallen die Versicherungsgesellschaften nicht. Versicherer haben auch nicht die Möglichkeit, sich einer freiwilligen Sicherungseinrichtung anzuschließen, welche die Bankenverbände für ihre Mitgliedsinstitute anbieten.

Trotzdem sind Ihre Sparguthaben bei einer Versicherung ähnlich gut geschützt wie bei einer Bank. Verantwortlich für den Schutz ist die Auffanggesellschaft Protektor AG mit Sitz in Berlin. Bei Versicherungsgesellschaften, die finanziell in Schieflage geraten, wird sie von der Finanzaufsicht dazu aufgefordert, alle laufenden Versicherungsverträge zu übernehmen. Sie führt dann nicht nur vertragsgemäß Lebens- und Rentenversicherungen des insolventen Versicherers weiter. Sondern sie übernimmt auch die vermeintlichen »Konten« (Tagesgeld oder Festgeld), die Sie dort haben. Denn eigentlich handelt es sich dabei um Versicherungspolicen, genauer gesagt um Kapitalisierungsverträge.

Protektor hat einen Sicherungsfonds, in dem über 700 Millionen Euro liegen. Sollte das zum Auffangen einer pleitegegangenen Versicherung nicht reichen, darf Protektor von seinen Mitglieds-Versicherungen noch einmal genauso viel Geld nachfordern. Und aus dieser Verantwortung kann sich kein Versicherer stehlen, der seinen Sitz in Deutschland hat. Sie alle sind Pflichtmitglieder bei Protektor.

Anders als bei einer Bankenpleite gibt es hier aber kein Entschädigungsverfahren. Vielmehr führt die Protektor AG die Versicherungsverträge des insolventen Versicherers einfach vertragsgemäß weiter. Sie haben dann eben Protektor statt der ursprünglichen Versicherungsgesellschaft als Vertragspartner. Das heißt: Sie bekommen Ihre Zinsen weiterhin, und zwar von Protektor. Und wenn Sie Ihr Geld abheben wollen, können Sie das (sofern Ihr Vertrag das erlaubt und dafür keinen bestimmten Fälligkeitstermin vorsieht) dort tun.

Welche Versicherung ist Mitglied bei Protektor? Schauen Sie ganz einfach im Internet nach. Alle nötigen Infos finden Sie unter www.protektor-ag.de. Klicken Sie auf »Sicherungsfonds«, dann auf »Mitglieder«.

Fazit: Es ist nichts dagegen einzuwenden, Geld bei einem Versicherer statt bei einer Bank anzulegen. Aufpassen sollten Sie allerdings bei ausländischen Versicherungen, die keinen Sitz in Deutschland haben. Da ist die Sicherung anders geregelt – und Sie als Anleger haben im Insolvenzfall womöglich Schwierigkeiten, an Ihr Geld heranzukommen.

Bausparverträge: Nur was für Spießer?

In diesem Kapitel

▶ Funktionsweise eines Bausparvertrags

▶ Die verschiedenen Phasen im Laufe des Vertrags

▶ Kosten beim Bausparen

▶ Ansparbetrag, Guthaben- und Darlehenszinssatz, Tilgungshöhe: die entscheidenden Stellschrauben

▶ Geldverwendung: Müssen die Mittel unbedingt in eine Immobilie fließen?

▶ Vor- und Nachteile von Bausparverträgen

Vielleicht erinnern Sie sich noch an den höchst vergnüglichen Werbespot der Landesbausparkassen, der vor einigen Jahren lief. Darin beschreibt die Tochter eines Hippies voller Begeisterung das schöne Haus, in dem ihre Klassenkameradin wohnt. Und die Dachwohnung eines Freundes, von der aus man die ganze Stadt sehen kann. (Wohlgemerkt, die Hippie-Familie selbst wohnt in einem heruntergekommenen Bauwagen). Alles, was der Vater für die Schilderungen seiner Tochter übrig hat, ist ein verächtliches »Spießer!«. Da eröffnet ihm die Tochter: »Du Papa, wenn ich groß bin, will ich auch mal Spießer werden!« (Falls Sie den Spot mal sehen wollen, geben Sie die Stichwörter »Spießer LBS« einfach im Suchfeld der Videoplattform YouTube ein.)

Ob spießig oder nicht – Tatsache ist: Bausparen ist eine bei den Deutschen sehr beliebte Sparform. Fast 30 Millionen Bausparverträge gibt es hierzulande. In diesem Kapitel erfahren Sie, wie ein Bausparvertrag genau funktioniert, was er kostet und welche Vor- und Nachteile er mit sich bringt (abgesehen von seinem Spießer-Image, an dem wohl auch die Werbung nicht ernsthaft rütteln konnte).

Erst sparen, dann Geld ausleihen: So funktioniert ein Bausparvertrag

Ein Bausparvertrag ist im Prinzip ein Kombiprodukt aus

✔ einem vergleichsweise niedrig verzinsten Sparvertrag und

✔ einem zinsgünstigen Darlehen.

Um zu entscheiden, ob diese Sparform für Sie infrage kommt, und um mögliche Fallen zu umgehen, sollten Sie jede Phase im Verlauf eines Bausparvertrags genau kennen.

Vertragsabschluss: worauf es ankommt

Bausparverträge sind zwar im Prinzip verständlich, aber in ihren Details doch nicht ganz so einfach zu durchschauen. Deshalb sollten Sie sich genau mit dem befassen, was ein Bausparberater Ihnen so vorrechnet.

Bausparsumme festlegen

Die erste Entscheidung, die von Ihnen verlangt wird, ist die über die gewünschte Bausparsumme. Von wenigen Tausend Euro bis hin zu mehreren Zehn- oder gar Hunderttausend Euro ist hier alles möglich. Sinnvoll sind allerdings eher kleinere als größere Bausparsummen. Im Durchschnitt sind etwa 30 000 Euro üblich. Die Bausparsumme wird oft für Modernisierungen eingesetzt und nicht unbedingt nur zum Hauskauf oder –bau. Falls das Bausparen aber tatsächlich der Immobilienfinanzierung dienen soll, ergänzt der Bausparkredit üblicherweise nur das Bankdarlehen, ersetzt es aber nicht. Die Gründe dafür erfahren Sie im Abschnitt »Tilgungsphase«.

Die *Bausparsumme* ist die gesamte Auszahlung, die Sie später von der Bausparkasse erhalten, also die Summe aus dem, was Sie ansparen, und aus dem, was Sie sich später als Darlehen leihen wollen. Schon hier sollten Sie wissen: Das angesparte Guthaben können Sie frei verwenden, so wie es Ihnen gefällt. Für das Darlehen ist aber eine »wohnwirtschaftliche Verwendung« vorgeschrieben, also ein Einsatz etwa für eine neue Heizung, eine Dachisolierung, neue Fenster oder den Erwerb eines Hauses. Sie können nicht einfach lostraben und ein cooles Cabrio kaufen.

Sparanteil bestimmen

Entscheidung Nummer zwei betrifft den Anteil der Bausparsumme, den Sie selbst als Sparguthaben aufbringen wollen: Bei den meisten Bauspartarifen sind etwa 40 bis 50 Prozent vorgesehen. Es gibt aber durchaus auch Tarife mit beispielsweise 25 Prozent Sparguthaben. Der Rest wird Ihnen dann von der Bausparkasse in Form eines Darlehens gewährt. Sie bekommen das Geld aber erst, wenn es zuteilungsreif ist (mehr dazu im Abschnitt »Die Zuteilung: Wann gibt's endlich Zaster?«).

Die Vertragsbedingungen

Für das eingezahlte Geld bekommen Sie Zinsen. Die Höhe der Guthabenzinsen kennen Sie von vornherein – sie stehen in den Vertragsbedingungen. Allerdings fallen die üblicherweise deutlich niedriger aus als bei einem normalen Banksparplan oder Sparvertrag. Selbst Tagesgeld verzinst sich nicht schlechter als das Guthaben in einem Bausparvertrag.

Als Ausgleich für die niedrigen Zinsen bekommen Sie als Bausparer aber später ein Darlehen, das üblicherweise günstiger ist als das einer normalen Geschäftsbank und mit dem Sie Ihr Haus höher beleihen können als mit einem herkömmlichen Hypothekendarlehen. Schon beim Abschluss des Bausparvertrags steht fest, welchen Kreditzins Sie später erhalten. Ihre *Bonität* (Zahlungsfähigkeit) beeinflusst den Zinssatz nicht – denn mit dem Ansparen der betreffenden Bausparsumme haben Sie schon unter Beweis gestellt, dass es um Ihre Finanzen nicht schlecht bestellt ist.

5 ➤ Bausparverträge: Nur was für Spießer?

Früher galt die Faustregel, dass der Darlehenszins rund 2 Prozentpunkte höher ist als die Guthabenzinsen. Heute ist das nicht mehr so strikt und hängt vom gewählten Bauspartarif ab. Auch die Tilgungsrate für das Darlehen steht dann schon fest. Achten Sie unbedingt darauf, dass sie nicht zu hoch ist. Es müssen Kreditraten dabei herauskommen, die für Sie auch erschwinglich sind. Sonst können Sie sich womöglich später die monatlichen Kreditraten nicht mehr leisten (mehr dazu im Abschnitt »Tilgungsphase«).

Kein Schonprogramm für den Geldbeutel: die Gebühren fürs Bausparen

Ein Bausparvertrag ist nicht kostenlos zu haben. Ehrlich gesagt ist er sogar ziemlich teuer. Zwischen 1,0 und 1,6 Prozent der Bausparsumme verlangen die Bausparkassen dafür – und damit oft mehr, als sie an Guthabenzinsen für das Ersparte bieten.

Bei einer Bausparsumme von beispielsweise 20 000 Euro kommt also – je nach Bausparkasse – eine Abschlussgebühr von 200 bis 320 Euro zusammen.

Dass die Bausparkasse diese Abschlussgebühr im Nachhinein – und sei es nur anteilig – erstattet oder reduziert, ist nicht üblich. Sie wird sie in aller Regel auch dann in voller Höhe einbehalten, wenn Sie als Kunde den Bausparvertrag irgendwann kündigen, die Bausparsumme nachträglich herabsetzen oder statt des vollen Bauspardarlehens nur einen Teil davon in Anspruch nehmen.

Der Versuch einer Verbraucherzentrale, diese Abschlussgebühr wegen unangemessener Benachteiligung der Kunden verbieten zu lassen, ist vor dem Bundesgerichtshof kläglich gescheitert (07.12.2010, Aktenzeichen: XI ZR 3/10). Das Gericht hielt es für legitim, dass die Gebühr auch dann nicht reduziert wird, wenn es während der Vertragslaufzeit gar nicht bei der ursprünglich vereinbarten Bausparsumme bleibt. Wer einen Bausparvertrag abschließt, hat also keine Chance, dieser Gebühr zu entkommen oder sie auch nur zu mindern.

Übrigens wird die Abschlussgebühr gleich am Anfang von Ihren Sparraten abgezogen. Dadurch verringert sich also das angesparte Guthaben gleich zu Beginn – und Guthabenzinsen muss die Bausparkasse dafür dann auch nicht zahlen.

Es gibt Bausparkassen, die nehmen die Abschlussgebühr – und das war's dann. Das ist zwar nicht günstig, aber immerhin transparent. Es gibt aber auch Bausparkassen, die noch dies und jenes extra in Rechnung stellen. Etwa Kontoführungsgebühren (da können schon mal 8 Euro pro Jahr weg sein). Oder Darlehensgebühren (und schwupps, schon wird ein Einmalbetrag in Höhe von 1 Prozent der Darlehenssumme verlangt). Oder Gebühren für die Bausparzeitschrift, die bei Ihnen sowieso nur im Altpapier landet (und wieder sind 2 Euro weg). Das läppert sich. Deshalb sollten Sie den Bausparberater gleich von vornherein an nach allen Kosten fragen, die anfallen.

Die Ansparphase: einzahlen, bis genug Geld beisammen ist

Zu Beginn des Bausparens zahlen Sie erst einmal Geld in einen Sparvertrag ein. Ob Sie das per Einmalzahlung oder in Raten tun, bleibt Ihnen überlassen. Auch die Häufigkeit, Regelmäßigkeit und Höhe der Sparraten ist Ihre Sache. Die Bausparkasse errechnet für Sie dabei zwar eine monatliche Rate, die sich nach Ihrer finanziellen Belastbarkeit richtet und die im Fachjargon »empfohlene Regelsparrate« heißt. Ob Sie sich aber daran halten, entscheiden Sie selbst. Sie können jederzeit zusätzliche Einzahlungen leisten, die Sparraten reduzieren oder mit dem Sparen aussetzen.

Ein Bausparvertrag hat üblicherweise keine feste Laufzeit. Vorgegeben ist zwar eine Mindestlaufzeit von 18 Monaten. Aber wie lange Sie tatsächlich sparen, hängt davon ab, wie lange Sie brauchen, um genug Geld zusammenzubekommen beziehungsweise wann Sie die Auszahlung der Bausparsumme anvisieren.

Lediglich bei Verträgen, die der Arbeitgeber mit vermögenswirksamen Leistungen fördert, ist eine Laufzeit von mindestens sieben Jahren vorgeschrieben, bis Sie über das Geld verfügen können.

Alles hat ein Ende, nur die Wurst hat zwei: Hören Sie rechtzeitig mit dem Sparen auf!

Schluss mit dem Ansparen ist üblicherweise, wenn Sie den im Bausparvertrag festgeschriebenen Prozentsatz der Bausparsumme (meist 40 bis 50 Prozent) erreicht haben. Der nächste Schritt ist dann die Zuteilung der Bausparsumme (siehe nächster Abschnitt). Theoretisch könnten Sie auch mehr als diese Summe ansparen. Aber das sollten Sie besser nicht tun. Denn:

- ✔ Sie bekommen miserable Zinsen. Sogar ein Tagesgeldkonto bringt Ihnen in der Regel nicht weniger.

- ✔ Wer mehr spart als nötig, dessen Darlehenssumme verringert sich. Denn ausgezahlt wird nicht mehr als die ursprünglich vereinbarte Bausparsumme. Wer mehr einzahlt, kann folglich weniger Geld leihen, um auf die gleiche Bausparsumme zu kommen.

- ✔ Wenn Sie nur noch sparen, fängt Ihre Frau irgendwann zu quengeln an. Denn sie hat beim Shopping bestimmt eine bessere Verwendung für die Raten ...

Die Zuteilung: Wann gibt's endlich Zaster?

Sie haben den vertraglich festgelegten Prozentsatz der Bausparsumme endlich angespart? Dann ist die Zeit gekommen für die Zuteilung des Geldes. Jedenfalls theoretisch. Aber in der Praxis sieht das oft anders aus. Sie glauben, Sie bekommen die Bausparsumme (Sparsumme und Kredit) sofort ausgezahlt, sobald Sie Ihren Sparanteil beisammen haben? Irrtum! Das kann dauern. Die Zuteilung des Geldes hängt – neben der Höhe der Ansparsumme – von folgenden Faktoren ab:

- ✔ Der Bausparvertrag muss seit mindestens 18 Monaten bestehen.
- ✔ Sie müssen einen Zuteilungsantrag gestellt haben.
- ✔ Sie müssen eine ausreichende Bewertungszahl erreicht haben.

5 ➤ Bausparverträge: Nur was für Spießer?

Die Bewertungszahl: nicht gerade transparent

Die *Bewertungszahl* bestimmt, welcher Bausparer als Nächster dran ist mit der Zuteilung. Dabei legt die Bausparkasse zu bestimmten Stichtagen im Jahr (monatlich, quartalsweise, halbjährlich) eine Mindestbewertungszahl fest, die sich nach der Summe des Geldes richtet, das gerade für Auszahlungen verfügbar ist. Nur Bausparer, die diese Mindestbewertungszahl überschritten haben, bekommen die Bausparsumme (Guthaben plus Darlehen) auch zugeteilt. Dabei gilt: Je mehr Geld Sie angespart haben und je länger Sie schon auf die Zuteilung warten, desto höher ist Ihre Bewertungszahl und desto schneller bekommen Sie die Bausparsumme zugeteilt.

Die Bewertungszahl kann das Warten auf die Zuteilung zur Geduldsprobe machen. Wenn Sie auf das Geld angewiesen sind, rechnen Sie lieber nicht damit, dass die Zuteilung auf Anhieb klappt.

Möglichst vermeiden: eine Zwischenfinanzierung

Richtig blöd ist es, wenn Sie das Geld sofort brauchen, Ihre Bausparsumme Ihnen aber noch nicht zugeteilt wird. Angenommen, Sie haben Ihr Traumhaus gefunden und der Kaufpreis wird sofort fällig. Wenn Sie nicht genug Kohle in der Hinterhand haben, müssen Sie zwischenfinanzieren, das heißt für die Zeit bis zur Zuteilung ein Darlehen über die Bausparsumme aufnehmen. Die Bausparkassen bieten Ihnen diesen Kredit auch gerne an.

Allerdings bekommen Sie ein solches Darlehen zur Zwischenfinanzierung dann natürlich nicht zu den besonders günstigen Kreditbedingungen, deren sich die Bausparkassen sonst so gerne rühmen. Sondern da zahlen Sie dann eben höhere Zinsen.

Diese Zinsen betreffen übrigens nicht nur die Darlehenssumme, sondern die gesamte Bausparsumme. Denn die Bausparkasse zahlt Ihnen vor der Zuteilung noch nicht einmal Ihr angespartes Guthaben aus. Das müssen Sie sich mal auf der Zunge zergehen lassen: Die Bausparkasse leiht Ihnen bis zur Zuteilung der Bausparsumme Ihr eigenes Geld – und verlangt dafür happige Kreditzinsen. Da sind die mickrigen Zinsen, die Sie weiterhin für Ihr noch nicht zugeteiltes Guthaben bekommen, nur ein schwacher Trost. Denn das Darlehen zur Zwischenfinanzierung ist garantiert teurer.

Wenn möglich, vermeiden Sie eine Zwischenfinanzierung. Planen Sie schon beim Abschluss so, dass Sie das Geld möglichst parat haben, wenn Sie es wirklich brauchen. Zwar kann Ihnen kein Bausparberater versprechen, dass die Zuteilung zu einem bestimmten Zeitpunkt garantiert klappt (die Werbung mit einer bestimmten Bewertungszahl ist den Bausparkassen verboten). Aber wenn Sie einen zeitlichen Puffer von mehreren Monaten einplanen, sind Sie auf der sicheren Seite.

Wie Sie notfalls die Zuteilung beschleunigen

Es besteht durchaus die Möglichkeit, die Zuteilung zu beschleunigen. Zwei Möglichkeiten bieten sich an.

- ✔ **Bausparsumme herabsetzen:** Sie können nachträglich die Bausparsumme herabsetzen, beispielsweise von 30 000 Euro auf 25 000 Euro. Damit haben Sie den Mindestsparanteil von meist 40 bis 50 Prozent schneller erreicht und die Bewertungszahl steigt entsprechend. Nachteil: Entsprechend kleiner fällt die Darlehenssumme aus, die Sie erhalten können. Außerdem haben Sie auf diese Weise eine zu hohe Abschlussgebühr gezahlt. Denn die bezieht sich immer auf die ursprüngliche Bausparsumme und wird später nicht anteilig erstattet, wenn die Bausparsumme nachträglich reduziert wird.

- ✔ **Bausparvertrag teilen:** Alternativ können Sie aus einem Bausparvertrag auch zwei machen: Angenommen, Sie haben einen Vertrag über 30 000 Euro abgeschlossen und die Zuteilung des Geldes soll bei 50 Prozent der Bausparsumme erfolgen. Sie haben aber erst 7 500 Euro angespart statt der nötigen 15 000 Euro und benötigen schon jetzt Geld. Dann können Sie Ihren Bausparvertrag einfach in zwei Verträge über eine Bausparsumme von je 15 000 Euro aufteilen. Das bisher angesparte Guthaben legen Sie komplett auf den ersten der beiden Verträge. Dort haben Sie jetzt die nötige Mindestsparsumme von 50 Prozent erreicht und Sie können sich 15 000 Euro auszahlen lassen. Der andere Vertrag hat 0 Euro Guthaben. Sie müssen also noch eine Weile sparen, bis auch er zuteilungsreif wird. Nachteil: Zugeteilt bekommen Sie dann eben auch eine entsprechend niedrigere Summe.

Durchaus möglich: Verzicht auf das Darlehen oder zeitliche Verschiebung

Was ist, wenn Sie im Nachhinein feststellen, dass Sie gar nicht so viel Geld brauchen wie ursprünglich als Bausparsumme festgelegt? Kein Problem: Sie können auf den Kredit verzichten. Das honoriert Ihnen die Bausparkasse sogar mit einer sogenannten Treueprämie von beispielsweise 1 Prozent auf das angesparte Guthaben. Sie können sich dann nur das angesparte Geld plus Guthabenzinsen auszahlen lassen – und brauchen es auch nicht unbedingt für »wohnwirtschaftliche Zwecke« zu verwenden.

Angenommen, Sie wollen mit der Auszahlung der Bausparsumme lieber noch ein halbes Jahr oder Jahr warten, weil Sie erst dann die neue Heizung in Ihr Haus einbauen lassen wollen. Auch das ist möglich. Stellen Sie bei Ihrer Bausparkasse einfach den entsprechenden Antrag. Ihr Guthaben wird dann bis zur Zuteilung weiter verzinst mit dem Zinssatz, der für Ihren Bausparvertrag gilt. Und bevor Sie sich zu früh freuen: Der ist und bleibt mickrig.

Die Tilgungsphase: Der Kredit wird abgezahlt

Was Sie mit dem ausgezahlten Guthaben machen, ist Ihre Sache. Bei dem Darlehen ist eine »wohnwirtschaftliche Verwendung« aber vorgeschrieben – und damit ist jetzt nicht der Kauf einer neuen Sofalandschaft gemeint, sondern entweder der Kauf, der Bau oder die Renovierung einer Immobilie.

5 ▶ Bausparverträge: Nur was für Spießer?

Bauspardarlehen – ein (fast) typischer Immobilienkredit

Als Bauspardarlehen bekommen Sie ein sogenanntes *Annuitätendarlehen*. Das ist bei der Immobilienfinanzierung auch ohne Bausparen das gängigste Darlehensmodell. Die Kreditraten bleiben hier immer gleich. Ursprünglich wurden die Raten aufs Jahr bezogen, deshalb steckt in dem Wort »Annuität« auch das lateinische Wort annus (= das Jahr). Heute sind monatliche oder vierteljährliche Raten üblich. Die Ratenhöhe bleibt gleich, aber die Zusammensetzung der Raten aus Zinszahlungen (Sollzinsen für das geliehene Geld) und Tilgung (also Abzahlung des Kredits) verschiebt sich im Laufe der Zeit immer mehr in Richtung Tilgung, bis zum Schluss der Kredit ganz abgezahlt ist. Wichtig bei jedem Annuitätendarlehen ist eine der folgenden Angaben:

✔ Wie groß soll die anfängliche Tilgung sein (in Prozent der Darlehenssumme)?

✔ Wie hoch sollen die monatlichen Raten sein (in Euro)?

✔ Wie lange wollen Sie den Kredit abzahlen?

Im Folgenden sehen Sie ein Beispiel, wie ein Tilgungsplan aussieht. Wohlgemerkt: Die Zahlen in diesem Beispiel sind nicht sehr realistisch. Eine Tilgungsrate von 10 Prozent *pro Monat* zahlt bei einem Bauspardarlehen niemand. 10 Prozent *pro Jahr* sind da schon eher üblich. Aber Sie sollen sich hier nicht durch einen seitenlangen Tilgungsplan quälen, sondern nur verstehen, wie ein Annuitätendarlehen überhaupt funktioniert.

Ein Bausparkredit läuft über eine Darlehenssumme von 5 000 Euro. Er hat einen Sollzins von 4 Prozent und Sie wollen monatlich 500 Euro abzahlen. Sehen Sie sich die folgende Tabelle an. Daraus können Sie die wichtigsten Informationen entnehmen:

Monatsende	Ratenhöhe	Zinsanteil	Tilgungsanteil	Restschuld
1. Monat			0,00 Euro	−5 000,00 Euro
2. Monat	500,00 Euro	16,67 Euro	483,33 Euro	−4 516,67 Euro
3. Monat	500,00 Euro	15,06 Euro	484,94 Euro	−4 031,73 Euro
4. Monat	500,00 Euro	13,44 Euro	486,56 Euro	−3 545,17 Euro
5. Monat	500,00 Euro	11,82 Euro	488,18 Euro	−3 056,99 Euro
6. Monat	500,00 Euro	10,19 Euro	489,81 Euro	−2 567,18 Euro
7. Monat	500,00 Euro	8,56 Euro	491,44 Euro	−2 075,74 Euro
8. Monat	500,00 Euro	6,92 Euro	493,08 Euro	−1 582,66 Euro
9. Monat	500,00 Euro	5,28 Euro	494,72 Euro	−1 087,94 Euro
10. Monat	500,00 Euro	3,63 Euro	496,37 Euro	−591,57 Euro
11. Monat	500,00 Euro	1,97 Euro	498,03 Euro	−93,54 Euro
12. Monat	93,85 Euro	0,31 Euro	93,54 Euro	0,00 Euro

Mit Ihrer ersten Monatsrate am Ende des 2. Monats nach Auszahlung des Darlehens tilgen Sie somit gleich knapp 10 Prozent der Darlehenssumme. *Knapp* 10 Prozent deswegen, weil im ersten Monat auf die 5 000 Euro schon 16,67 Euro an Zinsen aufgelaufen sind (= 5 000 Euro mal 4 Prozent pro Jahr geteilt durch 12 Monate). Schauen Sie sich im folgenden Tilgungsplan die Zeile »2. Monat« einmal genauer an. Das steht genau das: Von der ersten 500-Euro-Rate zahlen Sie 16,67 Euro an Kreditzinsen und 483,33 an Tilgung. Dadurch verringert sich Ihre Restschuld (also die übrige Darlehenssumme) auf 4 516,67 Euro.

Die Zinsen auf diese Restschuld sind folglich etwas niedriger. Sie betragen am Ende des 3. Monats nur noch 15,06 Euro (gleiche Berechnungsweise wie vorhin: 4 516,67 mal 4 Prozent pro Jahr geteilt durch 12 Monate). Sie müssen also schon jetzt (16,67 Euro minus 15,06 Euro =) 1,61 Euro weniger an Zinsen zahlen und können dieses Geld zusätzlich in die Tilgung stecken.

Deshalb erhöht sich Ihr Tilgungsanteil um genau diese 1,61 Euro und beträgt jetzt 484,94 Euro (siehe Zeile »3. Monat«). Dadurch sinkt die Restschuld auf bereits 4 031,73 Euro. Dafür sind die Zinsen wieder etwas niedriger und wieder können Sie von der nächsten Monatsrate (siehe Zeile »4. Monat«) etwas mehr in die Tilgung stecken.

Dieses Spielchen wiederholt sich so lange, bis die Restschuld abgezahlt ist. Und am folgenden Tilgungsplan sehen Sie, dass sich von Monatsrate zu Monatsrate der Tilgungsanteil immer weiter erhöht und der Zinsanteil immer weiter verringert. Nach 12 Monaten ist Ihr Kredit mitsamt Zinsen abgezahlt. Die Restschuld liegt dann bei 0 Euro.

Wenn Sie sich für Ihr eigenes Bauspar- oder Hypothekendarlehen einen Tilgungsplan erstellen wollen, hilft Ihnen der Online-Rechner der FMH-Finanzberatung. Gehen Sie auf www.fmh.de, klicken Sie auf »Tools und Rechner« und wählen Sie die Option »Tilgungsrechner«. Wenige Angaben genügen, und Sie können sich den kompletten Tilgungsplan als Tabelle anzeigen lassen – genauso wie im oben gezeigten Beispiel.

Wie hoch die Zinsen bei Bauspardarlehen sind

Die Sollzinsen für Bauspardarlehen liegen derzeit bei etwa 2,5 bis 5,0 Prozent. Damit sind Bauspardarlehen in der Regel günstiger als normale Hypothekendarlehen. Früher konnten Sie auf jeden Fall davon ausgehen: Heute aber herrschen auf dem Geldmarkt sehr niedrige Zinsen vor. So niedrig, dass manches Hypothekendarlehen einer normalen Geschäftsbank es durchaus mit einem Bauspardarlehen aufnehmen kann. Aber Achtung: Sie können ein Bauspardarlehen nicht eins zu eins mit einem normalen Hypothekenkredit vergleichen.

Für Häuslebauer oder -käufer hat das Bauspardarlehen einen besonderen Vorteil. Damit können bis zu 80 Prozent des Beleihungswerts der betreffenden Immobilie beliehen werden (siehe Kapitel 21). Bei normalen Hypothekendarlehen sind es dagegen nur 60 Prozent. Wollen Sie mit dem normalen Hypothekendarlehen Ihrer Hausbank Ihr Haus mit mehr als 60 Prozent beleihen, zahlen Sie dafür einen saftigen Zinsaufschlag. Der entfällt bei einem Bauspardarlehen. Außerdem tritt die Bausparkasse oft freiwillig mit ihren Forderungen hinter die Ansprüche anderer kreditgebender Banken zurück. Auch das kostet bei einer normalen Bank einen Aufpreis und bei Bausparkassen nicht.

Kreditraten zahlen: Hier haben Sie keinerlei Spielraum

Wichtig: Bei der Abzahlung des Kredites haben Sie nicht die Freiheit, mal mehr und mal weniger zu zahlen, ganz wie es Ihnen in den Kram passt. Sondern Sie sind vertraglich an die vereinbarten Kreditraten gebunden – ganz so wie auch bei einem normalen Hypothekenkredit (also Darlehen zur Immobilienfinanzierung) von Ihrer Hausbank.

Sondertilgungen (also die außerplanmäßige Rückzahlung von Teilen der Kreditsumme) sind allerdings in aller Regel bei Bauspardarlehen ohne Aufpreis möglich und gern gesehen. Solche Sondertilgungen empfehlen sich bei Bauspardarlehen aber nur, wenn Sie nicht nebenher noch einen anderen (teureren) Bankkredit zur Immobilienfinanzierung laufen haben. Falls doch, sollten Sie lieber den zuerst tilgen. Denn dafür zahlen Sie meist deutlich mehr an Zinsen.

Wenn Sie sich die Kreditraten nicht mehr leisten können, nehmen Sie sofort Kontakt zur Bausparkasse auf. Meist ist es möglich, in einen anderen Bauspartarif zu wechseln. Die Raten sind dann günstiger – die Zinsen allerdings höher.

Nachteil Tilgungshöhe: abzahlen auf Teufel komm raus

Ein Problem bei vielen Bausparverträgen sind die sehr hohen Tilgungsraten. Die Bausparkassen werben zwar zu Recht mit den sehr günstigen Kreditzinsen. Sie sagen aber oft nicht dazu, dass Bausparer vertraglich gezwungen sind, beim Abzahlen des Kredits gewaltig auf die Tube zu drücken.

Bereits beim Abschluss des Bausparvertrags ist festgelegt, wie viel Sie anfänglich tilgen müssen. Ausgedrückt wird die Tilgung meistens in Promille der Bausparsumme, bezogen auf die erste Monatsrate. Das klingt dann ganz harmlos. Typisch ist etwa eine Anfangstilgung von 6 Promille der Bausparsumme. Am folgenden Beispiel können Sie mal durchrechnen, was das heißt:

Sie haben einen Bausparvertrag über 100 000 Euro abgeschlossen und vertragsgemäß 40 Prozent dieser Summe (also 40 000 Euro) angespart. Die restlichen 60 Prozent (also 60 000 Euro) werden Ihnen als Darlehen zugeteilt, das Sie mit monatlichen Raten abzahlen sollen. Nehmen wir an, Ihr anfänglicher Tilgungssatz beträgt 6 Promille der Bausparsumme. Dann liegen Ihre monatlichen Raten bei (6 Promille von 100 000 Euro Bausparsumme) 600 Euro pro Monat. Bezogen nur auf die Darlehenssumme von 60 000 Euro tilgen Sie dann anfangs (600 Euro geteilt durch 60 000 Euro =) 1 Prozent pro Monat oder gut 12 Prozent pro Jahr. Angenommen, Ihr Darlehen hat einen Sollzins von 4 Prozent. Das heißt: In gut 10 Jahren muss Ihr Bauspardarlehen abgezahlt sein. (»Gut« 10 Jahre deswegen, weil Sie neben der Tilgung ja auch noch Zinszahlungen erbringen müssen. Dadurch kommen noch mal zwei Monate obendrauf.)

Das ist der Grund, warum es sich kaum jemand leisten kann, sein gesamtes Haus mit einem Bauspardarlehen zu finanzieren. Die monatlichen Raten werden bei dieser Tilgungshöhe schnell unerschwinglich. Auch dazu ein Beispiel:

Nehmen wir an, Ihr Traumhaus kostet 250 000 Euro. So hoch ist auch die Bausparsumme. Wieder haben Sie die Aufteilung 40 Prozent Erspartes und 60 Prozent Bauspardarlehen. Die Darlehenssumme liegt somit bei 150 000 Euro (= 60 Prozent). Bei einer anfänglichen Tilgung von 6 Promille der Bausparsumme (250 000 Euro) heißt das: Die monatliche Rate beträgt (6 Promille von 250 000 Euro) 1 500 Euro.

Dieses stolze Sümmchen wird wohl kaum ein Häuslebauer Monat für Monat problemlos auf den Tisch blättern. Da ist es nur ein schwacher Trost, wenn das Darlehen dann in gut 10 Jahren abgezahlt ist. In diesen 10 Jahren sind Sie dann aber nie in den Urlaub gefahren und haben sich außerdem jeden Einkaufsbummel, Kino- oder Konzertbesuch eisern verkniffen. Zum Vergleich:

Bei einem normalen Hypothekendarlehen haben Sie beispielsweise eine anfängliche Tilgungsrate von 1 bis 3 Prozent *pro Jahr*, und das nur bezogen auf die Darlehenssumme. Das heißt: Die monatlichen Raten sind erschwinglich. Und Sie können sich eben mit dem Abzahlen länger Zeit lassen. Angenommen, die Zinsen betragen ebenfalls 4 Prozent pro Jahr und bleiben über die gesamte Laufzeit gleich. Und angenommen, Sie würden anfänglich 2 Prozent pro Jahr tilgen. Das hieße das: Die monatlichen Raten lägen bei der gleichen Darlehenssumme über 150 000 Euro bei 1 Prozent Jahrestilgung bei 750 Euro und Sie müssten das Darlehen in 27 Jahren und 7 Monaten abzahlen. Zugegeben, das dauert länger, klingt aber dafür viel eher machbar.

Fazit: Bei einem normalen Hypothekenkredit tilgen Sie anfänglich vielleicht 2 oder 3 Prozent der Kreditsumme pro Jahr. Bei einem Bauspardarlehen können das aber auch schon mal 10 oder 12 Prozent pro Jahr sein. Für Häuslebauer oder -käufer bedeutet das: Ausgerechnet das günstigste Darlehen müssen sie am schnellsten abzahlen. Das Hypothekendarlehen der Hausbank dagegen läuft viel länger. Dabei sind hier die Sollzinsen üblicherweise höher. Das tut weh!

Sie können die Rückzahlungsraten aber auch niedriger ansetzen, wenn Ihr Einkommen die höhere Tilgung nicht zulässt. Dafür müssen Sie den Bauspartarif wechseln, was meist auch problemlos möglich ist. Aber machen Sie sich keine Illusionen: Die Herabsetzung der Tilgungsraten ist für Sie mit Nachteilen verbunden. Entweder, Sie zahlen für das Darlehen dann doch höhere Kreditzinsen. Oder Sie bekommen das Darlehen erst später zugeteilt.

Kostenfalle Restschuldversicherung

Viele Bausparkassen verlangen für das Darlehen eine *Restschuldversicherung*. Diese springt ein, wenn Sie aus irgendwelchen Gründen (zum Beispiel Berufsunfähigkeit) Ihre Kreditraten nicht mehr pünktlich tilgen können. Aber Vorsicht: Solche Restschuldversicherungen sind oft überteuert. Misstrauisch sollten Sie vor allem bei Policen sein, die Ihnen die Bausparkasse selbst anbietet. Denn das sind nicht unbedingt die günstigsten Verträge, sondern sie machen das Darlehen unnötig teuer. Falls Ihre Bausparkasse auf einer solchen Versicherung besteht, gibt es einen anderen Ausweg.

Schließen Sie lieber bei einem unabhängigen Versicherer eine Risikolebensversicherung über die Darlehenssumme ab. Oder erkundigen Sie sich bei einem freien Versicherungsmakler oder Berater nach einer günstigeren Restschuldversicherung. Das ist meist billiger für Sie.

Bausparen: die Vor- und Nachteile im Überblick

Jetzt geht's zurück in unseren Bewertungsparcours mit den fünf Hindernissen Rendite, Sicherheit, Flexibilität bei den Einzahlungen, Liquidität und Transparenz. So sieht das Ganze beim Bausparen aus:

1. **Rendite:** Betrachtet man nur die Guthabenverzinsung, ist die Rendite mäßig, wegen der hohen Gebühren oft sogar negativ. Eine Ausnahme bilden lediglich Bausparverträge, die vom Staat oder Arbeitgeber gefördert werden, etwa durch Riester-Zulagen, vermögenswirksame Leistungen, Arbeitnehmersparzulage oder Wohnungsbauprämie (siehe Kapitel 22 und 24). Wer also nur sparen und keinen Bausparkredit aufnehmen will, für den lohnt sich Bausparen definitiv nicht. Ein Banksparplan ist da die bessere Alternative.

Anders kann es aussehen, wenn Sie das zinsgünstige Bauspardarlehen auch wirklich in Anspruch nehmen. Hier sollten Sie aber mit spitzem Stift rechnen, ob die Ersparnis bei den Sollzinsen die hohen Abschlussgebühren und die niedrige Guthabenverzinsung wieder wettmacht.

Einen nicht von den Anbieterinteressen geleiteten Bauspar-Vergleichsrechner finden Sie kostenfrei im Internet. Gehen Sie dazu auf www.fmh.de. Rufen Sie die Rubrik »Zinsen und Vergleiche« auf und klicken Sie auf »Bausparen«. Alternativ kann es sich auch lohnen, die Bausparberatung bei einer Verbraucherzentrale in Anspruch zu nehmen. Die ist allerdings mit Kosten verbunden. 75 Euro werden Sie da für eine dreiviertel Stunde schnell los. Aber besser, dieses Geld bezahlen, als nachher mit einem unrentablen Bausparvertrag ein Vielfaches davon zu verlieren.

2. **Sicherheit:** Wenigstens hier gibt es keine Befürchtungen. Bausparkassen sind sicher. Die in einem Bausparvertrag angesparte Summe fällt unter die Einlagensicherung (siehe Kapitel 4).

3. **Flexibilität bei den Einzahlungen:** In der Ansparphase ist diese Flexibilität gegeben. Sie können die Sparraten beliebig herauf- und herabsetzen und auch mal pausieren. Anders sieht es in der Darlehensphase aus. Hier sind die Kreditraten fix – da kommen Sie aus Ihren vertraglichen Pflichten, sie regelmäßig zu zahlen, nicht einfach heraus.

4. **Liquidität:** Vergessen Sie's. Liquide sind Sie nicht, wenn Sie Ihr Guthaben in einen Bausparvertrag einzahlen. Selbst dann nicht unbedingt, wenn Sie die nötige Sparsumme endlich beisammen haben. Denn das Geld wird Ihnen oft nicht sofort zugeteilt. Zwar können Sie zu diversen Tricks greifen, um es schneller zu bekommen (Herabsetzung der Bauspar-

summe, Aufteilung eines Bausparvertrags). Aber so richtig beglückend ist diese Lösung nicht. Liquide sind Sie auch nicht, wenn Sie einen Bausparkredit mit hohem Tilgungsanteil abzahlen müssen. Mag er auch noch so günstige Zinsen bieten: Die Verpflichtung, regelmäßig Ihre Kreditraten zu zahlen, können Sie nicht einfach abschütteln.

5. **Transparenz:** Die entscheidenden Stellschrauben sind Ihnen von Anfang an bekannt. Sie wissen, welche Abschluss- und sonstigen Kosten auf Sie zukommen. Sie wissen, welche Guthabenzinsen Sie für Ihr Erspartes erhalten und welche Sollzinsen Sie für Ihren Kredit zahlen. Schauen Sie sich außerdem die Tilgungsrate genau an, die Ihr favorisierter Bauspartarif vorsieht: Dann wissen Sie auch, wie hoch die monatlichen Kreditraten sind, die Sie in der Tilgungsphase aufbringen müssen (ein Aspekt, den viele Sparer anfangs nicht berücksichtigen). Unwägbarkeiten gibt es allerdings in Bezug auf den Zuteilungszeitpunkt. Bekommen Sie die Bausparsumme erst später zugeteilt als gedacht und müssen Sie die Zwischenzeit womöglich durch einen anderen Kredit überbrücken, verursacht das Mehrkosten, die nicht von Anfang an auf dem Tisch liegen. Und da ein Bausparvertrag auch nicht unbedingt zu den einfachsten Produkten der Geldanlage gehört, kriegt er hier nicht die Bestnote 1, sondern vielleicht eher eine 2-3.

Fazit: Bausparen lohnt sich auf keinen Fall ohne das Ziel, eine Immobilie zu erwerben oder zu modernisieren und den zinsgünstigen Kredit dafür in Anspruch zu nehmen. Die wohnwirtschaftliche Verwendung ist dann Voraussetzung für das Darlehen.

Ob sich Bausparen überhaupt rentiert, wenn Sie ein disziplinierter Sparer sind und das Darlehen in Anspruch nehmen, sollten Sie genau nachrechnen. Sicher ist das nicht. Wobei die Verbraucherschützer aufgrund der hohen Gebühren und der fehlenden Verlässlichkeit des Zuteilungszeitpunkts eher skeptisch sind.

Bausparen lohnt sich am ehesten für Menschen, die dazu noch die staatliche Förderung (Riester-Zulagen, Arbeitnehmersparzulage, vermögenswirksame Leistungen oder Wohnungsbauprämie) in Anspruch nehmen und möglichst schon mit 16 Jahren beginnen, aufs Eigenheim zu sparen. Das stellt sich aber die Frage, ob zu diesem Zeitpunkt nicht andere Dinge wichtiger sind (Führerschein, eigenes Mofa, eigenes Auto etc.).

Bankenauswahl – Meiden Sie Knauserbanken und Gebührenfresser

In diesem Kapitel

▸ Die richtige Bank finden

▸ Gute Angebote identifizieren

▸ Lockmittel und Werbegeschenke mitnehmen

▸ Gebührenfresser vermeiden

Eine Grundvoraussetzung für die Wahl der richtigen Bank oder Bausparkasse haben Sie in Kapitel 4 schon kennengelernt: Ihr Geld muss vollständig abgesichert sein. Zudem sollte die Bank möglichst dem deutschen Einlagensicherungssystem angehören, damit Sie im Ernstfall Ihre Rechte nicht auf einem karibischen Inselstaat geltend machen müssen. In diesem Punkt sollten Sie auch keinerlei Abstriche machen. Nicht dass das mühsam Ersparte plötzlich spurlos im Bermudadreieck verschwindet.

Es gibt aber noch andere Kriterien für die Auswahl einer Bank oder Bausparkasse. Das sind zum einen Guthabenzinsen, zum anderen so manches Extrabonbon, mit dem vor allem Neukunden überredet werden, sich doch endlich mal von ihrer heiß geliebten Hausbank zu trennen und eine neue Liaison einzugehen.

Schauen Sie sich aber auch genau an, was die Bank Ihnen abknöpft. Also vor allem Sollzinsen und Gebühren – aber häufig auch Zeit, die Sie vermutlich ebenfalls nicht im Übermaß besitzen. Was Sie bei der Bankenauswahl beachten müssen, auch darum geht es in diesem Kapitel.

Was bringt's? Guthabenzinsen und Werbegeschenke

Sie wollen Ihr Geld anlegen und nicht loswerden. Also lohnt sich zunächst einmal der Blick auf das, was die Banken Ihnen bieten. Das ist zweierlei: zum einen Guthabenzinsen (wichtig) und zum zweiten so manches nettes Extra, mit dem Sie als Neukunde geködert werden.

Guthabenzinsen: je höher, desto besser

Ihre erste Devise bei Bankkonten heißt: Die Guthabenzinsen müssen möglichst hoch sein. Normalerweise gilt bei der Geldanlage der Grundsatz: Je höher die Zinsen, desto höher auch das Risiko. Bei Bankkonten ist das aber nicht so. Zumindest nicht, wenn Sie eine Bank auswählen, welche die volle Einlagensicherung bietet (siehe Kapitel 4). Da können Sie den Aspekt »Risiko« vernachlässigen, weil Ihr Guthaben in vollem Umfang geschützt ist.

Bei der Suche nach einer guten Geldanlage können Sie also hemmungslos den zahlreichen Zinsvergleichen im Internet und in diversen Geldanlage-Zeitschriften frönen. Die Devise lautet ganz einfach: Suchen Sie sich die Bank aus, die Ihnen den höchsten Zinssatz bietet.

Sie dürfen aber hierbei Äpfel nicht mit Birnen vergleichen, sprich Tagesgeldkonten nicht mit Festgeld- oder Sparkonten. Denn meist gibt es höhere Zinsen, wenn Sie bereit sind, Ihr Geld etwas länger liegen zu lassen, und entsprechend niedrigere, wenn Sie auf täglicher Verfügbarkeit bestehen.

Zinsvergleiche finden Sie zuhauf, wenn Sie nur das Wort »Tagesgeld«, »Sparkonto« oder »Festgeld« bei Google eingeben. Auch Zeitschriften und selbst Tageszeitungen drucken immer wieder mal solche Vergleiche ab. Das Problem ist nur: Viele davon sind nicht unabhängig. Sie werden von den Banken bezahlt – und sei es nur in Form von Werbeanzeigen, welche die betreffende Bank dann online oder in der jeweiligen Zeitschrift schaltet. Aufgepasst außerdem, wenn diverse Zeitschriften wieder mal einen »Testsieger« küren: Die betreffende Bank bezahlt Geld dafür, dass sie mit diesem Etikett dann werben darf. Deshalb sind in den letzten Jahren die »Tests« wie Pilze aus dem Boden geschossen. Und nicht jeder »Test« ist wirklich brauchbar. Mancher ist so einfach gestrickt wie sein Erfinder ...

Wo finden Sie gute, möglichst unabhängige Zinsvergleiche? Eine Möglichkeit ist die Zeitschrift *Finanztest*, die von der Stiftung Warentest herausgegeben wird. Darin werden keine Anzeigen geschaltet. Außerdem ist die Stiftung Warentest unabhängig von Werbeeinnahmen. Die Zeitschrift erscheint monatlich und enthält stets den aktuellsten Zinsvergleich. Eine weitere Möglichkeit ist wieder mal die FMH Finanzberatung in Frankfurt, die vor allem die Medien mit Zinsvergleichen versorgt und diese auch für Verbraucher im Internet veröffentlicht (www.fmh.de). Sie listet allerdings nicht alle Banken auf. So manche Regionalbank bleibt unberücksichtigt, obwohl sie Ihnen möglicherweise sogar noch bessere Zinsen bietet.

Lockmittel und Werbegeschenke

Sagt Ihnen der Ausdruck »Tagesgeld-Hopping« etwas? Gemeint ist das Verhalten mancher Kunden, von Bank zu Bank zu »hüpfen«, um immer die attraktiven Konditionen für Neukunden abzusahnen. Nun ist es nicht jedermanns Sache, andauernd die Bank zu wechseln und den damit verbundenen Formularkrieg auszufechten. Aber vielleicht mögen Sie sich ja doch einmal umsehen, was die Banken im Kampf um die Spareinlagen so alles für ihre Neukunden tun. Da könnte nämlich auch etwas für Sie dabei sein. Zum Beispiel:

✔ **Hohe Guthabenzinsen für Neukunden.** Hier gilt – siehe oben: je höher, desto besser.

✔ **Tankgutscheine.** Die sind für Autofahrer so gut wie Bargeld. Also eine nette Sache, die Geld spart.

✔ **Startguthaben.** Die zusätzlichen Kröten kommen gleich auf Ihr Erspartes obendrauf. Wunderbar.

✔ **Kostenlose Kreditkarte.** Auch das ist ein gängiges Lockmittel. Falls Sie noch keine Kreditkarte haben oder von Ihrem bisherigen kostenpflichtigen Modell auf eine kostenfreie Karte umsteigen wollen, ist das in der Tat ein verlockendes Angebot.

 Wenn eine Bank »Neukunde« sagt, dann meint sie auch »Neukunde«. In der Regel haben Sie keine Chance, bei einer Bank zweimal abzusahnen. Wer als ehemaliger Kunde zurückkehrt, kommt meistens nicht in den Genuss neuer Kundenangebote und Werbegeschenke. Damit Sie nicht in diese Falle tappen, erkundigen Sie sich vorher, für wen genau das Neukundenangebot gilt.

Es kann noch weitere Haken geben. Oder wenigstens ein Sternchen, hinter dem dann kleingedruckt die zahlreichen Wenns und Abers aufgeführt sind. Aufpassen sollten Sie beispielsweise bei ...

✔ **langen Bindefristen.** Die verhindern nämlich den fliegenden Wechsel zur nächsten Bank. Sie sind dann für längere Zeit an die jeweilige Bank gebunden, auch wenn die Konditionen sich zu Ihren Ungunsten verändern. Beim Tagesgeld ist diese Gefahr allerdings gering. Da können Sie ja jederzeit abheben, so viel sie wollen, selbst wenn Sie das Konto vor Ende der Kündigungsfrist noch nicht auflösen können ...

✔ **befristeten Angeboten.** Die finden Sie häufig bei verlockend hohen Guthabenzinsen. Oft sind solche Angebote auf sechs bis längstens zwölf Monate beschränkt. Danach sinkt das Zinsniveau. Und aufgepasst: Es sinkt oft sogar unter den Durchschnitt. Dieses Lockmittel ist also nur für Wechselwillige geeignet, die nach Ablauf dieser Zeit freudig zur nächsten Bank aufbrechen wollen und auch können (siehe oben).

✔ **geforderten Mindesteinlagen.** Wenn es die attraktiven Zinsen nur ab 20 000 Euro gibt, haben Sie mit 5 000 eben Pech. Und müssen sich womöglich mit knauserigen Mickerzinsen zufriedengeben. Also schauen Sie sich den kleingedruckten Sternchentext lieber genau an, bevor Sie sich mit geringen Zinsen abspeisen lassen.

✔ **Höchstzinsen nur für begrenzte Beträge.** Manche Banken spielen das Spielchen auch anders herum. Sie bieten den attraktiven Zinssatz, mit dem sie werben, nur für Beträge bis 5 000 oder 10 000 Euro. Wer mehr anlegen will, erhält deutlich weniger Zinsen.

✔ **plötzlichen Gebühren.** Die finden Sie häufig bei vermeintlich kostenfreien Kreditkarten, die nach Ablauf einer »Schonfrist« auf einmal doch Gebühren kosten.

Apropos Gebühren. Damit sind wir schon beim zweiten Kriterium, das bei der Bankenauswahl wichtig ist. Dazu gleich mehr.

Was kostet's? Gebühren für Konten oder Sparverträge

Die gute Nachricht zuerst: Ein Tages-, Spar- oder Festgeldkonto kostet Sie in der Regel kein Geld. Dasselbe gilt für Sparverträge und Banksparpläne. Für die eigentliche Kontenführung wird nichts verlangt. Darin unterscheidet sich die Mehrzahl der Banken schon mal wohltuend von den Versicherungen, die ihren Kunden vor allem in der Anfangsphase einer Lebens- und Rentenversicherung ziemlich happige Gebühren aufbrummen (fürs Tages- oder Festgeld allerdings nicht). Trotzdem gibt es von dieser Regel Ausnahmen.

Gebühren fürs Giro- oder Tagesgeldkonto

Nicht alle Giro- oder kombinierte Giro-Tagesgeldkonten kosten Geld. Aber es gibt durchaus noch Konten dieser Kategorie, für welche die Bank eine Kontoführungsgebühr verlangt. Die meisten Filialbanken, also etwa die Genossenschaftsbanken und Sparkassen vor Ort, fahren (mindestens) zweigleisig:

- ✔ Da gibt es ein Online-Konto, das kostenfrei ist, über das Sie als Nutzer aber ausschließlich per Online-Banking, Girocard (früher: EC-Karte) und Geldautomat verfügen können. Am Schalter will man Sie in der Regel nicht sehen. Denn das könnte ja Arbeit für die Bankangestellten bedeuten ...

- ✔ Daneben gibt es ein Rundum-sorglos-Full-Service-alles-inklusive-Konto, das zwar Geld kostet (zum Beispiel 30 Euro pro Jahr), bei dem das Geldabheben am Schalter aber genauso möglich ist wie das Geldabheben am Automaten. Und bei dem womöglich noch eine Kreditkarte im Leistungsumfang inbegriffen ist. Und bei dem eingefleischte Gegner des Online-Banking ihre Überweisungen wie gewohnt auf dem Papierformular einreichen können.

In der Regel können Sie Kontoführungsgebühren vermeiden, vorausgesetzt, Sie haben nichts gegen das Online-Banking. Wenn Ihr eigener Computer oder Internetanschluss nicht fürs Online-Banking taugt, gibt es in vielen Banken Überweisungsterminals. Prüfen Sie aber vorher, ob Sie sich mit einem kostenlosen Konto in Wirklichkeit nicht doch den größeren Gebührenfresser einhandeln, weil die Bank sich dafür jeden extra Handstreich königlich bezahlen lässt (siehe Abschnitt »Gebühren für allerlei Kleinkram: Warum kostenlos nicht immer kostenlos ist«).

Viele Konten sind erst ab einem bestimmten monatlichen Zahlungseingang gebührenfrei. Beispielsweise ab 1 000 oder 1 500 Euro. Solche Konten sind wahre Gebührenfresser, wenn Sie einmal arbeitslos werden. Oder wenn Sie selbstständig sind und daher nur unregelmäßige Zahlungseingänge verzeichnen. Von solchen Konten lassen Sie daher besser die Finger – es sei denn, Sie sind verbeamtet oder haben bei einer Lotterie eine lebenslange monatliche Rente gewonnen ...

Und noch ein Gebührenmodell gibt es, bei dem Sie vorsichtig sein sollten: Konten, deren Gebührenfreiheit an einen bestimmten Mindestumsatz mit der zugehörigen Kreditkarte gebunden ist. Da ist der Anreiz zum Geldausgeben groß – und Sie wissen ja: Eigentlich lesen Sie dieses Buch, weil Sie Geld *anlegen* wollen und nicht etwa *ausgeben*.

Abschlussgebühren für Bausparverträge

Die Bausparkassen verlangen auf jeden Fall eine Gebühr für jeden einzelnen Bausparvertrag, nämlich die sogenannte Abschlussgebühr. Die bezieht sich immer auf die gesamte Bausparsumme und damit auf das Sparguthaben plus das Bauspardarlehen, das Sie als Bausparer später in Anspruch nehmen wollen.

Es hängt von der Bausparkasse und vom Bauspartarif ab, wie hoch die Abschlussgebühren sind. In aller Regel liegen sie bei 1,0 bis 1,6 Prozent der Bausparsumme. Hier lohnt es sich, zu vergleichen und nicht einfach die Bausparkasse zu nehmen, die Ihre Hausbank Ihnen empfiehlt. Übrigens ist die Bausparkasse nicht verpflichtet, Ihnen einen Teil der Abschlussgebühren zu erstatten, wenn Sie die Bausparsumme nachträglich senken, damit der Vertrag schneller zuteilungsreif wird. Das hat der Bundesgerichtshof entschieden (07.12.2010, Aktenzeichen: XI ZR 3/10).

Ein Kriterium sollten Sie dabei auf keinen Fall vernachlässigen: Was fällt an zusätzlichen Kosten an? Denn manche Bausparkassen beschränken sich nicht auf die Abschlussgebühr, sondern verlangen noch weitere »Sonderentgelte«. Dabei sind sie auf erstaunlich kreative Einfälle gekommen: jährliche Kontoführungsgebühren. Gebühren für die Zustellung eines Kundenmagazin. Gebühren für eine Kreditversicherung, die zwangsweise mit abgeschlossen werden muss. Kontoführungsgebühren für das Darlehenskonto. Gebühren für das Wertgutachten, mit dem der Wert der zu beleihenden Immobilie ermittelt wird. Diese letzten beiden Gebührenarten sind allerdings nach neuester Rechtsprechung nicht erlaubt (Bundesgerichtshof, Aktenzeichen: XI ZR 388/10, und Landgericht Stuttgart, Aktenzeichen: 20 O 9/07). Beides – die Führung eines Darlehenskontos und das Wertgutachten – geschieht im Interesse der Bank und ist somit keine Dienstleistung, die dem Kunden nutzt. Sollte Ihre Bank oder Bausparkasse eine solche Gebühr erheben, verlangen Sie das Geld zurück und verweisen Sie auf die betreffende Gerichtsentscheidung, wonach diese Gebühr nicht statthaft ist.

Fazit: Um Kontoführungsgebühren kommen Sie meist herum, um Bauspargebühren dagegen nicht. Die sind sogar so hoch, dass selbst die Guthabenzinsen sie nicht wettmachen. Eine Tatsache, die diese Form der Geldanlage doch sehr infrage stellt ...

Gebühren für allerlei Kleinkram: Warum kostenlos nicht immer kostenlos ist

Sie haben ein kostenloses Konto gefunden – wunderbar! Trotzdem sollten Sie einen Blick auf die Gebühren werfen. Das gilt vor allem im Hinblick auf das Girokonto, das Sie sehr oft zusammen mit einem solchen Konto erhalten. Oder in Bezug auf das Tagesgeldkonto, das zugleich als normales Girokonto fungiert. Denn hier erweist sich manche Bank als Gebührenfresser, auch wenn dies auf den ersten Blick nicht so erscheinen mag.

Banken, die eine »kostenfreie« Kontenführung anbieten, gibt es zuhauf. Ob Sie als Bankkunde aber tatsächlich keinerlei Gebühren an die Bank entrichten, steht auf einem anderen Blatt. Manchmal sehen Sie schon an dem unschönen Sternchen hinter der Werbebotschaft, dass es da gewisse Einschränkungen gibt. Die sind selbstverständlich so klein gedruckt, dass Sie ohne Lesebrille und Vergrößerungsglas aufgeschmissen sind. Manchmal merken Sie aber auch erst später, dass bestimmte Services, die Sie in Anspruch genommen haben, dann doch nicht ganz kostenfrei zu haben waren.

 Sie wollen sich schon vor der Kontoeröffnung schlau machen über die Gebühren, die Sie erwarten? Das ist sehr lobenswert und schont Ihren Geldbeutel. Sämtliche Gebühren (oder, wie es offiziell heißt, »Bankentgelte«) im Zusammenhang mit Ihrem Konto, Sparplan oder Sparvertrag finden Sie im sogenannten Preis- und Leistungsverzeichnis, das jede Bank veröffentlichen und ihren Kunden auf Nachfrage zur Verfügung stellen muss. Bei der Volksbank um die Ecke müssen Sie womöglich in die Filiale gehen, um sich in dieses Dokument vertiefen zu können. Bei den Online-Banken steht es in aller Regel auf der betreffenden Website. Geben Sie »Preise« oder »Preise und Leistungen« in die Suchfunktion ein, dann werden Sie auch auf einer chaotisch aufgebauten Banken-Website schnell fündig.

Wer vorher einen Blick ins Preis- und Leistungsverzeichnis wirft, erspart sich unangenehme Überraschungen, die mancher Sparer sonst erst nach der Kontoeröffnung erlebt: Auch bei einem vermeintlich kostenfreien Konto läppern sich die Kleinbeträge, welche die Bank selbst für die geringsten Extradienste vom Konto abbucht. Sie sitzt ja an der Quelle und schickt Ihnen als Kontoinhaber nicht erst eine Rechnung, bevor sie die Gebühren abbucht. Um das zu vermeiden, hilft nur eines: Analysieren Sie Ihr Nutzungsverhalten und wählen Sie Ihre Bank und Ihr Bankkonto so aus, dass dabei möglichst wenig Extragebühren anfallen. Da gibt es eine ganze Reihe von Details, die aus dem vermeintlich kostenfreien Konto dann womöglich doch einen wahren Gebührenfresser machen.

Überweisungen: Online ist meist billiger

Wie überweisen Sie Ihr Geld – online oder in Papierform? Der Unterschied mag für Sie als Bankkunde nicht weiter wichtig sein. Für die Bank aber ist eine Online-Überweisung eine Arbeitsersparnis, dagegen bedeutet eine Überweisung auf Papier Extra-Arbeit. Und sie wissen ja: Extra-Arbeit lassen sich die Banken gut bezahlen. Da kann es schon mal ein paar Euro kosten, wenn ein Schlipsträger Ihre Überweisung in den Computer eintippen muss.

 Wenn Sie also dem Online-Banking misstrauen und viele Überweisungen vornehmen müssen, vermeiden Sie Banken, die für eine Papierüberweisung exorbitant viel Geld verlangen. Unter Umständen sind Sie dann mit einem Alles-inklusive-Konto mit jährlicher Kontogebühr besser bedient.

Abhebungen am Schalter

»Nur Bares ist Wahres.« Das stimmt zwar nicht, schließlich wirft Bargeld im Unterschied zu Bankguthaben keine Zinsen ab. Aber ganz ohne Bargeld geht's eben auch nicht. Und da stellt sich schon die Frage, wie Sie an Ihren Schotter rankommen.

Wer sein Geld am Schalter abhebt und nebenbei den Plausch mit der netten Bankmitarbeiterin genießt, erlebt später womöglich eine nicht gerade willkommene Überraschung. Denn manche Banken verlangen für das Geldabheben am Schalter Geld. Übrigens auch dann, wenn ein miesepetriger Banker am Schalter steht, bei dem Sie keinerlei Lust auf einen Plausch verspüren und das Ganze binnen zwei Minuten erledigt ist. Kostenfrei gibt's Geld dann nur am Automaten. Und hoppla – schon taucht das nächste Problem auf (siehe nächster Abschnitt).

6 ► Bankenauswahl – Meiden Sie Knauserbanken und Gebührenfresser

 Mindestens fünf Buchungen (also Abhebungen oder Einzahlungen) pro Monat muss die Bank Ihnen allerdings auf jeden Fall kostenfrei zugestehen, hat der Bundesgerichtshof entschieden (Aktenzeichen: XI ZR 80/93, und Az. XI ZR 217/95). Das gilt auch für Kunden, die kein Online-Banking wollen und an den Schalter gehen. Wenn sich Ihre Bankennutzung auf diese fünf Buchungen beschränkt, dann zahlen Sie keinen Aufpreis (falls doch, verklagen Sie die Bank).

»Fremdgehen« ist teuer: Nicht jeder Automat ist ein guter Automat

Suchen Sie mal in einem kleinen Kaff nach einem Geldautomaten der Deutschen Bank. Ausgeschlossen, dass sie da fündig werden. Es sei denn, das Kaff liegt in Tirol und heißt Kitzbühel ...

Ansonsten werden Sie vor allem als Kunde diverser Privatbanken schnell mit der traurigen Realität konfrontiert: Immer wenn Sie einen Geldautomaten brauchen, finden Sie entweder gar keinen oder den falschen. Nämlich den, der zur Konkurrenz gehört. Den, der Ihnen nur Geld ausspuckt, wenn Sie dafür happige Abhebegebühren zahlen. Sie sind also von Zeit zu Zeit gezwungen, »fremdzugehen«, wenn Sie Bargeld wollen. Das verzeiht Ihnen Ihre Bank zwar (sie ist in dieser Hinsicht sicher toleranter als eine Ehefrau). Aber Sie müssen dafür zusätzliche Gebühren zahlen.

Wobei »Fremdgehen« nicht immer gleich mit Extragebühren verbunden ist. Es kommt erstens darauf an, bei welcher Bank Sie Kunde sind. Und zweitens, zu welchem Verbund die einzige Bank gehört, die Sie in besagtem Kaff finden. Die meisten Banken haben sich zusammengeschlossen und ermöglichen nicht nur ihren Kunden ein kostenfreies Abheben an ihren Automaten, sondern auch den Kunden sämtlicher Verbundmitglieder. Diese Kartenverbünde sollten Sie kennen:

- ✔ Das **Bankcard ServiceNetz.** Das ist ein Verbund von Genossenschaftsbanken mit über 19 000 Automaten innerhalb Deutschlands. Dazu gehören die allermeisten Volks- und Raiffeisenbanken, VR-Banken, PSD-Banken, die Deutsche Ärzte- und Apothekerbank und einige andere Genossenschaftsbanken. Ein Sonderfall sind die Sparda-Banken (siehe Erläuterung nach dieser Aufzählung).

- ✔ Das **Sparkassennetz.** Darin sind sämtliche Sparkassen in Deutschland organisiert. Sie betreiben ungefähr 25 000 Automaten innerhalb Deutschlands.

- ✔ Die **Cash Group.** Das ist der größte Verbund von Privatbanken, der immerhin 9 000 Automaten betreibt (davon allerdings die wenigsten in Kuhkäffern). Zu diesem Verbund gehören die Deutsche Bank, Commerzbank, ComDirect, Postbank, HypoVereinsbank, Norisbank, DAB, das Bankhaus Neelmeyer und die Berliner Bank. Um das nicht allzu üppig bestückte Automatennetz etwas auszugleichen, können Sie als Bankkunde außerdem an der Kasse von diversen Shell-Tankstellen Ihr Geld abheben, wenn Sie an der Kasse höflich »Bitte, bitte« sagen. Immerhin.

- ✔ Der **Cash Pool.** Dabei handelt es sich um den zweitgrößten Verbund von Privatbanken mit gerade noch 2 800 Geldautomaten. Zu den bekanntesten Mitgliedern gehören die Targobank, die Santander Bank, die BBBank und die Sparda-Banken.

Die Sparda-Banken sind Mitglied in zwei Kartenverbünden. Zum einen im genossenschaftlichen Bankcard ServiceNetz. Zum anderen im Cash Pool. Die Mitgliedschaft im Bankcard ServiceNetz bedeutet allerdings nicht, dass Sie dort immer kostenlos an allen Automaten der anderen Genossenschaftsbanken Geld kriegen. Sie bedeutet lediglich, dass sich die Banken gegenseitig nur die (vergleichsweise günstigen) bankeninternen Gebühren fürs Geldabheben in Rechnung stellen. Was heißt das für Sie als Bankkunde? »Fremdgehen« an einem genossenschaftlichen Automaten kann, muss Sie aber kein Geld kosten. Es kommt auf Ihre Bank an, ob sie die Gebühren an Sie weitergibt oder selbst übernimmt. Derzeit müssen Sie maximal 2,05 Euro zahlen, wenn Sie an einem genossenschaftlichen Automaten Geld holen. Das gilt sowohl für Sparda-Kunden, die bei einem sonstigen genossenschaftlichen Institut Geld holen, als auch für die Kunden einer Volks- oder Raiffeisenbank, die am Automaten einer Sparda-Bank Geld ziehen.

Wenn Sie schon »fremdgehen« müssen, suchen sie sich am besten ein Verbundmitglied aus. Fragen Sie gleich bei der Kontoeröffnung, zu welchem Verbund Ihre Bank gehört und wie dicht das Geldautomatennetz ist. Machen Sie sich schlau, wo die Geldautomaten in Ihrer Nähe stehen. Und bevor Sie in den Urlaub (zum Beispiel in ein Kuhkaff respektive ein idyllisches Alpendorf) fahren, erkundigen Sie sich am bestem im Internet, welcher Geldautomat in Ihrer Nähe steht und zum Verbund Ihrer Bank gehört. So vermeiden Sie unnötige Zusatzkosten.

Einige Banken bieten bundesweit kostenlose Abhebungen an jedem Geldautomaten in Deutschland an. Das geschieht dann meistens über eine Kreditkarte und nicht über die Girocard (die früher EC-Karte hieß).

Ob der Abhebevorgang jedoch wirklich kostenfrei ist, sollten Sie selbst überprüfen: Die genaue Höhe der Gebühren für die Abhebung muss jeder Geldautomat in Deutschland seit Anfang 2011 anzeigen – unabhängig davon, ob Sie den Automaten mit einer Kredit- oder Debitkarte füttern. Und zwar bevor Sie die Abhebung starten. Sie können also immer noch abbrechen, wenn Ihnen die Gebühren dann doch zu happig erscheinen.

Wissenswertes zum Thema »Fremdgehen«

Das »Fremdgehen« an den Automaten der Sparkassen und Genossenschaftsbanken ist oft teurer als an den Automaten der Privatbanken (Deutsche Bank, Commerzbank, Postbank etc.). Diese haben die Gebühren freiwillig auf maximal 1,95 Euro beschränkt und wollten ursprünglich diesen Höchstpreis auch bei den Sparkassen und Genossenschaftsbanken durchsetzen. Aber geklappt hat das nicht. Durchschnittlich stellen diese Banken den Nicht-Kunden, die sich an ihre Geldautomaten wagen, immer noch rund 4 Euro pro Abhebevorgang in Rechnung. Und auch die Privatbanken handeln nicht aus reiner Nächstenliebe, wenn sie bestrebt sind, die Abhebegebühren an fremden Automaten zu deckeln, sondern aus wirtschaftlichem Kalkül. Denn ihre Kunden profitieren vom weitreichenden Automatennetz der Genossenschaftsbanken und Sparkassen weit mehr als umgekehrt die Kunden ebendieser Banken vom eher dürftigen Automatennetz der Privatbanken.

Geld abheben im Ausland

Globetrotter aufgepasst! Das Geldabheben im Ausland macht fast alle Girokonten teurer – auch die vermeintlich kostenfreien. Dabei sind weniger die Euroländer ein Problem. Da herrschen oftmals ähnliche Bedingungen wie in Deutschland und häufig können Sie Ihr Bargeld sogar kostenlos abheben.

Vereinzelte Banken langen aber auch in Euroländern zu und brummen ihren Kunden Gebühren für jede Abhebung auf. Typischerweise werden dann 2 Prozent der Abhebesumme verlangt, mindestens aber 5 oder 6 Euro. Für den Sommerurlaub auf Mallorca mag das noch angehen. Wenn Sie dagegen andauernd im europäischen Ausland – oder genauer gesagt: im Euroraum – unterwegs sind, suchen Sie sich besser eine Bank, die dafür keine Extra-Gebühren verlangt.

Ein Problem sind erst recht Länder mit einer fremden Währung (und damit sind jetzt nicht die komischen Euromünzen mit einer Eule drauf gemeint). Sobald Sie in Zürich an einem Automaten Schweizer Franken oder in New York an einem Automaten US-Dollar ziehen wollen, heißt Ihr Problem »Wechselkurs«. Den verschlechtert die Bank nämlich häufig künstlich – und zwar zu *ihren* Gunsten. Sie als Bankkunde haben das Nachsehen.

Also gilt auch hier: Wer häufig außerhalb der Eurozone unterwegs ist, sucht sich besser eine Bank aus, die keine Wechselkosten berechnet. Die sind allerdings rar gesät ...

Karten und Kärtchen

Zu den meisten Girokonten – inklusive denen mit Tagesgeldzinsen – gehört auch eine kostenfreie Girocard (früher: EC-Karte) oder, um es allgemeiner zu sagen, eine Debitkarte. Sie hat eine Bezahlfunktion und Geld können Sie damit auch abheben. In aller Regel kostet diese Karte nichts. Das ist auch verständlich: Damit kann die Bank Sie als Kunden an den Automaten verweisen und muss ihnen das Geld nicht durch einen teuer bezahlten Mitarbeiter am Schalter aushändigen lassen.

Kostenpflichtig ist dagegen oft, aber nicht immer, eine Kreditkarte. Dafür werden Sie durchaus 20 bis 100 Euro im Jahr los – je nach Bank und nach Karte. Deshalb gilt auch hier der Tipp: Wählen Sie ein Konto, bei dem dieser Service inklusive ist. Die Bank verdient genug an den Sollzinsen, wenn Sie Ihre Kreditkartenschulden nicht rechtzeitig ins Plus bringen. Da braucht sie nicht extra noch Gebühren zu erheben.

Gebührenfresser sondergleichen sind goldene Kreditkarten mit 1001 Sonderfunktionen. Vor allem zahlreiche Versicherungspolicen werden mit solchen Kreditkarten zusätzlich verkauft. So beispielsweise eine Reisegepäckversicherung, die nur dann zahlt, wenn Sie sich mit schweren Eisenketten an Ihr Gepäck gefesselt haben und es unerklärlicherweise trotzdem gestohlen worden ist. Oder eine Kfz-Haftpflichtversicherung für Mietwagen, die Sie besonders dann zu schätzen wissen, wenn Sie mit dem eigenen Auto oder mit der Bahn unterwegs sind. Kreditkartenversicherungen sind häufig nur »subsidiär«. Dieses komische Wort bedeutet übersetzt »unterstützend«. Das heißt: Die Kreditkartenversicherung ersetzt nur Schäden, für die keine andere Versicherung einspringt. Das steht aber nur im Kleingedruckten. Fazit: Den Aufpreis für solche nutzlosen Inklusivleistungen können Sie sich komplett sparen. Schließen Sie Ihre gewünschten Versicherungen getrennt von einer Kreditkarte ab. Das ist besser für Ihren Geldbeutel – und schont im Schadensfall Ihre Nerven.

Auskünfte und Dienstleistungen am Telefon (nein, nicht, was Sie jetzt denken)

Eigentlich sollten Sie ja Geld dafür bekommen, am Telefon die nervige Warteschleifendudelei zu ertragen. Oder sich minutenlang per Tasten- oder Spracheingabe mühsam bis zum nächsten freien Kundenberater durchzukämpfen, der Sie dann mit gut geschulter, professioneller Freundlichkeit abfertigt. Aber leider, leider sieht die Realität anders aus.

Vor allem die Direktbanken und Online-Broker (also Depotbanken) haben die kostenpflichtige Hotline als einfachstes Mittel erkannt, ihre Kunden wirksam abzuschrecken. Wer trotzdem anruft, muss für die entsprechende 0180er-Nummer eben Geld zahlen. Zwischen 9 Cent und 14 Cent pro Minute ist hier alles möglich. Da kommen zwar keine Unsummen zusammen. Aber »kostenlos« ist das Konto dann auch nicht mehr.

Teurer als die eigentlichen Telefongebühren sind häufig die Services, die Sie per Telefon in Auftrag geben. Beispielsweise Wertpapierorder bei einer Depotbank, die dann schon mal 10 Euro Aufpreis verlangt. Dafür gibt dann der Bankmitarbeiter Ihre Wertpapierbestellung in die Handelsmaske ein und Sie müssen sich nicht damit herumärgern.

Versand von Kontoauszügen

Wer sich die Kontoauszüge heute noch per Post zusenden lässt, kommt sich fast schon wie ein Dinosaurier vor. Im Zeitalter der Kontoauszugsdrucker ist jeder Bankkunde dazu angehalten, selbst in seiner Bankfiliale vorbeizuspazieren und sich die betreffenden Infos auszudrucken.

Um den Dinosauriern die Freude am bequemen Kontoauszugsempfang zu Hause noch vollends zu nehmen, sind die meisten Banken dazu übergegangen, für diesen Service Entgelte zu berechnen. Das heißt: Wer seine Kontoauszüge weiterhin per Post bekommen will, zahlt eben dafür. Die Gebühren dafür können durchaus 2 bis 3 Euro pro Auszug erreichen. Bei monatlich versendeten Kontoauszügen läppern sich die Gebühren dann auf 24 bis 36 Euro pro Jahr. Üblich ist allerdings in vielen Fällen eine quartalsweise Zustellung.

Es kann auch sein, dass Ihre Bank Sie mit einem postalischen Kontoauszug zwangsbeglückt, wenn Sie längere Zeit (zum Beispiel 30 Tage lang) keinen mehr am Kontoauszugsdrucker ausgedruckt haben. In aller Regel verlangen die Banken prompt auch Gebühren für diese Zwangsbeglückung.

Den Gebühren für »Zwangsauszüge« sollten Sie widersprechen. Zahlreiche Verbraucherschützer sind nämlich der Meinung, dass sie nicht rechtmäßig sind. Noch gibt es dazu keine höchstrichterliche Rechtsprechung. Aber immerhin vor einem Landgericht hat der Bundesverband der Verbraucherzentralen schon eine entsprechende Entscheidung erwirkt (Landgericht Frankfurt/Main, Aktenzeichen: 2-25 O 260/10). Falls Ihre Bank also fröhlich weiter Gebühren für »Zwangsauszüge« von Ihrem Konto abbucht, widersprechen Sie und verweisen Sie auf dieses Urteil. Oder noch besser: Wechseln Sie zu einer Bank, die solche Gebühren erst gar nicht verlangt.

Bei früheren Kontoauszügen, also solchen, die schon ein paar Jahre alt sind, müssen Sie meist mehr berappen. Zwischen 10 und 20 Euro sind hier keine Seltenheit. Und kaum eine Bank verzichtet darauf, dieses Entgelt zu erheben.

Stecken Sie die Kontoauszüge, die Sie per Post erhalten oder sich selbst am Drucker holen, nicht einfach zwischen irgendwelche Unterlagen, sondern heften Sie sie sorgfältig in der richtigen Reihenfolge ab. Das erspart Ihnen teure »Recherchegebühren« und Zeit bei der nächsten Steuererklärung.

Scheckeinreichung

Der Vollständigkeit halber sei hier noch erwähnt, dass auch die Einlösung eines Schecks nicht immer kostenlos ist. Es gibt viele Banken, die dafür zwischen 2 Euro und 2,50 Euro erheben. Das ist aber eher ein Randaspekt, denn diese Zahlungsform kommt nur noch selten vor.

Sollzinsen: weitere Kosten, falls Sie mal in die Miesen geraten

Bei den meisten Geldanlagekonten ist es gar nicht möglich, in die Miesen zu geraten. Sie werden ausschließlich auf Guthabenbasis geführt. Es gibt aber Ausnahmen von dieser Regel und die finden sich wieder bei den kombinierten Konten aus Tagesgeld- und Girokonto. Ist Ihr Konto im Soll, kostet das Kreditzinsen. Hier gilt ganz popelig: Je niedriger die Sollzinsen, desto besser. Suchen Sie sich also möglichst ein Konto aus, bei dem die Bank nicht unverschämt hohe Zinsen verlangt.

Die beste Sparregel an dieser Stelle ist, das Konto erst gar nicht zu überziehen. Wenn Sie sich, wie bereits mehrfach empfohlen, eine Notreserve zulegen, dann schaffen Sie es, auch unvorhergesehene Zwischenfälle finanziell zu überbrücken, ohne gleich in die Miesen zu geraten.

Okay, es kann vorkommen, dass eine Überziehung sich nicht umgehen lässt. Aber Achtung: Überziehung ist nicht gleich Überziehung. Sollte ein vorübergehendes Minus sich nicht vermeiden lassen, marschieren Sie schnurstracks zur Bank und lassen Sie sich einen entsprechenden Überziehungsrahmen einräumen. Bei einem Betrag von maximal ein bis drei Monatsgehältern wird die Bank nicht meckern. Der zugehörige Kredit heißt dann »Dispositionskredit«, kurz »Dispo«. Der ist zwar immer noch teuer mit Sollzinsen im meist niedrigen zweistelligen Bereich. Aber immer noch günstiger als ein ungenehmigter Überziehungskredit, bei dem die Sollzinsen schon mal der 20-Prozent-Marke bedrohlich nahe kommen.

Lebens- und Rentenversicherungen: Sicher ist sicher ...

In diesem Kapitel

- Kapitallebens-, Ausbildungs-, Aussteuer- und Sterbegeld- sowie Rentenversicherungen
- »Normale« und fondsgebundene Policen
- Rendite und Gebühren
- Auszahlungen bei Fälligkeit
- Besteuerung bei Lebens- und Rentenversicherungen
- Was tun mit laufenden Policen?

Eine Versicherung ist ein geniales modernes Glücksspiel, bei dem sich der Spieler der angenehmen Überzeugung hingeben darf, den Mann, der die Bank hält, zu schlagen.« Das sagte schon vor über hundert Jahren der US-amerikanische Journalist Ambrose Bierce (1842-1914). Tatsächlich geben sich erstaunlich viele Menschen dieser Überzeugung hin: Rund 100 Millionen Lebensversicherungsverträge gibt es in Deutschland. Rein rechnerisch hat somit jeder Deutsche mehr als eine Lebensversicherungspolice.

Dass diese Sparform also unbeliebt wäre, kann man beim besten Willen nicht behaupten. Und das hat auch einen Grund: Lebens- und auch Rentenversicherungen gelten als sehr sicher. Ob sie darüber hinaus auch als Sparform empfehlenswert sind, steht allerdings auf einem anderen Blatt. Lesen Sie hier mehr über diese weitverbreitete Geldanlage.

Übrigens werden Sie in diesem Kapitel auch fündig, wenn Sie nach einer Ausbildungs-, Aussteuer- oder Sterbegeldversicherung suchen. Denn im Prinzip handelt es sich dabei um kleine Kapitallebensversicherungen. Falls für Sie diese Form der Geldanlage in Betracht kommt, sollten Sie vorher dieses Kapitel lesen, um zu entscheiden, ob es für die genannten Sparziele nicht bessere Alternativen gibt.

Kapitallebensversicherungen: Geld gibt's bei Tod oder Fälligkeit

Erinnern Sie sich an den Werbespot mit dem netten Herrn Kaiser von der Hamburg-Mannheimer? Seriös, sympathisch, kompetent. Und natürlich immer auf das Wohl seiner Kunden bedacht. Da schließt man doch gern die Policen ab, die der nette Herr mit seiner großen Fachkompetenz empfiehlt!

Die Wirklichkeit sieht allerdings etwas anders aus: Versicherungsvertreter und auch unabhängige Makler verdienen üblicherweise ihr Geld mit den Versicherungen, die sie verkaufen. Kaum einer wird direkt von den Menschen bezahlt, die er berät. Vielmehr erhalten die Vermittler Provisionen von den Versicherungsgesellschaften, deren Policen sie verticken. Vermittler bekommen

- ✔ Vertriebsprovisionen beim Abschluss und
- ✔ Bestandsprovisionen für jedes Jahr, in dem eine Police bestehen bleibt und nicht gekündigt wird.

Bei Kapitallebensversicherungen sind die Provisionen für die Vermittler sogar besonders hoch, sorgen sie doch im Idealfall jahrzehntelang für beständige Einzahlungen der Versicherungskunden. Auch die Versicherungsgesellschaften verdienen an den Beiträgen. Deshalb sollten Sie sich nicht gleich alles aufschwatzen lassen, was Herr Kaiser und seine netten Kollegen Ihnen empfehlen, sondern genau prüfen, was Sie wirklich brauchen.

Risiko- oder Kapitallebensversicherung? – Eine Grundsatzfrage

Lebensversicherung ist nicht gleich Lebensversicherung. Sie müssen da grundsätzlich zwischen zwei Typen genau unterscheiden:

- ✔ Eine **Risikolebensversicherung** zahlt nur, wenn die versicherte Person stirbt. Überlebt sie das Ende der Laufzeit, sieht sie von ihrem eingezahlten Geld nichts wieder. Als Geldanlage kommt die Risikolebensversicherung daher nicht infrage. Als existenzielle Absicherung für die Hinterbliebenen ist sie dagegen ausgesprochen empfehlenswert (es sei denn, Ihre Familie hat auch so schon genug Zaster, sodass Sie auf die Kröten von der Versicherung verzichten kann).

- ✔ Eine **Kapitallebensversicherung** zahlt nicht nur beim Tod. Sondern auch, wenn der Versicherte am Ende der Laufzeit noch lebt. Dann gibt's das Geld bei Fälligkeit. Ein Teil der eingezahlten Prämien wird nämlich angelegt und später in der Regel auf einen Schlag ausgezahlt. Das klingt nach einem fairen Angebot. Es hat aber meistens einen dicken, fetten Haken ...

Wie hoch die Auszahlung im Sterbefall ist, steht bei beiden Versicherungen schon beim Abschluss fest. Darauf können Sie sich verlassen. Wie hoch dagegen die Auszahlung einer Kapitallebensversicherung bei Fälligkeit ist, ist leider ein Buch mit sieben Siegeln (siehe Abschnitt »Was Sie später kriegen«). Was die Sache letztlich doch recht unkalkulierbar macht.

Ausbildungs-, Aussteuer- oder Sterbegeldversicherung: das Gleiche in Grün, Rosa oder Schwarz

Sie wollen für Ihre Kinder und Enkel sparen? Um ihnen beispielsweise die spätere Ausbildung finanzieren? Oder eine anständige Aussteuer für die Gründung eines eigenen Haushalts zu kaufen? Oder um zu vermeiden, dass nach Ihrem Tod die teuren Bestattungskosten an Ihrer Familie hängen bleiben? Dann liegt es eigentlich nahe, über eine Ausbildungs-, Aussteueroder Sterbegeldversicherung nachzudenken. Sie meinen, das wären jeweils eigenständige Versicherungstypen? Irrtum! Denn – schwupps – schon sind Sie wieder bei der Kategorie der

7 ➤ Lebens- und Rentenversicherungen: Sicher ist sicher ...

Kapitallebensversicherungen gelandet. Auch bei diesen Policen handelt es sich streng genommen um nichts anderes: Als Versicherungsnehmer zahlen Sie Ihr Geld in monatlichen Prämien ein. Gezahlt wird im Todesfall. Oder am Ende der Laufzeit.

Lediglich die Laufzeit ist bei diesen Versicherungen meist kürzer als bei sonstigen Kapitellebensversicherungen. Auch die Versicherungssumme ist in aller Regel deutlich niedriger. Meist geht es hier nur um einige Tausend Euro. Und oft ist auch der Anteil der Verwaltungskosten höher und die Versicherung damit unrentabler – siehe unten. Denn die Fixkosten für Verwaltung, Vertrieb und Absicherung schlagen prozentual stärker durch. Das heißt: Ausbildungs-, Aussteuer- oder Sterbegeldversicherungen sind meist besonders unrentable Kapitallebensversicherungen. Das kann sogar so weit gehen, dass die Auszahlung deutlich unter den gezahlten Beiträgen liegt. Ansonsten gibt es keine Unterschiede.

Wenn Sie also die folgenden Abschnitte zur Kapitallebensversicherung lesen, wissen Sie auch über die Ausbildungs-, Aussteuer- und Sterbegeldversicherung bestens Bescheid.

Von wegen reine Geldanlage: Wie Ihre Versicherungsbeiträge aufgeteilt werden

Bei einer Risikolebensversicherung fließt ein Teil Ihrer Beiträge (»Prämien«) in die Vertriebs- und Verwaltungskosten. Der andere Teil wird für den Versicherungsschutz aufgewendet. Das heißt: Das Geld kommt in einen Topf mit dem von anderen Versicherungsnehmern. Aus diesem Topf werden dann die Hinterbliebenen bedient, wenn einer der Versicherten stirbt. Stirbt keiner, haben alle etwas davon: die Versicherung, die dann die eingezahlten Gelder behalten kann. Und die Versicherten, die sich weiter ihres Lebens freuen dürfen.

Was die meisten Menschen aber nicht wissen: Auch bei einer Kapitallebensversicherung werden die eingezahlten Beiträge streng aufgeteilt. Allerdings gibt es hier drei Kategorien statt – wie bei der Risikolebensversicherung – nur zwei:

- ✔ Ein Teil der gezahlten Beiträge fließt – siehe oben – in **Vertriebs- und Verwaltungskosten**. Davon werden also Herr Kaiser oder seine Kollegen bezahlt und ebenso die Versicherungsgesellschaft, die ihre Stromrechnungen begleichen und das Personal entlohnen muss. Und davon zahlt die Versicherung außerdem die Kosten für die Absicherung im Insolvenzfall. Denn dafür gibt es eine Auffanggesellschaft, die Protektor AG, die bei der Pleite einer Versicherung deren laufende Verträge weiterführt.

- ✔ Der zweite Teil fließt in den **Todesfallschutz**, kommt also in den oben genannten Topf, aus dem im Todesfall die Versicherungssumme für die Hinterbliebenen bestritten wird.

- ✔ Nur der dritte Teil, der sogenannte *Sparanteil* Ihrer Prämien, fließt in die **Geldanlage**. Und das sind dann – je nach Versicherung und Vertrag – oft nur noch 70 oder 80 Prozent der ursprünglich eingezahlten Versicherungsprämie.

Die Versicherung legt gar nicht Ihr ganzes Geld an. Sondern nur Teile davon. Der Rest geht für Vertriebs- und Verwaltungskosten drauf und wird für den Todesfallschutz aufgewendet. Der mag zwar sinnvoll sein. Aber den können Sie mit einer reinen Risikolebensversicherung deutlich billiger haben. Denn dafür zahlen Sie

in der Regel weniger als 10 Prozent der Kosten, die für eine Kapitallebensversicherung anfallen.

So legt die Versicherung Ihr Geld an

Wie genau wird der Sparanteil Ihrer Prämien investiert? Da kommt es darauf an, für welche Form der Kapitallebensversicherung Sie sich entschieden haben. Es gibt »normale« und fondsgebundene Kapitallebensversicherungen.

»Normale« Kapitallebensversicherungen: wenig Rendite, viel Sicherheit

Versicherungsgesellschaften sind keine Zocker. Sondern sie legen den Sparanteil aus den Prämien der Versicherungsnehmer sehr konservativ an, sie sind bei nicht fondsgebundenen Kapitallebensversicherungen sogar gesetzlich dazu gezwungen. »Konservativ« heißt »sicher«, aber auch wenig rentabel:

- ✔ Das meiste fließt in festverzinsliche Wertpapiere wie Staats- und Unternehmensanleihen. Die gelten traditionell als sicher, auch wenn die Krise um Euro und US-Dollar da inzwischen einige Glaubensgrundsätze ins Wanken gebracht hat.

- ✔ Einiges fließt auch in Immobilien. Das »Betongold« gilt ebenfalls als sichere, wertbeständige Geldanlage.

- ✔ Maximal 35 Prozent fließen in Aktien. »Gott sei Dank!«, werden Sie da sagen. Vor allem wenn wieder mal ein Kurssturz die Börsen ebenso erschüttert hat wie Ihren Optimismus. Aber bedenken Sie: Auf lange Sicht sind Aktien ein ausgesprochen rentables und als Sachwert vor Inflation geschütztes Investment. Und ausgerechnet da dürfen die Versicherer nur ein gutes Drittel Ihrer gezahlten Prämien anlegen. Das geht zwangsläufig zulasten der Rendite ...

Fondsgebundene Kapitallebensversicherungen: Hier wird in Investmentfonds investiert

Allzu gerne bieten Versicherungsvermittler Ihnen eine sogenannte fondsgebundene Kapitallebensversicherung an. Investiert wird der Sparanteil Ihrer Prämien dann in Investmentfonds (mehr zu Fonds lesen Sie in Kapitel 16). Sie hören in der Werbung oft den Slogan, dass Sie so von den meist höheren Renditen von Börseninvestments profitieren. Das ist aber eine sehr einseitige Darstellung.

Denn es kommt auf den Versicherungsvertrag an, in welche Fonds tatsächlich investiert wird. In aller Regel haben Sie als Versicherungsnehmer nicht die freie Auswahl. Sie können aber oft festlegen, ob Sie lieber

- ✔ einen (riskanten, aber gewinnträchtigen) Aktienfonds oder

- ✔ einen (mittelriskanten, mittelmäßig gewinnträchtigen) Mischfonds haben wollen, der neben Aktien auch in Anleihen investiert.

Dummerweise müssen Sie den Fonds nehmen, den die Versicherungsgesellschaft Ihnen vorschlägt. Die Auswahl ist also begrenzt. Manche Versicherungen ermöglichen auch eine Kombination aus mehreren verschiedenen Fonds. Oder Sie dürfen aus drei oder vier Fonds auswählen, welcher Ihnen am meisten zusagt.

Achtung versteckte Gebühren! Auch Fonds verlangen von ihren Kunden Gebühren, nämlich beim Kauf den Ausgabeaufschlag und während der Haltedauer die Verwaltungsgebühr. Bei einer fondsgebundenen Lebensversicherung zahlen Sie also doppelt Gebühren: erstens für die Versicherung und zweitens für den Fonds, in den der Sparanteil Ihrer Prämien dann investiert wird. Was genau der Versicherer an Gebühren an die Fondsgesellschaft zahlt, wird Ihnen als Versicherungsnehmer normalerweise verschwiegen. Schon deshalb sind fondsgebundene Lebensversicherungen meist unattraktiv oder zumindest fragwürdig – es fehlt einfach an der nötigen Kostentransparenz.

Ungünstig oder bestenfalls mittelmäßig ist häufig außerdem die Fondsauswahl, die der Versicherer trifft. Er wird sich dabei in der Regel an die Vorgaben aus dem eigenen Hause halten. Und das heißt: Er wird möglichst Fonds von Fondsgesellschaften kaufen, die zum eigenen Konzern oder Finanzverbund gehören. Da zählt dann weniger die Performance des Fonds, sondern vielmehr die Marke, die draufsteht. Also beispielsweise Allianz Global Investments bei der Allianz oder Union Investment bei der R + V oder Dekafonds bei der sparkasseneigenen Provinzial Versicherung. Das ist nicht zwangsläufig so. Aber oft.

Was Sie später kriegen – die sogenannte Ablaufleistung

Nehmen wir einmal an, Sie gehören zum glücklichen Kreis der versicherten Personen, die am Fälligkeitstag ihrer Police noch leben. Schön für Sie! Denn dann bekommen nicht Ihre trauernden Hinterbliebenen die Kohle, sondern Sie selbst. Was Sie am Ende der Laufzeit kriegen, ist die sogenannte *Ablaufleistung*.

Wie hoch diese ausfällt, lässt sich bei Abschluss der Versicherung noch nicht genau sagen. Ja noch nicht einmal annähernd genau. Da mag Ihnen der Versicherungsvermittler eine noch so schöne Musterrechnung vorgelegt haben. Dabei handelt es sich nur um eine unverbindliche Prognose. Die Wirklichkeit kann davon mehr oder weniger stark abweichen. Was am Schluss tatsächlich zu Ihnen rüberwächst, sieht womöglich ganz anders aus. Die Summe, die Ihnen zusteht, hängt außerdem wieder mal davon ab, ob Sie eine »normale« oder eine fondsgebundene Kapitallebensversicherung abgeschlossen haben.

»Normale« Kapitallebensversicherungen: Garantiezins und Überschussbeteiligung

Die Ablaufleistung setzt sich bei normalen, also nicht fondsgebundenen Kapitallebensversicherungen aus zwei Bestandteilen zusammen:

✔ aus der Garantieverzinsung und

✔ aus der Überschussbeteiligung.

Garantiezins: Garantie mit Schönheitsfehlern

Den *Garantiezins* – manchmal auch die *Garantieverzinsung* genannt – schreibt der Gesetzgeber fest. Es handelt sich dabei um einen jährlichen Zinssatz, den der Versicherer Ihnen zusammen mit Ihrem angesparten Vermögen auf jeden Fall auszahlen muss (inklusive Zinseszinsen, die über die Laufzeit hinweg anfallen). Hier spricht man dann von der *garantierten Ablaufleistung*.

Wie hoch der Garantiezins ist, hängt davon ab, wann Sie Ihre Kapitallebensversicherung abschließen oder bereits abgeschlossen haben. Und wen wundert's? In den letzten Jahren wurde der Garantiezins immer weiter abgesenkt, wie die folgende Tabelle zeigt:

Zeitpunkt des Vertragsschlusses	Garantiezins
Bis Juni 1986	3,00 Prozent
Ab Juli 1986	3,50 Prozent
Ab Juli 1994	4,00 Prozent
Ab Juli 2000	3,25 Prozent
Ab Januar 2004	2,75 Prozent
Ab Januar 2007	2,25 Prozent
Ab Januar 2012	1,75 Prozent

Tabelle 7.1: Entwicklung des Garantiezinses

Sie sehen: Bei »alten« Lebensversicherungen ist der Garantiezins noch vergleichsweise attraktiv. Bei jüngeren dagegen kann von Attraktivität nicht mehr die Rede sein. Das Wort »Mickerzinsen« trifft's schon eher. Diesen Zinssatz kriegen Sie auch mit jedem mittelmäßigen Bankkonto hin.

Der Garantiezins bezieht sich allerdings nur auf den *Sparanteil* der Prämien und nicht etwa auf die gesamten Versicherungsprämien, die Sie einzahlen. Also auf das, was nach Abzug von Verwaltungskosten, Provisionen und Todesfallschutz noch übrig bleibt. Beträgt der Sparanteil beispielsweise nur 75 Prozent der eingezahlten Prämien, dann schrumpft auch ein Garantiezins von 2,25 Prozent bezogen auf die Gesamtprämie auf mickrige 1,69 Prozent. Liegt er nur bei 60 Prozent, dann sind es eben auch nur 1,35 Prozent. Dies nur, damit klar wird, dass der Garantiezins einer Versicherung nicht zu vergleichen ist mit den Guthabenzinsen auf einem Bankkonto.

Zum Glück bildet die garantierte Ablaufleistung nur die Untergrenze dessen, was Sie bei Fälligkeit erhalten. Dazu kommt noch die sogenannte Überschussbeteiligung.

Überschussbeteiligung: Was über den Garantiezins hinausgeht

Sie haben es bereits gelesen: Der Sparanteil Ihrer Prämien wird in Aktien, Anleihen, andere Wertpapiere und Immobilien angelegt. Wird dabei mehr erwirtschaftet als der Garantiezins, bekommen Sie auch davon Ihren Anteil. Zu den Überschüssen, die eine Versicherung erwirtschaftet, gehört außerdem das Geld, das sie für den Todesfallschutz zurückgelegt hat, aber nicht auszahlen musste, weil die Versicherten erfreulicherweise überlebt haben.

Konkret: 90 Prozent dessen, was der Versicherer an Überschuss herausgeholt hat und was noch nicht für den Garantiezins draufgegangen ist, muss er Ihnen auszahlen. Beziehungsweise er muss es Jahr für Jahr den Versicherungsverträgen gutschreiben. Das nennt sich auf Schlaudeutsch *Überschussbeteiligung*.

An der Überschussbeteiligung trennt sich die Spreu vom Weizen. Manche Versicherungen legen das Geld der Versicherungsnehmer ausgesprochen erfolgreich an und erwirtschaften jährliche Durchschnittsrenditen von 5 Prozent und mehr. Andere schaffen es kaum, bei der Geldanlage den Garantiezins herauszuholen. Und auch die versierteste Geldanlage nützt nichts, wenn der Kapitalmarkt nicht mitspielt und die Wertpapiere im Preis fallen, anstatt zu steigen. Manche Versicherungen haben außerdem Glück und ihre Versicherten sterben einfach nicht. Andere zahlen riesige Summen für den Todesfallschutz an trauernde Hinterbliebene aus.

Das Fatale ist: Sie können nicht in die Zukunft sehen. Bei der Wahl der Versicherung sollten Sie sich daher an den Überschussbeteiligungen der Vergangenheit orientieren. Je höher, desto besser. Vergleiche der einzelnen Versicherungen werden immer wieder in der Presse oder in der Zeitschrift *Finanztest* veröffentlicht.

Auch stille Reserven muss der Versicherer auszahlen

Was hat der Versicherer bei der Geldanlage erwirtschaftet? Dummerweise wird da häufig »Bilanzkosmetik« betrieben. Diverse Versicherer haben es in der Vergangenheit geschafft, ihre Erfolge bei der Geldanlage zu ihrem eigenen Vorteil kleinzurechnen. Konkret haben sie einfach in der Bilanz stille Reserven gebildet, das Geld also »versteckt«, sodass es nicht mehr ersichtlich war. Damit verschwand ein Teil der erwirtschafteten Gelder aus der offiziell ausgewiesenen Summe, die den einzelnen Versicherten in Form einer Überschussbeteiligung zustand. Das aber störte den Bund der Versicherten – die führende Verbraucherschutzorganisation im Bereich Versicherungen. Sie unterstützte einen Musterprozess gegen diese durchaus gängige und bis dahin völlig legale Bilanzierungspraxis der Versicherer. Das Bundesverfassungsgericht entschied schließlich: Versicherer müssen ihre Kunden anteilig an den stillen Reserven beteiligen (Aktenzeichen: 1 BvR 80/95). Die Politik hat die Vorgaben der Richter ins entsprechende Gesetz aufgenommen. Seit 1. Januar 2008 gilt: Auch die stillen Reserven müssen in die Überschussbeteiligung einfließen.

Fondsgebundene Kapitallebensversicherungen: Es zählt nur, was die Fondsanlage gebracht hat

Bei fondsgebundenen Kapitallebensversicherungen haben Sie keine garantierte Ablaufleistung und auch keine Überschussbeteiligung. Allein die Tatsache, wie gut oder wie schlecht der Fonds abgeschnitten hat, entscheidet über die Summe, die Sie am Schluss ausgezahlt kriegen.

War es ein guter Fonds, wird die Auszahlung entsprechend hoch sein. War der Fonds oder waren die Bedingungen am Kapitalmarkt schlecht, dann kriegen Sie eben nur wenig.

 Grundsätzlich gilt: Die Ablaufleistung kann bei einer fondsgebundenen Kapitallebensversicherung bei sonst gleichen Bedingungen höher sein als bei einer normalen Lebensversicherung. Aber es besteht auch das Risiko, dass der Fonds ausgerechnet dann auf Talfahrt geht, wenn die Auszahlung kurz bevorsteht. Mit dem Ergebnis, dass die Ablaufleistung dann eben entsprechend mickrig ist.

Rentenversicherungen: im Prinzip auch nicht viel anders

Eine Rentenversicherung ist im Prinzip auch nichts anderes als eine Kapitallebensversicherung. Es gibt nur zwei Unterschiede:

- ✔ Die Ablaufleistung wird nicht in einer Summe ausgezahlt, sondern in der Regel monatlich, und zwar so lange, bis der Versicherte stirbt.
- ✔ Es besteht kein Todesfallschutz. Wenn der oder die Versicherte vor Fälligkeit stirbt, haben die Erben meist nur einen Anspruch auf die eingezahlten Prämien, aber keinen Anspruch auf eine Rente oder Einmalzahlung.

Gesundheitsprüfung und Sterbetafeln

Das ist übrigens auch der Grund, warum Sie beim Abschluss einer Rentenversicherung meist *keine* Gesundheitsprüfung machen müssen. Ein gebrechlicher Versicherter kann der betreffenden Versicherungsgesellschaft nur recht sein. Denn der wird voraussichtlich früher sterben und dem Versicherer damit nicht so lange auf der Tasche liegen. Wenn überhaupt. Wie lange die Versicherten voraussichtlich leben, ermittelt der Versicherer übrigens nicht für jeden Einzelfall, sondern anhand von *Sterbetafeln*. Die enthalten, getrennt nach Männlein und Weiblein und für die jeweilige Altersstufe, die langjährigen Durchschnittswerte, in welchem Alter die Deutschen üblicherweise das Zeitliche segnen. Beziehungsweise eine Prognose darüber, wie lange sie wohl künftig noch leben werden. Makaber, makaber – aber im Versicherungswesen ganz normal.

Der Sparanteil der Rentenversicherungsprämien ist folglich höher, weil der Todesfallschutz wegfällt. Aber das macht den Kohl auch nicht mehr fett.

Auch hier: »normal« oder fondsgebunden

Auch beim Abschluss einer Rentenversicherung können Sie zwischen »normal« und »fondsgebunden« wählen.

- ✔ Bei »normalen« Rentenversicherungen gilt – wie bei Kapitallebensversicherungen – die gesetzliche Mindestverzinsung von 1,75 Prozent auf den Sparanteil. Außerdem ist die Versicherung auch hier verpflichtet, Sie an den erwirtschafteten Überschüssen zu beteiligen.

✔ Bei fondsgebundenen Rentenversicherungen kommt es allein darauf an, was der oder die Fonds gebracht haben, in die der Versicherer Ihren Sparanteil investiert hat. Das kann mehr oder auch weniger sein. Eine Garantieverzinsung gibt es nicht. Nicht gerade vertrauenerweckend.

Eine besondere Art von Rentenversicherungen sind die sogenannten Direktversicherungen, die Ihr Arbeitgeber für Sie abschließt. Sie werden staatlich gefördert und manche Arbeitgeber zahlen ebenfalls noch zusätzlich etwas für Sie ein. Mehr dazu erfahren Sie in Kapitel 8.

Die Sache mit der Auszahlung

Bei einer Rentenversicherung kriegen Sie Ihr Geld bei Fälligkeit normalerweise nicht in einer Summe, sondern häppchenweise, meist in monatlichen Raten ausgezahlt. Bei manchen Policen haben Sie auch ein Wahlrecht, ob Sie sich die Ablaufleistung lieber in einer Summe auszahlen lassen wollen oder in monatlichen Raten (das nennt sich dann *Kapitalwahlrecht*).

Bleiben wir mal beim Normalfall, sprich der Auszahlung in monatlichen Raten. Dummerweise ist aktuell nicht prognostizierbar, wie hoch die einzelne Rate ab Rentenbeginn sein wird. Wer also heute eine Rentenversicherung abschließt oder eine solche Police besitzt, aber deren Fälligkeit noch nicht erreicht hat, weiß schlicht und ergreifend nicht, was er später kriegt. Der Bund der Versicherten gibt an, dass Rentenversicherungen heute unterm Strich oft sogar noch unrentabler sind als Kapitallebensversicherungen. Ganz einfach weil die Versicherten heute länger leben, als bei Abschluss erwartet.

Langes Leben – Fluch und Segen

Die Sterbetafeln waren wohl in der Vergangenheit zu pessimistisch (aus Sicht der Versicherten) beziehungsweise zu optimistisch (aus Sicht der Versicherungsgesellschaften). Sprich: Laut alten Sterbetafeln sollten Versicherte bereits gestorben sein, die sich heute noch immer bester Gesundheit erfreuen und als rüstige Rentner ihren Ruhestand genießen. Deshalb müssen viele Versicherer aktuell den heutigen Rentnern ihre zu Rentenbeginn zugesagten Monatsraten länger auszahlen als geplant. Das drückt zwangsläufig die Rendite zukünftiger Renten nach unten. Was bedeutet: Sie haben als künftiger Rentner zwar Anspruch auf die garantierte Ablaufleistung (also grob gesagt die gesetzlich vorgeschriebene Mindestauszahlung, verteilt über die Monate Ihrer voraussichtlichen Restlebenszeit). Ob aber darüber hinaus eine nennenswerte Überschussbeteiligung Ihre monatliche Rente aufbessert, ist sehr, sehr fraglich. Das trifft vor allem diejenigen Versicherten, die bei Abschluss des Versicherungsvertrags noch vergleichsweise jung sind.

Nicht zu vernachlässigen: die steuerliche Seite

Angeblich steht das Thema Steuern sparen bei der Mehrzahl der Deutschen ganz oben auf der Agenda. Deshalb hier noch ein paar Sätze zur steuerlichen Behandlung von Lebens- und Rentenversicherungen. Und wie es im deutschen Steuerrecht üblich ist, wird's hier mal wieder kompliziert.

Des Gesetzgebers Lieblingskind

Grundsätzlich mag der Gesetzgeber Kapitallebens- und Rentenversicherungen und begünstigt sie steuerlich. Vielleicht deshalb, weil der durchschnittliche Deutsche sie so toll findet, dass er meist gleich mehrere davon hat. Vielleicht aber auch, weil die Versicherungsgesellschaften besonders gerne Staatsanleihen kaufen und damit höchst willkommene Staatsfinanzierer sind. Irgendwo muss das Geld ja herkommen, das die chronisch an Geldmangel leidenden Staaten sich leihen wollen.

Deshalb gilt: Viele Versicherungen werden in Sachen Steuern deutlich besser behandelt als die Erträge von Bankkonten, Fonds, Aktien und sonstigen Geldanlagen. Allerdings beginnt die Vorliebe des Staates für Versicherungen allmählich zu bröckeln – und mit ihr einige Steuervorteile bei Versicherungsverträgen. Aktuell ist in steuerlicher Hinsicht zu unterscheiden zwischen:

✔ Kapitallebensversicherungen, die bis spätestens 31. Dezember 2004 abgeschlossen wurden. Zu dieser Gruppe gehören auch Rentenversicherungen, welche die Ablaufleistung mit einer Einmalzahlung erbringen.

✔ Kapitallebensversicherungen, die ab 1. Januar 2005 abgeschlossen worden sind.

✔ Rentenversicherungen mit monatlichen Auszahlungen.

Achtung: Der Abschlusszeitpunkt ist nicht der Tag, an dem Sie Ihre Unterschrift unter den Versicherungsvertrag gesetzt haben. Sondern es gilt der Zeitpunkt, an dem Sie Ihre erste Versicherungsprämie an den Versicherer gezahlt haben.

Das gilt bei Kapitallebensversicherungen, die bis einschließlich 2004 abgeschlossen wurden

Bei Policen, die bis einschließlich 2004 abgeschlossen wurden, sind die Einzahlungen (Prämien) größtenteils als Sonderausgaben von der Steuer absetzbar. Die Auszahlungen bei Fälligkeit sind komplett steuerfrei. Das gilt sowohl für Kapitallebensversicherungen als auch für Rentenversicherungen mit Todesfallschutz und Einmalzahlung am Schluss (statt einer monatlichen Rente). Allerdings ist die Steuerfreiheit an einige Bedingungen gebunden:

✔ Die Laufzeit muss mindestens zwölf Jahre betragen.

✔ Mindestens fünf Jahre lang müssen Sie Beiträge eingezahlt haben.

✔ Der Todesfallschutz muss mindestens 60 Prozent der Versicherungssumme betragen. Das heißt, wenn der Versicherte stirbt, müssen die Hinterbliebenen mindestens 60 Prozent der gesamten Beitragssumme erhalten.

Da war Vater Staat großzügig. Die Steuerfreiheit solcher Policen ist ein wichtiges Argument dafür, bestehende Versicherungsverträge, die nur noch wenige Jahre laufen, nicht vorzeitig zu kündigen oder beitragsfrei zu stellen (siehe Abschnitt »Was tun mit laufenden Policen?«). Denn steuerfrei ist in Deutschland inzwischen sonst kaum eine andere Geldanlage. Der Fiskus schnappt sich überall einen beträchtlichen Anteil der Erträge aus Kapitalanlagen.

Was passiert, wenn die oben genannten Bedingungen nicht erfüllt sind? Ganz einfach: Dann sind die Auszahlungen auch nicht steuerfrei. Besteuert wird allerdings nicht die gesamte Auszahlung, sondern nur der sogenannte Ertragsanteil. Darauf wird dann die Abgeltungsteuer erhoben (der Steuersatz liegt bei 25 Prozent).

Der *Ertragsanteil* bei einer Kapitallebensversicherung ist das, was unterm Strich herauskommt, wenn man von der Ablaufleistung (also der Auszahlung am Schluss) die während der Laufzeit eingezahlten Versicherungsbeiträge abzieht.

Das gilt bei Kapitallebensversicherungen, die ab 2005 abgeschlossen wurden

Policen, die erst ab 2005 abgeschlossen wurden oder die Sie heute abschließen, stehen steuerlich nicht mehr ganz so günstig da. Zu dieser Gruppe zählen sowohl Kapitallebensversicherungen als auch Rentenversicherungen, die bei Fälligkeit eine Einmalzahlung leisten. Hier müssen Sie unterscheiden zwischen:

✔ Policen, die eine Mindestlaufzeit von zwölf Jahren haben und mindestens bis zum vollendeten 60. Lebensjahr laufen. Dann ist nur die Hälfte des Ertragsanteils steuerpflichtig.

✔ Kapitallebensversicherungen, die seit 1. April 2009 abgeschlossen wurden und die oben genannten Bedingungen erfüllen. Da gelten noch strengere Regeln: Der vereinbarte Todesfallschutz muss mindestens 50 Prozent über der Summe liegen, die Sie während der Laufzeit in die Versicherung einzahlen. Außerdem muss der Ertragsanteil fünf Jahre bestimmte Mindestwerte erreichen. Nur dann bleibt die Hälfte der Erträge steuerfrei.

✔ Kapitallebensversicherungen, die seit dem 1. Januar 2012 abgeschlossen wurden und ebenfalls die oben genannten Bedingungen erfüllen. Hier bleiben die Steuervorteile nur erhalten, wenn die Auszahlung frühestens im Alter von 62 Jahren erfolgt. (Womit Sie wieder mal einen schlagkräftigen Beweis dafür haben, dass das deutsche Steuerrecht ziemlich unlogisch ist.)

✔ Bei allen anderen ab dem Jahr 2005 abgeschlossenen Policen müssen Sie die Erträge voll besteuern, und zwar ebenfalls mit dem persönlichen Steuersatz.

Aufgepasst bei Policen der ersten drei Kategorien. Hier führt der Versicherer bei Auszahlung der Versicherungssumme stets 25 Prozent des *vollen Ertragsanteils* an das Finanzamt ab, obwohl Sie eigentlich nur die Hälfte versteuern müssen, und zwar mit Ihrem persönlichen Steuersatz. Wenn Sie die zu viel gezahlte Steuer zurückhaben möchten, müssen Sie das in Ihrer Steuererklärung geltend machen. Dann muss Ihnen das Finanzamt zähneknirschend zurückzahlen, was über die eigentliche Steuerpflicht hinaus von vornherein einbehalten wurde.

 Wie hoch waren die eingezahlten Beiträge? Wenn Sie diese Information für Ihre Steuererklärung brauchen, dann bitten Sie Ihre Versicherung um die entsprechende Auskunft. Sie stellt Ihnen dann eine Bescheinigung aus, die Sie beim Finanzamt einreichen können.

Das gilt bei Rentenversicherungen mit monatlicher Auszahlung

Bei den ganz normalen privaten Rentenversicherungen (nicht Riester oder Rürup) muss ein Teil der Auszahlungen versteuert werden, nämlich der Ertragsanteil. Wie hoch der ist, steht im Einkommensteuergesetz. Das hängt von Ihrem Alter bei Beginn der Rentenzahlungen ab. Je jünger Sie sind, wenn Sie sich die Rente auszahlen lassen, desto höher ist der steuerpflichtige Anteil. Hier ein Auszug aus der gesetzlichen Tabelle (EStG § 22 Abs. 1 Satz a Doppelbuchstabe bb):

Alter bei Beginn der Rentenauszahlung	Ertragsanteil, den Sie versteuern müssen (in Prozent)
45	34
46 bis 47	33
48	32
49	31
50	30
51 bis 52	29
53	28
54	27
55 bis 56	26
57	25
58	24
59	23
60 bis 61	22
62	21
63	20
64	19
65 bis 66	18
67	17
68	16
69 bis 70	15
71	14
72 bis 73	13
74	12
75	11

Tabelle 7.2: Wie hoch ist der Ertragsanteil?

Wie ist diese Tabelle zu verstehen? Ein Beispiel verdeutlicht, was Sie daraus ablesen können:

Angenommen, Sie beziehen ab dem Alter 63 eine monatliche Rente von 500 Euro aus einem privaten Rentenversicherungsvertrag (nicht: Rürup oder Riester). Insgesamt also 6 000 Euro pro Jahr (500 Euro mal 12 Monate). Dann müssen Sie 20 Prozent dieser Auszahlung bis an Ihr Lebensende versteuern. Das heißt, jährlich unterliegen 1 200 Euro der Besteuerung. Nehmen wir an, Ihr persönlicher Einkommensteuersatz liegt gleichbleibend bei 25 Prozent. Dann zahlen Sie also pro Jahr 300 Euro Steuern auf diese Privatrente.

Aber Achtung: Diese Regeln gelten nicht für Riester- und Rürup-Rentenversicherungen und auch nicht für jede Direktversicherung.

Bewertung: Wie gut sind Lebens- und Rentenversicherungen als Geldanlage?

Schicken wir unser Pferdchen mal wieder durch den altbekannten Bewertungsparcours. Wie gut oder schlecht sind Kapitallebens- und Rentenversicherungen im Hinblick auf unsere Bewertungskriterien? Und los geht's.

1. **Rendite:** Die Gewinne, die Sie mit einer Lebens- oder Rentenversicherung erzielen können, ist meist mäßig bis saumäßig. Das gilt vor allem für neu abgeschlossene Verträge und für solche, die erst seit wenigen Jahren laufen. Unter den aktuellen Bedingungen am Kapitalmarkt schaffen es die Versicherungen nicht mehr, vernünftige Ergebnisse zu erzielen. Das nagt sehr an der Rendite.

Unter den Versicherungen, die kurz vor der Fälligkeit stehen, können allerdings durchaus welche sein, die befriedigende Renditen erzielt haben. Da die Kosten für einen Versicherungsvertrag hauptsächlich in den ersten Jahren abgezogen werden, machen sie sich am Schluss kaum mehr bemerkbar. Ein Bonbon ist die Steuerfreiheit für bis 2004 abgeschlossene Kapitallebensversicherungen. Zumindest wird bei diesen Verträgen die Rendite nicht noch durch Steuern geschmälert. Mehr dazu lesen Sie im Folgeabschnitt »Was tun mit bestehenden Policen?«

2. **Sicherheit:** Lebens- und Rentenversicherungen sind sicher. Sollte eine Versicherungsgesellschaft in finanzielle Nöte geraten, führt die Auffanggesellschaft »Protektor AG« die bestehenden Verträge weiter. »Protektor« sammelt dann die laufenden Beitragszahlungen ein und leistet die vertragsgemäßen Auszahlungen. Bisher hat diese Sicherung immer geklappt. Ob sie allerdings bei einer tief greifenden Systemkrise mit mehreren Versicherungspleiten funktionieren würde, darf bezweifelt werden. Aber dann haben Sie und der gesamte deutsche Staat ganz andere Probleme ...

3. **Liquidität:** Hier gibt es ein großes Manko. Was Sie einmal in einen Versicherungsvertrag eingezahlt haben, kriegen Sie während der Laufzeit nicht mehr raus, ohne zu kündigen oder die Police zu verkaufen (siehe nächster Abschnitt). Sie könnten den Lebensversiche-

rungsvertrag höchstens beleihen. Was ein völliger Irrsinn wäre, denn Sie müssten sich Geld leihen, obwohl Sie eigentlich welches angespart haben. Unter dem Liquiditätsaspekt kriegen Versicherungsverträge also eine glatte Sechs und sind damit durchgefallen.

4. **Flexibilität bei den Einzahlungen:** Lebens- und Rentenversicherungen sind meist unflexibel (Ausnahme: Riester-Verträge, siehe Kapitel 22). Normalerweise müssen Sie bis zum Laufzeitende die anfangs vereinbarten Zahlungen leisten. Sie können die Höhe der monatlichen Beiträge nicht nach Belieben nach oben oder unten anpassen. Manche Versicherungen erlauben eine einmalige Herabsetzung der Beiträge. Auf jeden Fall möglich ist es, einen Versicherungsvertrag beitragsfrei zu stellen. Jedoch erleiden Sie dabei immer Nachteile (siehe nächster Abschnitt). Bei der Flexibilität gibt es also die Schulnote Fünf – miserabel.

5. **Transparenz:** Eine Kapitallebens- oder Rentenversicherung ist eine Black Box. Sie sehen zwar, was Sie monatlich einzahlen. Aber Sie haben keine Ahnung, was das bringt. Zwar sind die Versicherer inzwischen gesetzlich gezwungen, die Verwaltungs- und Vertriebskosten offenzulegen. Aber die entscheidende Information – nämlich was Ihnen später ausgezahlt wird – fehlt. Das gilt sowohl für die Einmalzahlungen von Kapitallebensversicherungen als auch für die monatlichen Zahlungen von Rentenversicherungen. Daran ändern auch diverse Prognose- und Beispielrechnungen des Versicherungsvermittlers nichts. Die sind nämlich unverbindlich und müssen mit der Realität nicht allzu viel zu tun haben.

Fazit: Ein Neuabschluss von Kapitallebens- und normalen Rentenversicherungen (nicht: Riester, Rürup oder Direktversicherung) ist als Geldanlage zum heutigen Zeitpunkt nicht mehr zu empfehlen. Die geringe Rendite, die fehlende Transparenz und der Mangel an Flexibilität sprechen gegen diese Form der Geldanlage. Besser fahren Sie, wenn Sie das Todesfallrisiko mit einer viel billigeren Risikolebensversicherung abdecken und die gesparten Kröten in eine andere Anlageform (zum Beispiel einen Banksparplan, einen Fondssparplan oder ein Aktiendepot) stecken.

Sie haben schon eine Lebens- oder Rentenversicherung? Dann stellt sich angesichts dieser niederschmetternden Bilanz die Frage, was Sie damit tun sollen. Dazu gleich mehr im nächsten Abschnitt.

Was tun mit laufenden Policen?

Die Mehrzahl der Versicherungspolicen wird gar nicht bis zum Ende durchgehalten, sondern vorzeitig gekündigt. Den meisten Versicherten dämmert es irgendwann während der Laufzeit, dass diese Form der Geldanlage weder besonders rentabel noch besonders flexibel ist. Was also tun mit laufenden Policen, die Sie irgendwann in der Vergangenheit abgeschlossen haben? Sie haben vier Möglichkeiten:

✔ **Police bis zum Ende weiterführen:** Das bietet sich an, wenn nur noch wenige Jahre bis zur Fälligkeit ins Land gehen. Dann profitieren Sie von drei Vorteilen: Erstens ist die Garantieverzinsung bei alten Verträgen noch vergleichsweise hoch (zumindest gemessen am heutigen, sehr niedrigen Zinsniveau). Zweitens bleiben viele dieser Policen steuerfrei, was die Rendite nochmals aufbessert. Drittens erhalten Sie die volle Ablaufleistung inklusive der erwirtschafteten Überschüsse – und nicht etwa nur einen mickrigen Bruchteil davon wie bei einer Kündigung (siehe nächster Punkt).

✔ **Police kündigen:** Das empfiehlt sich meistens nicht. Denn Sie verlieren dabei eine Menge Geld. Bei Kündigung erhalten Sie nicht das gesamte eingezahlte Geld wieder, sondern nur den sogenannten Rückkaufswert. Wie hoch der ist, teilt Ihnen die Versicherung regelmäßig mit. Das Problem: Gleich am Anfang ist der Rückkaufswert durch Gebühren und Todesfallschutz enorm geschmälert und liegt deutlich unter den eingezahlten Beiträgen. Sie kriegen also nur extrem wenig Geld heraus. Gegen Ende der Laufzeit bringen Sie sich mit einer Kündigung um die (in der Regel deutlich höhere) Ablaufleistung. Fazit: Eine Kündigung ist keine gute Idee!

✔ **Police verkaufen:** In seltenen Fällen können Sie eine Lebensversicherungspolice verkaufen. Der Käufer, ein auf solche Ankäufe spezialisiertes Unternehmen wie zum Beispiel Cash Life, führt sie dann bis zur Fälligkeit weiter und kassiert am Schluss die Ablaufleistung. Sie als Verkäufer erhalten im Idealfall etwas mehr als den Rückkaufwert. Noch vor einigen Jahren war das eine interessante Alternative zur Kündigung. Inzwischen ist der Käufermarkt stark zusammengeschrumpft, kaum jemand kauft mehr »gebrauchte« Policen – zumindest nicht zu attraktiven Preisen. Außerdem tummeln sich unter den potenziellen Käufern viele schwarze Schafe – also Betrüger oder Dümpelunternehmen, bei denen man nie weiß, wann sie pleitegehen. Wichtig: Wenn Sie einen Käufer finden, akzeptieren Sie keine Vorausgebühren und schon gar keine Auszahlung des Kaufpreises in Raten. Sonst sehen Sie Ihr Geld nicht mehr, wenn der Anbieter zahlungsunfähig wird oder einfach von der Bildfläche verschwindet.

✔ **Police beitragsfrei stellen:** Dies ist in den meisten Fällen die beste Option für laufende Verträge, die noch *nicht* kurz vor der Fälligkeit stehen. Sie zahlen dann nichts mehr in den Versicherungsvertrag ein. Das bereits eingezahlte Geld wird aber weiterhin für Sie angelegt und auch der Todesfallschutz bleibt in gewissem Umfang bestehen. Die Ablaufleistung verringert sich dadurch zwar. Aber wenn Sie das gesparte Geld anderweitig anlegen und dabei dicke Gewinne einfahren, können Sie diesen Verlust verschmerzen.

 Aber Achtung bei ansonsten steuerfreien Kapitallebensversicherungen, die Sie vor 2004 abgeschlossen haben! In diese Policen sollten Sie insgesamt mindestens fünf Jahre lang eingezahlt haben, bevor Sie eine Beitragsfreistellung beantragen. Sonst geht die Steuerfreiheit flöten. Und das wäre bitter!

Direktversicherungen: Betriebliche Altersvorsorge für (fast) jedermann

In diesem Kapitel

▶ Definition: Wie eine Direktversicherung funktioniert
▶ Gehaltsumwandlung und was das bedeutet
▶ Sparmöglichkeiten bei Steuern und Sozialabgaben
▶ Direktversicherungen mit Berufsunfähigkeitsschutz oder Riester-Rente
▶ Arbeitgeberwechsel: Was dann?
▶ Bewertung: Lohnt sich das?

»Rente gut, alles gut!«, lautet ein Graffiti-Spruch. Stimmt ja auch. Wenn Sie im Alter nicht mittellos dastehen, ist schon viel gewonnen. In diesem Kapitel geht es mal wieder um eine Geldanlage, die der Altersvorsorge dient. Genauer gesagt geht es um die betriebliche Altersvorsorge. Oder noch genauer gesagt um die häufigste Möglichkeit der betrieblichen Altersvorsorge, nämlich die Direktversicherung.

Betriebliche Altersvorsorge: die Möglichkeiten

Kurz zum Hintergrund: Wer als Angestellter arbeitet, hat in Deutschland das Recht auf eine betriebliche Altersvorsorge. Der Arbeitgeber muss so etwas anbieten, ob er will oder nicht. (Wenn er nicht will, wird er Ihnen das wahrscheinlich nicht explizit mitteilen.)

Manchmal bietet der Arbeitgeber an, später ein Extra zur Rente aus der Unternehmenskasse zu zahlen. Das nennt sich dann »Direktzusage«. Manchmal zahlt er aber auch Geld in eine Unterstützungskasse, Pensionskasse oder in einen Pensionsfonds ein, um Ihre spätere Rente aufzubessern. Dieses Geld wird für Sie angelegt und später als Rente an Sie ausgezahlt.

Welche dieser Möglichkeiten der Arbeitgeber wählt, können Sie als Angestellter nicht beeinflussen. Bietet er Ihnen aber keine dieser Möglichkeiten an, haben Sie trotzdem ein Recht auf betriebliche Altersvorsorge. Sie können Ihren Arbeitgeber dann bitten, eine Direktversicherung für Sie abzuschließen. Und weil Sie hier oft selbst aktiv werden müssen und nichts – wie bei den oben genannten Möglichkeiten – von selbst läuft, finden Sie in diesem Kapitel die Einzelheiten zum Thema Direktversicherung.

Was eine Direktversicherung ist und wie sie funktioniert

Eine Direktversicherung ist eine Kapitallebens- oder Rentenversicherung (siehe Kapitel 7), die Ihr Arbeitgeber für Sie abschließt. Das heißt:

✔ *Versicherungsnehmer* ist Ihr Arbeitgeber. Auf ihn läuft der Vertrag. Er ist verpflichtet, die Formalitäten zu erledigen und die Versicherungsbeiträge an den Versicherer abzuführen.

✔ *Versicherte Person* sind Sie als Arbeitnehmer. Zugleich sind Sie *bezugsberechtigt*, so heißt das im Fachchinesisch der Versicherer. Sie kriegen bei Fälligkeit also die Kohle, vornehmer ausgedrückt die Versicherungssumme (Ablaufleistung), – und nicht etwa der Arbeitgeber, der die Beiträge gezahlt hat. Die Ablaufleistung gibt's entweder in Form einer Einmalzahlung oder in Form einer monatlichen Rente.

Die monatlichen Prämien einer Direktversicherung führt der Arbeitgeber für Sie ab. Das heißt aber nicht, dass er auch tatsächlich dafür aufkommt. Das tun zwar manche. (Es soll ja sehr großzügige Arbeitgeber geben. Bloß ist diese Spezies ausgesprochen selten und scheu.)

Bei den meisten Arbeitgebern werden die Versicherungsprämien einfach aus dem Gehalt der Arbeitnehmer bestritten. Dann spricht man von der sogenannten *Gehalts-* oder *Entgeltumwandlung*. »Umwandlung«, das klingt irgendwie nach einer komplizierten chemischen Reaktion oder einem verblüffenden Zaubertrick. Die Realität ist eher banal. »Umgewandelt« wird – ganz ohne Knalleffekte und Hokuspokus – die Auszahlung an Sie als Arbeitnehmer in eine Einzahlung an die Versicherungsgesellschaft. Sie verzichten bei einer Direktversicherung also freiwillig darauf, dass Ihnen ein Teil Ihres Gehalts sofort ausgezahlt wird. Dieses Geld wandert stattdessen in Ihre Direktversicherungspolice und steht Ihnen – mit Zinsen und Zinseszinsen – erst bei Rentenantritt zur Verfügung. Den Wunsch nach neuen Klamotten und einer schickeren Wohnung müssen Sie sich also vorläufig verkneifen. Dafür reicht's in der Rentenzeit dann vielleicht für die eine oder andere Butterfahrt mehr ...

 Interessant erscheint diese Möglichkeit deswegen, weil das Geld, das für die Direktversicherung abgezweigt wird, in der Einzahlungsphase ganz oder teilweise steuer- und sozialabgabenfrei bleibt. Dazu mehr im Abschnitt »Mit Direktversicherungen Steuern und Sozialabgaben sparen«.

Häufig inklusive (aber nicht unbedingt sinnvoll): Todesfallschutz und Berufsunfähigkeitsversicherung

Wer eine Direktversicherung hat, hat wahlweise eine Kapitallebens- oder eine Rentenversicherung. Ist es eine Kapitallebensversicherung, heißt das: Auch ein Todesfallschutz ist inbegriffen. Stirbt die versicherte Person, kriegen die Hinterbliebenen eine bestimmte, von vornherein feststehende Summe.

Bei manchen Verträgen wird auch eine Berufsunfähigkeitsversicherung mit angeboten. Wer durch Krankheit oder einen Unfall nicht mehr arbeiten kann, bekommt dann regelmäßig Geld von der Versicherung, das den Verdienstausfall zumindest teilweise kompensiert.

Das klingt doch sinnvoll – oder nicht? Das Fatale ist, dass der in solchen Direktversicherungspolicen angebotene Schutz meistens nicht ausreicht, um die wirklichen Risiken abzudecken. Die Auszahlungen im Ernstfall sind zu niedrig, denn nur das wenigste, was Sie einzahlen, wird für den Todesfall- oder Berufsunfähigkeitsschutz aufgewendet. Das meiste geht für Verwaltungskosten und Geldanlage drauf. Noch ein zweiter Aspekt kommt hinzu: Bei einem Arbeitgeberwechsel wird eine Direktversicherung nicht selten beitragsfrei gestellt. Dann fällt der gewünschte Schutz teilweise weg. Deshalb gilt grundsätzlich die Empfehlung, die Risikoabsicherung von der Geldanlage strikt zu trennen und nicht alles in eine Police hineinzuwurschteln. Schließen Sie für Todesfallschutz lieber eine separate Risikolebensversicherung ab, und – falls gewünscht – als Vorsorge gegen Berufsunfähigkeit eine Berufsunfähigkeitsversicherung. Das ist günstiger, transparenter und in aller Regel besser als ein Mix aus allen drei Versicherungstypen.

Ebenfalls häufig: Direktversicherungen in Verbindung mit Riester-Altersvorsorge

Und noch eine Kombination sollten Sie meiden: die aus einer Direktversicherung mit Riester-Förderung durch den Staat. Das hat einen ganz einfachen Grund: Eine Direktversicherung steht immer auf dem Prüfstand, wenn Sie den Arbeitgeber wechseln oder Ihren Job aufgeben. Ob Sie den Vertrag dann in vollem Umfang weiterführen, ist fraglich (siehe Abschnitt: »Was bei einem Arbeitgeberwechsel geschieht«).

An eine weitere Riester-Förderung kommen Sie also nur heran, wenn Sie den Vertrag weiter bedienen (das hat aber Nachteile, siehe unten) oder einen neuen Riester-Vertrag abschließen oder aus eigener Tasche weiterhin Beiträge in den Vertrag einzahlen. Bei einem Neuabschluss aber wird der Anbieter gerade am Anfang wieder einen Haufen Provisionen einbehalten, die aus Ihren Einzahlungen finanziert werden. Kurzum:

Eine Direktversicherung an Riester zu koppeln, lohnt sich nicht. Ein separater Riester-Vertrag ist besser.

Mit Direktversicherungen Steuern und Sozialabgaben sparen

Ein bei den Deutschen immer sehr beliebtes Argument für den Abschluss einer Direktversicherung ist die mögliche Steuerersparnis, die mit einer solchen Police möglich ist. Tatsächlich können Sie mit einer Direktversicherung Lohnsteuer sparen – und außerdem Beiträge zur gesetzlichen Kranken-, Pflege-, Arbeitslosen- und Rentenversicherung. Sprich: All die Abgaben, die eigentlich auf Ihr Gehalt erhoben würden, entfallen ganz oder teilweise für den Anteil, den Sie in eine Direktversicherung einzahlen (lassen).

Welche Ersparnis ist für Sie drin? Ach wäre das schön, wir könnten Ihnen jetzt einfach eine bestimmte Zahl hinschreiben. Aber nein, das geht nicht. Denn wir leben ja in einem Steuer- und Abgabendschungel, der erstens undurchdringlich ist und in dem zweitens überall Raubtiere lauern. Wie etwa die Raubkatze namens Finanzamt. Oder der Wolf namens Sozialversicherung.

Es gilt also, sich bestmöglich zu orientieren und den zahlreichen Raubtieren aus dem Weg zu gehen, die Ihnen zwar nicht nach dem Leben trachten, sehr wohl aber nach dem Geldbeutel. Zur besseren Orientierung müssen Sie nach dem Datum des Abschlusses unterscheiden zwischen zwei Arten von Direktversicherungen:

- ✔ Direktversicherungen, die Ihr Arbeitgeber schon vor dem 1. Januar 2005 für Sie abgeschlossen hat.

- ✔ Direktversicherungen, die Ihr Arbeitgeber nach dem 1. Januar 2005 für Sie abgeschlossen hat.

Was Steuern und Sozialversicherungen angeht, werden beide nämlich unterschiedlich behandelt.

Alte Direktversicherungen (Abschluss vor 1. Januar 2005)

Achtung, bei diesen Verträgen ist der Dschungel besonders undurchdringlich und es sind viele Raubtiere unterwegs. Bei Direktversicherungen, die vor dem 1. Januar 2005 abgeschlossen wurden und heute noch laufen, gilt nämlich: Die eingezahlten Beiträge sind nicht komplett von der Steuer- und Sozialabgabenpflicht befreit, sondern nur teilweise:

- ✔ Was als Beiträge in die Direktversicherung eingezahlt wird, muss pauschal mit 20 Prozent (plus Kirchensteuer und Solidaritätszuschlag) versteuert werden. Der Steuersatz ist somit geringer als die reguläre Lohnsteuer. Diese pauschale Versteuerung ist bis zu einer Summe von maximal 1 752 Euro jährlich möglich. Was darüber hinaus in die Direktversicherung wandert, muss voll versteuert werden.

- ✔ Von der Sozialabgabenpflicht dagegen komplett befreit sind die Beiträge zur Direktversicherung. Das gilt aber nur dann, wenn der Arbeitgeber die Beiträge zahlt (und sie nicht aus Ihrem Gehalt abführt) oder wenn sie aus Sonderzahlungen (beispielsweise Weihnachts- oder Urlaubsgeld) bestritten werden.

- ✔ Stammen die Beiträge aus einer Gehaltsumwandlung, sind sie voll sozialversicherungspflichtig.

Für die Anwendung dieser Regelungen ist es bei Altverträgen übrigens egal, ob die späteren Leistungen der Versicherung als Einmalbetrag, als befristete Rente oder als unbefristete Rente gezahlt werden. Bei Neuverträgen ist das nicht so (siehe nächster Abschnitt »Neuere Direktversicherungen«).

Jetzt wissen Sie auch, warum die Arbeitgeber früher oft gar nicht begeistert waren, wenn ein Arbeitnehmer eine Direktversicherung abschließen wollte. Dieses Gewirr aus Bestimmungen und Paragrafen kann sich ja kein Mensch merken. Das ist immer mit Extraarbeit für die Lohnbuchhaltung verbunden. Und welcher Arbeitgeber lässt sich das schon gerne gefallen?

Soweit zu den Einzahlungen. Kommen wir zu den Auszahlungen in der Rentenphase. Für die gilt: Sie sind steuerfrei, sofern es sich um Einmalzahlungen handelt. Rentenzahlungen werden dagegen mit dem Ertragsanteil (§ 22 Nr. 5 EStG) besteuert.

Hier kommt aber die gesetzliche Kranken- und Pflegeversicherung mit ins Spiel. Sie verlangt die vollen Krankenkassenbeiträge auf die Auszahlungen. Das darf sie auch, steht im Gesundheitsmodernisierungsgesetz, das 2004 beschlossen worden ist. Bei einer Einmalzahlung können das Zehntausende von Euro sein, die plötzlich die Krankenkasse verschluckt. Lediglich wenn der oder die Versicherte einen Teil der Prämien aus eigenem Einkommen gezahlt hat, darf die Krankenkasse keine Beiträge auf den darauf entfallenden Anteil der Auszahlung erheben, hat das Bundesverfassungsgericht entschieden. Denn auf das Geld für diese Beiträge sind dann ja bereits Sozialversicherungs- und eben auch Krankenversicherungsbeiträge gezahlt worden (Aktenzeichen: 1 BvR 1660/08). Damit Sie wissen, wann das der Fall ist: Immer dann, wenn Sie eine Direktversicherung nach Ihrem Ausscheiden beim alten Arbeitgeber übernommen und die Beiträge aus Ihrem laufenden Nettoeinkommen weitergezahlt haben, können Sie die Ansprüche der Krankenkasse teilweise als unberechtigt zurückweisen. Sonst nicht. Und das ist ein dicker Haken an der ganzen Geschichte.

Neuere Direktversicherungen (Abschluss ab 1. Januar 2005)

Bei Direktversicherungen, die Ihr Arbeitgeber für Sie seit dem 1. Januar 2005 abgeschlossen hat, gilt: Die monatlichen Beiträge bleiben steuer- und sozialabgabenfrei. Dabei ist es egal, ob sie aus einer Gehaltsumwandlung, aus dem Geldbeutel des Chefs oder aus Sonderzahlungen wie Weihnachts- oder Urlaubsgeld stammen.

Die Befreiung von Steuer- und Sozialversicherungspflicht gilt allerdings nicht in in beliebiger Höhe. Und aufgepasst: Jetzt kommt wieder ein besonders dunkler Fleck im deutschen Steuer- und Sozialversicherungsdschungel: Die Einzahlungen dürfen maximal 4 Prozent der Beitragsbemessungsgrenze (West) betragen.

Was ist jetzt das schon wieder – die Beitragsbemessungsgrenze? Ganz einfach: Die Beitragsbemessungsgrenze ist der Verdienst, der maximal zur Berechnung (Bemessung) der gesetzlichen Rentenversicherung herangezogen wird. Wer mehr verdient, braucht trotzdem keine höheren Rentenversicherungsbeiträge zu zahlen. Die Beitragsbemessungsgrenze ändert sich in der Regel jährlich oder alle zwei Jahre. 2010 und 2011 lag sie bei 66 000 Euro pro Jahr. 4 Prozent davon sind also 2 640 Euro. 2012 liegt sie bei 67 200 Euro pro Jahr. 4 Prozent davon sind 2 688 Euro. So viel Gehalt dürfen Sie in dem betreffenden Jahr maximal als Beiträge in Ihre Direktversicherung einzahlen, ohne dass auf dieses Geld Steuern und Sozialversicherungsbeiträge erhoben werden.

Sollten Sie in diesem Buch keine aktuellen Zahlen für die Beitragsbemessungsgrenze finden, gehen Sie einfach ins Internet. Öffnen Sie die Website www.deutsche-rentenversicherung.de. Klicken auf den Registereintrag »Werte der Rentenversicherung«. Scrollen Sie nach unten und Sie finden die vergangenen und die aktuellen Beitragsbemessungsgrenzen.

Zusätzlich können Sie weitere 1 800 Euro in die Direktversicherung einzahlen, die zwar steuerfrei bleiben, auf die Sie aber Sozialversicherungsbeiträge abführen müssen.

Bei »alten« Direktversicherungen gilt allerdings auch: Was Sie am Ende als Auszahlung erhalten, ist voll steuerpflichtig. Die Steuerbefreiung, die sonst für alte Kapitallebensversicherungen gilt, kommt hier nicht zum Zuge. Und auch die ausgezahlten Renten sind steuerpflichtig. Besteuert wird hier nicht nur der Ertragsanteil der Auszahlung, sondern alles, was Sie später aus dieser Police kriegen.

Ausnahme: Wenn Sie einen Teil der Beiträge aus voll versteuertem Einkommen selbst bestritten haben, wird der Teil der Auszahlungen, die auf diese Beiträge entfallen, nur mit dem Ertragsanteil besteuert. Das ist beispielsweise der Fall, wenn Sie eine Direktversicherung nach einem Arbeitgeberwechsel weitergeführt und die Prämien mit eigenen Einzahlungen aus versteuertem Einkommen gezahlt haben.

So, das war's jetzt mit unserer Pirsch durch den Steuerdschungel. Ab jetzt wird's wieder etwas übersichtlicher.

Was bei einem Arbeitgeberwechsel geschieht

Was passiert mit einem Direktversicherungsvertrag, wenn Sie Ihren Job aufgeben (müssen) oder den Arbeitgeber wechseln? Dummerweise ist es keine Option, einfach zu kündigen und sich das Geld aus der Direktversicherung sofort auszahlen zu lassen. Denn Sie müssen mindestens bis 60 warten, bis Sie an die Kohle rankommen. Im Prinzip bleiben Ihnen nur folgende Möglichkeiten:

- ✔ **Der neue Arbeitgeber steigt in den Vertrag ein:** Sie bitten Ihren neuen Arbeitgeber, den bestehenden Vertrag für Sie weiterzuführen. Das wird nicht jeder machen. Aber im Prinzip ist das das Beste. Also wird auch von Ihrem neuen Gehalt ein Teil in die bereits bestehende Police eingezahlt – und vielleicht zahlt ja auch der neue Arbeitgeber noch einen Extra-Zuschuss dazu.

- ✔ **Sie übertragen das Guthaben auf eine neue Direktversicherung,** die Ihr neuer Arbeitgeber für Sie abschließt. Das geht aber nur, wenn der Versicherer einverstanden ist. Möglich ist es meist, weil der Gesamtverband der Deutschen Versicherungswirtschaft darüber eigens ein Abkommen getroffen hat, dem viele Versicherungsgesellschaften beigetreten sind. Eine solche Übertragung ist aber nicht unbedingt empfehlenswert: Denn jeder neue Vertrag wird Sie abermals Provisionen und Verwaltungsgebühren kosten. Lohnen würde sich so etwas nur, wenn der neue Vertrag auf lange Sicht gesehen deutlich besser ist als der alte. Und seien wir ehrlich: Eher fallen Ostern und Weihnachten zusammen.

- ✔ **Sie übernehmen selbst den Vertrag von Ihrem Arbeitgeber** und führen ihn auf Ihren eigenen Namen weiter. Dann sind Sie – im Versicherungsjargon – nicht nur versicherte und bezugsberechtigte Person, sondern zugleich Versicherungsnehmer. Die Beiträge zahlen Sie dann allerdings aus Ihrem Nettoeinkommen. Damit hat sich der Hauptvorteil einer solchen Police, nämlich die gesparten Steuern und Sozialversicherungsbeiträge, in Luft aufgelöst. Empfehlenswert ist diese Lösung folglich nur, wenn Ihre Police kurz vor der Fälligkeit und Sie selbst kurz vor der Rente stehen.

✔ **Sie stellen den Vertrag beitragsfrei,** sobald Sie Ihren alten Job verlassen. Dann brauchen Sie nichts mehr einzahlen und kriegen am Schluss eine entsprechend geringere Auszahlung. Das ist in den meisten Fällen der Königsweg.

Bewertung: Direktversicherung – ja oder nein?

Lohnt sich eine Direktversicherung? Wir antworten mit einem entschiedenen »Vielleicht«. Oder doch mit einem »Eher nicht!«. Ach, Sie wollen's genauer wissen? Also gut, hier die Bewertungen in den einzelnen Kategorien:

1. **Rendite:** Da gibt's etwas bessere Nachrichten als bei herkömmlichen Lebens- und Rentenversicherungen (ohne Riester-Förderung). Da die Einzahlungen steuerfrei oder steuervergünstigt und von Sozialversicherungsbeiträgen befreit sind, sind die Gewinne etwas höher als bei nicht begünstigten Policen. Ansonsten aber gilt: Je neuer der Vertrag, desto magerer die Zinsen. Ein echter Knaller ist diese Geldanlage und Altersvorsorge nicht.

2. **Sicherheit:** Direktversicherungen sind sicher. Bei einer Pleite des Versicherers springt auch hier die Sicherungsgesellschaft Protektor AG ein.

3. **Liquidität:** Wer sein Geld in eine Versicherungspolice einzahlt, ist nicht liquide. Punkt. Bei Direktversicherungen zieht sich dieser chronische Liquiditätsmangel sogar bis mindestens zum 60. Lebensjahr. Frühestens dann wächst die Kohle zu Ihnen rüber und Sie können sie hemmungslos ausgeben.

4. **Flexibilität:** Auch hier gibt's was zu mosern. Sie zahlen feste Beiträge ein. Diese beliebig rauf- oder runterzusetzen ist in der Regel nicht möglich. Wenn beispielsweise Ihr Arbeitgeber nicht mehr zahlt, weil er nicht mehr Ihr Arbeitgeber ist, oder wenn Sie plötzlich beschließen, Sie wollen keine Gehaltsumwandlung mehr, können Sie eine solche Police allenfalls beitragsfrei stellen. Über das bereits angesparte Vermögen zu verfügen geht aber nicht.

5. **Transparenz:** Sie wissen zwar, was Sie einzahlen. Aber Sie wissen nicht, was Sie später kriegen. So einfach ist das. Und Sie wissen ja: Die Hochrechnungen der Versicherungsvermittler sind in etwa so präzise wie der Blick in die Glaskugel einer Wahrsagerin. Und weil Sie es nicht wissen, verdient eine Direktversicherung in Sachen Transparenz auch keine gute Note.

Fazit: Eine Direktversicherung ist, was die Rendite betrifft, etwas besser als eine normale Lebens- oder Rentenversicherung. Das ist eine Folge der gesparten Steuern und Sozialversicherungen. Aber ein echter Hit ist sie in der Regel trotzdem nicht. Alte Direktversicherungen sollten Sie allerdings weiterlaufen lassen, zumindest die nicht fondsgebundenen. Da ist immerhin noch ein akzeptabler Garantiezins für Sie drin, der beim aktuell niedrigen Zinsniveau das Anlegerherz erfreut. Eine neue Direktversicherung abzuschließen sollten Sie sich allerdings gut überlegen. Wenn Sie Wert auf staatliche Förderung und Steuerersparnis legen, wäre zum Beispiel ein Riester-Vertrag (siehe Kapitel 22) zumindest für kinderreiche Eltern eine meist sinnvollere Alternative. Ansonsten sind popelige Bank- oder Fondssparpläne eher zu empfehlen als ein undurchsichtiger, unflexibler und oft auch unrentabler Versicherungsvertrag.

Versicherungen auswählen: So geht's

In diesem Kapitel
- Versicherungsvertreter, Versicherungsmakler und Honorarberater
- Vergleichsportale im Internet
- Versicherungsvergleiche in den Medien
- Verbraucherschutzorganisationen

Ob Riester-Vertrag oder Rürup-Police, ob Direktversicherung oder normale Rentenversicherung: Um einen Versicherungsvertrag abzuschließen, brauchen Sie irgendjemanden, der Ihnen diesen vermittelt. Das wird in vielen Fällen ein Mensch sein. Manchmal reicht aber auch ein Internetportal. Schwierig ist die richtige Versicherungsauswahl dennoch. Denn nicht alle Beteiligten handeln ausschließlich zum Wohle ihrer Kunden.

Kaum zu glauben: Auch in der gänzlich unromantischen Finanzwelt gibt es Märchen. Und zwar Märchen, die sich schon deswegen so hartnäckig halten, weil sie immer wieder erzählt werden. Eines dieser Märchen ist das vom »unabhängigen Finanzoptimierer«, der angeblich Ihren Versicherungs- und Vorsorgebedarf ermittelt und Ihnen dann – selbstverständlich kostenlos – genau die maßgeschneiderte Versicherung heraussucht, die Sie wirklich brauchen.

Kommen wir zurück auf den Boden der Realität, auch wenn die Landung hart ist: Den »unabhängigen Finanzoptimierer« gibt es genauso wenig wie die gute Fee im Märchen. Wenn Banken, Versicherungen oder freie Versicherungs- oder Vermögensberater Ihnen den kostenlosen Versicherungscheck anbieten, dann tun sie das ganz einfach aus Eigeninteresse. Sie verdienen an Vermittlungs- und Bestandsprovisionen Hunderte von Euro. Folglich werden sie bestrebt sein, Ihnen eher mehr als weniger Policen aufschwatzen. Und dabei auch eher die, bei denen mehr als weniger Provisionen fließen (und die zahlen letztlich Sie als Kunde). Oder Sie werden immer wieder mal zu einem Versicherungswechsel überredet. Nicht weil er nötig wäre, sondern weil bei diesem Deal abermals Provisionen an den Vermittler fließen.

 Mit dieser etwas zynischen Darstellung werden wir nicht allen Vermögensberatern und Versicherungsvermittlern gerecht. Es gibt durchaus seriöse, die ihren Job ausgesprochen gut machen. Aber es ist leider nicht ganz leicht, herauszufinden, wer in diese Kategorie fällt. Deshalb lautet die Empfehlung: Machen Sie sich erst einmal selbst schlau. In diesem Kapitel erfahren Sie alles, was Sie zum Thema Versicherungsvergleich wissen müssen.

Versicherungsvertreter, Versicherungsmakler und Honorarberater: ein himmelweiter Unterschied

Sie schätzen die persönliche Beratung? Das ist bei der Versicherungsauswahl durchaus zu empfehlen. Denn kaum ein Laie überblickt das komplizierte Versicherungsrecht und die vielen, oft undurchschaubaren Angebote und Klauseln der Versicherer.

Wenn Sie also beraten werden wollen, was läge da näher, als sich an jemanden zu wenden, der Versicherungen vermittelt? Da bekommen Sie die wichtigsten Informationen aus erster Hand, können Ihre Fragen loswerden und erhalten darauf mit etwas Glück auch eine kompetente Antwort.

Allerdings sind die Menschen, die Versicherungen vermitteln, höchst unterschiedlich und verfolgen auch ganz unterschiedliche Interessen. Deshalb sollten Sie sich immer genau anschauen, wer Ihnen da eine Versicherungspolice anbietet. Damit meinen wir nicht nur, ob Ihnen dessen Nase gefällt oder nicht. Sondern ob Sie der betreffenden Person vertrauen können. Drei (Unter-)Arten von Menschen vermitteln Versicherungen, für die Biologen und Anthropologen unter Ihnen ist der wissenschaftliche Name jeweils angefügt:

- ✔ Versicherungsvertreter (Homo sapiens intercessor),
- ✔ Versicherungsmakler (Homo sapiens mercator) und
- ✔ Honorarberater (Homo sapiens consultans).

Beruhigend ist immerhin, dass keiner von den dreien heute noch die Keule schwingt, um seine Mitmenschen zu erschlagen. Das heißt aber nicht, dass diese Abkömmlinge des Urmenschen anderen grundsätzlich keinen Schaden zufügen. Welche dieser (Sub-)Spezies Sie wählen, wirkt sich unmittelbar darauf aus, welche Versicherungspolice der Betreffende Ihnen anbietet und wie günstig beziehungsweise teuer Sie dabei wegkommen. Wissen sollten Sie jedoch schon mal vorab: Wer auch immer Ihnen eine kostenfreie Beratung anbietet, verdient an den Provisionen und ist potenziell eher von seinen eigenen als von Ihren Interessen geleitet.

Versicherungsvertreter: nur eine Marke im Angebot

Die erste Spezies sind Versicherungsvertreter. Das sind die Leute, an deren Tür beispielsweise das Schild »Allianz«, »Generali« oder »Deutsche Vermögensberatung« hängt. Auch in Banken ist dieser Typus anzutreffen, beispielsweise in Volksbanken getarnt als »unser Versicherungsexperte von der R + V«. Sie bieten in der Regel eine kostenfreie Beratung an – in dem Sinne, dass Sie von Ihnen kein Geld für Versicherungsangebote verlangen.

Versicherungsvertreter repräsentieren allerdings nur eine einzige Versicherungsgesellschaft und nicht mehrere. Das ist im Prinzip vergleichbar mit dem Vorwerkvertreter an der Haustür. Der stellt Ihnen auch nicht eine ganze Palette von Staubsaugern vor, darunter Miele, AEG, Bosch, Siemens, Dyson und Kärcher. Sondern eben nur einen, nämlich den von Vorwerk. Es kann zwar sein, dass Sie damit genau das Gerät Ihrer Wahl zu einem fairen Preis bekommen. Aber da Sie den Vergleich nicht haben, ist es zumindest nicht ausgeschlossen, dass er Ihnen einen überteuerten Staubsauger mit Funktionen andreht, die Sie weder brauchen noch bezahlen wollen.

9 ▶ Versicherungen auswählen: So geht's

Vorsicht bei Versicherungsvertretern. Sie stehen oft unter Verkaufsdruck. Ein Versicherungsvertreter hat gar nicht die Möglichkeit, unter vielen verschiedenen Versicherern und Policen die für Sie passende auszusuchen. Sondern er ist verpflichtet, Ihnen die Marke anzudrehen, die er vertritt. Das heißt: Dass Sie dort gute Bedingungen bekommen, ist zwar nicht ausgeschlossen, aber oft Glückssache. Wenn Sie also nicht gerade Fan einer bestimmten Versicherungsmarke sind, sollten Sie sich besser bei Vermittlern umsehen, die mehrere Versicherer vertreten. Zum Beispiel bei Versicherungsmaklern (siehe nächster Abschnitt).

Versicherungsmakler: größere Auswahl, mehr Vergleich

Dass Sie beispielsweise nur Allianz-, Generali- oder R+V-Policen angedreht bekommen sollen, passt Ihnen nicht? Dann ist es nur recht und billig, zu einem Versicherungsmakler zu gehen. Ein solcher Versicherungsmakler vertritt mehrere Versicherungsgesellschaften – wenn auch üblicherweise nicht alle.

Ein Makler wird Ihnen meist einen Vergleich über gleichartige Angebote verschiedener Versicherer erstellen. In der Regel ist er auch in der Lage, Sie auf mögliche Pferdefüße hinzuweisen, etwa auf wenig verbraucherfreundliche Klauseln im Kleingedruckten. Wenn Sie also die Wahl haben zwischen einem Versicherungsvertreter und einem Versicherungsmakler, gehen Sie zum Makler, auch wenn der eine hässliche Warze auf der Nase haben sollte. Denn diese Spezies Mensch bietet einfach die größere Auswahl.

Über eines dürfen Sie sich allerdings keine Illusionen machen: Auch ein Makler ist provisionsgetrieben. Er verdient – ebenso wie der Versicherungsvertreter – (hohe) Vermittlungsprovisionen für jede neu abgeschlossene Police und (meist eher niedrige) Bestandsprovisionen für jedes Jahr, in der eine einst abgeschlossene Police weiterläuft. Das birgt zwei Gefahren in sich. Erstens: Der Makler könnte bei der Auswahl der gewünschten Versicherung nicht nur auf Ihr Wohl schielen, sondern auch auf sein Wohl. Je nachdem, wie viel für ihn dabei herausspringt, könnte er Ihnen womöglich eine unnötig teure Police aufschwatzen, an der er mehr verdient als bei einer vergleichbaren billigeren. Zweitens: Der Makler könnte Ihnen unnötig oft zum Wechsel einer Versicherung raten, um immer wieder neue Vermittlungsprovisionen zu kassieren. Insofern sind Makler zwar eine empfehlenswerte Alternative zu Versicherungsvertretern. Aber sie sind beim Versicherungsvergleich nicht unbedingt so objektiv und allein an Ihrem Nutzen orientiert, wie sie immer behaupten.

Versicherungsberater: objektive Beratung auf Honorarbasis

Es gibt Versicherungsfritzen, die nicht an Provisionen verdienen, sondern tatsächlich objektive Versicherungsvergleiche erstellen. Von irgendwas müssen diese Menschen aber auch leben. Und wenn sie schon von der Versicherung keine Provisionen nehmen dürfen, verlangen sie eben ein Beratungshonorar von den Leuten, die nach einer passenden Versicherung suchen.

Der vermeintliche Nachteil ist offensichtlich: Sie zahlen erst einmal Geld für etwas, was Sie anderswo (nämlich bei Vertretern und Maklern) vermeintlich kostenfrei haben können. Normalerweise werden Sie für eine Beratung durchaus mehrere Hundert Euro los. Eine ausführliche Beratung zum Thema Altersvorsorge kann 1 000 bis 2 000 Euro kosten. Das ist zunächst einmal happig. Sie sollten aber die Vorteile einer solchen Beratung nicht unterschätzen:

✔ Ein Honorarberater hat keinen Druck vom Versicherer, in einer bestimmten Zeit eine bestimmte Anzahl von Versicherungsverträgen zu verkaufen.

✔ Ein Honorarberater ist nicht auf (eine) bestimmte Versicherungsgesellschaft(en) beschränkt. Er kann in seinen Versicherungsvergleich alle einbeziehen, die infrage kommen.

✔ Ein Honorarberater wird von Ihnen bezahlt und kassiert somit kein Geld von Versicherungsgesellschaften. Folglich hat er auch kein Interesse, Ihnen eine ungünstigere Police zu empfehlen, nur weil sie ihm mehr einbringt.

Wenn Sie größten Wert auf objektive Beratung legen, beauftragen Sie einen Honorarberater mit dem Versicherungsvergleich. Er kann Ihnen objektiv zu der Police raten, die am besten zu Ihren Wünschen und Bedürfnissen passt. Allerdings arbeiten die wenigsten Versicherungsfachleute provisionsfrei – ganz einfach weil es kaum Menschen gibt, die bereit sind, so viel Geld für eine solche Beratung hinzublättern.

Um einen Honorarberater zu finden, empfiehlt sich eine Internetrecherche auf einer der folgenden Websites: www.bvvb.de (Bundesverband der Versicherungsberater), www.verbund-deutscher-honorarberater.de (selbsterklärend) oder www.berater-lotse.de (Datenbank eines privaten Anbieters mit rund 1 000 Adressen).

Verbraucherschützer und Co.: oft die günstigere Alternative

Gute Beratung ist teuer, das haben Sie eben gelesen. Es gibt jedoch günstigere Alternativen zum teuren Honorarberater.

So beispielsweise die Verbraucherzentralen. Sie bieten häufig umfassende Beratung zum Thema Altersvorsorge an, errechnen Rentenlücken und ermitteln den geeigneten Vorsorgeweg. Hier kostet eine Beratung eher wenige Hundert anstatt wenige Tausend Euro – das ist erschwinglich, vor allem wenn Sie sich vor Augen halten, dass Sie bei vermeintlich kostenlosen Beratungen (Versicherungsvertreter oder –makler) mindestens ebenso viel Geld für Provisionen loswerden ...

Eine Alternative dazu ist die Zeitschrift Finanztest, die von der Stiftung Warentest herausgegeben wird. Hier finden Sie in regelmäßigen Abständen Tests über normale, Riester- und Rürup-Rentenversicherungen, über Kapitallebensversicherungen und sonstige Policen. Vorteil: Die Experten der Stiftung Warentest klopfen die Verträge auch auf das berühmte Kleingedruckte ab. Ihnen fällt auf, wenn sich darin inakzeptable Nebenbedingungen finden oder eine Kostenfalle droht. Provisionsgesteuertes Eigeninteresse kann man der Stiftung Warentest nicht vorwerfen. Schließlich verkauft sie gar keine Policen und kassiert somit auch nichts für

9 ▶ Versicherungen auswählen: So geht's

die Vermittlung. Aber es gibt auch einen Nachteil: Oft gehen diese Experten von einem bestimmten Szenario aus, für den dann die Rentabilität der entsprechenden Policen errechnet wird. Dieses Szenario muss sich nicht unbedingt mit dem decken, was Sie in Ihrem Leben so veranstalten. Immerhin ist Finanztest aber eine sehr empfehlenswerte Lektüre, um ein Gespür für den Markt und für die günstigsten und besten Anbieter zu bekommen.

Eine Besonderheit ist der Bund der Versicherten, der sich ebenfalls als Verbraucherschutzorganisation versteht. Er finanziert sich zum einen aus den Beiträgen der Mitglieder. Zum anderen aber verkauft eine ihm zu 100 Prozent gehörende Vermittlungsgesellschaft tatsächlich Versicherungen und erhält dafür auch Vermittlungs- und Bestandsprovisionen. In gewisser Weise ist der Bund der Versicherten damit ähnlich einem Makler mit Provisionsinteresse. Allerdings hat sich diese Organisation in Sachen Fachkunde und Verbraucherschutz einen guten Namen gemacht. Die Experten dort kennen sich ausgezeichnet mit dem Thema Versicherungen aus. Sie vereinbaren mit den Versicherungsgesellschaften oft wirklich günstige und gute Policen für ihre Klientel – und sie raten niemandem zum Abschluss einer Versicherung, die unnötig ist.

Wenn Sie eine größere Police abschließen wollen, beispielsweise eine Lebens- oder Rentenversicherung, ist es durchaus eine Überlegung wert, in den Bund der Versicherten einzutreten. Sie zahlen dann zwar einen Jahresbeitrag im niedrigen zweistelligen Bereich. Aber Sie sichern sich damit eine sehr gute Beratung und handfeste Hilfe sowohl bei der Auswahl der für Sie richtigen Policen als auch im Streitfall mit einem Versicherer.

Vergleichsportale im Internet: meist kompliziert, oft einseitig

Wenn Sie in Google das Wort »Lebensversicherung«, »Rentenversicherung« oder »Versicherungsvergleich« eingeben, werden automatisch schon einige Vergleichsplattformen angezeigt. Sie versprechen, Ihnen online den besten und günstigsten Versicherungstarif anzuzeigen. Solche Portale sind beispielsweise:

✔ Check 24 (www.check24.de)

✔ Transparo (www.transparo.de)

✔ Versicherungsvergleich (www.versicherungsvergleich.de)

✔ Financescout 24 (www.financescout24.de)

Als Kunde sehen Sie sich mit der Abfrage eines solchen Portals allerdings oft überfordert. Nicht immer sind die Fragen einfach zu beantworten. Oder wüssten Sie auf Anhieb, wie hoch der Todesfallschutz bei einer Lebensversicherung sinnvollerweise sein sollte? Inzwischen allerdings sind einige Vergleichsportale recht gut, was die Benutzerführung angeht. Das heißt: Sie müssen nur wenige, gezielte Fragen beantworten, um den gewünschten Versicherungsvergleich zu erhalten.

 Allerdings sollten Sie wissen: Versicherungspolicen sind nur in begrenztem Maße vergleichbar. Denn kaum ein Vertrag ist standardisiert, fast immer gibt es Abweichungen in den Versicherungsbedingungen, die sich mehr oder weniger stark auswirken. Ein Internet-Vergleichsportal wird aber zwangsläufig nur den Preis als Kriterium einbeziehen – und nichts anderes. Ob die ganz oben als billigster Anbieter aufgelistete Police aber dann wirklich die beste ist, bleibt zweifelhaft.

Noch ein zweiter Nachteil kommt hinzu: Es geht um die Zahl der einbezogenen Versicherer. Bei Vergleichsportalen im Internet gilt stets: Sie repräsentieren nicht das komplette Angebot aller Versicherungsgesellschaften, sondern nur diejenigen Versicherer, die bereitwillig Geld an den Betreiber des jeweiligen Portals zahlen. Geld dafür, überhaupt bei den Ergebnissen aufgelistet (und nicht etwa verschwiegen) zu werden. Beziehungsweise Geld dafür, den Kunden durch einen solchen Versicherungsvergleich zum Abschluss einer Police gebracht zu haben (Vermittlungsprovisionen). Ausgerechnet die guten und vergleichsweise günstigen Online- und Direktversicherungen fehlen dort oft.

 Rechnen Sie also nicht damit, auf einem Internet-Vergleichsportal die allein seligmachende Wahrheit zu erfahren beziehungsweise tatsächlich die billigste und beste Police zu finden. Hier gilt (wie bei Juristen): zwei Portale, drei Meinungen.

Heißt das, Sie sollten von Vergleichsportalen im Internet lieber die Finger lassen? Nein. Es wäre Blödsinn, ganz davon abzuraten. Denn immerhin bekommen Sie auf solchen Portalen ein Gefühl für die Preise. Sinnvoll ist also folgendes Vorgehen (auch wenn die Betreiber solcher Portale das jetzt nicht gerne lesen werden): Informieren Sie sich unverbindlich über Internetportale (am besten über mehrere) – und gehen Sie dann zu einem Versicherungsmakler oder Honorarberater, um die richtige Wahl zu treffen. Denn Sie dürfen bei der ganzen Vergleicherei nicht vergessen, dass es nicht nur auf den Preis ankommt.

Teil III

Wertpapiere – Geld beim Staat und an der Börse anlegen

»Iss deine Cornflakes. Dein Vater hat in Getreide investiert.«

In diesem Teil ...

Beim Wort »Wertpapiere« denken die meisten Menschen nur an Aktien. Tatsächlich aber existiert eine riesige Bandbreite von Wertpapieren – von konservativ bis spekulativ und von sicher bis riskant. Es gibt beispielsweise Staats- und Unternehmensanleihen, Zertifikate, Pfandbriefe, Fonds und Aktien. Bitte keine Berührungsängste! An der Börse gibt es nicht nur Crashs, sondern auch solide und gute Möglichkeiten, das eigene Geld zu vermehren. In diesem Teil geht es darum, wie Sie die richtigen Wertpapiere auswählen und kaufen.

Ohne Depot oder Schuldbuchkonto läuft gar nichts

In diesem Kapitel
- Brokerauswahl
- Depoteröffnung (für börsengehandelte Wertpapiere)
- Eröffnung eines Schuldbuchkontos (für Bundesschatzbriefe & Co.)
- Freistellungsauftrag

Wer Wertpapiere kaufen will, kann dies nicht einfach von seinem Konto aus tun. Vielmehr braucht er eine Art »Lager«, wo die Wertpapiere für ihn aufgehoben und verwaltet werden. Welche Art von »Lager« Sie brauchen, kommt darauf an, welche Art von Wertpapieren Sie kaufen.

Für börsengehandelte Wertpapiere wie Aktien, Anleihen, Fonds, Pfandbriefe und Zertifikate brauchen Sie ein *Wertpapierdepot*. Falls Sie es auf diejenigen deutschen Staatsanleihen abgesehen haben, die nicht an der Börse gehandelt werden, ist ein *Schuldbuchkonto* nötig. Keine Sorge, ein Schuldbuchkonto bedeutet nicht, dass Sie gleich mal Schulden machen müssen! Was genau das ist und wie Sie ein Depot und Schuldbuchkonto eröffnen, darum geht es in diesem Kapitel.

Und damit Vater Staat später nicht gleich wieder einen Teil Ihrer Gewinne in Form von Steuern abschöpft, erfahren Sie außerdem noch, warum es sinnvoll ist, gleich bei Depot- oder Kontoeröffnung einen *Freistellungsauftrag* zu erteilen.

Depot: das Lager für Ihre Wertpapiere

Als eine Aktie noch ein Dokument zum Anfassen war, brauchte man zur Lagerung noch vergleichsweise viel Platz. Je mehr Wertpapiere ein Anleger besaß, desto größer musste das Depot (»Lager«) sein. Heute geht's elektronisch, denn kaum mehr eine Aktie ist in Papierform vorhanden. Das gilt auch für andere Wertpapiere wie Anleihen, Fonds oder Pfandbriefe. Die Informationen darüber, wer sie in welcher Stückzahl besitzt, werden auf einem Großrechner abgespeichert – fertig!

Ein solches Wertpapierlager – früher real, jetzt virtuell – nennt sich ganz einfach Depot: Hier »lagert« die Bank für Sie alle Wertpapiere, die Sie kaufen. Auf dieses Depot haben Sie als Eigner selbstverständlich Zugriff. Sie können Wertpapiere kaufen und in Ihr Depot legen (vorausgesetzt, Ihre Knete reicht dafür). Sie können sie aber auch wieder verkaufen, wie es Ihnen beliebt. Ein solches Depot wird bei bestimmten, auf den Wertpapierhandel spezialisierten Banken geführt, die man landläufig »Depotbank« oder auf Neudeutsch »Broker« nennt. Ihre erste Aufgabe besteht also darin, einen Broker auszuwählen.

Brokerwahl leicht gemacht

Depotbanken gibt es seit gut einem Jahrzehnt wie Sand am Meer. Das ist auch gut so. Denn dank der Konkurrenz traut sich inzwischen kaum mehr eine Bank, für ein Wertpapierdepot unverschämt hohe Gebühren zu erheben. Früher dagegen waren happige Gebühren bei Depots Standard. Die Banken dachten sich vermutlich, dass ohnehin nur sehr wohlhabende Leute Wertpapiere kaufen, und verlangten jährlich Hunderte von Euro für die Depotführung. Heute kauft auch Otto Normalverbraucher Aktien und tatsächlich sind inzwischen viele Depots kostenfrei oder für nur kleines Geld zu haben. Wichtig ist hier folgende Unterscheidung:

✔ **Online-Broker** (auch Direktbroker genannt) bieten meist kostenlose oder ausgesprochen günstige Depots an. Dazu gehören beispielsweise ING Diba (www.ing-diba.de), die Comdirect (www.comdirekt.de), Cortal Consors (www.cortalconsors.de), DAB (www.dab-bank.de), Sparkassen Broker (www.sbroker.de) oder Maxblue (www.maxblue.de). Ihre Wertpapiergeschäfte können Sie im Internet erledigen, aber auf Wunsch (und gegen Aufpreis) auch per Telefon oder Fax.

✔ **Filialbanken** bieten Ihren Kunden ebenfalls oft Depots an, das aber nicht immer zum Schnäppchenpreis. Sie lassen sich den Vor-Ort-Service in der Regel gut bezahlen. Deshalb ist dieses Modell auch auf dem absteigenden Ast. Die Anleger sind ja nicht blöd.

Über die Brokerwahl könnte man eine ganze Doktorarbeit schreiben. Eine solche Abhandlung ersparen wir Ihnen aber lieber. Denn es geht auch einfacher: Wählen Sie zunächst mal eine Depotbank aus, die möglichst keine Depotgebühren erhebt. Eine solche Bank verdient ihr Geld dann unter anderen mit den Preisen für die Orderaufgabe, aber um diese Baustelle können Sie sich später kümmern. Da sich die Preise der Banken immer wieder mal ändern, finden Sie an dieser Stelle keine konkrete Empfehlung, sondern nur einen Tipp:

Gehen Sie ins Internet und öffnen Sie die Startseite der Suchmaschine Google. Geben Sie ins Suchfeld »Depot kostenlos« ein. Und schon haben Sie eine riesige Auswahl. Wählen Sie möglichst einen der bekannteren Broker, da ist die Gefahr nicht so groß, dass Sie später über die Ordergebühren und unliebsame Nebenentgelte abgezockt werden. Wenn Sie zu den gründlichen Menschen gehören, können Sie auch die aktuelle Empfehlung von Verbraucherschützern oder der *Finanztest*-Redaktion zugrunde legen.

Lesen Sie sich unbedingt die Bedingungen gut durch, auch wenn Sie dafür eine Lesebrille aufsetzen müssen oder sogar eine Lupe brauchen. Alle Preise finden Sie im »Preis- und Leistungsverzeichnis« einer Bank. Akzeptieren Sie keine Klauseln, die eine kostenlose Depotführung beispielsweise von einer Mindestanzahl an Wertpapierorders oder von einem bestimmten Depotvolumen (also Mindestwert der Wertpapiere auf Ihrem Depot) abhängig machen. Es gibt genug andere Depotbanken, bei denen Sie keine solchen Einschränkungen hinnehmen müssen.

Es kann passieren, dass Sie an einen Broker geraten, der keine Depotgebühren erhebt, dafür aber bei den Wertpapierorders schamlos zulangt. Dann müssen Sie wissen: An einen Broker sind Sie nicht »lebenslänglich« gebunden. Wenn Ihnen ein anderer besser gefällt, können Sie einfach wechseln und Ihre Wertpapiere auf ein Depot dort übertragen. Erfreulicherweise darf der bisherige Broker dafür keinerlei Geld verlangen. Denn die Wertpapiere sind Ihr Eigentum, das die Bank auf Ihr Verlangen hin herausrücken muss. Das hat sogar der Bundesgerichtshof klargestellt (Aktenzeichen: XI ZR 200/03 und XI ZR 49/04). Lediglich bei einer Wertpapierübertragung ins Ausland oder aus dem Ausland können Gebühren anfallen. Aber wenn Sie Ihr Vermögen schon mal in der Schweiz oder auf den Bahamas haben, werden Sie es ja nicht freiwillig wieder zurückholen, es sei denn, Sie sind in eine finanzielle Schieflage geraten.

Sobald Ihre Entscheidung für einen bestimmten Broker gefallen ist, stellen Sie einen Antrag auf Depoteröffnung (siehe nächster Abschnitt).

Wenn Sie Ihr Geld ausschließlich in Fondsanteile beziehungsweise Fondssparpläne investieren wollen, machen Sie bei der Depoteröffnung am besten den Umweg über einen spezialisierten *Fondsvermittler*. Dazu gehören beispielsweise Fondsvermittlung 24 (www.fondsvermittlung24.de) oder AVL Investmentfonds (www.avl-investmentfonds.de). Dort bekommen Sie entweder ein Depot bei eben diesem Fondsvermittler oder Sie eröffnen mithilfe dieses Fondsvermittlers ein Spezialdepot bei einem normalen Broker. Der Vorteil besteht darin, dass Sie dann viele beliebte Investmentfonds ohne Ausgabeaufschlag kaufen können. Da sparen Sie bis zu 5,5 Prozent der Summe, die Sie in den Fonds investieren möchten (mehr zu Fonds in Kapitel 16). Und falls Sie sich fragen, wovon der Fondsvermittler eigentlich lebt: Er kriegt Bestandsprovisionen für jeden Fondsanteil, der dann in Ihrem Depot liegt.

Depoteröffnung: So gehen Sie vor

Falls Sie ein Depot bei einer Filialbank bevorzugen, gehen Sie hin, fragen Sie nach dem betreffenden Eröffnungsantrag und füllen ihn aus. In der Regel werden Sie sich aber aus Kostengründen für einen Direktbroker entscheiden, denn dort ist die Depotführung meist kostenlos. Dann gehen Sie auf dessen Website im Internet und klicken auf »Depot eröffnen«. Dort finden Sie einen Antrag, den Sie direkt am Rechner ausfüllen und dann ausdrucken können. Nur unterschreiben müssen Sie noch von Hand.

Falls Sie mit Ihrem Rechner gerade auf Kriegsfuß stehen (oder er mit Ihnen), brauchen Sie ihn auch nicht anzuwerfen. Genauso gut können Sie bei der gewünschten Depotbank anrufen und sich den Eröffnungsantrag per Post zusenden lassen.

Bei einer Depoteröffnung müssen Sie sich stets ausweisen. (»Da könnte ja sonst jeder kommen.«) In der Filialbank ist das ganz einfach: Sie zeigen Ihren Personalausweis, und wenn Sie dem Typen auf dem Foto ähnlich genug sind oder der Banker am Schalter Sie persönlich kennt, wird man Ihnen gleich problemlos ein Depot einrichten.

Bei einer Direktbank läuft das Ganze anders. Da schicken Sie Ihren Personalausweis besser nicht hin, sonst kriegen Sie ihn womöglich nie wieder zurück. Stattdessen werden Sie aufgefordert, das Postidentverfahren zu nutzen. Und das geht so: Sie traben mit den ausgefüllten Unterlagen zum nächsten Postschalter. Neben dem Antrag auf Depoteröffnung findet sich bei diesen Unterlagen auch ein Formular für das Postidentverfahren. Ihren Personalausweis oder Pass nehmen Sie ebenfalls mit. Am Postschalter müssen Sie ihn vorzeigen und es wird eine

Unterschrift von Ihnen verlangt. Mit diesem Verfahren steht die Post dafür gerade, dass Sie es auch wirklich sind, der den Eröffnungsantrag gestellt und darauf unterschrieben hat – und nicht irgendein Gauner, der unter Ihrem Namen agiert. Die Bank kann Ihren Antrag dann bearbeiten.

Wenig später bekommen Sie Post von Ihrer Depotbank, und zwar meist gleich mehrere Schreiben. Darin finden Sie alle wichtigen Informationen über Ihr neues Depot, so beispielsweise die Depotnummer, die Zugangsdaten fürs Online-Broking und womöglich auch noch ein Passwort für die Orderaufgabe per Telefon oder Fax. Zum Depot gehört außerdem auch ein spezielles Konto, das sogenannte *Verrechnungskonto*.

Was ist ein Verrechnungskonto? Ein Verrechnungskonto brauchen Sie neben dem eigentlichen Depot, um Ihre Wertpapiergeschäfte abzuwickeln: Wenn Sie ein Wertpapier kaufen, wird das Geld dafür vom Verrechnungskonto abgebucht. Wenn Sie ein Wertpapier verkaufen, wird der Verkaufserlös darauf gutgeschrieben. Wenn eine Aktie Dividenden oder eine Anleihe Zinsen abwirft, wird dieses Geld ebenfalls auf Ihr Verrechnungskonto gebucht. Und selbstverständlich werden auch alle Order- und sonstigen Gebühren per Lastschrift von der Depotbank eingezogen.

Als Girokonto ist ein Verrechnungskonto allerdings nicht zu gebrauchen. Denn Sie können davon nur Überweisungen auf ein einziges anderes Konto veranlassen, das Sie von vornherein als *Referenzkonto* festlegen. Nur auf dieses Referenzkonto können Sie von Ihrem Verrechnungskonto aus Geld überweisen. Sonstige Überweisungen, Lastschriften, Scheckeinlösungen oder Daueraufträge sind dagegen nicht möglich. Das mag zwar umständlich erscheinen, schützt Sie aber vor Betrug.

Wählen Sie als Referenzkonto am besten Ihr eigenes Girokonto. Dann können Sie das (hoffentlich in Strömen fließende) Geld von dort aus beliebig dahin verteilen, wo Sie es gerade haben wollen.

Ein Depot für mehrere Personen zusammen: Geht das?

Wenn mehrere Personen zusammen ein Wertpapierdepot eröffnen wollen, kriegen sie in der Regel Schwierigkeiten. Die Depotbank wird sich meist querstellen. Es gibt nur zwei Ausnahmen: Ehepaare und eingetragene Lebenspartner können zusammen ein Depot eröffnen. Dann aber müssen Sie im Eröffnungsantrag gleich angeben, welchem Partner das Depotvermögen zu wie viel Prozent gehört. Und falls Sie sich fragen, warum die Bank das wissen will: Sie braucht diese Angaben wegen der Steuerpflicht auf Kapitalerträge. Der Fiskus will schließlich wissen, wie viele Gewinne jeweils auf den einen und den anderen Partner entfallen.

Schuldbuchkonto: das Lager für Bundesschätzchen & Co.

Eine besondere Art von Depot brauchen Sie, wenn Sie Bundesschatzbriefe, die Tagesanleihe des Bundes oder sonstige nicht börsenhandelbare Bundeswertpapiere kaufen.

Dieses Depot, auf dem besagte Wertpapiere verbucht sind, heißt *Schuldbuchkonto*. Ein Schuldbuchkonto wird aber nicht von einer Bank geführt, sondern von der Finanzagentur des Bundes, sprich von der Stelle, die in der Praxis dafür sorgt, dass die Bundesrepublik Deutschland überhaupt Schulden machen kann. Sie verkauft die entsprechenden Schuldtitel an die Anleger, sprich die Bundeswertpapiere, die Ihnen die ersehnten Zinsen bringen.

Auf einem Schuldbuchkonto können Sie allerdings nur die Wertpapiere lagern, die Sie direkt bei der Finanzagentur des Bundes kaufen.

Ein Schuldbuchkonto ist kostenfrei und netterweise kostet es auch keinen Cent, dort Bundeswertpapiere zu ordern oder zu verkaufen. Die Bundesrepublik Deutschland macht es ihren Gläubigern leicht, ihr Geld zu leihen. Warum wohl?

Auch bei einem Schuldbuchkonto müssen Sie einen Eröffnungsantrag ausfüllen. Sie finden ihn online unter www.deutsche-finanzagentur.de. Klicken Sie auf »private Anleger«, dann auf »Schuldbuchkonto – Eröffnung«. Nicht erschrecken, der Eröffnungsantrag sieht ein bisschen aus wie ein Steuerformular. Offenbar waren da die gleichen Designer am Werk. Wenn Ihr Rechner Sie wieder mal im Stich lässt, fordern Sie den Eröffnungsantrag telefonisch an. Auch hier müssen Sie sich mit dem Postidentverfahren legitimieren (siehe Abschnitt »Depoteröffnung: So gehen Sie vor«).

Zu einem Schuldbuchkonto gehört kein Verrechnungskonto. Sie müssen aber ein Referenzkonto angeben, auf das die fälligen Beträge später überwiesen werden sollen.

Schuldbuchkonto für zwei

Bei einem Schuldbuchkonto gilt das Gleiche wie bei einem Depot: Zwei Personen können es nur gemeinsam eröffnen, wenn sie miteinander verheiratet sind oder eine eingetragene Lebensgemeinschaft führen. Ein unverheiratetes Pärchen oder zwei Freunde, die ihr Geld zwecks Geldanlage in einen Topf werfen wollen, werden mit ihrem Ansinnen, ein gemeinsames Schuldbuchkonto zu führen, leider scheitern.

Noch ein Formular – aber eines, das Geld spart: der Freistellungsauftrag

»Von der Wiege bis zur Bahre Formulare, Formulare.« Sorry, das ist nicht zu ändern. Aber dieses eine zusätzliche Formular legen wir Ihnen wärmstens ans Herz: den sogenannten *Freistellungsauftrag*. Den sollten Sie unbedingt ausfüllen und am besten gleich mit Ihrem Eröffnungsantrag zusammen an Ihre Depotbank oder die Finanzagentur des Bundes schicken.

 Was ist ein Freistellungsauftrag? Das ist ein Formular, mit dem Sie dafür sorgen, dass die Bank nicht auf alle Ihre Einkünfte aus Kapitalvermögen die Abgeltungsteuer ans Finanzamt abführen muss. Mit dem Freistellungsauftrag bleibt der sogenannte Sparerpauschbetrag von vornherein von der Versteuerung verschont. Der Sparerpauschbetrag liegt derzeit bei 801 Euro pro Jahr für Ledige und 1 602 Euro pro Jahr für zusammen veranlagte Ehepaare. So viele Gewinne dürfen Sie insgesamt machen, ohne dass Abgeltungsteuer darauf anfällt.

 Wenn Sie mehrere Konten und Depots (einschließlich Schuldbuchkonto) haben, sollten Sie auch mehrere Freistellungsaufträge erteilen. Teilen Sie den Sparerpauschbetrag dann auf die verschiedenen Freistellungsaufträge auf – und zwar so, dass der von der Steuer freigestellte Betrag möglichst überall ausgeschöpft wird. Sprich: Sie müssen sich vorher überlegen, wie viel Sie wohl mit dem jeweiligen Konto oder Depot verdienen, und in den Freistellungsauftrag einen Betrag hineinschreiben, der jeweils unter diesem Betrag liegt. Beachten Sie aber: Die Summe aller freigestellten Beträge darf den Sparerpauschbetrag nicht überschreiten. Sonst gibt's Ärger mit dem Finanzamt.

Staatsanleihen: Spielen Sie doch mal Kreditgeber für ein Land

In diesem Kapitel

- Tagesanleihe des Bundes
- Bundesschatzbrief Typ A und Typ B
- Finanzierungsschätze, Bundesobligationen und börsennotierte Staatsanleihen
- Staatsanleihen anderer Länder
- Staatsanleihen auswählen

Auch Staaten mischen im Bankgeschäft mit. Allerdings im eigenen Interesse. Sie leihen sich bei Sparern und Anlegern Geld und zahlen dafür Zinsen. Wenn Sie sich je gefragt haben, wo der immense Schuldenberg der Bundesrepublik Deutschland von mittlerweile über 2 Billionen Euro herkommt – ganz einfach: Das hat sich die Bundesrepublik von Anlegern geliehen, die darauf vertrauen, ihr Geld mitsamt Zinsen und Zinseszinsen zurückzubekommen.

Bisher hat das auch immer gut geklappt. Trotz Schuldenberg und Eurokrise gilt die Bundesrepublik nach wie vor als zahlungskräftiger Schuldner. Hoffen wir, dass das so bleibt. Anstatt sich also über die Staatsverschuldung aufzuregen, können Sie genauso gut davon profitieren. Hier erfahren Sie, wie Sie Ihr Geld beim Staat anlegen und Zinsen dafür kassieren können.

Aber nicht nur Deutschland leiht sich Geld von Anlegern, sondern auch andere Staaten – und das oft zu höheren Zinsen. Damit Sie nicht ausgerechnet bei einem Pleitekandidaten landen, finden Sie am Schluss dieses Kapitels die wichtigsten Informationen über Staatsanleihen fremder Länder.

Bundesschätzchen und Co.: Was es beim Bund so alles gibt

Geld verleihen heißt Zinsen kassieren. Dieses Prinzip gilt nicht nur bei Bankkonten, sondern auch bei Staatsanleihen der Bundesrepublik Deutschland. Sie verzichten zeitweise auf Ihr Geld, indem Sie es dem Staat leihen. Dafür bekommen Sie Zinsen gutgeschrieben. Außerdem haben Sie natürlich ein Recht darauf, dass Ihnen Ihr Geld zur vereinbarten Zeit zurückgezahlt wird. Prinzipiell gilt (ähnlich wie bei Bankkonten): Je länger Sie Ihr Geld verleihen, desto höher ist der sprichwörtliche Zinskupon, den Sie kriegen.

Man spricht bei allen Arten von Anleihen von einem *Zinskupon*, weil früher an festverzinslichen Wertpapieren tatsächlich Kupons (also kleine Gutscheinzettelchen) dranhingen, mit denen man seine Zinsgutschrift abholen konnte. Inzwischen läuft die Verzinsung vollelektronisch. Nur das Wort Kupon weist noch auf die Vergangenheit hin.

Ihre wichtigste Entscheidung in puncto Staatsanleihen betrifft also die Frage, wie lange Sie Ihr Geld denn überhaupt entbehren können beziehungsweise wollen. Nach diesem Kriterium entscheidet sich, welche Form von Bundesanleihen für Sie infrage kommt:

- ✔ Wollen Sie jeden Tag die Möglichkeit haben, Ihr Erspartes wieder abzuziehen, ist die *Tagesanleihe des Bundes* eine Überlegung wert (siehe nächster Abschnitt).

- ✔ Wollen Sie Ihr Geld fest für sechs oder sieben Jahre festlegen, dann sind womöglich *Bundesschatzbriefe* das Richtige für Sie (siehe Abschnitt »Bundesschatzbriefe: stufenweise mehr Zinsen«).

- ✔ Wollen Sie Ihr Geld im Prinzip längerfristig binden, sich aber trotzdem die Möglichkeit vorbehalten, es jederzeit zurückzubekommen (und sei es mit Verlust), dann sind *Finanzierungsschätze des Bundes, Bundesobligationen* oder *klassische Staatsanleihen* eventuell interessant (siehe Abschnitt »Noch mehr Schätzchen«).

- ✔ Wollen Sie Ihr Geld überhaupt nicht entbehren, sondern gleich ausgeben, ist eine Shoppingtour die empfehlenswerte Alternative (da Sie sich in diesem Metier sicher blendend auskennen, bekommen Sie in diesem Buch dafür ausnahmsweise keine Anleitung).

Täglich verfügbar: die Tagesanleihe des Bundes

Ganz schön sauer sind die Banken inzwischen auf die Finanzagentur des Bundes, also auf die Stelle, die Bundeswertpapiere in verschiedenen Varianten an Sparer und Anleger verkauft und so dem Staat neues (geliehenes) Geld verschafft. Denn sie macht seit Sommer 2008 den Kreditinstituten Konkurrenz bei den täglich verfügbaren Geldanlagen. Sie bietet zwar kein Tagesgeldkonto an, aber etwas sehr sehr Ähnliches: die sogenannte *Tagesanleihe des Bundes*.

Diese Tagesanleihe können Sie werktäglich gebührenfrei bei der Finanzagentur des Bundes kaufen und verkaufen. Theoretisch ist der Erwerb auch über Ihren Broker möglich, dann allerdings gegen Extra-Gebühren, und das vermeiden Sie besser. Mit der Tagesanleihe leihen Sie der Bundesrepublik Deutschland kurzfristig Geld und bekommen dafür Zinsen gutgeschrieben. Wie lange Sie das Geld verleihen, entscheiden Sie selbst. Sie können es sich täglich auszahlen lassen (deshalb der Name Tagesanleihe), es aber auch jahrelang liegen lassen.

Beachten Sie: Der Mindestanlagebetrag für die Tagesanleihe liegt bei 50 Euro. Kleinere Beträge können Sie also nicht in die Tagesanleihe stecken, größere dagegen schon. Das muss nicht unbedingt in 50-Euro-Schritten geschehen. Sie können auch beispielsweise 60 oder 70 Euro in die Tagesanleihe stecken.

11 ➤ Staatsanleihen: Spielen Sie doch mal Kreditgeber für ein Land

 Um die Tagesanleihe zu kaufen und später wieder zu verkaufen, brauchen Sie ein Schuldbuchkonto bei der Finanzagentur des Bundes (siehe Kapitel 10). Dann müssen Sie noch einen entsprechenden Kaufauftrag an die Finanzagentur übermitteln. Dafür gibt's Orderformulare im Download-Center der Website: www.bundeswertpapiere.de. Klicken Sie auf »Kauf von Bundeswertpapieren per Lastschrift/Dauerauftrag/Einzugsermächtigung«. Schon bekommen Sie Zinsen für Ihr Erspartes. Zurückgeben können Sie die Tagesanleihe ebenso unkompliziert. Nutzen Sie dazu das Formular »Rückgabe/Umtausch der Tagesanleihe«. Und wenn Ihnen der ganze Formularkram und die Rennerei zum nächsten Briefkasten zu viel werden, dann lassen Sie sich für das Direktbroking, Telefonbanking oder die Orderübermittlung per Fax der Finanzagentur freischalten. Dann können Sie den Kauf und Verkauf per Internet, Telefon oder Fax erledigen.

Wie viel Zinsen die Tagesanleihe abwirft

Kommen wir zu den Zinsen für die Tagesanleihe: Die sind nicht üppig. Und zwar deswegen nicht, weil die Bundesrepublik Deutschland auch heute noch als sehr zahlungskräftiger Schuldner gilt. Und je sicherer die Rückzahlung und die Zahlung der aufgelaufenen Zinsen, desto weniger verzinst sich das Geld.

Konkret: Die Tagesanleihe des Bundes wirft in aller Regel weniger ab als ein Tagesgeldkonto. Außerdem kann sich der Zinssatz täglich an die Gegebenheiten am Geldmarkt anpassen. Je leichter sich die Bundesrepublik irgendwo Geld leihen kann, desto weniger Zinsen muss sie für die Tagesanleihe zahlen. Es mag Ihnen spanisch vorkommen (oder griechisch): Aber dank Schuldenkrise dies- und jenseits des Atlantiks scheinen die Anleger geradezu darauf zu brennen, ihr Geld der vermeintlich sicheren Bundesrepublik leihen zu dürfen. Oder wie sonst ließe es sich erklären, dass in den Jahren seit der Erstauflegung dieser Anlageform die Zinsen kontinuierlich gesunken sind?

Mit anderen Worten: Der Zinssatz ist dürftig, er liegt für Ihr täglich verfügbares Geld aktuell deutlich unter der Inflationsrate. Das kann sich bei steigenden Zinsen am Geldmarkt aber durchaus wieder ändern.

 Sie wollen wissen, was die Tagesanleihe aktuell an Zinsen bringt? Dann geben Sie im Internet einfach www.tagesanleihe.de ein und klicken Sie auf »Konditionen«. Dann sehen Sie den jährlichen Zinssatz, der Ihnen für eine solche Geldanlage gutgeschrieben wird. Wobei sich der Zinssatz trotzdem täglich ändern kann.

Tägliche Zinsgutschrift: Was bringt das?

Die Finanzagentur des Bundes wirbt damit, dass bei der Tagesanleihe die Zinsen täglich gutgeschrieben werden – und nicht wie bei Banken üblich quartalsweise, halbjährlich oder jährlich. Was bringt das? Dazu eine kleine Beispielrechnung:

 Angenommen, Sie legen 1 000 Euro auf ein Tagesgeldkonto mit jährlicher Gutschrift bei einer Bank (Tagesgeldkonto 1). Weitere 1 000 Euro legen Sie auf ein Tagesgeldkonto mit vierteljährlicher Gutschrift bei einer Bank (Tagesgeldkonto 2). Und abermals 1 000 Euro investieren Sie in die Tagesanleihe des Bundes

143

mit täglicher Gutschrift (Tagesgeld). Bei allen drei Anlageformen bekommen Sie 1 Prozent Zinsen pro Jahr. Nur in der Häufigkeit der Zinsgutschriften unterscheiden sich die Angebote. Achtung, jetzt müssen Sie Ihre Schulkenntnisse im Zinsrechnen herauskramen. Oder darauf vertrauen, dass wir in diesem Buch keinen Rechenfehler einbauen. Gerechnet wird dann nämlich so:

Tagesgeldkonto 1: $1\,000 \times 1{,}01^1 = 1\,010{,}00$ Euro

Tagesgeldkonto 2: $1\,000$ Euro $\times 1{,}0025^4 = 1\,010{,}04$ Euro

Tagesanleihe: $1\,000 \times 1{,}00002777777^{365} = 1\,010{,}19$ Euro

Fazit: Bei den niedrigen Zinsen ist die tägliche Zinsgutschrift kaum mehr als ein Werbegag. Ganze 19 Cent Unterschied macht das auf ein Jahr gesehen aus, gegenüber der monatlichen Gutschrift sogar nur 15 Cent.

Angenommen, die Zinsen fürs Tagesgeld und die Tagesanleihe würden stark ansteigen, zum Beispiel auf (leider eher unrealistische) 10 Prozent pro Jahr. Dann sähe die Rechnung so aus:

Tagesgeldkonto 1: $1\,000 \times 1{,}10^1 = 1\,100{,}00$ Euro

Tagesgeldkonto 2: $1\,000$ Euro $\times 1{,}025^4 = 1\,103{,}81$ Euro

Tagesanleihe: $1\,000 \times 1{,}0002777777^{365} = 1\,106{,}69$ Euro

Sie sehen: Auch bei einem zehnmal so hohen Zinssatz macht die tägliche Gutschrift gegenüber der vierteljährlichen oder jährlichen keinen großen Unterschied aus, nämlich gerade einmal knapp 4 beziehungsweise 7 Euro. Kein Grund also, diesem Werbeargument blind zu glauben.

Bewertung: Wie gut ist die Tagesanleihe?

Lassen wir unser Pferdchen Tagesanleihe mal durch den altbekannten Bewertungsparcours traben, um herauszufinden, ob sich diese Geldanlage lohnt.

1. **Rendite:** Die Rendite hängt ab vom Zinsniveau auf dem Geldmarkt. Sind die Zinsen niedrig, müssen zahlungskräftige Schuldner (und als solcher gilt die Bundesrepublik Deutschland nach wie vor) nur sehr wenig Zinsen zu zahlen, um sich Geld zu leihen. Kurzum: Rentabel ist die Tagesanleihe bei niedrigen Zinsen nicht. Die Guthabenzinsen liegen dann oft unter der Inflationsrate, was bedeutet, dass bei einem Investment in die Tagesanleihe noch nicht einmal die Kaufkraft Ihres Geldes erhalten bleibt. Bei einem niedrigen Zinsniveau bekommt die Tagesanleihe in puncto Rendite daher keine guten Noten. Diese Bewertung kann sich bei hohen Zinsen allerdings ändern.

2. **Sicherheit:** Ihr Geld ist bei der Tagesanleihe sicher. Das gilt zumindest, solange nicht unser gesamtes Geldsystem zusammenbricht.

3. **Liquidität:** Mit der Tagesanleihe sind Sie jederzeit liquide. Sie können Ihr Geld abziehen, sobald Sie es brauchen, und sind dabei nicht an irgendwelche Kündigungsfristen oder Laufzeiten gebunden.

11 ➤ Staatsanleihen: Spielen Sie doch mal Kreditgeber für ein Land

> **Reich erst als Methusalem**
>
> Vielleicht haben Sie die Werbung für die Tagesanleihe des Bundes ja schon mal gesehen – auf Plakaten, in Anzeigen oder sogar im Fernsehen. Eine Schildkröte verspricht Ihnen da, fernab vom hektischen Aktienmarkt »in aller Ruhe ein Vermögen machen« zu können. Das Problem ist nur: Um aus ein paar lausigen Euro mit der Tagesanleihe tatsächlich ein Vermögen zu machen, müssten Sie steinalt werden. So alt eben wie eine Schildkröte. Die Galapagos-Schildkröte Harriet beispielsweise, die in einem australischen Zoo lebte, wurde 176 Jahre alt. Mal ehrlich, ganz so hoch ist die Lebenserwartung bei uns Menschen nicht (Sie sind ja nicht Methusalem – oder?). Und vermutlich wollen Sie nicht nur für Ihre Erben sparen, sondern selbst auch noch ein bisschen was von Ihrem Geld haben ...

4. **Flexibilität:** Die Flexibilität ist sehr hoch. Sie können die Tagesanleihe für beliebige Beträge kaufen, wann Sie wollen. Sie brauchen sie nicht regelmäßig zu besparen, sondern können sie dann erwerben, wenn Sie das nötige Kleingeld dafür übrig haben. Ebenso flexibel können Sie die Höhe der Einzahlungen gestalten. Lediglich die Mindestanlage von 50 Euro bildet eine gewisse Einschränkung, die Sie beispielsweise bei einem Tagesgeldkonto nicht hätten. Da reicht es auch, wenn Sie nur einen Cent einzahlen.

5. **Transparenz:** Die Tagesanleihe ist transparent. Den Zinssatz können Sie täglich auf der Internetseite www.tagesanleihe.de abfragen. Damit ist es kein Hexenwerk, auszurechnen, welche Rendite Sie mit Ihrem angelegten Geld erzielen.

Fazit: Niedrige Rendite, aber hohe Sicherheit, Liquidität, Flexibilität und Transparenz. Die Tagesanleihe ist bei niedrigen Zinsen nicht der Hit, wird aber bei steigenden Zinsen wieder interessanter. Eines sollten Sie allerdings bedenken: In der Regel wird die Tagesanleihe etwas weniger bringen als eine vergleichbare Geldanlage auf dem Tagesgeldkonto einer Bank. Das hat auch einen Grund: Die Bundesrepublik gilt als besserer Schuldner als jede Bank (dass auch Banken pleitegehen können, wissen wir ja inzwischen). Allerdings sind dank Einlagensicherung (siehe Kapitel 4) Ihre Gelder auf einem Konto kaum schlechter geschützt. In existenziellen Krisen (auch das hat die Vergangenheit gezeigt) bürgt der Staat sogar für sämtliche Bankeinlagen der Kunden, um nicht das gesamte Geldsystem ins Wanken zu bringen. Das heißt: Wenn Sie Ihr Geld auf ein Tagesgeldkonto legen, brauchen Sie sich keine Sorgen mehr um Ihr Geld zu machen. Und trotzdem kriegen Sie meist etwas höhere Zinsen dafür als bei der Tagesanleihe.

Bundesschatzbriefe: stufenweise mehr Zinsen

Sie wollen Ihr Geld für ganze sechs oder sieben Jahre anlegen und sind sicher, dass Sie es in der Zwischenzeit nicht brauchen werden? Dann kommen *Bundesschatzbriefe* für Sie infrage. Auch hierfür brauchen Sie ein Schuldbuchkonto bei der Finanzagentur des Bundes (siehe Kapitel 10). Zwar können Sie Bundesschatzbriefe auch über eine Depotbank erwerben. Aber da zahlen Sie Gebühren und bei der Finanzagentur nicht. Bundesschatzbriefe bestellen Sie ebenfalls über ein Formular (Postversand) oder, wenn Sie sich dafür registriert haben, über Internet, Telefon oder Fax. Auch hier gilt ein Mindestanlagebetrag von 50 Euro, den Sie beliebig über-, aber nicht unterschreiten dürfen.

Im Unterschied zur Tagesanleihe des Bundes werden die Zinsen einmal jährlich gutgeschrieben und stufenweise von Jahr zu Jahr erhöht. Sie wissen also von Anfang an, was Sie später für Ihr angelegtes Geld bekommen.

Es gibt zwei Typen von Bundesschatzbriefen. Sie unterscheiden sich in der Laufzeit voneinander, aber auch in der Frage, wann Sie die Zinsausschüttungen ausgezahlt kriegen:

- ✔ **Bundesschatzbriefe Typ A** haben eine Laufzeit von sechs Jahren. Die Zinsen werden jährlich an Sie ausgeschüttet.
- ✔ **Bundesschatzbriefe Typ B** haben eine Laufzeit von sieben Jahren. Die Zinsen gibt's erst am Ende der Laufzeit zusammen mit dem ursprünglich angelegten Betrag zurück.

Für alle, die es etwas genauer wissen wollen: Lesen Sie einfach die nächsten beiden Abschnitte, dann wissen Sie bestens über Bundesschatzbriefe Typ A und B Bescheid.

Bundesschatzbriefe Typ A: sechs Jahre Laufzeit, jährliche Zinsausschüttungen

Bundesschatzbriefe sind sozusagen ein Treppenwitz. Allerdings mit Betonung auf Treppe, nicht auf Witz. Ein Witz sind höchstens die Zinsen. Denn allzu üppig sind sie dieser Tage nicht. Schuld daran ist wieder mal das allgemeine Zinsniveau am Geldmarkt und die Tatsache, dass die Bundesrepublik Deutschland trotz aller Unkenrufe und Eurokrisen immer noch als sicherer Schuldner gilt. Zinstreppe heißt: Sie kriegen Jahr für Jahr etwas mehr Zinsen für Ihr Geld, am Anfang weniger, am Schluss mehr. Im September 2011 sah die Zinstreppe für Bundesschatzbriefe Typ A beispielsweise so aus:

Jahr	Zinssatz	Ausschüttungen am Jahresende (bei 100 Euro Anlagebetrag)
1. Jahr	0,25 Prozent	0,25 Euro
2. Jahr	0,25 Prozent	0,25 Euro
3. Jahr	0,50 Prozent	0,50 Euro
4. Jahr	1,00 Prozent	1,00 Euro
5. Jahr	1,25 Prozent	1,25 Euro
6. Jahr	2,25 Prozent	2,25 Euro

Tabelle 10.1: Verzinsung von Bundesschatzbriefen Typ A (September 2011)

Insgesamt kassieren Sie über die Laufzeit hinweg bei einem Anlagebetrag von 100 Euro also Zinsen in Höhe von 5,50 Euro. Das entspricht einem Zinssatz von 5,5 Prozent und klingt zunächst nach erfreulich viel. Aber vergessen Sie nicht: Sie müssen diesen Zinssatz durch die Laufzeit teilen, um auf den Durchschnittszins pro Jahr zu kommen. Und da führt nichts an der ernüchternden Feststellung vorbei: Er ist mit rund 0,91 Prozent pro Jahr nicht gerade berauschend hoch.

Typ B: sieben Jahre Laufzeit, Zinsausschüttung erst am Ende

Sehen Sie sich folgende Zinstreppe an. Das waren die Zinsen für Bundesschatzbriefe Typ B im September 2011. Sie werden feststellen: Es gibt kaum Unterschiede zu Typ A, nur dass sie ein Jahr länger laufen und für das letzte Jahr Laufzeit die gleichen Zinsen gelten wie für das sechste Jahr.

Jahr	Zinssatz	Ausschüttungen am Jahresende (bei 100 Euro Anlagebetrag)
1. Jahr	0,25 Prozent	–
2. Jahr	0,25 Prozent	–
3. Jahr	0,50 Prozent	–
4. Jahr	1,00 Prozent	–
5. Jahr	1,25 Prozent	–
6. Jahr	2,25 Prozent	–
7. Jahr	2,25 Prozent	107,99 Euro

Tabelle 10.2: Verzinsung von Bundesschatzbriefen Typ B (September 2011)

Die Zinsausschüttungen bekommen Sie erst am Schluss – zusammen mit dem Anlagebetrag. Insgesamt 7,99 Euro erhalten Sie dann zusätzlich. Das entspricht 7,99 Prozent an Zinsen. Wenn Sie diesen Zinssatz abermals durch die Laufzeit von diesmal sieben Jahren teilen, kommen Sie auf einen jährlichen Durchschnittszinssatz von etwas über 1,1 Prozent. Also etwas besser als Typ A, aber immer noch nicht der Hit.

Vielleicht stutzen Sie jetzt. Denn wenn sie von diesem Betrag die 2,25 Euro Zinszahlungen für das siebte Jahr abziehen, landen Sie nicht bei den 5,50 Euro von Bundesschatzbrief Typ A, sondern bei einem etwas höheren Betrag, nämlich bei 5,74 Euro. Woher kommt der Unterschied von 0,24 Euro? Ganz einfach: Das ist der Zinseszins. Sie erinnern sich vielleicht: Die Zinsen werden nicht Jahr für Jahr ausgeschüttet, sondern bis zum Ende der Laufzeit einbehalten. Das heißt, sie erhöhen den Anlagebetrag und werfen ihrerseits Zinsen ab. So richtig stark wirkt sich der Zinseszinseffekt hier aber nicht aus. Dafür ist erstens die Laufzeit zu kurz und zweitens der Zinssatz zu niedrig.

Bewertung: Lohnt sich eine Affäre mit Bundesschätzchen?

Bevor Sie sich auf eine sechs- beziehungsweise siebenjährige Liebesaffäre mit Bundesschätzchen einlassen, setzen Sie Ihre rosarote Brille für einen Moment ab. Denn es schadet nichts, die Angebetete(n) mal ganz nüchtern zu betrachten – und zwar nach unseren berühmten fünf Kriterien:

1. **Rendite:** Sorry, da gibt es keine guten Nachrichten. Trotz der vergleichsweise langen Anlagezeit schafft es weder Bundesschatzbrief Typ A noch Typ B, mit den mageren Zinsen die Inflationsrate zu schlagen. Lassen Sie sich vom höheren Zinssatz am Schluss nicht blenden. Es zählt der Durchschnitt und der ist mager. Interessanter sind Bundesschatzbriefe allenfalls, wenn die Zinsen wieder steigen. Wann das sein wird, weiß nur Luna Moneta, die

römische Gottheit, die für Geldangelegenheiten zuständig ist (den Liebesgott Amor sollten Sie hier besser nicht bemühen).

2. **Sicherheit:** Hier gilt nichts anderes als bei der Tagesanleihe. Die Bundesrepublik Deutschland gilt immer noch als sehr sicherer Schuldner. Als Inflationsschutz taugen Bundesschätzchen allerdings nicht.

3. **Flexibilität:** Die haben Sie nicht. Sie zahlen am Anfang einen Betrag ein – fertig! Im Nachhinein können Sie Ihre Entscheidung nicht revidieren. Da Sie aber ab 50 Euro auch später beliebig Bundesschätzchen kaufen können, können Sie sich Ihre Flexibilität zumindest bei den Einzahlungen sozusagen selbst basteln und eben immer dann Bundesschätzchen kaufen, wenn Sie gerade genug Geld lockermachen können.

4. **Liquidität:** Die haben Sie auch nicht. Das einmal angelegte Geld kriegen Sie erst am Schluss zurück. Bei Bundesschatzbriefen Typ A sind immerhin die jährlichen Zinszahlungen ein Trostpflaster bei Liebeskummer oder Liquiditätsmangel.

5. **Transparenz:** Die ist sehr hoch. Sie wissen von Anfang an, was Sie kriegen, und brauchen selbst bei Typ B noch nicht einmal Ihre eigenen Rechenkünste zu bemühen. Denn auf der Internetseite der Finanzagentur des Bundes www.bundeswertpapiere.de stehen unter dem Stichwort »Konditionen« nicht nur die Zinssätze, sondern auch der Rückzahlungsbetrag und die Durchschnittsrendite über die gesamte Laufzeit. (Letztere finden Sie in der letzten Tabellenzeile fett gedruckt.)

Fazit: Ein One-Night-Stand ist mit Bundesschätzchen nicht möglich und eine langjährige Liebesbeziehung lohnt sich zu den aktuellen Konditionen nicht. Wenn Sie nach besseren Alternativen suchen, sind Sie beim Festgeld von Banken richtig. Da legen Sie sich zwar auch für einen bestimmten Zeitraum fest. Aber das müssen nicht gleich sechs oder sieben Jahre sein. Zudem sind die Zinsen höher und die Sicherheit ist auch nicht wesentlich geringer als bei Bundesschatzbriefen.

Noch mehr Schätzchen: Finanzierungsschätze, Bundesobligationen und klassische Staatsanleihen

Auch unter den Bundeswertpapieren gibt es einige Exoten, das heißt Papiere, die nicht jeder Privatanleger unbedingt kennt. Dazu gehören Finanzierungsschätze, Bundesobligationen und börsennotierte klassische Staatsanleihen der Bundesrepublik Deutschland. Sie unterscheiden sich nicht nur in Laufzeit und Verfügbarkeit, sondern auch in ihrer Konstruktion. Im Folgenden erhalten Sie einen kurzen Überblick über diese Exoten:

- ✔ **Finanzierungsschätze** laufen ein bis zwei Jahre. Es handelt sich dabei um abgezinste Wertpapiere. Sie sind nicht börsennotiert und Sie müssen mindestens 500 Euro investieren (mehr dazu im nächsten Abschnitt).

- ✔ **Bundesobligationen** laufen fünf Jahre. Sie können sie aber trotzdem täglich wieder verkaufen. Was es mit diesem scheinbaren Widerspruch auf sich hat, erfahren Sie im Abschnitt »Bundesobligationen«.

11 ➤ Staatsanleihen: Spielen Sie doch mal Kreditgeber für ein Land

✔ **Bundesanleihen** laufen 10 bis 30 Jahre. Trotzdem ist auch hier ein täglicher Kauf und Verkauf möglich. Wie Bundesanleihen funktionieren und was Sie beachten müssen, lesen Sie in Abschnitt »Bundesanleihen«.

Finanzierungsschätze: die »umgedrehten« Staatsanleihen

Für mindestens 500 Euro können Sie bei der Finanzagentur des Bundes Finanzierungsschätze kaufen, die wahlweise rund ein Jahr oder rund zwei Jahre laufen. Die Besonderheit: Bei Finanzierungsschätzen wird das Pferd quasi von hinten aufgezäumt. Statt also auf einen Anlagebetrag einen von vornherein festgelegten Zins aufzuschlagen, wird vom späteren Auszahlungsbetrag rückwärts gerechnet. Das heißt: Sie kaufen heute Finanzierungsschätze zum *Nennwert*, sprich Auszahlungsbetrag. Dafür müssen Sie jedoch beim Kauf weniger Geld hinblättern, als Sie später ausgezahlt bekommen. Dieser zinsbedingte Abschlag auf den Nennwert nennt sich in der Fachsprache *Disagio*. In einer einfachen Rechenformel ausgedrückt bedeutet dies:

Nennwert – Zinsen = Kaufpreis

Achtung bei den Zinssätzen: Zins ist nicht gleich Zins, denn es kommt ganz darauf an, ob Sie von hinten nach vorne oder von vorne nach hinten rechnen. Der Zinsabschlag auf den Nennwert ist stets niedriger als der Zinsaufschlag auf den Kaufpreis. »Hä? Was soll das jetzt?«, werden Sie fragen. Eine Beispielrechnung verdeutlicht, warum das so ist:

Sie kaufen Finanzierungsschätze mit einer Laufzeit von zwei Jahren. Der Nennwert liegt bei 1 000 Euro. Nehmen wir einmal an, der Verkaufszinssatz läge bei (traumhaften) 8,0 Prozent. So errechnen Sie, wie viel Geld Sie für die Finanzierungsschätze ausgeben müssen:

$1\,000$ Euro $: 1{,}08^2 = 857{,}34$ Euro

Sie zahlen anfangs also 857,34 Euro und kriegen nach zwei Jahren, am Schluss der Laufzeit, 1 000 Euro zurück, also 142,66 Euro mehr. Jetzt wollen Sie die wirkliche Rendite herausfinden, also den wahren Zinssatz, mit dem sich Ihre Geldanlage verzinst hat. Dazu müssen Sie diesen Unterschiedsbetrag von 142,66 Euro durch den anfangs investierten Betrag von 857,34 Euro teilen und das Ganze mal 100 Prozent nehmen. Anschließend teilen Sie das Ergebnis durch die Laufzeit von zwei Jahren:

142,66 Euro : 857,34 Euro × 100 Prozent : 2 Jahre = 8,3 Prozent/Jahr

Sie sehen also: Ein Verkaufszins von 8 Prozent bedeutet eine Rendite von 8,3 Prozent.

Warum haben Sie sich in diesem Beispiel mit einem so unrealistisch hohen Zinssatz herumschlagen müssen? Ganz einfach: Wir wollten Sie mal für kurze Zeit ins Anleger-Schlaraffenland befördern. Nein, Blödsinn. Das hat ganz praktische Gründe: Der Unterschied zwischen Verkaufszins und Rendite ist bei niedrigen Zinssätzen verschwindend gering. Er zeigt sich erst weit hinter dem Komma. Und mit 25 Nachkommastellen wollten wir Sie nicht quälen.

Die Rechnerei können Sie sich selbst übrigens sparen. Die übernimmt die Finanzagentur für Sie. Gehen Sie wieder mal auf www.bundeswertpapiere.de und klicken Sie auf »Konditionen«. Scrollen Sie zu den Finanzierungsschätzen hinunter und Sie finden sowohl den Kaufzins als auch die wahre Rendite für Finanzierungsschätze, ohne selbst Ihr Hirn und Ihren Taschenrechner strapazieren zu müssen. Falls Sie die Konditionen aller Finanzierungsschätze suchen, die derzeit im Umlauf sind, klicken Sie auf »Finanzierungsschätze«, wählen Sie den Unterpunkt »Fälligkeit« und öffnen Sie mit einem Doppelklick das PDF-Dokument mit dem Titel »Umlaufende Ausgaben«. Auch hier finden Sie, nebeneinander dargestellt, den Kaufzins und die wahre Rendite.

Bewertung: Sind Finanzierungsschätze die besseren Liebhaber?

Im Schnellverfahren nehmen wir jetzt auch diese Schätzchen unter die nicht-rosarote Lupe:

1. **Rendite:** Die Rendite ist bei niedrigem Zinsniveau sehr niedrig. Bei steigenden Zinsen kann das aber wieder besser werden.
2. **Sicherheit:** Die Sicherheit ist hoch. Jedenfalls wenn man davon ausgeht, dass die Bundesrepublik Deutschland nicht so schnell Pleite macht. Schutz vor einer Inflation bieten allerdings auch Finanzierungsschätze nicht.
3. **Flexibilität:** Die ist niedrig. Mindestens 500 Euro müssen Sie investieren, darunter können Sie keine Finanzierungsschätze kaufen.
4. **Liquidität:** Da verdienen Finanzierungsschätze auch keinen Orden. Wenn Sie erst 500 Euro oder mehr in Finanzierungsschätze gesteckt haben, müssen Sie die komplette Laufzeit von ein bis zwei Jahren abwarten, bevor Sie Ihr Geld wieder sehen. Auch Zinsen werden zwischendurch keine ausgezahlt.
5. **Transparenz:** Wenigstens die ist hoch. Sie wissen gleich beim Kauf, was Sie später kriegen. Sie können den Zinssatz selbst ausrechnen oder bequem auf der Internetseite der Finanzagentur nachschlagen.

Fazit: Bei niedrigem sind Finanzierungsschätze eine höchst unrentable Geschichte. Wenn Sie nichts dagegen haben, Ihr Geld für ein oder zwei Jahre festzulegen, ist Festgeld mit dieser Laufzeit die bessere Alternative bei vergleichbarer Sicherheit.

Bundesobligationen: fünf Jahre Laufzeit, Ausstieg jederzeit möglich

Bei Bundesobligationen haben Sie die Wahl: Entweder Sie kaufen sie (kostenfrei) über die Finanzagentur des Bundes. Da kriegen Sie aber nur diejenigen Papiere, die zuletzt herausgegeben wurden. Alternativ können Sie sie an der Börse kaufen, dann über Ihre Depotbank gegen Transaktionsgebühren.

Bundesobligationen haben eine Laufzeit von fünf Jahren. Das klingt zunächst nach viel. Wer will schon sein Geld so lange entbehren? Der Clou ist aber: Sie können jederzeit aussteigen. Dazu müssen Sie diese Papiere nur verkaufen.

11 ➤ Staatsanleihen: Spielen Sie doch mal Kreditgeber für ein Land

Wo verkaufen Sie Ihre Bundesobligationen? Sie haben zwei Möglichkeiten:

✔ Liegen Ihre Bundesobligationen auf einem Schuldbuchkonto bei der deutschen Finanzagentur, verkaufen Sie sie dorthin zurück. Die Finanzagentur wickelt den Verkauf dann üblicherweise über die Deutschen Bundesbank ab und verlangt dafür standardmäßig eine Provision von 0,4 Prozent des Verkaufspreises.

✔ Liegen Ihre Bundesobligationen auf einem Bankdepot, verkaufen Sie sie über die Börse. Dafür verlangt Ihr Broker Transaktionsgebühren. Wie hoch sie sind, hängt von den Konditionen ab und ist von Broker zu Broker verschieden.

Zum Thema Mindestanlage: Beim Erwerb über die Finanzagentur müssen Sie mindestens 110 Euro anlegen, wenn Sie Bundesobligationen kaufen wollen. Beim Erwerb über eine Börse ist der Anlagebetrag egal. Da jedoch für den Kauf Transaktionsgebühren von meist mindestens fünf Euro (und oft noch mehr) anfallen, ist es absolut sinnlos, beim Börsenkauf weniger Geld in Bundesobligationen zu stecken. Sonst geht Ihre ganze Rendite oder große Teile davon für Bankentgelte drauf.

Bundesobligationen, die schon länger am Markt sind, können Sie jederzeit über die Börse kaufen, nicht aber über die Finanzagentur. Sie haben dann die Wahl, was die Restlaufzeit betrifft. Sie können also Bundesobligationen erwerben, die nur noch wenige Monate laufen, aber auch welche, deren Laufzeit noch fast fünf Jahre beträgt.

Gewöhnungsbedürftig: Kursschwankungen beeinflussen den Preis

Allerdings müssen Sie sich beim Kauf und Verkauf während der Laufzeit an eine Sache gewöhnen: Der Preis schwankt. Er bildet sich nämlich aufgrund von Angebot und Nachfrage. Rapide Kursaufschwünge und -abstürze wie bei Aktien sind allerdings unwahrscheinlich. Meist schwanken die Kurse nur um wenige Prozentpunkte um die 100-Prozent-Marke herum.

100 Prozent, das ist der sogenannte *Nominalwert*, manchmal auch *Nennwert* genannt. So viel kostet die Bundesobligation (oder auch eine sonstige Anleihe) beim Kauf. Und so viel kriegen Sie am Schluss auch wieder zurückgezahlt. Sie haben übrigens richtig gelesen: Die Kurse von Anleihen (zu denen die Bundesobligationen gehören) werden immer in Prozent angegeben. Das hat Vorteile: Egal, welchen Betrag Sie investieren – ob 200 Euro, 1 000 Euro oder 20 000 Euro –, Sie sehen immer, wie viel Prozent von diesem Betrag die Anleihe beim Kauf kostet beziehungsweise bei einem Verkauf bringt. Liegt der Kurs also bei 101 Prozent und Sie haben 1 000 Euro investiert, dann bringt Ihnen der Verkauf 1 010 Euro. Neben den Zinsen, die Sie bis dahin kassiert haben.

Die täglichen Kurse weichen mal mehr, meistens aber weniger vom Nominalwert ab, liegen also bei schwacher Nachfrage mal bei 98 oder 99 Prozent und bei starker Nachfrage bei 101 oder 102 Prozent.

Jede Bundesobligation hat eine sogenannte Wertpapierkennnummer. Wenn Sie die auf einem Börsenportal im Internet eingeben, zum Beispiel bei www.finanzen.net, www.boerse.de oder www.onvista.de, dann sehen Sie, wo der Kurs aktuell steht. Die Konditionen bei der deutschen Finanzagentur können Sie kostenfrei per Telefon erfragen (Tel.: 0800 2225560). Hier wird nur einmal am Tag ein aktueller Kurs festgestellt.

Wenn Sie für solche Kursschwankungen nicht den Nerv haben, gibt es ein einfaches Mittel dagegen: Warten Sie bis zum Ende der Laufzeit. Dann kriegen Sie auf jeden Fall 100 Prozent zurück. Das ist übrigens auch die Erklärung dafür, warum rasante Kursaufschwünge und -abstürze unwahrscheinlich sind: Die Marktteilnehmer wissen, dass sie am Schluss auf keinen Fall mehr als die ursprünglichen 100 Prozent ausgezahlt bekommen.

Eine Besonderheit: Beim Kauf werden Stückzinsen fällig

Sie wollen beispielsweise 1 000 Euro in Bundesobligationen investieren? Selbst bei einem Kurs von 100 Prozent kann es sein, dass Sie mehr dafür hinlegen müssen. Verantwortlich für diesen Aufschlag sind die sogenannten *Stückzinsen*.

Was sind Stückzinsen? Als Stückzinsen bezeichnet man die zeitanteilige Erstattung der nächsten Zinsausschüttung an den Vorbesitzer.

Im Klartext: Die Zinsen, die Sie später für das laufende Jahr kriegen, müssen Sie schon beim Kauf einer Bundesobligation an den Vorbesitzer erstatten. Aber nicht alles, sondern nur den Anteil, der auf den Zeitraum entfällt, in dem er die Anleihe gehalten hat.

Angenommen, Sie kaufen für 1 000 Euro Bundesobligationen (oder sonstige Anleihen) mit einem Zinskupon (also einer jährlichen Zinsausschüttung) von 2,0 Prozent. Der Einfachheit halber nehmen wir an, dass diese Bundesobligationen zum Kaufzeitpunkt bei 100 Prozent notieren. Der nächste Ausschüttungstermin ist Ende September. Sie kaufen die Obligationen aber schon ein Vierteljahr vorher, nämlich Ende Juli. Da wäre es ungerecht, wenn der Vorbesitzer, der dieses Wertpapier immerhin ein dreiviertel Jahr gehalten hat, von der nächsten Zinsausschüttung gar nichts mehr bekäme. Deshalb stehen ihm drei Viertel der nächsten Zinsausschüttung zu. Mit anderen Worten: Er kriegt von Ihnen beim Kauf 15 Euro als Stückzinsen und Sie müssen noch ein Vierteljahr bis zur nächsten Zinsausschüttung warten und bekommen dann 20 Euro. Unterm Strich bleiben Ihnen somit 5 Euro von dieser nächsten Ausschüttung.

Wenn Sie Bundesobligationen während der Laufzeit verkaufen, läuft dasselbe Spielchen genau andersherum: Sie erhalten zusätzlich zum aktuellen Kurs noch die Stückzinsen von demjenigen, an den das Papier verkauft wird. Das Ganze läuft automatisiert ab, sodass Sie sich um nichts zu kümmern brauchen.

Bewertung: Wie gut sind Bundesobligationen?

Anhand der Bundesobligationen haben Sie schon mal einen guten Einblick bekommen, wie auch sonstige Anleihen typischerweise funktionieren. Wie gut sind sie aber im Vergleich? Hier die Bewertung nach den üblichen fünf Kriterien:

1. **Rendite:** Die ist – wie könnte es auch anders sein? – nicht üppig. Deutsche Staatsanleihen verzinsen sich schlecht.

2. **Sicherheit:** Die ist hoch. Denn am Schluss bekommen Sie auf jeden Fall den Nennwert von 100 Prozent ausgezahlt. Nur wenn Sie während der Laufzeit verkaufen, sind Verluste (nämlich Kursverluste) möglich. Aber vor einem Kaufkraftverlust sind sie nicht geschützt. Zumindest nicht, solange die Zinsen deutlich unter der Inflationsrate herumdümpeln.

3. **Flexibilität:** Die ist hoch. Sie können kaufen oder verkaufen, wann Sie wollen und zu welchem Betrag Sie wollen.

4. **Liquidität:** Hier gilt nichts anderes – mit der kleinen Einschränkung, dass bei einem Verkauf während der Laufzeit Kursverluste möglich sind. Die halten sich üblicherweise aber in engen Grenzen.

5. **Transparenz:** Im Prinzip ist auch die Transparenz hoch. Zumindest wenn Sie Bundesobligationen bis zum Ende halten. Dann wissen Sie genau, was Sie an Zinsen bekommen und wie hoch der Rückzahlungsbetrag sein wird.

Fazit: Wie gut Bundesobligationen sind, steht und fällt mit dem Zinssatz. Ist der nicht berauschend, ist diese Anlage auch nicht besonders interessant. Bei höheren Zinsen ändert sich das dann wieder.

Bundesanleihen: die Klassiker in der Riege der Bundeswertpapiere

Bundesanleihen sind Staatsanleihen der Bundesrepublik Deutschland. Im Prinzip funktionieren klassische Bundesanleihen haargenau gleich wie die oben erläuterten Bundesobligationen. Es gibt nur einige wenige Unterschiede:

- ✔ Bundesanleihen haben längere Laufzeiten. Es gibt zehnjährige und 30-jährige Bundesanleihen. Sie können aber wie gehabt auch welche »gebraucht« an der Börse kaufen – dann mit beliebiger Restlaufzeit.

- ✔ Bundesanleihen können Sie nicht bei der deutschen Finanzagentur kaufen, sondern ausschließlich bei Ihrer Depotbank. Sie geben eine Order auf und »bestellen« den Kauf des Papieres damit über eine Börse. Dafür brauchen Sie ebenfalls die Wertpapierkennnummer (kurz WKN) oder die internationale Version davon, die International Securities Identification Number (kurz ISIN).

- ✔ Zur Verwahrung brauchen Sie ein Depot. Das Schuldbuchkonto bei der Finanzagentur nutzt Ihnen hier gar nichts.

- ✔ Der Ankauf ist nicht gebührenfrei möglich. Die Depotbank wird zwangsläufig Transaktionsgebühren erheben.

- ✔ Wegen der längeren Laufzeiten müssen Sie mit etwas stärkeren Kursschwankungen rechnen. Es ist schließlich schwieriger, zu prognostizieren, ob eine Rückzahlung in zehn oder 30 Jahren auch wirklich stattfinden wird, als eine zutreffende Prognose über eine Rückzahlung in maximal fünf Jahren zu treffen.

Ansonsten gilt: Bei klassischen Bundesanleihen gibt es ebenfalls Kursschwankungen und Stückzinsen. Auch hier wird am Ende der Nominalbetrag von 100 Prozent an denjenigen Anleger zurückgezahlt, der die Anleihe bis zur Fälligkeit hält. Bundesanleihen sind in ihrer Funktionsweise vergleichbar mit den Staatsanleihen anderer Länder (siehe unten).

Bundesanleihen bilden übrigens die Grundlage für die Berechnung der sogenannten *Umlaufrendite*. Vielleicht sind Sie über diesen Begriff schon mal gestolpert. Die Umlaufrendite wird täglich in den Börsennachrichten gemeldet. Sie ist die Durchschnittsrendite aller Bundesanleihen, die sich gerade im Umlauf befinden. Generell gilt: Steigt der Kurs der Bundesanleihen, sinkt die Umlaufrendite – und umgekehrt. Das ist auch logisch: Wenn Sie mehr für eine Bundesanleihe zahlen und der Zinssatz gleich bleibt, dann ist die Rendite zwangsläufig niedriger. Umgekehrt wird die Rendite höher, wenn Sie eine solche Bundesanleihe für einen niedrigeren Kurs erwerben. Die Umlaufrendite gilt als wichtiges Maß für das aktuelle Zinsniveau. Errechnet wird sie börsentäglich von der Deutschen Bundesbank.

Sie interessieren sich für die Konditionen von Bundesanleihen? Die finden Sie tagesaktuell im Internet. Gehen Sie auf www.deutsche-finanzagentur.de. Klicken Sie im Menü unter »Private Anleger« auf den Punkt »Aktuelle Konditionen«. Wählen Sie dann das PDF-Dokument »Laufzeiten und Konditionen börsennotierter Emissionen« aus. Hier finden Sie hinter der Bezeichnung »Bund« sowohl die WKN beziehungsweise ISIN aller börsennotierten Bundesanleihen als auch deren aktuellen Kurs und ihre Rendite. In dieser Liste sind auch die Bundesobligationen aufgeführt, welche die Abkürzung »BO« oder »Bobl« haben und die der Bundesschatzanweisungen (Abkürzung BSA).

Bundesschatzanweisungen sind sehr kurz laufende Bundesanleihen. Sie haben eine Laufzeit von zwei Jahren und sind ausschließlich an der Börse handelbar. Keine Angst, Sie verpassen nichts, wenn Sie in Bundesschatzanweisungen nicht investieren. Die Transaktionsgebühren fressen die magere Rendite meist komplett auf. Das lohnt sich für Sie nicht, auch wenn die Finanzagentur des Bundes Ihnen in ihren Informationsschriften etwas anderes weismachen will.

Bewertung: Sind Bundesanleihen empfehlenswert?

Bundesanleihen kaufen oder nicht? Unser Bewertungsparcours macht Ihnen diese Entscheidung einfach:

1. **Rendite:** Magere Zinsen, selbst bei langer Laufzeit. Mit diesem Investment werden Sie in der Regel noch nicht einmal die schleichende Inflation ausgleichen können.

2. **Sicherheit:** Eigentlich müssten wir auch hier »Bundesanleihen sind sicher« schreiben. Allerdings sind wir keine Hellseher. Auch ein Blick in unsere Kristallkugel offenbart uns nicht, ob eine heute emittierte Bundesanleihe mit 30 Jahren Laufzeit nach so langer Zeit tatsächlich zurückgezahlt wird. Möglich ist es. Was allerdings das zurückgezahlte Geld dann noch wert ist, steht auf einem anderen Blatt.

3. **Flexibilität:** Sie können Bundesanleihen laufend kaufen, und zwar zu beliebigen Beträgen. Flexibel ist das Investment also.

11 ▸ Staatsanleihen: Spielen Sie doch mal Kreditgeber für ein Land

4. **Liquidität:** Wenn Sie Geld brauchen, können Sie auch eine Staatsanleihe mit 30 Jahren Laufzeit sofort wieder über die Börse verkaufen. Zwar machen Sie dann womöglich geringfügige Verluste aufgrund von Kursschwankungen. Liquide sind Sie aber trotzdem.

5. **Transparenz:** Dieses Kriterium ist nur erfüllt, wenn Sie eine Bundesanleihe bis zum Ende der Laufzeit halten. Dann nämlich brauchen Sie sich um die zwischenzeitlichen Kursschwankungen nicht zu scheren. Ansonsten können eben diese Schwankungen Ihnen sowohl unerwartete Gewinne einbringen als auch ungeplante Verluste bescheren. Wie die Preisentwicklung an der Börse ist, lässt sich eben nicht vorhersagen. Transparent ist immerhin der Zinskupon, der über die gesamte Laufzeit gilt.

Fazit: Bundesanleihen wären eine feine Sache, wären da nicht die mageren Zinsen. Dass die Bundesrepublik Deutschland trotz ihrer Verschuldung international immer noch als Hort der Stabilität angesehen wird, macht die Sache nicht besser: Bundesanleihen erfreuen sich großer Nachfrage und die Kurse liegen häufig bereits kurz nach der Emission über dem Nominalwert, was die Rendite abermals nach unten drückt. Und noch einen Renditedrücker gibt es: die Transaktionsgebühren, die Ihr Broker beim Kauf und Verkauf verlangt. Meist lohnt sich dieses Investment also nicht. Jedes normale Spar- oder Tagesgeldkonto ist da besser – da gebührenfrei und meist besser verzinst.

Staatsanleihen anderer Länder

Sie haben es gelesen: Die Bundesrepublik Deutschland knausert mit den Zinsen. Denn als solider Schuldner hat sie es gar nicht nötig, hohe Zinsen zu zahlen. Anleger aus dem In- und Ausland kaufen auch so scharenweise deutsche Staatsanleihen.

Wer auch nur ein bisschen mehr Rendite haben möchte, für den sind Staatsanleihen anderer Länder daher durchaus eine Verlockung. Denn da ist so manches dabei, das mit höheren Zinsen lockt. Tatsächlich gibt nicht nur Deutschland Anleihen heraus (oder »emittiert« sie, wie die Fachleute sagen), sondern auch andere Staaten verschaffen sich auf diese Weise Geld. Am Anfang müssen Sie sich allerdings grundsätzlich entscheiden:

- ✔ Wollen Sie in Staatsanleihen von Euroländern investieren, zum Beispiel Frankreich, Österreich oder Spanien?
- ✔ Oder wollen Sie den wackeligen Euroraum lieber verlassen und Staatsanleihen aus sicheren Nicht-Euroländern kaufen?
- ✔ Oder wollen Sie gar bewusst Risiken in Kauf nehmen und hoch verzinste Staatsanleihen gefährdeter Staaten kaufen?

Möglich ist alles. Sie müssen nur wissen, was Sie tun.

Staatsanleihen aus dem Euroraum

Ohne jeden Zweifel haben die Länder des Euroraums eine Schuldenkrise. Noch weiß niemand, wie es weitergeht. Tatsache ist aber: Die einzelnen Euroländer nehmen weiterhin Schulden auf und geben somit Staatsanleihen heraus.

Hier gilt wie überall: Je höher das Risiko (sprich: die Ausfallgefahr solcher Anleihen), desto höhere Zinsen muss ein Staat bieten. Griechenland, Portugal, Spanien und Italien müssen zwischenzeitlich gewaltige Aufschläge in Form von Zinsen zahlen, damit ihnen überhaupt noch jemand ihre Staatsanleihen abkauft. Umgekehrt gilt: Wenn die Anleger darauf vertrauen können, dass dieses Geld sicher ist, weil die anderen Eurostaaten auf jeden Fall dafür geradestehen werden, dann sinken die Zinsen auch wieder.

Wenn Anleihen von Eurostaaten, dann suchen Sie sich trotz vermeintlich attraktiver Zinsen nicht unbedingt die Pleitekandidaten heraus. Denn ob beziehungsweise wie lange andere Euroländer noch dafür bürgen, ist ungewiss. Interessant könnte mitunter ein Blick in die Nachbarschaft sein, etwa nach Österreich oder in andere Eurostaaten. Das Problem ist nur: Diejenigen Länder, deren Sicherheit mit der Sicherheit in Deutschland vergleichbar ist, bringen zuverlässig fast genauso wenig Rendite. Auch damit können Sie den Kaufkraftverlust durch Inflation nicht ausgleichen. Somit kommt ein Kauf von Staatsanleihen anderer Länder in der Eurozone nicht infrage: Entweder sie sind zu riskant oder sie bringen zu wenig.

Finger weg auch von länderübergreifenden Konstruktionen wie Eurobonds und sonstige Gemeinschaftsanleihen. Hier ist eine Risikoeinschätzung praktisch unmöglich. Bei drohender Staatspleite wissen Sie nicht, wer wie lange mit welchen Beträgen für die Rückzahlung solcher Anleihen bürgt. Wenn Sie keine dieser Anlagen in Ihrem Depot haben, braucht Sie das auch nicht so brennend zu interessieren ...

»Sichere« Staatsanleihen außerhalb der Eurozone

Die Schuldenkrise diesseits und jenseits des Atlantiks ist nicht zu leugnen. Wie wackelig der Euro dasteht, ist inzwischen ebenfalls hinlänglich bekannt. Was also liegt näher, als sich nach Staatsanleihen außerhalb der Eurozone umzusehen? Drei Beispiele zeigen, warum das nicht das Gelbe vom Ei ist:

- ✔ **Die USA.** Sie haben ihren früheren Ruf als »Hort der Stabilität« längst verspielt. Denn erstens ist der Schuldenberg immens. Zweitens kauft die US-Notenbank Fed inzwischen selbst Staatsanleihen auf, was bedeutet: Es werden immer mehr neue Dollars gedruckt und in Umlauf gebracht. Das kann nicht gut gehen. Also Finger weg!

- ✔ **Die Schweiz.** Die ganze Welt hält den Schweizer Franken für sicher. Jeder trägt sein Geld in die Schweiz und meint, es damit vor einem Wertverlust schützen zu können. Wenn Sie Ihr Geld in Schweizer Staatsanleihen investieren, erwarten Sie dafür keine Zinsen. Manche Banken erheben für den Vertrieb von Schweizer Staatsanleihen sogar Strafzinsen. (Toll nicht wahr? Sie müssen Zinsen dafür zahlen, dass der Schweizer Staat Ihr Geld überhaupt nimmt!) Die Schweiz tut alles, um Investoren abzuschrecken. Denn als Exportland ist sie darauf angewiesen, dass ihre Währung keine allzu großen Höhenflüge macht. Sonst kann sie ihre Exporte vergessen, weil die Exportgüter in Euro oder US-Dollar umgerechnet in den Abnehmerländern zu teuer sind. Also gilt für Investments in Schweizer Staatsanleihen: absolut unrentabel, wenn nicht sogar defizitär!

- ✔ **Norwegen.** Norwegen ist ein reiches Land und verfügt über riesige Ölreserven. Das spricht für das skandinavische Land als sicherer Hafen. Dagegen spricht, dass der norwegische

Staat einfach zu klein ist, um sämtliche sicherheitsbedürftigen Investoren dieser Welt mit Staatsanleihen zu beglücken. Wenn andauernd Geld in dieses Land gepumpt wird, könnte eine Blase entstehen, die in absehbarer Zeit platzt. In Island ist vor einigen Jahren Ähnliches geschehen. Auch das war mal ein reiches Land und jetzt ist es so gut wie bankrott. Daher ist es auch keine gute Idee, norwegische Staatsanleihen zu kaufen.

Fazit: Staatsanleihen außerhalb der Eurozone sind zum aktuellen Zeitpunkt ebenso fragwürdig wie Staatsanleihen der Euroländer. Sie handeln sich durch das Wechselkursrisiko sogar noch zusätzliche Gefahren ein. Denn wer sagt, dass der Euro gegenüber dem Schweizer Franken, der norwegischen Krone oder dem US-Dollar immer weiter fallen muss? Gewinnt er an Wert und tauschen Sie dann das verliehene Geld in Euro zurück, entstehen Kursverluste, die nicht nur die zwischenzeitlich erzielten Zinsen wieder auffressen, sondern die auch einen guten Teil Ihres investierten Geldes vernichten können. Mit anderen Worten: Selbst wenn die Rendite zufriedenstellend wäre (was bei sicheren Ländern noch nicht einmal der Fall ist), bleibt das immense Wechselkursrisiko eine enorme Gefahr, auf die Sie sich besser nicht einlassen.

Hochzinsanleihen pleitegefährdeter Staaten

Eine Reihe von Staaten macht gar keinen Hehl daraus, gewisse Zahlungsschwierigkeiten zu haben. So beispielsweise Albanien, die Ukraine oder die Türkei. Zugegeben: So etwas lässt sich auch nicht gut verbergen. Wer offene Forderungen nicht begleichen kann, fällt früher oder später unangenehm auf. Aber auch (oder vielmehr gerade) solche Staaten leihen sich gerne Geld von Anlegern und emittieren zu diesem Zweck Anleihen. Diese Anleihen weisen sogar einen besonders hohen Zinssatz auf, der oft im zweistelligen Bereich liegt. Damit werden spekulative Anleger angelockt: Kommt es nicht zu Ausfällen bei Zinsen und Rückzahlungen, kann das eine richtig rentable Anlage sein. Falls aber doch, ist dieses Investment ruinös.

Egal, wie hoch die mögliche Rendite bei solchen Staatsanleihen ist: Für Privatanleger sind sie nicht geeignet – ganz einfach deshalb, weil die Ausfallgefahr zu groß ist. Zinsen von 10 oder 12 Prozent nützen Ihnen nämlich nicht viel, wenn der emittierende Staat pleitegeht und seine Anleihengläubiger nicht mehr bedient. Dann ist nämlich das investierte Geld komplett oder teilweise futsch. Daher der Tipp: Überlassen Sie solche Staatsanleihen den Profis. Aber kaufen Sie sie selbst nicht.

Staatsanleihen auswählen – Betriebsanleitung für Unerschrockene

All die abschreckenden Fazit-Kästen in diesem Kapitel konnten Sie nicht davon überzeugen, sich von Staatsanleihen fernzuhalten? Na gut, das ist Ihre Entscheidung. Wenn die Zinsen wieder steigen, kann dieses Investment durchaus wieder interessant werden.

Wer sich für Bundes- beziehungsweise Staatanleihen interessiert, sieht sich allerdings schnell überfordert mit der Vielzahl an Emissionen. Wöchentlich – manchmal sogar täglich oder stündlich – geben die unterschiedlichsten Staaten diese Papiere heraus, jedes Mal mit unterschiedlicher Laufzeit und unterschiedlichen Bedingungen. Wie sollten Sie vorgehen, wenn Sie Staatsanleihen auswählen möchten?

1. Sie legen die Laufzeit fest. In der Regel ist es empfehlenswert, eine Anleihe bis zum Ende zu halten und sie nicht zwischendurch zu verkaufen. Denn ob Sie bei einem Verkauf vor Fälligkeit des Papiers wirklich Kursgewinne erzielen, lässt sich nicht im Voraus planen. Und Verluste wollen Sie keine machen. Sie brauchen also Papiere, deren Fälligkeitsdatum auf dem Zeitstrahl genau da liegt, wo Sie das Geld voraussichtlich wieder benötigen. Wenn Sie zu einem bestimmten Zeitpunkt sicher mit einer 100-prozentigen Rückzahlung rechnen können, schlafen Sie einfach besser.

2. Sollen es Bundesanleihen sein oder doch lieber die Staatsanleihen eines anderen Landes? Überlegen Sie sich sorgfältig die voraussichtliche Rendite, die Risiken und die Chancen der Papiere, für die Sie sich interessieren. Kaufen Sie am Kiosk eine überregionale Zeitung wie die *Frankfurter Allgemeine*, das *Handelsblatt* oder die *Welt*. Sie alle bieten einen Überblick über Staatsanleihen mitsamt Laufzeitübersicht, Kurs und Rendite. (Sie werden jedoch meist eine Lesebrille oder Lupe brauchen, um diese kleingedruckten Zahlenfriedhöfe überhaupt entziffern zu können.) Oft werden Sie hier aufgrund der Vielzahl der Emissionen keine Wertpapierkennnummern finden. Denn in der Regel sind die Wertpapiere dort gebündelt nach Laufzeiten. Aber immerhin wissen Sie dann schon, was Sie in Sachen Kurs und Rendite bei den einzelnen Ländern erwartet.

3. Gehen Sie auf die Internetseite der Stuttgarter Börse, die unter anderem auf Anleihen spezialisiert ist: Sie finden diese unter www.boerse-stuttgart.de. Klicken Sie dort auf »Anleihen« und wählen Sie anschließend den »Anleihen Quick-Finder« aus, auch wenn das ein selten dämliches Wort ist. Es erscheint eine Suchmaske, in der Sie voreinstellen können, was Sie haben möchten: Sie wählen unter »Emittent« das gewünschte Land aus. Ebenso möglich (aber nicht obligatorisch) sind Angaben zur gewünschten Laufzeit und zur kleinsten handelbaren Einheit (Mindestanlagebetrag).

4. Sie erhalten eine Liste mit Anleihen, die zu Ihren Eingaben passen. Diejenigen Papiere, die Sie interessieren, sollten Sie sich genauer ansehen. Das heißt: Lesen Sie die Emissionsbedingungen durch oder klicken Sie zumindest die betreffende Anleihe an. Sie finden alle relevanten Daten in einer Tabelle aufgelistet. Kaufen Sie eine Anleihe erst, wenn Sie die wichtigsten Informationen wie Zinskupon, Kurs, kleinste handelbare Einheit, Ausschüttungstermin etc. gelesen haben und akzeptabel finden. Mehr zu diesen bei allen Anleihen absolut gängigen Begriffen lesen Sie im nächsten Kapitel.

12

Unternehmens- und sonstige Anleihen: Geld verleihen, Zinsen kassieren

In diesem Kapitel

▶ Unternehmensanleihen

▶ Zinskupon, Nominalwert und Stückelung

▶ Sonderbedingungen wie Nachrangigkeit oder vorzeitiges Kündigungsrecht

▶ Inflationsgeschützte Anleihen

▶ Bewertung: Wie gut sind Unternehmens- und inflationsgeschützte Anleihen?

Dass Sie von Staatsanleihen nicht unbedingt reich werden (oder höchstens im biblischen Alter von 300 Jahren), haben Sie in Kapitel 11 erfahren. Wer durch den Geldverleih höhere Zinsen will, muss entweder Kredithai werden oder sich was anderes überlegen. Fragt sich also, welche Alternativen es gibt, die sich besser als sichere Staatsanleihen verzinsen, die aber trotzdem nicht unbedingt mit einem hohen Ausfallrisiko verbunden sind.

Eine Möglichkeit sind Unternehmensanleihen. Denn auch Unternehmen emittieren Anleihen, um sich Geld von Anlegern zu borgen. Darunter durchaus diejenigen, die jeder hinreichend gut kennt, zum Beispiel BMW, Nestlé, ThyssenKrupp, Microsoft oder Deutsche Bank.

Eine weitere Möglichkeit, das mit dem Reichwerden mal zu versuchen, sind andere Anleihetypen wie beispielsweise inflationsgeschützte Anleihen, Pfandbriefe und Zertifikate, die meist von Banken emittiert werden. Was es mit all diesen Wertpapieren auf sich hat und was sie Ihnen bringen, erfahren Sie in diesem Kapitel.

Unternehmensanleihen: eine bunte Mischung

Warum emittiert ein Unternehmen Anleihen? (Nebenbei bemerkt: »Emittieren« heißt ganz banal »herausgeben«. Es klingt nur irgendwie gelehrter.) Ganz einfach: Weil es Geld braucht und sich nicht unbedingt nur von Bankkrediten abhängig machen will. Statt also einen Kreditantrag auszufüllen und den kreditgebenden Banken pflichtschuldigst alles offenzulegen, was sie wissen wollen, können Unternehmen sich auch Geld von Anlegern leihen. Das tun sie, indem sie Anleihen herausgeben und am Kapitalmarkt anbieten. Kaufen kann diese Anleihen im Prinzip jeder Anleger, also auch Sie. Sie sind dann gewissermaßen »Kreditgeber« für ein Unternehmen (tolles Gefühl, nicht wahr?).

Zunächst einmal zu den Eckdaten: Die meisten Unternehmensanleihen werden an den verschiedenen Börsen gehandelt. Das ist auch gut so. Denn dann können Sie die Preisentwicklung verfolgen. Wenn im emittierenden Unternehmen etwas faul ist, wird der Kurs solcher Anleihen sofort fallen.

Diejenigen Anleihen, die nicht börsenhandelbar sind, sondern vom Unternehmen direkt an die Anleger ausgegeben werden, sollten Sie geflissentlich ignorieren. Investieren Sie um Himmelswillen nicht in solche Papiere, auch wenn sie noch so verlockende Zinsen bieten. Das ist deshalb keine so gute Idee, weil sie intransparent sind. Bei solchen Unternehmen würden Sie wahrscheinlich erst viel zu spät bemerken, wenn der Pleitegeier über dem Firmengelände kreist. Und selbst wenn Sie es rechtzeitig mitkriegen würden: Es ist fast unmöglich, solche Anleihen wieder zu verkaufen, selbst wenn Sie sie zum niedrigeren Preis loswerden wollten: Es fehlt ganz einfach der Markt, um sie später wieder zu verkaufen. Dann wäre Ihr Geld futsch. Und das wäre doch schade, oder?

Um »anständige«, sprich börsengehandelte Unternehmensanleihen zu kaufen, brauchen Sie auf jeden Fall ein Depot. Für den Auftrag, mit dem Sie eine Anleihe ordern, werden außerdem Transaktionsgebühren fällig. Um die kommen Sie nicht herum. Leider.

Unternehmensanleihe ist aber nicht gleich Unternehmensanleihe. Diese Wertpapierklasse können Sie sich vorstellen wie Hunde: Vom gefährlichen Bullterrier über den reinrassigen Königspudel bis zur lustigen Promenadenmischung ist alles dabei. Und verkauft wird nicht nur durch anerkannte Züchter, sondern auch durch unbedarfte Privatleute, die ihre versehentlich gezeugten Promenadenmischungen an den Mann bringen wollen. Deshalb kommt es – bei Anleihen wie bei Hunden – auf eine sorgsame Auswahl an. Und anders als Hunde können Anleihen nicht mit dem Schwanz wedeln. Sie sehen also nicht, ob eine Anleihe Ihnen freundlich gesinnt ist oder ob sie »beißt«, sprich, ob sie Sie beziehungsweise Ihr Vermögen gefährdet. Es gibt daher eine ganze Reihe von Kriterien, nach denen Sie Unternehmensanleihen beurteilen müssen. Dazu gleich mehr in den nächsten Abschnitten.

Alle Kriterien (bis auf den Anleihekurs) finden Sie in den sogenannten Emissionsbedingungen, die der Anleiheemittent veröffentlicht. Bevor Sie also eine Anleihe kaufen, sollten Sie sich die Emissionsbedingungen ansehen – oder wenigstens die wichtigsten Daten über die betreffende Anleihe. Eine sehr brauchbare Darstellung börsengehandelter Unternehmensanleihen bietet in der Regel die Börse Stuttgart auf ihren Internetseiten: Geben Sie auf www.boerse-stuttgart.de die Wertpapierkennnummer ein und Sie finden alles Wichtige in einer tabellarischen Übersicht.

Zinskupon: Wie viel Prozent bringt Ihnen die Anleihe?

Sie wissen: Anleihen sind ähnlich wie ein Kredit. Und das Erste, worauf bei einem Kredit geschaut wird, sind die Zinsen. Als Kreditnehmer kennen Sie dieses Spielchen wahrscheinlich. Da sind Sie stets darauf bedacht, möglichst niedrige Zinsen mit der Bank auszuhandeln. Aber als Anleihekäufer sind Sie ja Kreditgeber und haben folglich ein Interesse an möglichst hohen Zinsen. Wie viel eine Anleihe Jahr für Jahr abwirft, sagt Ihnen der sogenannte *Zinskupon*. Er wird in Prozent ausgedrückt, genauer gesagt in Prozent des Nominalwertes (zum Begriff »Nominalwert«: siehe nächster Abschnitt).

Hat eine Unternehmensanleihe einen Zinskupon von 4 Prozent, heißt das, Sie bekommen Jahr für Jahr 4 Prozent als Zinsen ausgezahlt. Angenommen, Sie haben Anleihen mit einem Nominalbetrag von 1 000 Euro in Ihrem Depot. Dann kriegen Sie Jahr für Jahr 40 Euro.

In aller Regel wissen Sie von Anfang an, welche Zinsen Ihnen eine Anleihe über die gesamte Laufzeit hinweg bringt. Es gibt aber Ausnahmen, in denen der Zinssatz variabel ist, sich also während der Laufzeit ändern kann.

Nicht nur der Zinskupon steht von Anfang an fest, sondern auch der Ausschüttungstermin, der sich in aller Regel jährlich wiederholt. Sie wissen also, ob Sie Ihre Zinsen schon im Februar, irgendwann im Juli oder erst im Oktober bekommen. Gutgeschrieben wird das Geld übrigens auf Ihrem Verrechnungskonto, das zum Depot gehört.

Eigentlich sollte man meinen, je höher der Zinskupon, desto besser. Aber Achtung: Sich nur nach der Höhe des Zinskupons zu richten wäre gefährlich. Denn höhere Zinsen bedeuten auch ein höheres Risiko. Meist bekommen Sie hohe Zinsen nur für Anleihen, deren Emittent womöglich in Zahlungsschwierigkeiten geraten könnte. Der Zinsaufschlag ist somit gewissermaßen die Prämie für das Risiko, auf das sich ein Anleihekäufer einlässt: Er riskiert, dass es bei den laufenden Zinszahlungen oder gar bei der Rückzahlung des geliehenen Geldes zu Schwierigkeiten kommen könnte. Dieses Risiko lässt er sich fürstlich bezahlen. Umgekehrt haben Unternehmen, bei denen eine regelmäßige Zinszahlung und die pünktliche Begleichung Ihrer Anleiheschuld bei Fälligkeit außer Frage steht, es gar nicht nötig, einen hohen Zinssatz zu bieten. Bevor Sie also eine Unternehmensanleihe kaufen, schauen Sie aufs Rating (siehe Kapitel 15), also auf die Einstufung der Zahlungskraft. Versuchen Sie, sich außerdem anhand von Unternehmensnachrichten selbst ein Bild zu machen, wie gut das betreffende Unternehmen im Hinblick auf seine Finanzen dasteht.

Aber nicht nur auf die Zahlungskraft (Bonität) eines Unternehmens kommt es an, sondern auch auf das allgemeine Zinsniveau. Auch das hat Einfluss auf die Höhe des Zinskupons. Herrschen gerade extrem niedrige Zinsen vor, dann pumpen die Notenbanken Geld ins System und die Banken kriegen das Geld quasi nachgeschmissen. Das bedeutet: Die Unternehmen können sich vergleichsweise billig mit Geld eindecken (müssen also auch für Kredite aktuell üblicherweise keine hohen Zinsen zahlen). Die niedrigen Zinsen schlagen auch auf die Anleiheemissionen durch. Ein zahlungskräftiges Unternehmen ohne besondere Risiken muss für seine Anleihen keine hohen Zinsen bieten. Was für Anleger natürlich schade ist. Steigen aber die Leitzinsen, sind auch Kredite wieder teurer und Anleihen – aus Sicht des Unternehmens eine Alternative zum Kredit – verzinsen sich wieder besser.

Nenn- oder Nominalwert: Wie viel Geld leiht sich der Emittent beziehungsweise wie viel zahlt er zurück?

Wie viel Geld haben Sie dem Emittenten einer Anleihe geliehen? Die Antwort gibt Ihnen der Nennwert, der auch Nominalwert genannt wird. Ein bisschen komisch wird es Ihnen vorkommen, dass der Nominalwert nicht in Euro, Franken oder Dollar ausgedrückt wird, sondern in Prozent. Normalerweise werden Ihnen 100 Prozent des geliehenen Geldes am Ende der Laufzeit zurückgezahlt. Das ist eigentlich logisch. Denn wer verleiht schon Geld in dem Wissen, später weniger zurückzubekommen?

Es gibt aber auch Fälle, in denen der Anleiheemittent sogar mehr als diese 100 Prozent zurückzahlt. Ein solches Extrabonbon kann Sie beispielsweise erwarten, wenn der Emittent Ihrer Anleihen sich ein vorzeitiges Kündigungsrecht vorbehalten hat, etwa weil er später das per Anleihe geborgte Geld gar nicht mehr braucht. Hält er tatsächlich nicht bis zur eigentlichen Fälligkeit durch, sondern kündigt er vorzeitig, entschädigt er dafür oft die Anleiheinhaber mit einem Aufschlag auf den Nominalwert. Diesen Aufschlag kann der Emittent im Falle eines Falles aber nicht spontan nach eigenem Gutdünken festlegen, sondern er ist von Anfang an in den Emissionsbedingungen festgeschrieben. Das gilt auch für den Termin einer möglichen vorzeitigen Kündigung: Den wissen Sie vorher, denn auch er steht in den Emissionsbedingungen.

Mindestanlage und Stückelung: Meist können Sie nicht nur 100 Euro »verleihen«

Die meisten Anleihen können Sie nicht einfach für 20 Euro, 50 Euro oder 100 Euro kaufen. Mal ganz abgesehen davon, dass dies wegen der hohen Transaktionskosten purer Blödsinn wäre – eine solche Absicht kann auch der Emittent vereiteln. Das tut er, indem er einen *Mindestanlagebetrag* definiert, der manchmal auch *kleinste handelbare Einheit* genannt wird.

Der Mindestanlagebetrag ist bei Anleihen häufig ziemlich hoch. Es gibt durchaus Anleihen, die 10 000 oder gar 50 000 Euro vorschreiben und damit mehr als der risikobewusste Anleger für ein einzelnes Investment aufwenden sollte. Sie wissen ja, man soll nicht alle Eier in einen Korb legen. Aber keine Sorge, Anleihen mit einem so hohen Mindestanlagebetrag richten sich gezielt an Profi-Investoren wie Fondsmanager oder Versicherungsgesellschaften. Die Anleihen, die für Sie als Privatanleger infrage kommen, sehen meist Beträge von 1 000 Euro, 2 000 Euro oder 5 000 Euro als Mindestanlage vor. So viel Geld müssen Sie auf jeden Fall bezahlen, wenn Sie eine Anleihe kaufen wollen. Das bedeutet automatisch: Wenn Sie weniger investieren wollen, kommt eine Anleihe schon wegen dieses Kriteriums nicht in die engere Auswahl.

Neben dem Mindestanlagebetrag gibt es auch noch die sogenannte *Stückelung*. Den Anlagebetrag können Sie oft nicht stufenlos aufstocken, sondern nur treppchenweise, also immer in 500er-, 1 000er- oder 2 000er-Schritten.

Eine Stückelung von 1 000 Euro bei einem Mindestanlagebetrag von 5 000 Euro bedeutet: Sie können 5 000 Euro, 6 000 Euro, 7 000 Euro, 8 000 Euro et cetera investieren, aber nicht etwa beispielsweise 5 500, 6 500 Euro oder 7500 Euro.

Meistens entspricht aber die Stückelung dem Mindestanlagebetrag. Was bedeutet, dass Sie immer nur diesen Mindestanlagebetrag oder ein Vielfaches davon in die betreffende Anleihe investieren können.

Anleihekurs: Tägliches Auf und Ab ist ganz normal

Wer 1 000 Euro in eine Unternehmensanleihe steckt, darf davon ausgehen, dass er am Schluss die 1 000 Euro auch wieder zurückbekommt. Wer eine Anleihe gleich bei der Emission zum Nominalwert von 100 Prozent kauft und bis zur Fälligkeit hält, muss also nicht mit Kursschwankungen rechnen. Anders sieht es aber aus, wenn Sie während der Laufzeit eine Anleihe kaufen beziehungsweise verkaufen. Da kann der Anleihekurs durchaus von diesen 100 Prozent abweichen. Der logische Grund dafür sind die Regeln des Marktes: Angebot und Nachfrage bestimmen den Kurs, der sich laufend an der Börse neu bildet.

Herrscht eine rege Nachfrage und ein nur geringes Angebot bei einer bestimmten Anleihe, steigt der Kurs auf über 100 Prozent und liegt dann *über pari*, wie die Fachleute sagen. Aber auch der umgekehrte Fall ist möglich, nämlich dass der Anleihekurs sinkt. Über dem Nominalwert notieren somit beispielsweise Anleihen,

- ✔ die sicher sind und trotzdem einen überdurchschnittlich hohen Zinskupon bieten,
- ✔ die viel sicherer sind, als der Zins es vermuten lässt,
- ✔ die sich besser verzinsen als andere Anleihen mit vergleichbarer Sicherheit und Ausstattung,
- ✔ deren Emittent während der Laufzeit als zahlungskräftiger eingestuft wird als bei der Emission.

Abgesehen von diesen anleihebezogenen Gründen gibt es aber auch manchmal einen allgemeinen Run auf Anleihen. So steigen die Anleihekurse üblicherweise, wenn der Aktienmarkt mal wieder einen Crash hinlegt. Dann flüchten die Anleger scharenweise in sicherere Papiere, um ihre Wunden zu lecken und weitere Verluste zu vermeiden. Deshalb gilt die Faustregel: Sinken die Aktienkurse, steigen die Anleihekurse. Allerdings investieren Anleger in solchen Fällen in erster Linie in Staatsanleihen und erst in zweiter Linie in Unternehmensanleihen.

Die Anleihekurse sinken aber manchmal auch, weil es eine geringe Nachfrage und ein großes Angebot gibt. Unter 100 Prozent (oder *unter pari*) notieren zum Beispiel häufig Anleihen,

- ✔ die nicht besonders sicher sind, deren Zinskupon aber trotzdem vergleichsweise niedrig ist,
- ✔ die sich schlechter verzinsen als andere Anleihen mit vergleichbarer Sicherheit und Ausstattung,
- ✔ deren Emittent während der Laufzeit im Rating (siehe Kapitel 13) herabgestuft wird,
- ✔ über deren Emittent Negatives bekannt wird, sodass Zweifel an seiner Zahlungskraft aufkommen.

Und – so ist die Börse: Läuft es an den Aktienmärkten gut, dann ist dort viel mehr zu holen als mit Anleihen und ihren vergleichsweise bescheidenen Gewinnmöglichkeiten. Also werden die Anleger scharenweise das Geld aus Anleihen abziehen und es lieber in Aktien stecken, wenn Dax, Dow Jones und Co. nach oben streben. Oder sogar in Zockerpapiere, die noch höhere Gewinne versprechen.

Gegen Ende der Laufzeit wird sich der Anleihekurs immer mehr dem Nominalwert von 100 Prozent annähern. Das gilt zumindest, wenn der Emittent kein Pleitekandidat ist oder sonst irgendwie Zahlungsschwierigkeiten vermuten lässt. Denn am Schluss gibt's eben nur 100 Prozent zurück, nicht mehr und nicht weniger. Punktum.

Den Anleihekurs müssen Sie beim Anleihekauf und -verkauf stets berücksichtigen. Denn er wirkt sich auf die Rentabilität Ihrer Geldanlage aus.

Ein Kurs, der *über dem Nominalwert* liegt, hat für Sie als Inhaber der Anleihe negative Konsequenzen. Erstens kriegen Sie im Verhältnis weniger Zinsen. Zweitens müssen Sie womöglich Kursverluste hinnehmen. Ein Rechenbeispiel zeigt, warum das so ist:

Sie kaufen eine Anleihe während der Laufzeit beim Kurs von 105 Prozent. Der Nominalbetrag liege bei 1 000 Euro. 1 050 Euro zahlen Sie also für dieses Papier. Angenommen, der Zinskupon liegt bei 3,5 Prozent (bezogen auf den Nominalwert). Das heißt, Sie kriegen Jahr für Jahr 35 Euro ausgezahlt. 35 Euro geteilt durch Ihren Einsatz von 1 050 Euro sind aber nur 3,3 Prozent und keine 3,5 Prozent. Das heißt: Die durchschnittliche Verzinsung sinkt bei hohen Anleihekursen. Angenommen, Sie halten die Anleihe bis zur Fälligkeit: 1 000 Euro werden Ihnen ausgezahlt, aber kein Cent mehr. Das heißt, 50 Euro Kursverlust haben Sie mit dem Papier auch noch gemacht.

Die 3,3 Prozent aus dem obigen Beispiel heißen in der Fachsprache die *Umlaufrendite* einer Anleihe. Das ist die Verzinsung, die sich aus dem aktuellen Kurs und der Höhe des Zinskupons ergibt. Sie ändert sich laufend mit dem Auf und Ab des Kurses und wird börsentäglich neu ermittelt. Nicht verwechseln: Es gibt auch in den Börsennachrichten eine Umlaufrendite, die börsentäglich gemeldet wird. Hierbei handelt es sich nicht um die Durchschnittsrendite einer einzigen Anleihe, sondern um die Durchschnittsrendite aller sich im Umlauf befindenden Bundesanleihen (siehe Kapitel 11). Der Berechnungsweg ist im Prinzip aber der gleiche.

Zurück zum Anleihekurs und seinen Folgen: Anleihen, die *unter dem Nominalwert* notieren, bringen Ihnen zusätzliche Gewinne. Zum einen liegt die wahre Verzinsung dann höher als der Zinskupon. Denn dieser bezieht sich bekanntlich immer auf den Nominalwert. Die Umlaufrendite steigt also, wenn der Kurs sinkt. Zum anderen können Sie zusätzlich zu den Zinsen auch Kursgewinne erzielen. Beispiel:

Angenommen, Sie kaufen bei einem Anleihekurs von 97 Prozent zum Preis von 970 Euro besagte Unternehmensanleihe mit einem Nominalbetrag von 1 000 Euro. Der Zinskupon liegt bei 3,5 Prozent, das heißt, Jahr für Jahr kassieren Sie 35 Euro für Ihre Anleihe. 35 Euro bezogen auf 970 Euro ergeben einen Zinssatz von 3,6 Prozent. Bei Fälligkeit werden Ihnen 1 000 Euro ausgezahlt, wenn der Emittent nicht gerade in Zahlungsschwierigkeiten geraten ist. Das bedeutet: Bezogen auf Ihren Einsatz haben Sie höhere Zinsen kassiert und am Schluss kamen als Sahnehäubchen noch 30 Euro an Kursgewinnen dazu.

Stückzinsen: Zinsen für den Vorbesitzer

Wenn Sie eine Anleihe nicht gleich bei der Emission ergattern, sondern erst später kaufen, spielen auch die Stückzinsen eine Rolle. Stückzinsen fallen immer dann an, wenn Sie eine Anleihe während der Laufzeit an der Börse kaufen und als Kaufzeitpunkt nicht gerade den Tag nach einer Zinserstattung erwischen.

Bei den Stückzinsen handelt es sich um eine zeitanteilige Erstattung der nächsten Zinsausschüttung an den Vorbesitzer (nähere Erläuterungen dazu finden Sie auch im Kapitel 11 in dem Abschnitt »Bundesobligationen«).

Sollen Sie bei der nächsten Zinsausschüttung beispielsweise 40 Euro bekommen und kaufen Sie die Anleihe ein halbes Jahr vorher, dann wandern 20 Euro schon beim Kauf von Ihrem Geldbeutel in den Geldbeutel des Vorbesitzers. Das ist der Zinsanteil, der auf eine Haltedauer von 6 Monaten (= ein halbes Jahr) entfällt. Diese 20 Euro werden auf den Kaufpreis aufgeschlagen. Sie kriegen sie aber bei der nächsten Zinsausschüttung wieder. Denn dann überweist der Anleiheemittent Ihnen die vollen 40 Euro auf Ihr Verrechnungskonto – und nicht nur 20 Euro.

Bei einem Anleiheverkauf sind Sie selbst der Vorbesitzer und erhalten entsprechend vom Käufer die Stückzinsen, die Ihnen für den Zeitraum zustehen, in dem Sie die Anleihe noch in Ihrem Depot hatten.

Sonderbedingungen: Nachrangigkeit, vorzeitiges Kündigungsrecht und was es sonst noch so alles gibt

Einige Unternehmensanleihen sind mit besonderen Merkmalen ausgestattet. Bevor Sie böse Überraschungen erleben, wenn die Dinger schon in Ihrem Depot herumliegen und Sie erst im Ernstfall merken, was Sache ist, hier eine Übersicht.

Nachrangigkeit: Neben den »normalen« *(erstrangigen)* Anleihen gibt es auch die sogenannten *nachrangigen Anleihen*. Wer solche Anleihen in seinem Depot hat, tritt im Insolvenzfall hinter die Inhaber »normaler« Anleihen und die sonstigen Gläubiger zurück. Bei einer Firmenpleite sind nachrangige Anleihen plötzlich keinen Pfifferling mehr wert. Nachrangige Anleihen bedeuten im Insolvenzfall somit einen Totalverlust. Bei einer erstrangigen Anleihe dagegen bekommen Sie meist wenigstens noch einen Teil des investierten Geldes zurück (siehe Kasten). Deshalb kommen nachrangige Anleihen allenfalls bei Emittenten infrage, an deren Zahlungsfähigkeit nicht die geringsten Zweifel bestehen. Immerhin gibt es für die Schlechterstellung im Insolvenzfall eine kleine Entschädigung: Die Zinsen solcher nachrangigen Anleihen liegen in der Regel ein bis zwei Prozentpunkte über dem Zinskupon vergleichbarer erstrangiger Anleihen.

Wenn der Pleitegeier kreist ...

Normalerweise werden bei einer Pleite (oder Insolvenz, wie es korrekt heißt) die Inhaber der betreffenden Unternehmensanleihen genau gleich gestellt wie die anderen Schuldner. Sie stehen also beispielsweise auf einer Stufe mit kreditgebenden Banken oder Lieferanten, deren Rechnungen vom Pleitekandidaten noch nicht bezahlt wurden. Was vom Firmenvermögen übrig ist, versilbert der Insolvenzverwalter, wenn sich der Pleitekandidat nicht mehr retten lässt. Das Geld, das dadurch hereinkommt, wird verwendet, um die noch offenen Forderungen wenigstens teilweise zu begleichen.

Da bei einer Insolvenz deutlich weniger Vermögen da ist als Schulden, heißt das: Jeder Gläubiger – auch die Inhaber von Anleihen – bekommen von dem Geld, das ihnen eigentlich zustünde, nur noch einen Bruchteil. Eben so viel, wie aus dem Restvermögen noch zu bestreiten ist. Dieser Bruchteil ist bei allen erstrangigen Gläubigern gleich. Er richtet sich nach dem Verhältnis zwischen Restvermögen und der Gesamtheit der noch offenen Forderungen. Ist das Unternehmenseigentum beispielsweise für insgesamt 1 Milliarde verkauft worden, bestehen aber noch offene Forderungen in Höhe von 10 Milliarden Euro, liegt diese »Insolvenzquote« bei 10 Prozent. Das bedeutet: 10 Prozent der offenen Forderungen können beglichen werden. Also erhält jeder erstrangige Gläubiger nur noch 10 Prozent von der Summe, die ihm das Pleiteunternehmen eigentlich schuldet.

Der Inhaber »normaler« Anleihen dieses Unternehmens bekommt also nicht mehr den vollen Nominalwert von 100 Prozent ausgezahlt, sondern nur noch 10 Prozent davon. Damit macht er einen Verlust von 90 Prozent – aber eben trotzdem keinen Totalverlust. Anders ist das bei Inhabern nachrangiger Anleihen. Die lassen allen anderen Gläubigern den Vortritt. Was de facto bedeutet, dass sie von ihrem einst in die Anleihe investierten Geld keinen Cent mehr sehen und einen Totalverlust erleiden.

Vorzeitiges Kündigungsrecht: »Gar mancher Schwierigkeit entweicht man durch das hübsche Wort ›vielleicht‹«, dichtete schon Wilhelm Busch. Und ein großes »Vielleicht« ist auch der Grundgedanke bei der Emission von Anleihen mit vorzeitigem Kündigungsrecht. Das emittierende Unternehmen denkt sich: »Vielleicht brauche ich das geliehene Geld tatsächlich bis zur Fälligkeit der Anleihe. Vielleicht kann ich es aber auch schon früher zurückzahlen und mir die Zinsen für die weitere Laufzeit sparen.« Es besteht für ein Unternehmen also die Möglichkeit, schon bei der Emission seiner Anleihen einen oder mehrere vorzeitige Kündigungstermine festzulegen. Es hat dann die freie Wahl, ob es die Anleihe planmäßig bis zur Fälligkeit bestehen lässt oder ob es das Geld lieber freiwillig früher zurückzahlt. Manchmal ist bei vorzeitiger Kündigung eine erhöhte Rückzahlung für die Anleger vorgesehen (zum Beispiel bei 102 statt bei 100 Prozent des Nominalwerts). Das soll eine kleine Entschädigung dafür sein, dass das Investment zwar möglicherweise rentabel war, aber eben nicht so lange vorhielt wie erhofft.

In der Regel müssen Sie bei Anleihen mit vorzeitigem Kündigungsrecht davon ausgehen, dass der Emittent auch davon Gebrauch macht. Das ist vor allem der Fall, wenn das allgemeine Zinsniveau während der Laufzeit sinkt oder die Bonität des Emittenten sich verbessert. Dann nämlich kann er sich billiger mit Geld eindecken. Rechnen Sie also vor allem bei überdurchschnittlich rentablen Anleihen besser nicht damit, dass Sie dieses erfreuliche Investment bis zum Ende behalten können.

Variable Zinsen: Normalerweise ist der Zinskupon fest bei einem bestimmten Prozentsatz. Aber es gibt auch Anleihen mit variablem Zinssatz, die sich beispielsweise nach den Gegebenheiten am Geldmarkt richten. Die Emissionsbedingungen verraten Ihnen dann,

- ✔ wann beziehungsweise unter welchen Bedingungen sich der Zinssatz ändert und
- ✔ wie der jeweils neue Zinssatz errechnet wird. Meist ist das dann ein Auf- oder Abschlag auf einen am Geldmarkt geltenden Zinssatz, etwa den Euribor oder Libor, also Zinssätze, mit denen sich die Banken untereinander Geld leihen. Solche Anleihen mit variabler Verzinsung nennen sich dann *Floater* (»Schwimmer«), weil sie gewissermaßen auf den aktuellen Geldmarktzinsen schwimmen wie auf einer Welle.

Rating: Wie zahlungskräftig ist der Emittent?

Unbedingt sollten Sie vor dem Kauf einer Unternehmensanleihe auch auf das Rating des Emittenten achten. Das ist die Einstufung seiner Zahlungskraft. Denn Sie wissen ja: Geld sollte man nur an Leute (respektive Unternehmen) verleihen, von denen man es später auch wiederbekommt. Mehr zum Thema Rating lesen Sie in Kapitel 15.

Anleihen auswählen: eine Wissenschaft für sich

Wie wählen Sie eine Unternehmensanleihe aus? Entweder Sie richten sich nach den Empfehlungen von Experten (Börseninformationsdienste, Börsenmagazine). Oder Sie probieren selbst mal herum, was Sie so finden.

Auf Anleihen spezialisiert hat sich die Börse Stuttgart. Das gilt auch für Unternehmensanleihen. Besuchen Sie die Internetseite www.boerse-stuttgart.de. Speziell die Anleihesuche ist sehr komfortabel auf dieser Website. Klicken Sie auf »Anleihen« und nutzen Sie den »Anleihen Quick-Finder«. Sie können wahlweise den Emittenten eingeben, die gewünschte Laufzeit oder den Zinssatz, den Sie gerne für die Anleihe haben möchten. Oder alles zusammen. Unter den Ergebnissen können Sie dann in aller Ruhe stöbern, was für Sie infrage kommt. Vergessen Sie aber nicht, bei einem abschließenden Check das Rating und die Unternehmensnachrichten über den zugehörigen Emittenten anzusehen. Nicht dass Sie ausgerechnet bei einem Emittenten landen, über dem schon der Pleitegeier kreist ...

Anleihen kaufen: die Tücke mit der Stückzahl

Vielleicht haben Sie schon mal Aktien geordert. Das ist im Prinzip kinderleicht: Sie geben die Wertpapierkennnummer ein und die Stückzahl der gewünschten Aktien. Dann noch ein paar weitere Angaben – fertig! Bei Anleihen aber ist das Feld »Stückzahl« tückisch. Denn hier kommt es nicht auf die Stückzahl an, sondern auf den *Nominalbetrag*. Den müssen Sie ins Orderformular in das entsprechende Kästchen eingeben.

Was ist jetzt das schon wieder, der Nominalbetrag? Ganz einfach: Das ist der Nominal- oder Nennwert (100 Prozent), ausgedrückt in Euro (1 000 Euro, 2 000 Euro, 3 000 Euro – je nachdem, was die Anleihe bei Fälligkeit wert ist.

Wenn Sie beispielsweise eine Anleihe kaufen wollen, bei der am Schluss 1 000 Euro zurückgezahlt werden, geben Sie 1 000 Euro in das Feld »Stückzahl/Nominalbetrag« in Ihrem Orderformular ein. Das heißt dann nicht, dass Sie 1 000 Anleihen kaufen wollen, sondern eine Anleihe im Wert von 1 000 Euro. Selbstverständlich müssen Sie dabei die kleinste handelbare Einheit und Stückelung berücksichtigen. Wenn die betreffende Anleihe erst ab 5 000 Euro zu haben ist, wird der Broker Sie mit einer Fehlermeldung ärgern.

Achtung: Wenn der Anleihekurs aktuell über 100 Prozent notiert, müssen Sie mehr als den Nominalbetrag von 1 000 Euro für Ihre Order zahlen. Bei einem Kurs von 102 Prozent wären es beispielsweise 1020 Euro. Der Anleihekauf verteuert sich noch zusätzlich durch die Stückzinsen (siehe oben). Die werden auch noch auf den Kaufpreis aufgeschlagen.

Wenn Sie also eine Anleihe zum Nominalbetrag von 1 000 Euro kaufen, denken Sie daran, dass Sie dafür häufig mehr Geld ausgeben müssen als nur diese 1 000 Euro. Sie sollten also vor einem Anleihekauf sicherstellen, dass auf Ihrem Verrechnungskonto genügend Geld liegt, also mehr als nur der Nominalbetrag.

Bewertung: Wie gut sind Unternehmensanleihen?

Wie gut sind Unternehmensanleihen im Hinblick auf unsere fünf Lieblingskriterien? Das kommt auf die einzelne Anleihe an. Hier die Einstufung:

1. **Rendite:** Da auch die Unternehmensanleihen am Tropf der Zinsentwicklung hängen, ist es einigermaßen schwierig, damit bei niedrigem Zinsniveau zufriedenstellende Gewinne zu erzielen. Das gilt zumindest für sichere Emittenten. Klar, bei potenziellen Pleitekandidaten bekommen Sie natürlich höhere Zinsen. Bleiben wir bei den nicht ausfallgefährdeten Kandidaten: Immerhin verzinsen sich sichere Unternehmensanleihen in der Regel etwas besser als sichere Staatsanleihen. Berauschend ist die Rendite trotzdem nicht. Meist liegen sie bei niedrigem allgemeinen Zinsniveau im unteren einstelligen Bereich. Um über das Niveau von Bankzinsen zu kommen und die Inflationsrate zu schlagen, müssen Sie schon »Perlen« finden, die von den Ratingagenturen (siehe Kapitel 15) aus irgendeinem Grund schlechter eingestuft worden sind, als sie wirklich sind. Dann bekommen Sie als Anleihegläubiger nämlich einen Zinsaufschlag für das vermeintlich höhere Risiko (das in Wirklichkeit gar nicht besteht). Eine zweite Möglichkeit, die Rendite aufzustocken, ist, Unternehmensanleihen unter pari zu kaufen und zusätzlich zu den Zinsen noch den Kursgewinn mitzunehmen, indem Sie die betreffende Anleihe bis zum Schluss halten. Das macht im Zweifelsfall den Kohl aber auch nicht fett.

2. **Sicherheit:** Die Sicherheit hängt von der Zahlungskraft des emittierenden Unternehmens ab. Es gibt Unternehmensanleihen, bei denen die Inhaber pünktlich bedient werden, und andere, bei denen sie täglich ums Geld bangen müssen. Ein Indiz für die Sicherheit ist das Rating (siehe Kapitel 15). Generell gilt: Suchen Sie sich Unternehmen aus, die gut im Geschäft sind und schon seit Jahren rentabel wirtschaften. Die gehen nicht so schnell pleite

und bieten eine hinreichende Sicherheit. Für Anleihen dieser Unternehmen werden Sie allerdings nicht die höchsten Zinsen kassieren, aber wenigstens können Sie dann nachts gut schlafen ... Meiden sollten Sie ausfallgefährdete Anleihen, über deren Emittenten nichts als negative Nachrichten verbreitet werden. Vorsicht ist auch geboten bei Anleihen, die in einer fremden Währung begeben wurden (zum Beispiel Schweizer Franken oder US-Dollar). Da könnte Ihnen zusätzlich noch das Wechselkursrisiko den Spaß an Ihren Zinsen verderben.

3. **Flexibilität:** Anleihen können Sie jederzeit kaufen. Allerdings schränkt der Mindestanlagebetrag beziehungsweise die kleinste handelbare Einheit Ihre Flexibilität ein. Mal eben Anleihen für 50 oder 100 Euro zu kaufen ist nicht drin. Wenn, dann müssen Sie schon klotzen und Anleihen auf einmal für 1 000 oder gar 5 000 Euro kaufen. Weniger geht meist nicht.

4. **Liquidität:** Ein Verkauf während der Laufzeit ist kein Problem. Somit ist es auch kein Problem, an das in Unternehmensanleihen investierte Geld heranzukommen, falls Sie es dringend brauchen sollten. Eine Einschränkung gibt es allerdings: Es kann sein, dass der Kurs nach dem Kauf gesunken ist und Sie deshalb bei einem Verkauf gewisse Kursverluste hinnehmen müssen. Aber in der Regel schwanken Anleihenkurse nicht so stark wie Aktienkurse (es sei denn, es kommt mal wieder eine Finanzkrise dazwischen).

5. **Transparenz:** Was Sie mit Unternehmensanleihen verdienen, ist transparent und leicht berechenbar. Der Zinskupon beziehungsweise die Umlaufrendite sagt Ihnen alles, was Sie wissen müssen. Weniger transparent ist allerdings die Frage, wie zahlungskräftig ein Unternehmen ist, ob es seine Zinszahlungen jedes Jahr pünktlich ausschüttet und bei Fälligkeit auch ohne Murren den vollständigen Nominalbetrag herausrückt. Aber wenn Sie nur börsengehandelte Anleihen kaufen, ist die Transparenz normalerweise kein Problem.

Fazit: Bei Unternehmensanleihen gilt: Wer mehr verdienen will, muss in der Regel auch ein höheres Risiko eingehen. Für Laien ist es kaum zu bewältigen, hinreichend sichere Anleihen mit guter Verzinsung auszuwählen. Wenn es allerdings trotzdem gelingt, eine solche Anleihe zu finden, ist das Ergebnis befriedigend, vorausgesetzt, Sie investieren genug Geld, sodass die Transaktionskosten prozentual gesehen nicht Ihre Gewinne wieder zunichtemachen. Bei der Auswahl von Anleihen ist Expertenrat (zum Beispiel Börsenmagazine oder Informationsdienste) sehr empfehlenswert. Auf eigene Faust nach geeigneten Anleihen zu suchen ist zumindest dann schwierig, wenn Sie noch ein Börsenneuling sind und keine Erfahrung mit Anleihen haben.

Inflationsgeschützte Anleihen: schöne Idee, aber ...

Wir leben in einer verrückten Zeit: Die Länder dies- und jenseits des Atlantiks haben aktuell entsetzlich viel Angst, dass die Konjunktur erlahmt beziehungsweise sich nicht mehr erholt. Deshalb schmeißen Regierungen und Notenbanken in Europa und Amerika buchstäblich das Geld zum Fenster raus, immer in dem Bestreben, die Wirtschaft anzukurbeln. Das Problem dabei ist die enorme Staatsverschuldung, die unser ganzes Geldsystem gefährdet. Spätestens seit dem Beinahe-Bankrott der USA im Sommer 2011 und der Euro-Schuldenkrise, die nun schon länger schwelt, herrscht in den USA und im Euroraum die sehr reale Gefahr einer Inflation.

Was ist Inflation? Wer sich dabei Kinder vorstellt, die mit Geldscheinbündeln wie mit Bauklötzchen spielen, ist schon auf der richtigen Spur. Inflation ist eine Geldentwertung, auch wenn die nicht immer so rasend schnell gehen muss wie im Inflationsjahr 1923. Für jede Inflation gilt jedoch: Geld ist reichlich vorhanden, aber es verliert laufend an Wert.

Inflationsraten von 2 bis 3 Prozent sind absolut in Ordnung. Was aber darüber hinausgeht, wird schnell zum Problem: Denn die Preise steigen, und das Ersparte verliert – bezogen auf seine Kaufkraft – an Wert. Unterm Strich machen Sie während einer Inflation also mit den meisten Geldanlagen ein Minusgeschäft. Dem Staat aber kann eine gemäßigte Inflation nur recht sein: Denn sie entwertet seine Schulden. Die Rückzahlungsbeträge erscheinen dann nicht mehr so schwindelerregend hoch, wenn schon auf jedem Geldschein ein paar Tausend Euro stehen. Eine Inflation ist daher leider nicht unwahrscheinlich.

Das Thema Inflation beunruhigt nicht nur Otto Normalverbraucher. Prompt haben diverse Anbieter das Thema Inflation als neues Modethema der Geldanlage entdeckt. Früher richteten sich inflationsgeschützte Anleihen fast ausschließlich an institutionelle Investoren (Fonds, Versicherungsgesellschaften etc.). Heute gibt es auch für private Anleger solche inflationsgeschützten Anleihen. Es sind vor allem Banken, aber auch manche Staaten, die solche Papiere emittieren. Auch die Bundesrepublik Deutschland gehört dazu. Sie nennt ihre Anleihen »inflationsindexiert« – was schon eine leise Vermutung hervorruft, wie kompliziert diese Papiere sind.

So funktionieren inflationsgeschützte Anleihen

Bei inflationsgeschützten Anleihen ist manches anders als bei nicht inflationsgeschützten Anleihen. Aber es gibt auch Unterschiede innerhalb dieser Anleihengattung. Wie genau eine solche Anleihe funktioniert, hängt ganz davon ab, was dem Emittenten bei der Herausgabe dieser Anleihen so alles eingefallen ist:

Bei den meisten Anleihen ändert sich schlicht und ergreifend nur der Zinskupon in Abhängigkeit von der Inflationsrate. Er richtet sich nach einem bestimmten Inflationsindex. Das kann zum Beispiel der harmonisierte Verbraucherpreisindex des Statistischen Bundesamtes sein. (Falls Sie sich fragen, was das bedeutet: Der Verbraucherpreisindex ist die offiziell in der Bundesrepublik Deutschland festgestellte Inflationsrate, die vom Statistischen Bundesamt errechnet wird. »Harmonisiert« bedeutet: Diese Inflationsrate wird rechnerisch an die der anderen EU-Staaten angepasst, um sie mit deren Inflationsraten vergleichbar zu machen). Aber auch andere Inflationsindizes sind möglich. Steigt die Inflationsrate, steigen auch die Zinsen.

 Erwähnt sei an dieser Stelle noch, dass die Zinsen ohne Inflation bei solchen Anleihen schaurig niedrig sind und Sie damit folglich in normalen Zeiten keinen Blumentopf gewinnen können. Erst wenn wirklich eine Inflation kommt, steigen die Zinsen auf ein erträgliches Maß.

Bei anderen Anleihen, so beispielsweise bei denjenigen, welche die Finanzagentur des Bundes im Auftrag der Bundesrepublik Deutschland emittiert hat, beeinflusst die Inflationsrate den Kurs. Dieser Kurs richtet sich bei solchen Anleihen nicht nach Angebot und Nachfrage, sondern wird vom Anbieter gemacht und ist – je nach den vorherrschenden Inflationsverhältnissen – mal höher, mal niedriger. Die genaue Berechnung muten wir Ihnen hier nicht zu, denn sie ist (was für ein schönes Wortspiel) für Laien eine echte Zumutung.

Der Rückzahlungsbetrag: Bei manchen inflationsgeschützten Anleihen (nicht bei allen) steigt auch der Rückzahlungsbetrag bei einer Inflation an. Das ist bei den inflationsindexierten Anleihen der deutschen Finanzagentur der Fall. Auch hier ist die Berechnung kompliziert und undurchsichtig.

Der Anstieg des Rückzahlungsbetrags ist allerdings in der Tat wünschenswert. Denn Sie können bei einer Inflation noch so hohe Zinsen kassieren – den Kaufkraftverlust des ursprünglich investierten Betrages können Sie damit bei einer echten Inflation womöglich nicht ausgleichen. Den haben Sie nur »wieder drin«, wenn Sie bei Fälligkeit deutlich mehr zurückbekommen, als Sie am Anfang eingezahlt haben.

Bewertung: Sind inflationsgeschützte Anleihen wirklich das Gelbe vom Ei?

Inflationsschutz per Anleihe – wie gut ist ein solches Konzept? Es wird für Sie nicht sonderlich überraschend sein, wenn wir auch diese Wertpapiere hier einer kritischen Musterung unterziehen:

1. **Rendite:** Die ist in Nicht-Inflationszeiten miserabel. Während einer Inflation können solche Anleihen helfen, die Kaufkraft Ihres Geldes zu erhalten. Wenn sich allerdings nur die Zinsen, nicht aber der Rückzahlungsbetrag nach der aktuellen Inflationsrate richten, dann ist selbst der Kaufkrafterhalt fraglich. Der Brüller sind diese Anleihen sicherlich nicht.

2. **Sicherheit:** Die Sicherheit solcher Anleihen hängt von der Zahlungskraft des Emittenten ab. Das kann der (immer noch als sicher geltende) deutsche Staat sein. Aber auch manche Banken emittieren inflationsgeschützte Anleihen. Und dass Banken nicht vor einer Pleite gewappnet sind, wissen Sie ja inzwischen. Aber mal unabhängig vom Emittentenrisiko: Es ist durchaus möglich, mit inflationsgeschützten Anleihen Verluste zu machen. Nämlich beispielsweise dann, wenn Frau Inflation uns verschont und doch lieber über einen anderen Währungsraum herfällt. Dann kassieren Sie nur Mickerzinsen.

3. **Flexibilität:** Hier gilt dasselbe wie für andere Anleihen. Sie können inflationsgeschützte Anleihen beliebig kaufen, Hauptsache, Sie unterschreiten nicht die kleinste handelbare Einheit. Wie hoch die liegt, ist von Anleihe zu Anleihe verschieden. Immerhin sind Sie aber zu keinen regelmäßigen, festen Einzahlungen verpflichtet. Vergleichsweise flexibel sind solche Anleihen also.

4. **Liquidität:** Inflationsgeschützte Anleihen sind in der Regel börsennotiert und können problemlos verkauft werden, wenn Sie gerade nicht flüssig sind und Geld brauchen. Zwar ist hier ein Verlust möglich. Aber immerhin kommen Sie an das Geld heran.

5. **Transparenz:** An diesem Punkt müssen Sie ein großes Fragezeichen machen. Erstens wissen Sie nicht, wie sich in Zukunft die Inflationsrate entwickelt. Zweitens wissen Sie nicht, ob die jeweilige Inflationsrate, die der jeweilige Emittent seiner inflationsgeschützten An-

leihe zugrunde legt, auch wirklich die realen Inflationsverhältnisse widerspiegelt. Es könnte nämlich durchaus in seinem Interesse liegen, dass die Inflationsrate niedrig bleibt. Ganz einfach, weil damit auch der Aufschlag niedrig bleibt, den er für inflationsgeschützte Anleihen zahlen muss. Auch den offiziellen Inflationsstatistiken sollten Sie nicht glauben. Selbstverständlich hat auch die Politik ein Interesse daran, die Situation im eigenen Land besser darzustellen, als sie ist.

Schöngerechnet

Es gibt zahlreiche offizielle und inoffizielle Inflationsberechnungen. Manche spiegeln die realen Verhältnisse wider. Andere haben das Ziel, die Inflation niedriger erscheinen zu lassen, als sie wirklich ist. Meister im Schönrechnen der Inflationsrate sind die USA. Wenn Sie mal sehen wollen, wie die offizielle US-Inflationsstatistik im Laufe der Zeit nach unten manipuliert worden ist, gehen Sie im Internet auf die Seite www.shadowstats.com. Auch wenn Sie nicht besonders gut Englisch können, finden Sie dort einige Grafiken, an denen man das sehr schön sieht. Und übrigens: »Inflationsrate« heißt auf Englisch erfreulich einfach »inflation rate«. Und wenn Sie gut Englisch können, lesen Sie auch die Erklärungstexte, die viel Erhellendes darüber berichten, wie man eine Inflationsrate so lange »bereinigt«, bis auch die Wahrheit aus dieser Zahl radikal weggeputzt worden ist.

Die Zinsen beziehungsweise der Rückzahlungsbetrag steigen bei inflationsgeschützten Anleihen mit der Inflationsrate. Das klingt zunächst einmal schön, vor allem wenn Sie als Anleger ernsthafte (und aktuell durchaus berechtigte) Inflationssorgen plagen. Weniger schön ist, dass inflationsgeschützte Anleihen in Zeiten einer Nicht-Inflation mit nur mäßigen Inflationsraten ein Minusgeschäft sind. Erst bei anziehenden Inflationsraten fangen solche Anleihen an, sich zu lohnen. Und das auch nur dann, wenn nicht nur die Zinsen, sondern auch der Rückzahlungsbetrag mit der Inflationsrate steigt. Und wenn die Inflationsrate wenigstens halbwegs die reale Inflationsentwicklung abbildet. Sonst nicht. Mal ehrlich: Wenn wirklich eine Inflation kommt, dann sind Sie mit Sachwerten besser bedient als mit Inhaberschuldverschreibungen, also mit Papieren, die nur ein Zahlungsversprechen in der Zukunft bedeuten. Sachwerte sind beispielsweise Aktien (siehe Kapitel 19), Gold oder Immobilien (siehe Kapitel 20).

Zertifikate: Anleihen im Tarnanzug

In diesem Kapitel
▶ Funktionsweise von Zertifikaten
▶ Index-, Discount-, Bonus- und Garantiezertifikate
▶ Welche Zertifikate Sie garantiert nicht brauchen
▶ Bewertung: Wie gut sind Zertifikate?

Zertifikate sind eine richtige Modeerscheinung, auch wenn man sie noch nicht in Paris und Mailand auf den Laufstegen zu sehen bekommt Fast jede Bank emittiert welche. In großformatigen Zeitungsanzeigen und blinkenden Internet-Werbebannern wird dafür geworben. Gerade Privatanleger sollen Zertifikate kaufen, was das Zeug hält. Was die meisten nicht wissen: Zertifikate sind auch eine Art von Anleihen. Obwohl sie anders heißen und das Wort »Anleihe« nirgends im Namen eines Zertifikats auftaucht – Sie leihen damit dem Emittenten Geld. Auch bei Zertifikaten erwartet Sie eine Rückzahlung. Aber was Sie am Schluss kriegen, ist nicht so einfach berechenbar wie bei normalen Staats- und Unternehmensanleihen.

So funktionieren Zertifikate

Bei Zertifikaten gibt es üblicherweise keinen Zinskupon und auch keinen festen Rückzahlungsbetrag. Stattdessen hängt das, was Sie für das jeweilige Zertifikat zahlen und was Sie später dafür kriegen, von drei verschiedenen Dingen ab:

✔ **Vom Basiswert.** Jedes Zertifikat hängt von der Kursentwicklung eines bestimmten Basiswerts ab. Das kann beispielsweise eine Aktie, ein Index oder ein Rohstoff sein. Welcher Basiswert gilt, ist von Zertifikat zu Zertifikat verschieden. Den Basiswert legt der Emittent vor Emission des jeweiligen Zertifikats fest.

✔ **Vom Bezugsverhältnis.** Das ist sozusagen das Vergrößerungs- oder Verkleinerungsglas, durch das Sie gucken, wenn Sie den Preis betrachten. Angenommen, Sie haben ein Indexzertifikat, das den Preis des Dax genau abbildet. Und angenommen, der Dax steht gerade bei 6.500 Punkten. Dann halten Sie Ihr Verkleinerungsglas einfach über den Dax. Ein Bezugsverhältnis von 1:100 bedeutet, das Zertifikat kostet 6,50 Euro (also 100 Mal weniger als der Dax-Punktestand). Ein Bezugsverhältnis von 1:10 bedeutet, das Zertifikat kostet 65 Euro (also 10 Mal weniger als der Dax-Punktestand). Mit dem Bezugsverhältnis sorgt der Emittent also dafür, dass Sie keine Unsummen für ein einziges Zertifikat zahlen müssen. Das könnte sonst für Privatanleger abschreckend wirken.

✔ **Von der Konstruktion beziehungsweise Rechenformel**, die dem jeweiligen Zertifikat zugrunde liegt. Bei einem Zertifikat wird immer der Kurs des Basiswerts genommen und irgendwie umgerechnet. Je nachdem, was da genau gerechnet wird, kriegen Sie später mehr oder weniger Geld raus. Die meisten Zertifikate lassen sich nach ihrer Konstruktion oder Rechenformel in bestimmte Kategorien einordnen (Indexzertifikate, Discountzertifikate, Bonuszertifikate, Garantiezertifikate). Dazu gleich mehr in den nächsten Abschnitten.

Wichtig für Sie ist noch die Tatsache, dass Zertifikate in aller Regel börsenhandelbar sind. Der Börsenkurs richtet sich aber nicht nach Angebot und Nachfrage, sondern nach der oben genannten Rechenformel. Der sogenannte *Market Maker* stellt hier den Kurs.

Was ist ein Market Maker? Das ist in der Regel eine Bank, die dafür verantwortlich ist, dass das Zertifikat jederzeit (mindestens) während der Börsenöffnungszeiten gehandelt werden kann. Der Market Maker berechnet den Kurs entsprechend der Rechenformel oder Konstruktion, die dem Zertifikat zugrunde liegt. Zudem tritt er als Gegenspieler auf, der das Papier auf jeden Fall kauft, wenn Sie es verkaufen wollen, beziehungsweise verkauft, wenn Sie eine Kauforder aufgeben.

Und noch eines gilt für die Zertifikate ganz allgemein: In der Regel haben sie eine feste Laufzeit – wie normale Anleihen auch. Es gibt allerdings Ausnahmen: Manche Zertifikate werden als Endlos-Zertifikate emittiert. Diese Papiere laufen so lange, bis es sich der Emittent anders überlegt. Und das kann dauern ...

Verzichten müssen Sie bei Zertifikaten allerdings auf Dividenden. Denn die kriegen Sie nicht, wenn Sie in ein Zertifikat investieren. Dazu müssten Sie schon statt des Zertifikats die zugrunde liegenden Aktien oder Indexfonds selbst kaufen.

Die bunte Zertifikatewelt: Was Index-, Discount-, Bonus- und Garantiezertifikate unterscheidet

Am besten stellen Sie sich die verschiedenen Zertifikate vor wie eine Stadt. Darin gibt es eine Unzahl von Gebäuden. Jedes sieht anders aus, aber nach ihrer Konstruktion (beziehungsweise Funktion) lassen sie sich grob einteilen in Geschäftshäuser, Wohnblocks, Bungalows und Einfamilienhäuser. Auch bei Zertifikaten können Sie eine solche Zuordnung treffen, die sich ebenfalls nach der Konstruktion richtet. Entsprechend gibt es

✔ Indexzertifikate,

✔ Discountzertifikate,

✔ Bonuszertifikate,

✔ Garantiezertifikate

✔ und noch viele andere Zertifikate, die teilweise sehr kompliziert konstruiert sind.

Was diesen letzten Punkt angeht, ist eine Warnung angebracht. Denn viele Zertifikate sind entweder ausgesprochen riskant. Oder entsetzlich kompliziert. Oder sie sind beides. Merken Sie sich: Wenn Sie eine Geldanlage nicht richtig verstehen, ist sie auf keinen Fall das Richtige für Sie. Und mag die Werbung dafür noch so verlockend klingen ...

13 ➤ Zertifikate: Anleihen im Tarnanzug

Überraschend kreativ

Hut ab vor der Finanzindustrie! Wer hätt's gedacht, dass die Herren im grauen Zwirn dermaßen kreativ sind? Ihr Erfindungsreichtum ist kaum zu toppen, sowohl was die Konstruktion neuer Zertifikate als auch was deren Namensgebung angeht.

Wenn Sie mal auf die Zertifikateseite der Deutschen Bank im Internet gehen (www.xmarkets.de), finden Sie dort zum Beispiel Fallschirm-, Turbo-, Express-, Knock-out-, Alpha-Beta-, Outperformance-, Win-Win-, Double-Chance-, Triple-Chance-, Highflyer- und Zinszertifikate. Mindestens genauso schön ist die Zertifikateseite des deutschen Ablegers der US-Investmentbank Goldman Sachs (www.gs.de/certificates). Da tummeln sich beispielsweise Hi-Score-Plus-, Kapitalschutz-, Lock-in-, Power-, Rainbow- und sonstige Zertifikate.

Was das ist? Kümmern Sie sich nicht darum, die meisten davon sind kompliziert, schwer zu durchschauen und dabei unnötig wie ein Kropf. Es genügt völlig, wenn Sie sich mit den wichtigsten Zertifikatetypen auskennen. Und die lernen Sie in den nächsten Abschnitten kennen.

Indexzertifikate: einheitlich und überschaubar

Bei Indexzertifikaten gehen Sie gewissermaßen durch eine Fertighaussiedlung mit Häusern, die sich alle irgendwie ähnlich sehen, auch wenn eines einen braunen Sockel hat und das nächste einen hellblauen. Der Name sagt es schon: Der Basiswert eines Indexzertifikats ist meistens ein Index. So zum Beispiel der Deutsche Aktienindex Dax oder der US-amerikanische Leitindex Dow Jones. Bei einem Indexzertifikat entwickelt sich der Kurs immer genau gleich wie der zugrunde liegende Index. Wobei der Basiswert auch etwas anderes sein kann als ein Index – zum Beispiel der Goldpreis.

Angenommen, Sie haben ein Indexzertifikat auf den Dax mit einem Bezugsverhältnis von 1:100. Steht der Dax bei 5000 Zählern, ist das Indexzertifikat 50 Euro wert. Steht der Dax bei 6000 Zählern, ist das Zertifikat 60 Euro wert. Steht der Dax bei 7000 Zählern, ist das Zertifikat 70 Euro wert. Steht der Dax bei 8000 Zählern, ist das Zertifikat 80 Euro wert und so weiter …

Indexzertifikate sind also wunderschön berechenbar. Sie sehen am Kurs des Basiswerts, was Ihr Zertifikat gerade wert ist. Das ist schön gemütlich. Sie brauchen weder Ihr Hirn noch Ihren Taschenrechner zu strapazieren.

Bedenken Sie aber: Indexzertifikate bilden den reinen Kurs des zugrunde liegenden Index ab, sonst nichts. Die Dividenden sind nicht inbegriffen, es sei denn, sie sind im betreffenden Basiswert schon enthalten. Empfehlenswert sind Indexzertifikate deshalb nur bei Indizes, bei denen die Dividenden im Kursverlauf enthalten sind. Bei Dax, MDax, TecDax und Co. ist das der Fall. Bei den meisten anderen dagegen nicht. Die Dividenden kassiert somit die Bank und nicht Sie, die Sie das betreffende Indexzertifikat halten. Eine sinnvollere Alternative sind daher meist ETFs (börsengehandelte Indexfonds, siehe Kapitel 17).

Übrigens: Wenn Sie mal ganz groß rauskommen wollen, reden Sie gegenüber Ihren Freunden und Bekannten nicht von popeligen »Indexzertifikaten«, sondern sagen Sie lieber »Partizipationszertifikate« dazu. Diesen Beinamen haben Indexzertifikate, weil sie an der Preisentwicklung des Basiswerts eins zu eins »partizipieren«, sprich teilhaben. Aber es klingt so schön gelehrt, wenn man »Partizipationszertifikate« statt »Indexzertifikate« sagt ...

Discountzertifikate: eine Art Schlussverkauf

Bei Discountzertifikaten können Sie sich vorstellen, Sie würden während des Sommerschlussverkaufs durch ein belebtes Geschäftsviertel bummeln. Überall prangen Rabattschilder. Überall können Sie 10, 15, 20, 25 oder gar 30 Prozent Nachlass auf die ausgestellte Ware bekommen.

Tatsächlich kaufen Sie bei Discountzertifikaten den Basiswert mit Rabatt (das englische Wort »Discount« heißt nichts anderes). Ob Lufthansa, ThyssenKrupp, Siemens oder der Dax: Auf den Preis der betreffenden Aktie oder des betreffenden Index erhalten Sie Prozente. Es hängt vom einzelnen Zertifikat ab, wie viel das ist. Bis zu 40 Prozent sind durchaus möglich.

Anders als bei einem echten Schlussverkauf müssen Sie für den Rabatt jedoch einen bestimmten Nachteil in Kauf nehmen: Die Kursentwicklung Ihres Discountzertifikats ist gedeckelt. An einer bestimmten, von Anfang an definierten Grenze ist Schluss. Diese Grenze nennt sich *Cap*.

Angenommen, Sie kaufen ein Discountzertifikat auf eine bekannte deutsche Aktie aus dem Dax mit einem Rabatt von 10 Prozent. Zum Kaufzeitpunkt steht die Aktie bei 65 Euro. Der Cap liegt bei 70 Euro. Das Papier läuft noch bis zum Ende des Jahres. Das heißt: Sie zahlen für das Zertifikat keine 65 Euro, sondern nur 58,50 Euro (Aktienkurs minus 10 Prozent Rabatt). Was Sie am Jahresende herauskriegen, hängt vom Aktienkurs ab:

- ✔ Liegt der Aktienkurs maximal beim Cap von 70 Euro, kriegen Sie die Aktie ins Depot gebucht oder deren aktuellen Preis auf Ihrem Verrechnungskonto gutgeschrieben.

- ✔ Liegt der Aktienkurs oberhalb des Cap von 70 Euro, schreibt Ihnen der Emittent nur 70 Euro auf Ihrem Verrechnungskonto gut.
  Das heißt: Sie machen nur Verluste, wenn die Aktie bei Fälligkeit unter den Kurs von 58,50 Euro gefallen ist. Bleibt der Kurs darüber, machen Sie Gewinne, und zwar maximal 19,6 Prozent. (Das kommt heraus, wenn man 70 Euro durch 58,50 Euro teilt, das Ganze mal 100 Prozent nimmt und dann 100 Prozent abzieht.)

Sie sehen: Wenn der Basiswert über den Cap klettert, haben Sie als Zertifikateinhaber nichts mehr davon. Deshalb hoffen Sie bei solchen Zertifikaten immer, dass die betreffende Aktie bis zur Fälligkeit den Cap zwar erreicht, aber nicht sehr weit darüber hinaus klettert. Dagegen ist es dem Emittenten am liebsten, das Papier legt einen Senkrechtstart hin und der Kurs bewegt sich weit oberhalb des Cap.

Ein Discountzertifikat lohnt sich aber auch bei Seitwärtsbewegungen und sogar bei leicht fallenden Kursen. Fällt der Kurs nicht unter die Rabattschwelle, machen Sie damit immer noch ein Plus. Somit sind Ihre Verlustrisiken geringer als

die von Anlegern, die direkt in den Basiswert investieren. Zu denen können Sie dann »Ätsch« sagen.

Viele Discountzertifikate haben den Cap schon erreicht – und laufen trotzdem bis zum Ende weiter. Solche Papiere können Sie als Ersatz für normale Anleihen kaufen. Vorteil: Sie wissen schon beim Kauf, welchen Zinssatz diese Zertifikate abwerfen. Immer vorausgesetzt, der Emittent ist bei Fälligkeit nicht pleite. Wundern Sie sich übrigens nicht, dass solche Papiere während der Laufzeit noch deutlich unter dem Cap notieren. Den erreichen sie nämlich tatsächlich erst bei Laufzeitende.

Bonuszertifikate: Wenn das Wörtchen »wenn« nicht wär ...

Bonuszertifikate sind fast wie Indexzertifikate. Als Anleger kaufen Sie das Zertifikat zum Preis des Basiswertes. Es gibt aber eine Besonderheit: Zusätzlich zu einem möglichen Kursgewinn können Sie bei einem Bonuszertifikat noch einen Aufschlag erhalten. Sozusagen als Bonus, was den Namen dieser Zertifikate erklärt. Den gibt's aber nicht ohne Wenn und Aber, sondern nur, wenn bestimmte Bedingungen zutreffen. Konkret:

✔ Den Bonus gibt's nur, wenn der Kurs während der gesamten Laufzeit eine bestimmte Schwelle nicht berührt oder unterschreitet. Dieser Kurs nennt sich *Untergrenze* oder *Barriere*. Bei einem Kurseinbruch während der Laufzeit ist es also Essig mit dem Bonus.

✔ Der Bonus wird ebenfalls nicht ausgezahlt, wenn der Kurs des Basiswerts über eine bestimmte Schwelle hinausgeht. Diese Schwelle nennt sich *Bonusniveau* oder *Bonuslevel*. Die Auszahlung entspricht dann ganz einfach dem Kurs des betreffenden Basiswerts (oder Sie bekommen bei Fälligkeit die Aktie ins Depot gebucht). Von Bonus keine Spur.

Liegt der Kurs tatsächlich während der gesamten Laufzeit zwischen Untergrenze und Bonusniveau, erhalten Sie eine Auszahlung in Höhe des Bonusniveaus.

Sie erwerben ein Bonuszertifikat auf eine Dax-Aktie, das noch zwei Jahre lang läuft. Die betreffende Aktie liegt aktuell bei 65 Euro. Die Untergrenze Ihres Zertifikats liegt bei 40 Euro, bei 90 Euro der Bonuslevel. Das heißt: Bleibt das Bonuszertifikat während der gesamten Laufzeit innerhalb des Korridors zwischen 40 und 90 Euro, bekommen Sie am Ende der Laufzeit 90 Euro ausgezahlt. Falls nicht, kriegen Sie bei Fälligkeit das, was die betreffende Aktie dann wert ist.

Seien wir ehrlich: Bonuszertifikate sind aus Anlegersicht Quatsch mit Soße. Bedenken Sie: Sie zahlen für das Papier so viel wie für die zugrunde liegende Aktie. Dafür kriegen Sie aber mit Sicherheit *keine* Dividende, sondern nur *vielleicht* einen Bonus. Der aber ist an einen bestimmten Kursverlauf geknüpft, den Sie nicht vorhersehen können, es sei denn, Sie besitzen eine Glaskugel und sind Wahrsager. Somit ist es nicht allzu wahrscheinlich, dass Sie die zusätzliche Kohle am Schluss tatsächlich in die Tasche stecken können. Die Dividende kassiert übrigens die Bank, die in der Regel die zugrunde liegende Aktie tatsächlich besitzt. So einen Blödsinn sollten Sie gar nicht erst mitmachen! Auch wenn wohlklingende Werbesprüche wie »Sicherheit und Rendite in jeder Börsenphase« oder »Safety first mit hohem Renditepotenzial« Sie vom Gegenteil überzeugen wollen ...

Garantiezertifikate: garantiert fragwürdig

»Gut gesichert an Kurssteigerungen teilnehmen«, »Kapital schützen und von Kurssteigerungen profitieren«. So oder ähnlich klingen die watteweichen Werbesprüche der Finanzindustrie, mit denen sie Privatanlegern den Kauf von Garantiezertifikaten schmackhaft machen will. Klingt ja auch toll, an der Börse investieren und trotzdem keine Angst vor einem Crash haben zu müssen.

Börsengewinne ohne Kursverluste – ach, wäre das schön. Aber wieder mal müssen wir Sie aus dem von der Werbewelt weichgezeichneten Wolkenkuckucksheim herunter in die harte Anlegerrealität holen. Solche Garantien klingen schöner, als sie sind. Denn:

- ✔ Die emittierende Bank wird nur den geringsten Teil Ihres Geldes tatsächlich gewinnbringend an der Börse anlegen. Den größeren Teil davon muss sie dafür aufwenden, die versprochene Sicherheit gewährleisten zu können. Und das heißt: Die Absicherung kostet Geld. Berauschende Gewinne sind daher nicht möglich. Garantiezertifikate schneiden somit in der Regel nicht besser ab als ganz normale Bankkonten, kosten aber im Gegensatz zu diesen Gebühren.

- ✔ Die Garantie gilt außerdem nicht während der gesamten Laufzeit, sondern nur am Laufzeitende. Wer ein solches Zertifikat nicht bis zur Fälligkeit hält, sondern während der Laufzeit verkauft, kann sehr wohl Verluste machen.

Es gibt auch Zertifikate mit Teilgarantie. Da erhalten Sie dann am Laufzeitende mindestens 80 oder 90 Prozent Ihres Geldes zurück. Das macht die Sache aber nicht besser.

Garantiezertifikate lohnen sich nicht. Sie müssen sich entscheiden: Wollen Sie Sicherheit? Dann wählen Sie zum Beispiel ein Bankkonto. Oder wollen Sie Rendite? Dann investieren Sie Ihr Geld in Aktien oder Fonds. Börsengewinne mit Sicherheit zu kombinieren heißt aber immer, gewaltige Abstriche bei der Rendite zu machen.

Bedenken Sie außerdem. Eine Garantie ist nur so gut wie derjenige, der sie ausspricht. Und wenn das eine Pleitebank ist, dann ist ein Garantiezertifikat auch kaum mehr etwas wert. Ein sehr anschauliches Beispiel dafür lieferten die Garantiezertifikate der US-Investmentbank Lehman Brothers. Die konnte man in der Pfeife rauchen, als die Bank 2008 pleiteging ...

Bewertung: Wie gut sind Zertifikate?

Jedes Zertifikat ist anders. Trotzdem gibt es genügend Gemeinsamkeiten, um diese Anlagekategorie einer gemeinsamen Bewertung zu unterziehen.

1. **Rendite:** Hier gibt es die größten Unterschiede. Bei Discountzertifikaten sind die Renditechancen durchaus groß. Auch bei Bonus- und Indexzertifikaten haben Sie gute Gewinnchancen, vorausgesetzt, Sie wählen die Laufzeit nicht zu knapp. Bei Garantiezertifikaten ist die Rendite dagegen ausgesprochen mager. Bedenken Sie außerdem: Regelmäßig entgehen Ihnen beim Zertifikatekauf die Dividenden des zugrunde liegenden Basiswerts.

13 ▶ Zertifikate: Anleihen im Tarnanzug

Allein die Kursentwicklung und Konstruktion des Zertifikats sind damit maßgeblich für dessen Gewinne.

2. **Sicherheit:** Zertifikate sind in aller Regel nicht ohne Risiko, weil sie von der Entwicklung des zugrunde liegenden Basiswerts abhängen. Und da das meistens eine Aktie oder ein Aktienindex ist, sind Kursstürze möglich. Einzige Ausnahme: Garantiezertifikate. Da sind die Verlustmöglichkeiten begrenzt, wenn Sie sie bis zum Schluss halten.

Das ist aber nur die halbe Wahrheit. Die andere Hälfte ist viel bedeutender: Zertifikate sind wie andere Anleihen auch Inhaberschuldverschreibungen, also nichts anderes als ein Zahlungsversprechen des Emittenten. Geht der Emittent pleite, ist Ihr Geld weg (das nennt sich Emittentenrisiko). Folglich müssen Sie auch bei Zertifikaten stets auf die Bonität und das Rating der emittierenden Bank achten (siehe Kapitel 15). Denn dass Banken pleitegehen können, ist spätestens seit Herbst 2008 (Lehman-Pleite) kein Geheimnis mehr ...

3. **Flexibilität:** Zertifikate sind flexibel. Sie können sie jederzeit in fast beliebiger Stückelung kaufen. Wegen der Transaktionskosten, die für jede Order verlangt werden, sind kleine Anlagebeträge allerdings wenig sinnvoll.

4. **Liquidität:** Wenn Sie die Kohle brauchen, können Sie ein Zertifikat einfach verkaufen. Zwar sind dabei Verlustrisiken möglich. Aber zumindest ist Ihr Geld bei Zertifikaten nicht »einbetoniert«.

5. **Transparenz:** Hier gibt es wieder erhebliche Unterschiede zwischen den einzelnen Zertifikattypen. Transparent sind vor allem Index-, Discount- und Bonuszertifikate. Da verstehen Sie wenigstens die Konstruktion. (Auch Hebelzertifikate sind transparent, wenn auch wegen ihrer Verlustgefahr nicht empfehlenswert.) Der Rest ist intransparent und schon deswegen kaum zu empfehlen.

Kein Mensch braucht Zertifikate für eine erfolgreiche Geldanlage. Meistens ist es besser, Sie kaufen stattdessen den Basiswert. Oder – statt Indexzertifikaten – einen ETF, also einen börsengehandelten Indexfonds, der den betreffenden Index abbildet. Vorteil: Da entgehen Ihnen die Dividenden nicht und Sie haben außerdem kein Emittentenrisiko. Statt Garantiezertifikaten tut's auch ein normales Bankkonto. Denn mehr werfen diese Papiere auch nicht ab, dafür kassieren der Emittent und Ihre Depotbank Gebühren. Eine gewisse Ausnahme gilt für Discountzertifikate. Wer sein Geld auf zwei bis drei Jahre anlegen will, kann damit hübsche Renditen erzielen und hat mehr Sicherheit als bei einem Direktinvestment in den zugrunde liegenden Basiswert. Aber auch hier sollten Sie strikt auf eine gute Bonität des Emittenten achten (siehe Kapitel 15).

Übrigens: Auf Zertifikate spezialisiert haben sich in Deutschland zwei Börsen. Das ist zum einen die bereits erwähnte Börse Stuttgart (www.boerse-stuttgart.de) und zum anderen die Frankfurter Wertpapierbörse, die unter dem Namen Scoach (www.scoach.de) eine gute Handelsplattform für diese Wertpapiergattung bietet. Schauen Sie vor einem Kauf stets, auf welcher Börse der Kurs des gewünschten Wertpapiers zuletzt günstiger war und wählen Sie dann den entsprechenden Handelsplatz.

Pfandbriefe: abgesicherte Anleihen

In diesem Kapitel

▶ Funktionsweise von Pfandbriefen

▶ Die vier Pfandbrieftypen

▶ Jumbopfandbriefe: Besonders große Emissionen

▶ Bewertung: Was bringen Pfandbriefe?

Hand aufs Herz: Wie viele Pfandflaschen stehen bei Ihnen zu Hause im Keller rum, nur weil Sie es nicht geschafft haben, sie zurückzubringen? Wir bekennen ehrlich: Bei uns sind es eine ganze Menge. Fast schon könnte man das als eine Art Ersatz-Geldanlage bezeichnen. Es gibt Jahre, da schlägt unser Investment in Pfandflaschen mühelos den Dax ...

Aber mal ernsthaft. Pfandflaschen heißen so, weil Sie das Pfand zurückerhalten, wenn Sie sie zum Supermarkt zurückbringen. Das Pfand dient als Sicherheit für die Rückgabe der Flasche. Und schon haben wir die Gemeinsamkeit mit der Wertpapiergattung der Pfandbriefe, die unter Privatanlegern meist wenig bekannt ist. Auch Pfandbriefe sind mit solchen Sicherheiten ausgestattet. Kaufen können Sie diese Wertpapiere an der Börse. In diesem Kapitel erfahren Sie mehr darüber.

Anleihe mit »Pfand«: So funktionieren Pfandbriefe

»Sicherheit ist Trumpf!« Wer so denkt, wird sein Geld üblicherweise in Staatsanleihen der Bundesrepublik Deutschland anlegen (siehe Kapitel 11). Die Eurokrise hat diesem Trend keinen Abbruch getan. Im Gegenteil: Da die Schulden in anderen Staaten noch höher sind, sind deutsche Staatsanleihen in aller Welt begehrt. Das hat Folgen: Die Zinsen deutscher Staatsanleihen (von der Tagesanleihe bis hin zu Bundesschatzbriefen) sind derzeit nicht gerade berauschend.

Es kann sich daher lohnen, nach anderen Möglichkeiten Ausschau zu halten, wie Sie Ihr Geld sicher, aber vielleicht etwas gewinnträchtiger anlegen. Wer mit dem Fernglas solche Wertpapiere sucht, wird früher oder später die Wertpapiergattung der Pfandbriefe erspähen. Sie werfen bei vergleichbarer Sicherheit und Laufzeit oft einen halben bis zwei Prozentpunkte mehr an Rendite ab.

Die »gedeckte« Anleihe

Pfandbriefe heißen auf Englisch »Covered Bonds«, wörtlich übersetzt »gedeckte Anleihen«. Das hat auch seinen Grund: Jeder Pfandbrief ist nicht einfach ein Zahlungsversprechen der emittierenden Bank. Sondern er ist mit einem realen Kredit gedeckt, also mit einer Forderung gegen einen oder mehrere Kreditnehmer. Dieser Kreditnehmer ist beispielsweise ein

Staat, eine Stadt oder Gemeinde, ein Unternehmen oder ein Privatmann. Und wie das bei Darlehen so üblich ist, muss dieser Kreditnehmer regelmäßig Zinsen zahlen und den Kreditbetrag vereinbarungsgemäß tilgen.

Die Konstruktion eines Pfandbriefs müssen Sie sich so vorstellen: Der Emittent vergibt zunächst einmal einen Kredit (oder mehrere davon). Das Geld für diesen Kredit holt er sich teilweise am Kapitalmarkt bei den Anlegern wieder. Er schnippelt den Kreditbetrag ganz einfach in kleinere Teile und emittiert dazu Pfandbriefe, die er an private und institutionelle Investoren verkauft. Dadurch kommt das Geld rein, das er per Kredit weiterverleiht.

Das alles braucht Sie als Anleger aber gar nicht zu interessieren. Interessant sind nur die Pfandbriefe selbst, die Sie kaufen können. Sie funktionieren im Prinzip genau gleich wie normale Anleihen: Es gibt eine regelmäßige, feste, meist jährliche Zinsausschüttung. Wobei diese Zinsausschüttung aus den Kreditzinsen bestritten wird, die der Kreditnehmer für sein Darlehen zahlt. Und selbstverständlich erhalten Sie bei Fälligkeit auch den in den Pfandbrief investierten Betrag zurück.

Und auch das ist bei Pfandbriefen nicht anders als bei normalen Anleihen: Bei einem Kauf während der Laufzeit zahlen Sie Stückzinsen an den Vorbesitzer, erstatten ihm also zeitanteilig das, was ihm von der nächsten Zinsausschüttung zusteht.

Pfandbriefe lassen sich in mehrere verschiedene Kategorien einteilen:

✔ **Öffentliche Pfandbriefe** sind durch Kredite an die öffentliche Hand gedeckt (Bund, Länder, Städte, Gemeinden). Nach wie vor gilt die öffentliche Hand als exzellenter Schuldner (auch wenn einzelne Städte das Wort »Schuldensumpf« bereits kennengelernt haben und darin herumwaten). Die Ausfallgefahr ist entsprechend gering.

✔ **Hypothekenpfandbriefe** sind durch Immobilienkredite an gewerbliche oder private Schuldner gedeckt. Die bauen von dem Geld ein Häusle, eine Fabrik oder ein Bürogebäude. Diese Immobilie dient als Absicherung des Kredits. Ein Grundpfandrecht sichert bei Zahlungsschwierigkeiten den Zugriff des Kreditgebers auf das betreffende Gebäude. Was ganz einfach heißt: Kann ein solcher Kreditnehmer sein Darlehen nicht abzahlen, wird sein Gebäude eben verkauft. Vom Erlös werden dann die Pfandbriefeigner ordnungsgemäß bedient. Und keine Sorge: Beliehen werden kann eine solche Immobilie nicht zu ihrem vollen Preis, sondern nur bis zur sogenannten Beleihungsgrenze. Dass im Ernstfall der Erlös aus einem solchen Verkauf nicht reicht, um die Pfandbriefeigner zu bedienen, ist damit so gut wie ausgeschlossen.

✔ **Schiffspfandbriefe** sind durch Darlehen gedeckt, die zur Schiffsfinanzierung zum Beispiel an Unternehmen vergeben wurden. Hier dienen die Schiffe als Pfand und auch hier kann ein Schiff nicht mit seinem vollen Wert, sondern nur mit einem kräftigen Abschlag als Sicherheit für den Kredit dienen. Kann der Kreditnehmer seine Schulden nicht zahlen, werden die so beliehenen Schiffe eben verkauft – und der Erlös steht abermals den Pfandbriefeignern zu.

✔ **Flugzeugpfandbriefe.** Raten Sie mal, wie die funktionieren … – Genau! Wie die Schiffspfandbriefe, nur dass diesmal Flugzeuge finanziert und für den Kredit als Sicherheit eingesetzt werden.

Die Darlehen der Kreditnehmer werden meistens gebündelt und neu zerstückelt. In Form von Pfandbriefen finden sie dann den Weg zu zahlreichen Investoren, die sich Jahr für Jahr über eine feste Zinszahlung und am Schluss der Laufzeit über eine Rückzahlung des Nominalbetrags freuen.

Noch einen Begriff sollten Sie sich außerdem merken: *Jumbopfandbriefe*. Sie sind nicht etwa durch Kredite für den Kauf von Elefanten gedeckt (auch wenn der Name dies durchaus vermuten ließe). Sondern es handelt sich dabei um besonders große Emissionen. Hinter Jumbopfandbriefen stecken meist Milliardenkredite. Entsprechend viele Pfandbriefe dieser Gattung sind auf dem Markt – und entsprechend häufig werden sie an den Börsen gehandelt. Jumbopfandbriefe sind aber trotzdem nicht nur für institutionelle Anleger gedacht. Auch Privatleute können einige davon kaufen.

Keinerlei Ausfallgefahr: Warum Pfandbriefe als ausgesprochen sicher gelten

Haben bei Ihnen die Alarmglocken geschrillt, als Sie die Erklärung zu Pfandbriefen gelesen haben? Sie haben recht: Das klingt ganz so wie die faulen US-Hypothekenanleihen (»Subprime Bonds« und »Asset Backed Securities«), die 2008 das gesamte Weltfinanzsystem ins Wanken brachten. Kredite vergeben und das Ausfallrisiko in Form von Anleihen an Investoren weitergeben. – Supersicher für die emittierende Bank. Aber warum um alles in der Welt soll das für die Investoren sicher sein, die solche Papiere kaufen?! Sie können die Alarmglocken wieder abstellen und ganz beruhigt sein. Denn es gibt zwei entscheidende Unterschiede zwischen Pfandbriefen und faulen Immobilien- und sonstigen Anleihen. Der erste betrifft das Thema Sicherheit (siehe nächster Abschnitt). Der zweite die Frage, was ein Pfandbrief bei einer Insolvenz des Emittenten noch wert ist (siehe übernächster Abschnitt).

Sicherheiten decken das Ausfallrisiko

Die Kreditnehmer bei Pfandbriefen sind zahlungsfähig beziehungsweise die Kredite sind mehr als ausreichend mit Sicherheiten ausgestattet. Dafür muss die Pfandbriefbank sorgen, die diese Papiere emittiert. Pfandbriefe sind außerdem sehr viel durchschaubarer konstruiert als die Schrottpapiere, welche die US-Hypothekenfinanzierer damals in großem Stil auf den Markt brachten. Das gilt zumindest für Pfandbriefe aus Deutschland – und nur die sind für Sie als Anleger interessant.

Ein spezielles Gesetz stellt hierzulande sicher, dass ein Emittent nicht einfach Schrottkredite bündeln und als vermeintlich sichere Pfandbriefe verkaufen darf. Es heißt – was für eine Überraschung! – Pfandbriefgesetz. Das Pfandbriefgesetz enthält sehr strikte Vorschriften dazu, welche Kredite die Pfandbriefbanken überhaupt verbriefen dürfen und was die Voraussetzung dafür ist. Wenn Sie sich näher dafür interessieren, sind Sie auf der Internetseite des Verbandes der Pfandbriefbanken richtig (www.pfandbrief.de).

Angenommen, das Geld für einen Immobilienkredit soll über Pfandbriefe beschafft werden. Dann ermittelt der Kreditgeber (die Pfandbriefbank) zunächst den Beleihungswert der betreffenden Immobilie. Das ist nicht der Marktwert oder potenzielle Kaufpreis. Schon gar nicht werden mögliche Wertsteigerungen in der Zukunft berücksichtigt – und seien sie noch so wahrscheinlich. Vielmehr richtet sich der Beleihungswert allein nach der vorhandenen Substanz. Er spiegelt den langfristigen, nachhaltigen Wert der Immobilie wider. Deshalb ist der Beleihungswert immer niedriger, höchstens aber gleich hoch wie der Marktwert. Der Kredit für diese Immobilie darf aber gar nicht so hoch sein wie der Beleihungswert. Maximal 60 Prozent des Beleihungswerts dürfen ausgeschöpft werden, damit der Kredit pfandbrieffähig ist. Die restlichen 40 Prozent muss die Pfandbriefbank aufbringen. Das bedeutet: Sie trägt selbst einen Teil des Ausfallrisikos. Entsprechend gering ist ihr Interesse daran, Kredite an Schuldner zu vergeben, die sich möglicherweise später als zahlungsunfähig erweisen. Da würde sie selbst viel Geld verlieren.

Bei Pfandbriefen gibt es kein Emittentenrisiko

Noch aus einem weiteren Grund sind Pfandbriefe sehr sicher: Pfandbriefvermögen ist *Sondervermögen*.

Was ist Sondervermögen? Ganz einfach: Das ist geschütztes Vermögen, über das im Fall einer Pleite des Emittenten die Gläubiger (beziehungsweise der Insolvenzverwalter) nicht einfach herfallen und das sie nicht einfach verteilen dürfen. Es bleibt denen vorbehalten, für die es eigentlich gedacht ist (hier: den Pfandbriefeignern).

Falls die Pfandbriefbank, die Ihre Pfandbriefe emittiert hat, je pleitegeht, kann Ihnen das schnurzpiepegal sein. Das Pfandbriefvermögen können Sie nicht verlieren. Es wird nicht einfach versilbert und an die Gläubiger verteilt, sondern bleibt Eigentum der Pfandbriefeigner. Konkret: In solchen Fällen wird ein sogenannter Sachwalter eingesetzt. Er kümmert sich darum, dass der Pfandbrief so weiterläuft wie bisher. Die Zinsen, die die Kreditnehmer zahlen, sammelt er ein und lässt sie den Pfandbriefinhabern zukommen – ganz so, wie es in den Emissionsbedingungen steht. Und bei Fälligkeit sorgt er dafür, dass die Pfandbriefinhaber den Nominalbetrag ordnungsgemäß zurückbekommen.

Pfandbriefe auswählen: So geht's

Legen Sie Ihrer Auswahl stets drei Kriterien zugrunde:

- ✔ Kaufen Sie nur deutsche Pfandbriefe und keine ausländischen »Covered Bonds«. Hinter dieser Empfehlung stecken nicht etwa patriotische oder gar nationalistische Motive, sondern purer Pragmatismus. Bei deutschen Pfandbriefen wissen Sie genau, was Sie kriegen. Für deutsche Pfandbriefe gilt das deutsche Pfandbriefgesetz. Und das stellt nun einmal in Bezug auf die Sicherheit extrem strenge Anforderungen. Vergleichbare Sicherheit bieten allenfalls französische Pfandbriefe, die ganz ähnlich konstruiert sind. Aber: »Warum in die Ferne schweifen, wenn das Gute liegt so nah?«

14 ▶ Pfandbriefe: abgesicherte Anleihen

✔ Um größtmögliche Sicherheit zu erlangen, sollten Sie auf ein gutes Rating des betreffenden Pfandbriefs (AAA bis BBB) achten (mehr zum Thema Rating siehe Kapitel 15). Vor allem ausländische Pfandbriefe haben oft ein schlechteres Rating, weil ihre Sicherheit mitunter durchaus fragwürdig ist. Ob dagegen die emittierende Pfandbriefbank gerade gut dasteht oder nicht, kann Ihnen egal sein. Da Pfandbriefe Sondervermögen sind, kann sie sogar pleitegehen, ohne dass Sie als Pfandbriefeigner das kratzt.

✔ Wie bei anderen Anleihen gilt auch bei Pfandbriefen: Überlegen Sie sich, wann Sie das Geld wieder brauchen. Entsprechend wählen Sie die Restlaufzeit. Denn der Kurs von Pfandbriefen unterliegt Schwankungen – er bildet sich börsentäglich durch Angebot und Nachfrage.

✔ Schauen Sie nicht auf den Zinskupon, der sich auf den Nominalwert bezieht, sondern auf die Rendite bezogen auf den aktuellen Kurs. Denn was nützt Ihnen ein Pfandbrief, der bei 5,5 Prozent notiert, dessen Kurs aber so hoch liegt, dass die wahre Verzinsung nur bei 2 Prozent liegt? Auch die aktuell gültige Rendite wird bei Aufruf des entsprechenden Pfandbriefs stets ausgewiesen.

Übrigens: Normalerweise schwankt der Kurs von Pfandbriefen nicht stark. Kursverluste können aber vorkommen, etwa wenn wieder einmal eine Finanz-, Währungs- oder Wirtschaftskrise die Märkte kräftig durcheinanderwirbelt. Dann kann auch der Kurs diverser Pfandbriefe sinken. Das Risiko von Kursverlusten vermeiden Sie, indem Sie den Pfandbrief bis zur Fälligkeit halten. Dann wird der Nominalwert ausgezahlt – und basta! Zwischenzeitliche Kursverluste können Ihnen somit egal sein.

Empfehlenswert ist auch bei Pfandbriefen die Internetseite der Börse Stuttgart: www.boerse-stuttgart.de, die Spezialist für Anleihen und Zertifikate ist. Klicken Sie abermals auf den »Anleihen Quick-Finder«. Bei »Anleihen-Typ« wählen Sie »Euro-/Jumbo-Pfandbriefe« aus. Die liquidesten Pfandbriefe finden Sie im Börsensegment Bond X (da werden nur besonders große Anleihe- und Pfandbriefemissionen gehandelt). Ist in der Ergebnisliste etwas dabei, was Sie interessiert, klicken Sie auf die Wertpapierkennnummer. Sie finden dann den aktuellen Kurs des betreffenden Pfandbriefs sowie die Einzelheiten.

Beachten Sie: Die meisten Pfandbriefe sind nur in einer bestimmten Mindeststückelung erhältlich (»kleinste handelbare Einheit«). So viel müssen Sie mindestens investieren. Genau das ist der Knackpunkt: Da sich Pfandbriefe zumeist an institutionelle Investoren richten, gibt es nur eine kleine Auswahl an Papieren, die auch für Privatanleger infrage kommt.

Geduld, Geduld ...

Nicht jeder Pfandbrief ist besonders liquide. Manche werden nur höchst selten mal an der Börse angeboten. Wenn Sie nicht gerade Jumbopfandbriefe kaufen wollen, die immer in großer Stückzahl gehandelt werden, brauchen Sie womöglich etwas Geduld. Am besten geben Sie eine Order auf, die ein oder zwei Monate lang gültig ist.

Pfandbriefe im Schnellcheck: Empfehlenswert oder nicht?

Lohnt es sich, in Pfandbriefe zu investieren? Bei dieser Frage kommt es wieder mal darauf an, was Ihnen wichtig ist.

1. **Rendite:** Beim derzeitig niedrigen Zinsniveau dürfen Sie von Pfandbriefen nicht allzu viel erwarten. Sie werfen allenfalls 0,5 bis 2 Prozentpunkte mehr ab als deutsche Staatsanleihen. Da die Odergebühren die Rendite zusätzlich schmälern, lohnt sich das Investment nur, wenn Sie entsprechend hohe Beträge investieren können (und auch wollen) oder einen Pfandbrief kaufen, der eine sehr, sehr lange Laufzeit hat.

2. **Sicherheit:** Auf die in Deutschland emittierten Pfandbriefe können Sie sich verlassen. Seit über 100 Jahren werden sie emittiert – und noch kein einziger ist bisher ausgefallen. Bei Pfandbriefen (»Covered Bonds«) anderer Länder sollten Sie dagegen vorsichtig sein. Diese sind zum Teil deutlich weniger sicher.

3. **Flexibilität:** Sie können Pfandbriefe kaufen, wann Sie wollen. Lediglich die teilweise recht große Mindeststückelung beschränkt Ihre Flexibilität.

4. **Liquidität:** Es ist kein Problem, einen Pfandbrief an der Börse zu verkaufen, wenn Sie Bares brauchen.

5. **Transparenz:** Die ist hoch. Sie wissen, was Sie zahlen. Sie wissen, was Sie an Zinsen bekommen. Sie wissen, wann eine Rückzahlung fällig ist. Da gibt es nichts zu meckern.

Fazit: Pfandbriefe sind etwas für Sicherheitsfanatiker – die dann gerne damit leben, dass die Rendite recht mager ist. Pfandbriefe sind in dieser Hinsicht eine gute Alternative zu deutschen Staatsanleihen, denn immerhin werfen sie etwas mehr Rendite ab als diese. Allerdings reicht meist ein Bankkonto (Sparbuch, Festgeld, Tagesgeld), um ganz ähnliche Gewinne bei vergleichbarer Sicherheit zu erzielen. Und da müssen Sie sich nicht mit Depot, Orderaufgabe, Stückzinsen und Kursschwankungen befassen. Wer jedoch den Banken misstraut (trotz Einlagensicherung), findet hier das passende Anlageinstrument.

Bonität und Ratings: Prüfen Sie die Zahlungskraft der Emittenten

15

In diesem Kapitel

- Was sind Ratings?
- Ratingagenturen
- Ratingnoten
- Verlässlichkeit von Ratings
- Warum es bei Zertifikaten keine Ratings gibt (und worauf Sie stattdessen schauen sollten)

»Wer leiht, reißt sich den Bart aus.« – »Wer leiht ohne Bürgen und Pfand, dem sitzt ein Wurm im Verstand.« Diese beiden Zitate zeigen schon: Der Volksmund hält nicht viel davon, Geld an andere auszuleihen. Dahinter steckt wohl die leidige Erfahrung, dass der Verleiher sein Geld oft nicht wiedersieht. Heißt das also: »Finger weg vom Geldverleih!«? – So abwegig ist dieser Gedanke nicht. Schon gar nicht bei Anleihen, Zertifikaten und Pfandbriefen. Auch dort müssen Sie sich mit dem möglichen Ausfallrisiko beschäftigen. Denn auch dabei handelt es sich um nichts anderes: Der Kauf solcher Papiere ist eine Art Geldverleih, auch wenn der wohlorganisiert abläuft und wie ein Geschäft abgewickelt wird.

Damit Sie in Zukunft weder Ihren geliebten Bart ausreißen müssen (und sei es nur ein adretter Damenbart) noch in Verdacht geraten, nichts als gefräßige Würmer im Kopf zu haben, hilft nur eines: Sehen Sie sich die Ratings des betreffenden Unternehmens beziehungsweise Wertpapiers an. Dann haben Sie schon mal eine grobe Einschätzung dazu, wie hoch das Ausfallrisiko ist.

Was Ratings sind und welche Aussagekraft sie haben

Sie sind als Privatanleger keine Bank, das steht schon mal fest. Auch wenn Sie als Anleihekäufer quasi zum Kreditgeber werden. Dummerweise können Sie sich trotzdem nicht hinstellen und zum Kreditnehmer sagen: »Ich will aber Sicherheiten für das geliehene Geld haben.« Genauso wenig können Sie prüfen, ob dieser Kreditnehmer voraussichtlich in der Lage sein wird, seinen finanziellen Verpflichtungen nachzukommen, das heißt, ob er aller Wahrscheinlichkeit nach zahlungskräftig genug ist, um

- ✔ die Zinsen pünktlich an Sie auszuzahlen und
- ✔ am Ende der Laufzeit den offenen Betrag vollständig zu tilgen.

Die Zahlungsfähigkeit eines Emittenten nennt man auf Schlaudeutsch übrigens *Bonität* (wörtlich: »Güte« im Sinne von »gute Qualität«). Die Einschätzung dieser Zahlungsfähigkeit heißt *Rating*. »To rate« heißt auf Deutsch ganz einfach »einstufen« oder »bewerten«, ein Rating ist also die Einstufung der Zahlungsfähigkeit.

Wer erstellt Ratings – und warum?

Ratings erstellen Sie nicht selbst. Es sei denn, Sie sind ein Finanzgenie und darin geübt, Bilanzen zu lesen und Kennzahlen zu vergleichen. Als Otto Normalanleger überlassen Sie die Einschätzung der Bonität eines Emittenten lieber den Profis. Diese Profis nennen sich »Ratingagenturen«. Das sind privatwirtschaftlich organisierte oder staatliche Unternehmen, die Ratings erstellen und veröffentlichen.

Warum geben die Emittenten Ratings in Auftrag?

Wer kein Rating besitzt, wird es schwer haben, am Markt eine Anleihe zu platzieren. Denn die Anleger kaufen nicht gerne die Katze im Sack (auch wenn sie sonst keineswegs immer so rational handeln). Ein Unternehmen, das sich durch die Emission von Anleihen Geld leihen will, hat also keine andere Wahl. Es muss ein Rating in Auftrag geben. Fällt das Rating gut aus, gehen die Anleihen weg wie warme Semmeln, ohne dass der Emittent übermäßig viele Zinsen bieten muss. Fällt ein Rating dagegen schlecht aus, signalisiert das den potenziellen Anleihekäufern: »Achtung, da stimmt was nicht!« Um seine Anleihen dann trotzdem loszukriegen, muss der Emittent in einem solchen Fall entsprechend höhere Zinsen bieten.

Privatwirtschaftliche Ratingagenturen: Wes Brot ich ess ...

Ratingagenturen gibt es einige. Die bekanntesten sind

- ✔ Moody's,
- ✔ Standard & Poor's,
- ✔ Morningstar und
- ✔ Fitch.

Die erstellen ihre Ratings allerdings nicht aus Spaß an der Freud'. Sondern weil sie Geld dafür bekommen. Bezahlt werden sie pikanterweise ausgerechnet von den Unternehmen oder Staaten, die Anleihen emittieren.

Ratings müssen Sie daher immer mit einer gewissen Vorsicht genießen. Denn dass Ratingagenturen auch mal grob danebenliegen können, hat spätestens die letzte Finanzkrise gezeigt. Reihenweise wurden faule, das heißt ausfallgefährdete US-Immobilienanleihen bis zum Jahr 2008 mit Bestnoten »geratet«. Dabei waren sie nichts als Schrott. Leider kann das auch bei Staats- und Unternehmensanleihen passieren. Eine Ratingagentur wird möglichst vermeiden, ihrem Auftrag-

geber fehlende Zahlungskraft zu bescheinigen, es sei denn, das ist für alle offensichtlich. Manchmal handeln die Ratingagenturen aber durchaus nach dem Motto: »Wes Brot ich ess', des Lied ich sing.«

Das aber bedeutet nicht, dass Ratings überhaupt keine Aussagekraft haben. Immerhin geben sie Ihnen meist einen groben Überblick über die Bonität eines Emittenten. Und für die Emittenten gilt: Es ist immer noch besser, ein schlechtes Rating zu haben als gar keines. Denn Anleihen ohne Rating werden von den meisten Anlegern schlichtweg ignoriert. Das könnte ja jeder kommen und Geld leihen wollen ...

Im Trend: staatliche Ratingagenturen

Weil die privatwirtschaftlichen Ratingagenturen während der Finanzkrise so viel Mist gebaut haben, ist der Ruf nach staatlichen oder supranationalen Ratingagenturen groß. Von ihnen erhoffen sich Politik und Öffentlichkeit unabhängige, objektive Ratings. Die Grundüberlegung ist dabei durchaus richtig: Die Ratingagenturen werden von den Emittenten bezahlt. Das aber bringt die Gefahr mit sich, dass sie aus reiner Gefälligkeit gegenüber ihrem Brötchengeber ein unrealistisch gutes Rating abgeben.

Wie unabhängig ist unabhängig?

Idiotischerweise ist der Ruf nach einer (über)staatlichen Ratingagentur auf der Ebene der Europäischen Union ausgerechnet dann besonders laut geworden, als die privaten Ratingagenturen anfingen, die europäischen Wackelkandidaten Griechenland, Portugal, Irland, Spanien und Italien herabzustufen beziehungsweise die Prognose zu verschlechtern. Mit der Folge, dass diese Wackelkandidaten plötzlich deutlich höhere Zinsen bieten mussten, um sich am Kapitalmarkt Geld zu leihen. Auch wenn die Herabstufung absolut nachvollziehbar war (das Griechenland-Desaster hat sich inzwischen ja herumgesprochen): Der Politik hat sie nicht gepasst. Die privaten Ratingagenturen standen deswegen in einem wahren Kreuzfeuer der Kritik. Und viele Politiker forderten eine »unabhängige« europäische Ratingagentur.

Mal ehrlich – da fragt man sich doch: Wozu eine europäische Ratingagentur, wenn die dann auch nicht die Wahrheit sagen darf? Zumindest nicht über die wahre finanzielle Situation diverser Staaten. Auf eine weitere Gefälligkeits-Ratingagentur können die Anleger gut verzichten ...

Aber ob staatlich, ob privat: Die meisten Ratings über westliche Industriestaaten können Sie ohnehin in der Pfeife rauchen, egal von wem sie stammen. Oder glauben Sie ernsthaft, dass die USA mit einem Schuldenberg von über 15 Billionen US-Dollar (also 15 000 000 000 000 Dollar) noch ein Rating verdient haben, in dem der Buchstabe A vorkommt?!

Übrigens gibt es längst schon eine staatliche Ratingagentur, nämlich seit dem Jahr 1994. Sie sitzt in China und heißt Dagong Global Credit Rating, abgekürzt DGCR. Sie erstellt inzwischen auch Ratings von westlichen Unternehmen und Staaten, ohne von ihnen Geld zu erhalten. Und sie war die erste, die angezweifelt hat, dass das Triple-A-Rating (AAA) für die USA, das noch bis Mitte des Jahres 2011 bestand, gerechtfertigt ist.

Was wird überhaupt »geratet«?

»Geratet« werden in erster Linie die Emittenten, also Staaten und Unternehmen. Ob sie eine Anleihe bedienen können oder nicht, hängt ja in erster Linie von deren Zahlungskraft ab.

Es gibt aber auch Ratings für einzelne Anleihen und die sollten Sie durchaus nicht vernachlässigen. Denn sie können vom Unternehmensrating abweichen. »Warum ist das so?«, werden Sie sich jetzt fragen. Das hat verschiedene Gründe:

- ✔ **Ausstattung der Anleihe:** Wenn eine Anleihe beispielsweise nachrangig ist, wird ihr Rating schlechter sein als bei einer erstrangigen Anleihe. Ganz einfach, weil sich die Gefahr eines Totalausfalls erhöht, wenn im Insolvenzfall erst alle anderen Gläubiger bedient werden.

- ✔ **Fälligkeitstermin der Anleihe:** Es gibt Unternehmen, die stehen aktuell noch gut da. Es zeichnet sich womöglich aber schon ab, dass das nicht so bleibt. Dann werden langfristige Anleihen dieses Unternehmens schlechter geratet als kurzfristig fällige.

Leider etwas unübersichtlich: die Notenskala bei Ratings

Ach wie schön einfach war es doch in der Schule! Bekam man die Note 1, marschierte man schnurstracks zur Mama und ließ sich eine süße Belohnung kredenzen! Bekam man die Note 6, traute man sich beinahe nicht heim aus Angst vor Fernsehverbot oder gar Schlimmerem. Was hätten die Eltern wohl gesagt, wenn im Zeugnis Noten wie BBB- mit negativem Ausblick gestanden hätten? Sie wären wohl recht ratlos gewesen.

Bei Ratingagenturen sind solche Noten aber ganz normal. Sie haben eine etwas komplizierte Notenskala mit vielen, vielen Stufen und Zwischenstufen. Dazu kommt,

- ✔ dass die Noten sich unterscheiden, je nachdem, ob es sich um kurz- oder langfristige Anleihen handelt, und

- ✔ dass jede Ratingagentur ihr eigenes Notenschema hat.

Dieses Notenchaos müssen Sie also erst einmal durchblicken. Damit es Ihnen nicht zu schwerfällt, bekommen Sie hier nur den Überblick über die Noten für langfristige Anleihen. Die werden Sie wohl am häufigsten kaufen. Außerdem beschränken wir uns auf die bekanntesten Ratingagenturen Moody's, Standard & Poor's und Fitch. Die folgende Tabelle 15.1 zeigt Ihnen die gängigen Ratingnoten und was sie bedeuten.

Lassen Sie sich von diesem Zahlen- und Buchstabenwirrwarr nicht durcheinanderbringen. Folgende Grundsätze gelten für all diese Ratings:

- ✔ A ist besser als B, B ist besser als C, C immer besser als D.

- ✔ 1 ist besser als 2, 2 ist besser als 3.

- ✔ Drei Buchstaben sind besser als zwei, zwei Buchstaben sind besser als einer.

- ✔ Ein Plus hinter der Ratingnote ist geringfügig besser als diese Note. Ein Minus hinter der Ratingnote ist schlechter als diese Note. Wenigstens hier gibt es eine Parallele zu den Schulnoten.

15 ▶ Bonität und Ratings: Prüfen Sie die Zahlungskraft der Emittenten

Moody's	Standard & Poor's	Fitch	Bedeutung
Aaa	AAA	AAA	Bestmögliches Rating: sicher, keinerlei Ausfallrisiko
Aa1 Aa2 Aa3	AA+ AA AA-	AA+ AA AA-	Sehr hohe Qualität: sicher, kaum ein Ausfallrisiko
A1 A2 A3	A+ A A-	A+ A A-	Hohe Qualität: sicher, sofern es nicht zu unvorhergesehenen Ereignissen kommt.
Baa1 Baa2 Baa3	BBB+ BBB BBB-	BBB+ BBB BBB-	Noch gute Qualität: weitgehend sicher, aber Schwierigkeiten bei wirtschaftlicher Verschlechterung möglich
Ba1 Ba2 Ba3	BB+ BB BB-	BB+ BB BB-	Bereits spekulativ: Zahlungsausfälle sind bei Verschlechterung möglich
B1 B2	B+ B	B+ B	Sehr spekulativ: Zahlungsausfälle sind bei Verschlechterung wahrscheinlich
B3	B-	B-	
Caa1 Caa2	CCC+ CCC	CCC CCC	Hohes Risiko: Zahlungsausfälle sind sehr wahrscheinlich und nur bei günstiger Entwicklung zu vermeiden
Caa3 Ca Ca	CCC- CC C	CCC CCC CCC	Sehr hohes Risiko: Zahlungen sind bereits in Verzug (Moody's) bzw. Zahlungsausfall ist sehr wahrscheinlich
C	D	DDD	Zahlungsausfall
–	D	DD	
–	D	D	

Tabelle 15.1: Ratingnoten und ihre Bedeutung

Übrigens: Falls zu einer Anleihe oder einem Emittenten gar kein Rating vorliegt, dann erkennen Sie dies an den Buchstaben NR (»No Rating«).

Hier stellt sich natürlich die Frage, wo Sie das aktuelle Rating finden. Ganz einfach: Unternehmen veröffentlichen ihr Rating üblicherweise auf ihrer Homepage (zum Beispiel unter dem Menüpunkt »Investor Relations«). Ansonsten empfiehlt sich einmal mehr die Internetseite der Börse Stuttgart www.boerse-stuttgart.de, wo Sie zu jeder Anleihe, die Sie nachschlagen, üblicherweise auch ein Rating finden.

Es geht aber auch einfacher: eine Grobeinteilung für Profis (oder für Dummies)

Profi-Anleger schauen zwar sehr genau aufs Rating. In der Praxis aber unterteilen sie die Vielzahl an Ratingnoten in drei grobe Kategorien:

- ✔ Von AAA bis BBB- (beziehungsweise von Aaa bis Baa3) spricht man von »Investment Grade«. Solche Anleihen kaufen Versicherer, Pensionsfonds und sonstige institutionelle Investoren, die das Geld ihrer Kunden nicht einfach verzocken dürfen, sondern es vergleichsweise konservativ anlegen müssen. Nach Anleihen dieser Kategorie besteht also die größte Nachfrage.

- ✔ Von BB+ bis B- (beziehungsweise von Ba1 bis B3) spricht man von »Speculative Grade«. Anleihen dieser Kategorie dürfen all diese konservativ anlegenden Investoren nicht mehr kaufen. Sinkt also die Note auf BB+ oder schlechter, wird die Nachfrage nach der betreffenden Anleihe schlagartig abnehmen (die Ratten verlassen das sinkende Schiff). Und wenn Sie nicht gerade mit ein bisschen »Spielgeld« spekulieren möchten, lassen Sie besser die Finger davon.

- ✔ Ratings, in denen die Buchstaben C oder D vorkommt, sind nicht nur spekulativ, sondern höchst riskant. Deshalb nennt man sie »Junk Bonds«, wörtlich übersetzt »Müll-Anleihen« oder »Schrott-Anleihen«. Und was für Müll gilt, gilt auch für diese Anleihen: Diese sollten Sie noch nicht einmal mit einer Kneifzange anfassen. Es gibt aber durchaus risikobereite Spekulanten, die solche Anleihen kaufen, weil sie dafür einen hohen Zins kassieren (solange das gut geht). Und natürlich bestehen auch hier Aussichten, den Einsatz wieder zurückzubekommen.

Wie beim Wetter: Es kommt auch auf den Ausblick an

Ein bisschen sind Ratingagenturen wie Wetterfrösche. Sie verkünden nicht nur das aktuelle Wetter beziehungsweise das Wetter, das kurz bevorsteht. Sondern sie sprechen auch über die »weiteren Aussichten«. Kommt demnächst wieder Sonnenschein? Oder schneit es bald? Und wie tief sinkt im Winter die Schneefallgrenze? Dafür interessieren sich die Menschen natürlich brennend. Schließlich wollen sie wissen, ob ihr nächster Badeurlaub in Gefahr ist, weil es an der Nordsee permanent regnet. Und ob es sich allmählich lohnt, die Winterreifen aufs Auto zu montieren.

So ähnlich wie die »weiteren Aussichten« im Wetterbericht ist der *Ausblick* der Ratingagenturen. Da gibt es nur drei Möglichkeiten (also erfrischend wenig nach diesem Notenwirrwarr):

- ✔ **Positiv.** Das heißt, dass sich die Zahlungskraft des betreffenden Unternehmens oder Landes verbessert hat und womöglich weiter verbessern wird.

- ✔ **Stabil.** Das heißt, es gibt keine Änderungen.

- ✔ **Negativ.** Das heißt, dass sich die Zahlungskraft des betreffenden Unternehmens oder Landes verschlechtert hat und womöglich weiter verschlechtern wird.

Es kann sich lohnen, den Ausblick zu verfolgen – besonders wenn er gerade auf positiv angehoben wird. Wenn Sie dann kurz entschlossen eine Anleihe des betreffenden Unternehmens kaufen, profitieren Sie womöglich von Kurssteigerungen. Oder Sie profitieren von einem Zinssatz, der festgelegt wurde, als der Emittent noch als weniger zahlungskräftig eingestuft wurde. Die Erfahrung zeigt: Sehr häufig ändern die Ratingagenturen zuerst den Ausblick – und ein halbes Jahr später stufen sie dann das Rating herauf. Es könnte interessant sein, in die betreffende Anleihe zu investieren.

Zertifikate: kein Rating, sondern ein Ratespiel ...

Den meisten Menschen ist nicht klar, dass Zertifikate auch eine Art Anleihe sind. Hier sind Sie genauso auf die Zahlungskraft des Emittenten angewiesen wie bei herkömmlichen Anleihen. Oder anders gesagt: Sie haben auch hier ein Emittentenrisiko. Das Fatale ist nur: Bei Zertifikaten gibt es üblicherweise kein Rating. Warum das so ist, darüber kann man nur spekulieren. Wahrscheinlich deshalb, weil Zertifikate ohnehin nur von Banken und Versicherungen herausgegeben werden, und die galten traditionell nicht als Pleitekandidaten. Inzwischen hat uns die Finanzkrise eines Besseren belehrt. Banken können zahlungsunfähig werden. Das wissen wir Anleger, seit die riesige US-Investmentbank Lehman Brothers pleiteging (und mit ihr zahlreiche von ihr emittierte Zertifikate hopsgingen).

Ratings gibt es für Zertifikate immer noch nicht. Höchstens für die Emittenten. Und, sorry, die sind wenig aussagekräftig. Denn auch Lehman Brothers genoss wenige Monate vor der Pleite noch ein Triple-A-Rating (AAA). Was für Giftmüll in Form von maroden Wertpapieren die Banken noch in den Kellern lagern, durchschauen leider auch die Ratingagenturen nicht. Wie also beschaffen Sie sich Informationen zu einzelnen Zertifikate-Emittenten?

Hilfskrücke: der Blick auf die »Credit Default Swaps«

Ein kleiner Ersatz für fehlende Ratings ist der Blick auf die sogenannten »Credit Default Swaps«, kurz *CDS* genannt.

»Credit Default Swap« heißt auf Deutsch übersetzt: »Tauschgeschäft bei Kreditausfall«. Es handelt sich dabei – grob gesagt – um die Versicherung, mit der sich institutionelle Anleger gegen einen Zahlungsausfall des jeweiligen Emittenten absichern. Die Versicherungsprämien, die dafür gezahlt werden, heißen »Credit Spreads«.

Ein solches Absicherungsgeschäft hat immer eine bestimmte Laufzeit, beispielsweise drei oder fünf Jahre. Üblicherweise bezieht es sich auf den Emittenten und nicht etwa auf ein einzelnes Wertpapier. Der »Credit Spread« wird in Punkten angegeben, genauer gesagt in »Basispunkten«. Ein Basispunkt spiegelt 0,01 Prozent der Investitionssumme wider. Der versicherte Betrag liegt also bei 100 Prozent.

Ein Beispiel ist ein Geschäft über 100 000 Euro. Der Sicherungsnehmer (Risikoverkäufer) verkauft sein Ausfallrisiko. Der Käufer übernimmt dieses Risiko. Fällt der Emittent tatsächlich aus (ist er also zahlungsunfähig), muss der Käufer dem Sicherungsnehmer 100 000 Euro zahlen. Für diese Versicherung verlangt er eine bestimmte Versicherungsprämie, den »Credit Spread«. Angenommen, dieser liegt bei 250 Basispunkten, dann heißt das: Der Risikoverkäufer muss dem Risikokäufer (100 000 Euro × 0,025 Prozent =) 2 500 Euro zahlen, damit dieser bei einem Ausfall des Emittenten einspringt.

Hier gilt: Je höher die »Credit Spreads«, desto höher ist die Ausfallgefahr. Ist ja eigentlich auch logisch, das kennen Sie auch von Ihrer ganz normalen Kfz-Versicherung: Je höher die Unfallgefahr (also das Risiko), desto höher ist die Versicherungsprämie. Bei CDS ist das auch nicht anders. Wissen müssen Sie außerdem: CDS beruhen immer auf einer aktuellen Einschätzung der Marktteilnehmer. Die »Credit Spreads« können sich daher viel schneller ändern als die Ratings.

Wo Sie Informationen über aktuelle »Credit Spreads« finden

Wie hoch diese CDS-Prämien sind, sehen Sie zumindest für einige Banken auf der Internetseite des Deutschen Derivate Verbands (www.derivateverband.de). Dieser Verband ist das Sprachrohr aller Zertifikate-Emittenten in Deutschland. Da der Ruf von Zertifikaten gewaltig unter der Lehman-Pleite und ihren Folgen gelitten hat, ist dieser Verband schon im eigenen Interesse bemüht, Anlegeraufklärung zu betreiben (sonst würde ja kein Mensch mehr Zertifikate kaufen). Schauen Sie sich also die aktuellen CDS-Zahlen an. Je niedriger sie sind, desto besser.

Wenn Sie auf der Website des Derivate Verbands sind, lassen Sie sich nicht irreführen. Wer auf »Credit Ratings« klickt, erhält die (wenig aussagekräftigen) Ratings. Wer dagegen auf »Credit Spreads« klickt, bekommt die gewünschten Informationen zu den Credit Default Swaps. Da sie sich häufig ändern, sollten Sie öfter mal diese Website anklicken.

Verfolgen Sie aber auch sonst die Nachrichten über Banken. Zumindest über die, deren Zertifikate Sie kaufen wollen oder bereits in Ihrem Depot haben. Werden in den Medien Zweifel an der Zahlungskraft einer Bank gemeldet, dann hilft nur eines: Verkaufen Sie! Sofort!

Fonds: Auf einen Schlag einen Wertpapiermix kaufen

In diesem Kapitel

- Was Investmentfonds sind
- In welche Geldanlagen Fonds investieren
- Wie Sie einen Fonds aussuchen
- Fonds kaufen: So geht's
- Fondsgebühren und -kosten im Überblick

Aktien oder Anleihen auswählen? Den richtigen Ein- und Ausstiegszeitpunkt finden? Für bekennende Dummies unter den Anlegern ist das ein Graus. Aber keine Sorge: Sie müssen sich nicht mit der Wertpapierauswahl beschäftigen, wenn Sie das nicht wollen. Denn dafür gibt's Profis, die Ihnen diese Arbeit abnehmen. Diese Profis heißen Fondsmanager und sie sind zuständig für das, worum es in diesem Kapitel geht: für Investmentfonds.

Investmentfonds: die Wundertüte Ihrer Bank

Falls Sie sich in puncto Geldanlage von Ihrer Bank beraten lassen, wird diese Ihnen meist Investmentfonds verkaufen wollen – wenn sie Ihnen nicht gerade zu irgendwelchen obskuren Zertifikaten rät. Wir sagen bewusst »verkaufen«. Denn sowohl Fonds als auch Zertifikate bringen Ihrem Bankberater und Ihrer Bank am meisten Geld. Deshalb finden sich in Deutschland so viele Investmentfonds in den Depots von Privatinvestoren. Das Ganze ist ungelogen ein Billionengeschäft.

Es geht um viel Geld – und um hohe Gebühren und Provisionen, die für die Bank dabei abfallen (können). Das heißt aber nicht, dass Investmentfonds generell nicht empfehlenswert sind. Im Gegenteil: Wenn Sie den richtigen Fonds finden und sich bei der Geldanlage in Fonds genügend Zeit lassen, dann sind Fonds für Ihre Geldanlage und Altersvorsorge häufig genau das Richtige. Und wenn Sie darüber hinaus noch einige Tipps bei Auswahl und Kauf beherzigen, halten sich auch die Gebühren in Grenzen.

Fonds sind Sammelstellen für Ihr Geld

Den »einen« Investmentfonds gibt es gar nicht, auch wenn dieser Irrglaube immer wieder durch die Medien geistert. Es gibt nur eine Grundidee über die Fondskonstruktion und einen rechtlichen Rahmen, der für alle Investmentfonds derselbe ist: Investmentfonds sind eigenständige »Unternehmen«, die nur einen Hauptzweck haben: Sie sammeln das Geld verschiedener Anleger ein und investieren es möglichst gewinnbringend in einzelne Wertpapiere wie Aktien und Anleihen. Manche Fonds stecken das Geld auch in Immobilien.

Wer sein Geld in einem Investmentfonds anlegt, sprich Fondsanteile kauft, beteiligt sich daher an einer Art »Geldanlage-Unternehmen«. Sie können sich vorstellen: Bei einem beliebten Publikumsfonds kommen da ganz schöne Summen zusammen. Davon kauft der Fondsmanager Aktien oder Anleihen oder sonstige Wertpapiere oder Immobilien und behält vielleicht einen kleineren Bestand an Bargeldreserven zurück. Hier spricht man dann vom *Fondsportfolio* – darin ist eben alles, worin das Geld der Anleger investiert wurde.

Die Erträge von Investmentfonds bestehen im Wesentlichen aus:

✔ Kursgewinnen der Wertpapiere im Depotvermögen

✔ Dividenden von Aktien im Fondsvermögen

✔ Zinsen von Anleihen und sonstigen zinsbringenden Wertpapieren im Fondsvermögen

All diese Gewinne machen Ihre Fondsanteile im Laufe der Zeit wertvoller.

Ups, da haben wir Ihnen glatt etwas verschwiegen. Nämlich die Tatsache, dass es *thesaurierende* und *ausschüttende Fonds* gibt. Die thesaurierenden behalten Zinsen und Dividenden ein und legen sie gleich wieder an. Das lässt den Kurs der Fondsanteile steigen. Die ausschüttenden Fonds zahlen einmal oder mehrmals im Jahr die erhaltenen Zinsen und Dividenden an die Anteilseigner aus und überlassen es ihnen, was sie mit dem Geld tun. Den Wert der Fondsanteile beeinflussen somit diese Ausschüttungen nicht. Er schwankt lediglich mit dem (Kurs-)Wert der im Fondsvermögen enthaltenen Wertpapiere. Mehr dazu im Abschnitt »Begriffe, auf die Sie im Fondsprospekt stoßen«.

Fondsanteile können Sie auf einen Schlag in der gewünschten Anzahl kaufen. Sie können den Kauf aber auch »portionieren«. Idealerweise kaufen Sie Fondsanteile über einen längeren Zeitraum für stets den gleichen Betrag. Das nennt sich dann Fondssparplan. Warum das von Vorteil ist, erfahren Sie in Kapitel 18)

Jetzt kennen Sie die technisch-rechtliche Seite des Fondsgeschäftes. Sie als Anleger beteiligen sich durch den Kauf von Fondsanteilen am Fondsvermögen. Dieses wird für Sie angelegt und über eine Depotbank (siehe Kapitel 10) in Ihrem persönlichen Depot abgebildet. Die Depotbank übernimmt die technische Abwicklung, zahlt also eventuelle Ausschüttungen auf Ihr Verrechnungskonto und kümmert sich um den Kauf und Verkauf von Fondsanteilen, wenn Sie das wünschen.

Wer steckt dahinter? Die Fondsgesellschaft nennt sich KAG

Die Organisation Ihres Fonds nennt sich *Kapitalanlagegesellschaft*, kurz *KAG*. Manchmal spricht man auch ganz einfach von einer Fondsgesellschaft. Wie bei jeder ordentlichen Gesellschaft gibt es einen Verwalter, den die übergeordnete Fondsgesellschaft für diese KAG stellt. Über diesen Verwalter – den sogenannten Fondsmanager – hinaus gibt es »Berater«, oft prominente Zeitgenossen, die den Verwalter unterstützen sollen. Eine ganze Heerschar von Spezialisten unterstützt die Verwaltung noch: Juristen, Sachbearbeiter, ein Sekretariat der übergeordneten Fondsgesellschaft, deren Marketing- und Vertriebsteams, Buchhalter und so weiter und so fort.

Warum schildern wir Ihnen dies so ausführlich? Ganz einfach: weil damit Kosten verbunden sind. Denken Sie daran, die Fonds sammeln Ihr Geld ein und verwalten Ihr Geld, indem sie es anlegen. Alle Kosten der Verwaltung aber stellt man Ihnen in Rechnung. Nicht direkt, aber in Form von Managementgebühren. Darüber erhalten Sie regelmäßig eine vergleichsweise dürre Abrechnung.

Bevor Sie einen Fonds kaufen, informieren Sie sich über die Höhe der Managementgebühren. Die weist der Fondsprospekt in Prozent des Anlagebetrags aus. Dies ist eine erste Richtgröße. Weitere Hinweise zu Gebühren und Kosten lesen Sie weiter hinten in diesem Kapitel.

Mit Fonds verfolgen Sie bestimmte Zwecke:

✔ Ihr Vermögen soll wachsen, also Rendite bringen.

✔ Zugleich sollen die Risiken minimiert werden, indem das Geld auf viele verschiedene Wertpapiere verteilt wird. Verteilung (auf Schlaudeutsch »Diversifikation«) ist ein gutes Mittel zur Risikominimierung. Dann ist es nicht so schlimm, wenn eines der Wertpapiere abschmiert.

Ihr Geld steckt in Fondsanteilen, deren Wert Sie in Ihrem Depot sehen. Dieses Geld setzt das Fondsmanagement ein: Es kauft – je nach Ausrichtung des Fonds – Aktien, Anleihen, Rohstoffe (beziehungsweise Bezugsrechte darauf) oder Immobilien. Das Vermögen Ihres Fonds gehört aber weiterhin Ihnen und den anderen Anteilseignern. Steigt der Wert der »Assets« (das sind in der Sprache der Fonds- und Finanzfachleute die einzelnen Vermögensbestandteile), steigt sofort auch Ihr Fondsvermögen an.

Sie sehen das am Preis des Fondsanteils, den Ihnen die Fondsgesellschaft bietet, die Börse anzeigt oder die Zeitung im kleingedruckten Kursteil auflistet.

Wichtig: Ein Fondsanteilspreis kommt nicht über Angebot und Nachfrage zustande, sondern enthält nur den Wert der Assets. Mit anderen Worten: Es ist schnurzpiepegal, ob gerade viele oder wenige Anleger Fondsanteile ordern oder verkaufen. Den Wert der Anteile bestimmt ausschließlich das Vermögen, das sich im Fonds befindet.

Was Sie bei Auswahl, Kauf und Verkauf von Fondsanteilen beachten müssen

Fondsanteile können Sie über die Kapitalanlagegesellschaft kaufen und jederzeit wieder verkaufen. Die stellt allerdings nur einmal am Tag einen Preis für die Fondsanteile. Der gilt dann am Folgetag. Viele Fondsanteile können Sie auch über die Börse kaufen und verkaufen. Das hat den Vorteil, dass die Kurse aktueller sind als bei der jeweiligen Fondsgesellschaft. Denn der Wert der Fondsanteile wird laufend neu berechnet. Zudem ist der Börsenhandel oft kostengünstiger. Aber der Reihe nach.

Sie erhalten auf den nächsten Seiten alle Grundlagen, die Ihnen helfen, den richtigen Fonds zu finden – oder die richtigen Fonds. Denn auch bei Fonds gilt: Je breiter Sie über die verschiedenen Anlagemöglichkeiten hinweg streuen, desto sicherer sind Ihre Fondsinvestments.

Begriffe, auf die Sie in jedem Fondsprospekt stoßen

Für jeden Fonds gibt es einen sogenannten Fondsprospekt. Der ist nicht ganz so bunt und reißerisch wie ein Supermarktprospekt, aber leider auch nicht ganz so verständlich. Die Fondsgesellschaften gebrauchen eine ganz eigene Fachsprache, die sie sich nicht abgewöhnen können oder wollen. Immerhin erfahren Sie im Fondsprospekt alles Wesentliche über den betreffenden Fonds. Und Sie bekommen ihn problemlos – entweder von einem Bankberater oder der Fondsgesellschaft oder per Download aus dem Internet. In jedem Fondsprospekt werden Sie den folgenden Begriffen begegnen:

- ✔ **Ausgabeaufschlag** oder **Agio:** Bei Fonds, die Sie über die KAG kaufen, zahlen Sie bereits für den Erwerb eine einmalige Kaufgebühr. Dieser Ausgabeaufschlag bemisst sich in Prozent des Anlagebetrags. 5,5 Prozent heißt also: Bei einem Kauf von Fondsanteilen im Wert von 100 Euro zahlen Sie immerhin 5,50 Euro als Kaufgebühr. Den Ausgabeaufschlag können Sie meist durch einen Kauf an der Börse umgehen (siehe Abschnitt Gebühren).

- ✔ **Rücknahmeabschlag:** Das ist dasselbe in Grün beim Verkauf von Fondsanteilen an die Fondsgesellschaft.

- ✔ **Managementgebühr** oder **Verwaltungsgebühr:** Solange Sie Fondsanteile in Ihrem Depot haben, zahlen Sie auch jährliche Gebühren an die Fondsgesellschaft. Diese werden einfach aus dem Fondsvermögen entnommen – ausgedrückt im Fondsprospekt. Manchmal begegnen Sie in diesem Zusammenhang auch der *Gesamtkostenquote TER (Total Expense Ratio)*. Das ist sozusagen alles, was an jährlichen Gebühren laufend anfällt, in einer Prozentzahl zusammengefasst. Liegt die Managementgebühr beispielsweise bei 1,5 Prozent und Sie haben Fondsanteile im Wert von 100 Euro im Depot, heißt das: 1,50 Euro pro Jahr zahlen Sie an laufenden Gebühren.

- ✔ **Währung:** Nicht jeder Fonds lautet auf die Währung Euro. Die Währungsangabe im Fondsprospekt zeigt, in welcher Währung der Fonds geführt wird. Die einzelnen Wertpapiere kann das Management zwar in einer anderen Währung kaufen (beispielsweise US-amerikanische Aktien in US-Dollar). Deren Kurs wird dann aber umgerechnet.

- ✔ **Ertragsverwendung:** Ausschüttend oder nicht ausschüttend (= thesaurierend). Ausschüttende Fonds schreiben Ihnen die laufend anfallenden Zinsen oder Dividenden auf Ihr Verrechnungskonto gut. Nicht ausschüttende (= thesaurierende) Fonds lassen diese Erträge weiter im Fondsvermögen – und legen das Geld weiter an.

- ✔ **Replizierende** oder **Swap-Fonds:** Hier geht es um Indexfonds wie beispielsweise ETFs (siehe Kapitel 17). Diese Fonds bilden Indizes wie beispielsweise den Dax genau ab. Replizierende Fonds kaufen die Wertpapiere in aller Regel im Verhältnis von nahezu eins zu eins für das Fondsvermögen ein. Swap-Fonds hingegen kaufen diese Wertpapiere nicht ein. Swaps sind Versprechen, künftig Zahlungen zu erhalten oder selbst zu leisten. Swap-Fonds haben daher ein Versprechen, dass der Swap-Partner – eine Bank – die Wertentwicklung zahlt, nicht aber die im Index enthaltenen Aktien selbst liefert. Swap-Fonds sind daher riskanter als replizierende Fonds.

Ihre Sicherheit bei Fondsinvestments

Wie sicher sind Fonds? Was die Kursschwankungen angeht, dürfen Sie sich da keinen Illusionen hingeben: Fonds können stark schwanken, besonders wenn Aktien im Fondsvermögen sind und denen wieder mal nach einer netten kleinen Talfahrt zumute war.

Für alle Fonds gilt: Sie können schwanken – aber das ist nicht weiter tragisch. Selbst Garantiefonds werden Ihnen niemals stabile Kurse bringen. Die Börse lebt von fallenden und steigenden Kursen. Entsprechend entwickelt sich das gesamte Fondsvermögen beziehungsweise der Wert der einzelnen Fondsanteile. Mit Phasen fallender Fondskurse müssen Sie daher immer rechnen. Aber hier gilt meistens: »Augen zu und durch!« Prüfen Sie von Zeit zu Zeit anhand des Jahres- oder Quartalsberichts, welche Wertpapiere im Fondsvermögen liegen. Überlegen Sie, ob Sie diesen Papieren noch Kurspotenzial zutrauen (mehr dazu im Kapitel 19 »Aktien«). Falls nein, verkaufen Sie die Fondsanteile. Falls ja, halten Sie sie. Oder kaufen Sie noch welche nach. Denn oft sind schlechte Phasen sogar die Gelegenheit, die Anteile des gewünschten Fonds zum Schnäppchenpreis zu kaufen.

Die Risikostreuung innerhalb des Fondsvermögens bügelt jedoch die Schwankungen einzelner Werte etwas aus: Fonds setzen schließlich nicht nur auf ein Wertpapier, sondern auf mehrere.

Allerdings haben Sie zumindest eine Sicherheit: In Deutschland zum Vertrieb zugelassene Fonds unterliegen sehr anlegerfreundlichen rechtlichen Regeln – und das ist auch gut so. Die wildesten Fondskonstruktionen sogenannter Hedgefonds stammen nicht zufällig jeweils von irgendwelchen Offshore-Inseln. Dort gibt es fast keine Regelungen. Bei Fonds, die Sie hier in Deutschland kaufen können, haben Sie dagegen einige rechtliche Ansprüche:

✔ **Sitz in Deutschland:** Die Kapitalanlagegesellschaft muss in Deutschland verankert sein. Wenn Sie einer ausländischen Fondsgesellschaft Ihr Vermögen anvertrauen, dann muss diese hier zumindest mit einer Zahlstelle vertreten sein. Die Angaben dazu finden Sie dann jeweils im Prospekt. Also keine Angst beim Kauf von Fonds, deren ISIN (International Securities Identification Number, oder internationale Wertpapierkennnummer) mit einem LU (wie Luxemburg) beginnt.

✔ **Informationen und Publikationen:** Als Anleger haben Sie Anspruch auf genaue Informationen. Sie erhalten Zugriff auf Fondsprospekte in Kurz- und Langfassung und Jahres-, wenn nicht gar Quartalsberichte, aus denen hervorgeht, worin der Fonds investiert hat und wie sich der Wert entwickelt hat. Sie haben übrigens auch Anspruch darauf, dass ausländische Gesellschaften alle Publikations- und Informationspflichten erfüllen, die sich auch in Deutschland ergeben.

✔ **Sondervermögen:** Fondsvermögen ist Sondervermögen. Die Kapitalanlagegesellschaft KAG verwaltet das Vermögen lediglich in Ihrem Auftrag. Das bedeutet: Sämtliche »Vermögensgegenstände« im Fondsvermögen gehören rechtlich Ihnen und nicht der Fondsgesellschaft: Wertpapiere, Geldmarktanteile, Derivate (wie Optionsscheine), Bankguthaben, Grundstücke und auch Beteiligungen an anderen Gesellschaften. Im Pleitefall, wenn die KAG oder die übergeordnete Fondsgesellschaft Schulden nicht mehr bezahlen kann, bleibt das Vermögen trotzdem in Ihrem Eigentum. Weder die KAG noch ein Insolvenzverwalter haben darauf rechtlichen Zugriff – und schon gar nicht die Gläubiger der Fondsgesellschaft.

 Damit sind Fonds im rechtlichen Sinne sicher. Niemand hat Zugriff auf Ihr Vermögen. Die Verwaltung muss Sie zusätzlich jederzeit hinreichend über die Wertentwicklung informieren. Mit diesem Wissen schmerzen die Managementgebühren nicht mehr ganz so sehr. Bei Immobilien und einem zerstreuten Besitz müssten Sie im Zweifel ebenfalls jemanden beauftragen, der dieses Vermögen verwaltet und seine Dienste sicher auch nicht ganz kostenlos anbieten wird ...

Die wichtigsten Fondstypen – und worin sie investieren

Fonds gibt es wie Sand am Meer. Es ist wie in der Biologie. Wenn Sie wollten, könnten Sie hier ganze Klassifikationssysteme abbilden und der Stammbaum wäre vermutlich noch komplizierter als der vom Einzeller zum Menschen. Vermutlich können Sie darauf aber gut verzichten. Es reicht, wenn die Fondsindustrie über abstruse Namen und zahlreiche Sonderkonstruktionen Verwirrung stiftet. Im Prinzip genügt aber eine grobe Einteilung, mit der Sie künftig den Fondsmarkt bestens beurteilen können.

Offene und geschlossene Fonds

In diesem Kapitel ist in aller Regel von den *offenen Investmentfonds* die Rede. Das sind Fonds, deren Anteile Sie jederzeit bei der Fondsgesellschaft oder über die Börse kaufen und verkaufen können. Offene Fonds beteiligen sich nicht an einem bestimmten Wertgegenstand, sondern kaufen verschiedenste Wertpapiere und Vermögensgegenstände. Offene Fonds haben normalerweise mehrere Anlageobjekte im Portfolio (meist Wertpapiere). Diese Beteiligung ist der einzige Geschäftszweck. Als Investor sind Sie rechtlich an allen Objekten beteiligt.

Daneben gibt es aber auch *geschlossene Fonds*, für die zwar sehr viel Werbung gemacht wird, die aber für Privatanleger (und speziell für gefühlte Dummies) mangels Transparenz meist nicht empfehlenswert sind. Bei geschlossenen Fonds werden Sie zum »Mitunternehmer«. Das Vermögen fließt nur in ein bestimmtes Anlageobjekt, zum Beispiel in ein Schiff, ein Bürogebäude, eine Wohnanlage, einen Solarpark oder ein Windkraftwerk. Sobald das Fondsmanagement genügend Kapital eingesammelt hat, um den Bau zu betreiben oder das gewünschte Objekt zu erwerben, wird der Fonds »geschlossen«. Er nimmt kein weiteres Kapital mehr auf – er benötigt es auch nicht. Geschlossene Fonds haben zahlreiche Nachteile:

- ✔ Ihre Fondsanteile können Sie in der Regel nicht vorab wieder zurückgeben. Sie müssen bis zum Ende der Laufzeit warten. Die Wertentwicklung Ihrer Fondsanteile hängt vom unternehmerischen Geschick des Fondsmanagements ab.

- ✔ Wer Anteile geschlossener Fonds kauft, hat oft Haftungspflichten. Der Vertrag mit der Gesellschaft kann vorsehen, dass Sie bei Verlusten beispielsweise Geld nachschießen. Das heißt, Sie müssten dem schlechten Geld gutes hinterherwerfen, und das ausgerechnet dann, wenn schon absehbar ist, dass der Fonds nur Verluste macht.

- Anders als für offene Fonds gibt es für geschlossene Fonds keine staatliche Aufsicht. Als Anteilseigner sind Sie im Zweifel schlicht Unternehmer, der auch alle unternehmerischen Risiken zu tragen hat.

- Einen Handel an der Börse gibt es nur ausnahmsweise: Die meisten geschlossenen Fonds werden nicht an der Börse gehandelt. Und wie gesagt: Die Fondsgesellschaft selbst wird Ihre Anteile während der Laufzeit nicht zurückkaufen. Es gibt allenfalls einen Zweitmarkt, an dem Sie den Verkauf versuchen können. Der wichtigste wird von den Börsen Hamburg, Hannover und München gemeinschaftlich betrieben (mehr dazu unter www.zweitmarkt.de). Hier bestimmt aber nicht das Fondsvermögen den Anteilspreis, sondern Angebot und Nachfrage. Meist ist die Nachfrage so gering, dass Sie Ihre Anteile allenfalls mit gewaltigen Verlusten loswerden.

- Die Anlagesummen sind meist sehr hoch. Es geht um Schiffe, Windkraftanlagen, Immobilien, aber beispielsweise auch um Medien – also zum Beispiel Kinofilme. Den nötigen Anlagebetrag holen sich die Fondsgesellschaften meist nur von wenigen Investoren.

Ganz grundlos haben Sie sich jetzt nicht durch diese lange Liste von Nachteilen wühlen müssen. Von geschlossenen Fonds raten wir Ihnen dringend ab. Auch wenn sie oft im schicken Öko-Outfit daherkommen und Ihnen eine nachhaltige und ethisch saubere Geldanlage versprechen. Nachhaltig ist oft nur der Schaden. Und der kann beträchtlich sein. Wenn Ihnen also einer solche Fondsanteile verkaufen will – Finger weg!

Im Folgenden geht es nur noch um offene Investmentfonds. Dass geschlossene nichts sind, haben Sie jetzt ja bereits erfahren ...

Arten offener Investmentfonds – was Sie so alles kaufen können

Mehrere Tausend Investmentfonds mit oft einmaligem Auswahlprogramm haben Sie zur Auswahl. Für jeden ist etwas dabei. Hier ein grober Überblick für Sie. Alle Fonds passen in eine der folgenden Kategorien, über die Sie gleich mehr erfahren.

Aktienfonds: Investiert wird (fast ausschließlich) in Aktien

Aktienfonds investieren, wie der Name schon sagt, in Aktien. Die Aktienauswahl ist jedoch unterschiedlich. Innerhalb der Klasse der Aktienfonds gibt es daher verschiedene Ansätze, die für Sie als Privatanleger interessant sein können:

- **Regionalfonds:** Aktienfonds können in Deutschland bleiben, in Europa investieren, sich ausschließlich auf chinesische, nordamerikanische, brasilianische oder japanische Aktien spezialisieren – oder weltweit anlegen. In welcher Währung auch immer ein solcher Fonds seine Aktien kaufen muss: Sie können die meisten dieser Fonds in Euro notiert hier in Deutschland kaufen. Aber aufgepasst vor allzu rigiden Einschränkungen, vor allem was fremde Länder angeht. Die einmal gesetzten Regeln darf das Fondsmanagement nämlich nicht verletzen, auch wenn es in dem betreffenden Land abwärtsgeht: Setzt ein Fondsmanagement auf »BRIC« (Brasilien, Russland, Indien und China), könnte dort die Welt untergehen. Der Fonds müsste weiter in diesen Ländern investieren.

✔ **Branchen- oder Themenfonds** beschränken sich auf einzelne Bereiche, zum Beispiel auf Pharmawerte oder auf Unternehmen, die »irgendwas mit Medien« machen. Dies kann in solchen Phasen erfolgreich sein, wenn die jeweilige Branche an der Börse gerade in Mode ist. Der gesunde Menschenverstand spricht aber auf lange Sicht gegen ein solches Investment: Jede Mode ist einmal vorbei. Und auch hier gilt: Der Fondsmanager kann nicht einfach auf ein neues Modethema umsteigen. Heißt die Fondskategorie »Wasser«, darf er später nicht einfach Ölaktien kaufen, weil da viel mehr Geld zu machen ist.

✔ **Large-, Mid-, Small-Cap-Fonds:** Diese englischsprachigen Bezeichnungen beziehen sich auf die Größe der Unternehmen, in die Ihr Fonds investiert (siehe Kapitel 19, »Aktien«). Large Caps sind die großen Aktien etwa aus dem Dax. Small Caps befinden sich am unteren Ende der Fahnenstange. Solche Nebenwerte bringen in einzelnen Jahren womöglich mehr Rendite als Large Caps, weil große institutionelle Investoren wie Versicherungen oder Banken Nebenwerte oft links liegen lassen: Es ist einfach zu aufwendig, die Bilanz und den Geschäftsbericht jeder noch so kleinen Aktiengesellschaft zu lesen, von der man im Zweifel nur ein paar popelige Aktien kaufen kann ...

✔ **Value- oder Growth-Fonds:** Diese Fondsarten unterscheiden sich nach den Anlagegrundsätzen: Value-Fonds (wörtlich übersetzt: Wert-Fonds) setzen auf die Dickschiffe unter den Aktien mit dauerhaft hoher Substanz. Investoren und Fondsmanager unterstellen dabei, dass solide Unternehmen wie Nestlé oder BMW für einen überschaubaren Zeitraum ein stabiles Geschäftskonzept haben, solide und stetig verdienen, aber nicht explosionsartig wachsen. Growth-Fonds (wörtlich: Wachstums-Fonds) setzen auf Unternehmen, deren Umsatz und Gewinn stärker wachsen sollen als der Durchschnitt. Ein typisches Growth-Unternehmen kommt beispielsweise aus dem Internet-Bereich. So können Sie den Suchmaschinenbetreiber Google weiterhin als Wachstumsunternehmen begreifen. Aber natürlich sind bei diesem Ansatz auch die Risiken höher (wie das Platzen der Dotcom-Blase zu Beginn dieses Jahrtausends eindrucksvoll gezeigt hat).

✔ **Dividendenfonds:** Das Fondsmanagement investiert in Aktien, deren Ausschüttung im Verhältnis zum Kurs besonders hoch ist, die also eine hohe Dividendenrendite haben. Wenn Sie 1000 Euro in einen Fondsanteil investieren und dieser 50 Euro Dividenden ausschüttet, erwirtschaften Sie durchschnittlich über die verschiedenen Aktien im Vermögen 5 Prozent Dividendenrendite, im Idealfall Jahr für Jahr. Nicht verschweigen wollen wir Ihnen allerdings, dass der Kurs der betreffenden Aktien sich durchaus auch mal im Sinkflug befinden kann.

Es gibt keine langfristig immer überlegene Strategie. Nachweislich wechseln die Favoriten ab. Mischen Sie auch hier bei Ihrer Investition. Vergleichen Sie die Vergangenheits-Performance über verschiedene Zeiträume hinweg und suchen Sie damit die für Sie und Ihre zeitliche Perspektive optimale Strategie.

Aktienfonds sind empfehlenswert für Sie, wenn Sie Ihr Geld langfristig anlegen möchten (idealerweise über mehrere Jahrzehnte) und selbst nicht unbedingt Aktien auswählen wollen. Was unsere bewährten Kriterien angeht: Die Rendite ist auf lange Sicht gesehen vergleichsweise hoch, aber es besteht durchaus eine beträchtliche Verlustgefahr. Bei einem Fondsinvestment sind Sie allerdings sehr flexibel und Sie können Ihr in Fondsanteilen gebundenes Geld jederzeit wieder in bare Münze(n) verwandeln (schlimmstenfalls allerdings mit Verlust). Auch eine hohe Transparenz ist gegeben: Durch Fondsprospekte, Jahres- und gegebenenfalls Quartalsberichte wissen Sie jederzeit, woran Sie sind. Nicht empfehlenswert sind Fonds allerdings für die Kurzfristanlage. Denn erstens schlagen dann die Kaufgebühren zu stark zu Buche. Und zweitens ist schlicht nicht prognostizierbar, was die Börsen in zwei, drei oder vier Jahren machen. Aus der Vergangenheit lässt sich bisher nur so viel sagen: Langfristig geht's aufwärts.

Rentenfonds haben mit Altersvorsorge nichts zu tun

Rentenfonds heißen nicht so, weil sie Ihnen sichere Bezüge im Alter sichern. Vielmehr ist »Renten« ein anderes Wort für Anleihen, also Zinspapiere (siehe Kapitel 11 und 12). Rentenfonds verleihen also das Geld der Anteilseigner und streichen dafür zu deren Gunsten die Zinsen ein. Im Idealfall erhalten Sie als Anteilseigner auch die Rückzahlung jeweils zu 100 Prozent. Rentenfonds können daher im Durchschnitt nur einige Prozent Gewinn erwirtschaften. Fällt eine Anleihe im Fondsportfolio aus, sind sogar Verluste möglich. Deshalb gibt es Rentenfonds, die höhere Risiken eingehen und »High Yields« kaufen. Das sind Risikoanleihen mit hohen Zinsen, bei denen die Zahlungsfähigkeit des Emittenten aber fraglich ist. Solche Fonds würden auch Griechenland- und Italienanleihen kaufen, selbst wenn sich die Standard-Rentenfonds schon mit Grausen abwenden.

Auch bei Rentenfonds gibt es ganz unterschiedliche. Hier ein kurzer Überblick, mit welchen Typen Sie es in dieser Fondskategorie zu tun haben beziehungsweise nach welchen Kriterien sie sich unterscheiden:

- ✔ **Laufzeit der Anleihen:** Je länger Anleihen laufen, desto größer wird in der Regel das Risiko sein, dass die Rückzahlung ausfällt. Daher dürfen Sie im Normalfall (bei sogenannten »Normalrenditen«) mit zunehmender Laufzeit höhere Zinsen erwarten (denn der Zins steigt mit dem Risiko). Sie haben die Wahl zwischen Anleiheklassen mit Laufzeiten von zwei Jahren, zwischen zwei und fünf Jahren, zwischen sechs und zehn Jahren und »Langläufern«.

- ✔ **Schuldner (Anleihe-Emittent):** Klassische Rentenfonds investieren in Staatsanleihen. Andere Fonds investieren in Anleihen deutscher Staatsinstanzen wie von einzelnen Bundesländern oder sogar Kommunen. Eine dritte Anleiheform für Fonds sind Bankschuldverschreibungen. Die Schuldner »Banken« gelten als sicherer als andere Unternehmen, da Banken stets Kapitalzufluss erzeugen können (auch wenn dieses Denkmal so heftig wackelt, dass es bald vom Sockel fallen könnte). Schließlich gibt es auch noch Rentenfonds, die vor allem in Unternehmensanleihen investieren.

- ✔ **Währung:** Anders als bei Aktienfonds sind Währungen bei Anleihen ein wichtiges Unterscheidungskriterium. Anleihen oder Renten in fremden Währungen können selbst bei einer 100-prozentigen Rückzahlung zu Verlusten führen – oder zu außergewöhnlichen Gewinnen. Denn es kommt immer darauf an, wie sich die jeweilige Währungen in Relation zu unserem Euro entwickeln.

 Sie sollten es sich nicht antun, sich über Fremdwährungs-Rentenfonds an Währungsspekulationen zu beteiligen. Währungen werden täglich weltweit in Billionenhöhe gehandelt. Wie sich eine Währung entwickelt, lässt sich nicht voraussagen. Wer in Fremdwährungen spekuliert, könnte genauso gut ins Wettbüro gehen und dort mit seinem Geld zocken. Also nur etwas für gutbetuchte, nervenstarke Naturen!

Rentenfonds sind meist entbehrlich. Ganz einfach deshalb, weil Sie eine fest verzinsliche Anlage mit vergleichbarem Ergebnis auch in Form eines Bankkontos (Spar- oder Festgeldkonto) bekommen können. Und da zahlen Sie keine Fondsgebühren und Ihre Ersparnisse unterliegen der Einlagensicherung.

Geldmarktfonds: eine Sonderform von Rentenfonds

Ein sehr spezieller Typ von Rentenfonds sind die sogenannten *Geldmarktfonds*. Geldmarktfonds legen das Fondsvermögen nur kurzfristig an, also in Anleihen, die sehr bald fällig werden. Geldmarktfonds kommen für Sie als Investor typischerweise infrage als Parkmöglichkeit (als Alternative zu Tagesgeldkonten). Die Rendite ist mager: Die 1 bis 2 Prozent, die Sie mit Geldmarktfonds schaffen, erlauben auch kaum längere Laufzeiten. Der Vorteil der Geldmarktfonds ist deren relative Sicherheit gegenüber anderen Fonds. Dafür verzichten Sie als Anteilseigner aufgrund der Anlagestruktur von vornherein auf höhere Renditen. Hier ein kurzer Überblick über die Anlageformen typischer Geldmarktfonds:

- ✔ Der weitaus größte Teil des Fondsvermögens landet bei Banken auf einfachen Konten. Sogenannte Sichtguthaben (wie Girokonten) oder Termingelder mit Laufzeiten von typischerweise etwa 30 Tagen.

- ✔ Pfandbriefe (siehe Kapitel 14) nehmen immerhin einen meist zweistelligen Prozentanteil des Fondsvermögens ein.

- ✔ Investiert wird außerdem zu einem kleineren einstelligen Prozentanteil in öffentliche Anleihen.

- ✔ Daneben wird das Fondsvermögen zu etwa einem Zehntel in sonstige Anleihen wie »Floating Rate Notes« gesteckt (flexible Zinspapiere, deren Zinsen von den jeweiligen Marktbedingungen abhängen).

> ### In die Falle getappt
>
> Geldmarktfonds jedoch sind nicht sicher. Viele davon leg(t)en vor wenigen Jahren sogar in den USA Geld an – in Wertpapiere, die Immobilienkredite bündelten. Geldmarktfonds waren trotz ihres Ziels größtmöglicher Sicherheit damit voll in die Falle der US-Immobilienkrise gelaufen. Sie bescherten Investoren sogar zweistellige Verluste.

Den Kauf von Geldmarktfonds können Sie sich als Anleger komplett sparen. Sie zahlen Transaktionsgebühren sowie Gebühren fürs Fondsmanagement und erzielen damit selten mehr, als ein klassisches Bankkonto bringt. Die schlichte, aber empfehlenswerte Alternative zu solchen Fonds heißt »Tagesgeldkonto«. Denn auch hier profitieren Sie vom aktuellen Zinsniveau.

Mischfonds: teils Aktien, teils Anleihen, womöglich auch Immobilien

Mischfonds nehmen verschiedene Anlageklassen im Fondsvermögen auf. Die Fondsmanager investieren sowohl in Aktien als auch in Anleihen, teils auch in Immobilien. Unter diesem gemeinsamen Dach jedoch finden sich die unterschiedlichsten Konzepte. Meist unterscheidet die Fondsindustrie Mischfonds danach, welcher Anteil des Fondsvermögens in Aktien investiert wird:

- ✔ **Defensive Fonds** haben einen geringeren Anteil an Aktien, so etwa 10 bis 30 Prozent. Solche defensiven Fonds unterliegen höheren Schwankungen als reine Rentenfonds. Die Rendite aber bleibt in jeder Phase gegenüber normalen Aktienfonds bescheiden. Wenige Prozentpunkte Mehrrendite bei hohen Managementgebühren – dies ist über längere Zeit das Ergebnis der defensiven Fonds in Deutschland. Fazit: Nicht empfehlenswert.
- ✔ **Offensive Fonds** haben einen Aktienanteil, der oft etwa bis zur 50-Prozent-Marke geht. Diese Marke geben oft die Marketingabteilungen vor, offenbar weil der Werbeerfolg für solche Fonds besonders hoch ist. Diese Fonds aber haben ein festes Regelwerk. Wenn das Fondsmanagement die Aktienquote bei 50 Prozent deckelt, darf es in keiner Situation zu einem höheren Anteil in Aktien investieren. In der Praxis heißt das: Steigen die Aktienkurse zu stark, wächst der Anteil der Aktien am Fondsvermögen. Das Fondsmanagement muss dann Aktien verkaufen, um den Aktienanteil (der sich immer in Prozent des Fondsvermögens bemisst) wieder einzuhalten. Fazit: Kompletter Schwachsinn!
- ✔ **Aggressive Fonds** erlauben sich regelmäßig, 70 bis 100 Prozent in Aktien zu investieren. Wenn Sie einen solchen Fonds kaufen, haben Sie fast einen Aktienfonds im Depot. Ein aggressiver Mischfonds lebt noch stärker als ein Aktienfonds von der Qualität des Managements. Aktienfondsmanager müssen die richtige Aktienstrategie entwickeln. Mischfondsmanager mit unterschiedlichen Investitionsgraden müssen darüber hinaus noch verschiedene Anlageklassen im Blick behalten – damit wächst die Fehlergefahr.
- ✔ **Flexible Mischfonds** mit nicht festgelegten Anteilen von Aktien und Rentenpapieren: Das ist die seltenere, aber interessanteste Form von Mischfonds. Denn hier kann der Fondsmanager je nach Börsenlage entscheiden, ob er lieber mehr Aktien oder mehr Anleihen kauft.

Trotzdem gilt: Mischfonds sind oft die schlechtere Wahl gegenüber den reinen Fonds. Wenn Sie Ihr Risiko streuen wollen, kaufen Sie lieber Aktien- und Rentenfonds gesondert. So bleiben Sie Herrscher über Ihr eigenes Mischdepot und brauchen Papiere mit guter Wertentwicklung nicht ausgerechnet deshalb zu verkaufen, weil irgendeine Fondssatzung Ihnen feste Quoten bestimmter Wertpapierklassen vorschreibt.

Immobilienfonds: Häuser vermieten und verkaufen

Manche Fonds investieren in Immobilien. Sie verdienen Geld damit,

- ✔ Häuser, Wohnanlagen oder Bürogebäude zu kaufen, eventuell zu sanieren und sie später wieder zu verkaufen,
- ✔ diese Immobilien an Privatleute oder gewerbliche Nutzer zu vermieten.

Das heißt, im Bestand solcher Fonds sind keine Wertpapiere, sondern echte Immobilien. Offene Immobilienfonds hatten über Jahrzehnte eine Durchschnittsrendite von gut 3,5 Prozent pro Jahr. Die besten kamen über einen Zeitraum von fünf Jahren sogar auf eine Rendite von über 5 Prozent pro Jahr. In der Finanzkrise 2008 sind allerdings einige Immobilienfonds in Schieflage geraten – auch deshalb weil extrem viele Anteilseigner auf einmal ihre Anteile zurückgeben und dafür bares Geld auf die Kralle haben wollten. Um Notverkäufe von Immobilien im Fondsbestand zu vermeiden, machten viele Fonds dicht, nahmen keine Anteile mehr zurück und rückten kein Geld heraus. Was für die Anleger natürlich eine ausgesprochen ärgerliche Sache war.

Inzwischen gibt es neue gesetzliche Regelungen, die beiden Seiten – der Fondsgesellschaft und den Anlegern – gerecht werden. Ab Januar 2013 gilt: Anteilseigner müssen ihre Anteile mindestens 24 Monate lang halten. Allerdings gibt es eine Ausnahme, die gerade privaten Anteilseignern entgegen kommt: Fondsanteile im Wert von bis zu 30 000 Euro pro Halbjahr können Sie unabhängig von der Haltedauer an die Fondsgesellschaft zurückgeben. In ernsthafte Liquiditätsschwierigkeiten werden Sie als Privatanleger durch den Kauf von offenen Immobilienfonds also nicht kommen. Da haben Sie es besser als institutionelle Investoren, für die dieser Betrag zu gering ist. Die müssen eine Kündigungsfrist einhalten, bevor sie an ihr Geld rankommen.

Wer Inflationsschutz sucht und Aktien gerne meiden will, findet in offenen Immobilienfonds ein durchaus brauchbares Investment. Dank der neuen Gesetzesregelungen ist die Gefahr, dass das dort investierte Geld »eingefroren« werden könnte, auch nicht mehr gegeben.

Dachfonds kaufen keine Dächer, sondern Fondsanteile

Dachfonds sind eine Spezialkonstruktion. Das Fondsmanagement investiert nicht mehr in einzelne Aktien, Anleihen oder sonstige Wertpapierklassen. Vielmehr kauft das Management Anteile anderer Fonds (hier *Subfonds* oder *Zielfonds* genannt). Das Ziel dieser Fonds ist laut Werbung oder Einschätzung von Analysten, das Risiko durch die verstärkte Diversifizierung zu senken. Denn je breiter ein Fonds streut, desto weniger Gewicht haben einzelne Verluste.

Aber Achtung: Diese Sicht ist falsch. Gerade bei Dachfonds bilden sich oft sogenannte Klumpenrisiken. Da Fondsanteile selbst verschiedene Wertpapiere enthalten, können sich einzelne Wertpapiere unbeabsichtigt häufen, weil sie in mehreren Zielfonds vorkommen. Investiert ein solcher Dachfonds etwa in europäische und deutsche Fonds, kann es gut sein, dass ausgerechnet die Loser-Aktie Deutsche Telekom zu einem besonders großen Anteil im Fondsvermögen liegt.

Ein weiterer Nachteil von Dachfonds ist deren Konzentration auf hauseigene Fonds. Jede Fondsgesellschaft mit einem Dachfonds hat ein natürliches Interesse daran, die eigenen Fonds zu verkaufen. Der Blick in viele Dachfonds zeigt, dass die Dachfondsmanager dieser Devise entsprechend gehandelt haben. Dabei fließen Gebühren, die Sie als Investor doppelt und dreifach tragen müssten: Zum einen zahlen Sie für den Kauf oder Verkauf der einzelnen Fondsanteile Verwaltungsgebühren wie den Ausgabeaufschlag. Zum anderen zahlen Sie das doppelte Management: Denn zumindest Verwaltungsgebühren fallen auch für das Management der Zielfonds an. Und die wird ein Dachfonds in der Regel nicht extra ausweisen.

Die vergangenen Jahre haben gezeigt: Dachfonds sind im Durchschnitt weder sicherer als einfache Fonds noch bringen sie die bessere Performance. Dachfonds lohnen sich daher auf keinen Fall für ein Investment. Einzelne Dachfonds mögen ganz ordentliche Renditen abwerfen. Aber in der Regel tun sie das eher nicht ...

Hedgefonds zocken im großen Stil

Hedgefonds sind eine besondere Anlageform. Das Management entzieht sich zumindest über den Hauptsitz der KAG den deutschen Regelungen und kann somit – fernab von allen Vorschriften – machen, was es will. Damit sind Hedgefonds oft extreme Mischfonds. Je nach der zugrundeliegenden Strategie können die Manager alle Instrumente nutzen: Währungen, Derivate (abgeleitete Wertpapiere wie Optionsscheine), Edelmetalle, Aktien und Anteile in beliebiger Mischung. Hedgefonds sind in letzter Zeit zu Recht in die Kritik geraten wegen der extremen Zockerei, welche die Fondsmanager betreiben und die manchmal durchaus das gesamte Börsengeschehen an den Weltmärkten durcheinanderbringt.

Je freier ein Hedgefonds dank seines Hauptsitzes ist, desto schwieriger wird die Rechtsposition für Investoren. Die gesetzlichen Regeln für in Deutschland vertriebene Mischfonds sind bindend, die selbst gesetzten Regelungen von Hedgefonds mit Sitz auf den Cayman Islands können Sie kaum einklagen. Daher gilt: Kaufen Sie nichts, was auch nur annähernd mit Hedgefonds zu tun hat und nur unter der Hand vertrieben wird. Manche Hedgefonds werden in Deutschland im Mantel eines Zertifikats vertrieben, um das hiesige Verkaufsverbot für Privatanleger zu umgehen. Auch hier gilt: Finger weg!

Sonstige Fonds: ein wildes Sammelsurium

Es gibt noch eine Reihe von Spezialfonds, denen Sie etwas seltener begegnen, die aber auch hin und wieder empfohlen werden.

- ✔ **Altersvorsorge-Sondervermögen (AS-Fonds):** Anteile dieses Fonds kaufen Sie immer mit Blick auf den Zeitpunkt der Auszahlung. Im Laufe der Zeit schichtet das Fondsmanagement dann das Vermögen um. Am Anfang wird viel in Aktien und wenig in festverzinsliche Wertpapiere investiert. Am Schluss ist es genau umgekehrt, um das so erwirtschaftete Vermögen nicht etwa durch Kursstürze wieder zu verlieren. Diese Fondsart hat in den vergangenen Jahren an Zulauf verloren. Vor zehn Jahren galt sie als das Vorsorgeprodukt schlechthin. Heute gilt sie als alter Hut, den kaum mehr jemand trägt. Es geht auch ohne.

- ✔ **Absolute Return Fonds** oder **Total Return Fonds:** Fonds mit diesen Namen verfolgen das Ziel, entweder besser als ein Vergleichsindex abzuschneiden oder auf jeden Fall ein positives Ergebnis zu erwirtschaften. Das Vorhaben ist löblich. Als Investor jedoch bringt Ihnen dieses Konzept aus einem einfachen Grund nichts: Regelmäßig übernehmen die KAGs für dieses Versprechen keine Garantie. Zudem ist nie klar, in welchem Zeitrahmen das Versprechen greifen soll. Damit dient der tolle Name einfach nur der Werbung. Und wie so oft verspricht die Verpackung etwas, das der Inhalt nicht hält: Absolute Return oder Total Return Fonds sind bestenfalls Mittelmaß. Also nichts, was sie im Depot haben müssen.

- ✔ **Garantiefonds** haben eine Laufzeit und garantieren Ihnen als Anteilseigner, dass Sie zum Laufzeitende mindestens den ursprünglich bezahlten Betrag zurückerhalten. Nur ist diese Garantie nicht umsonst: Sie verzichten dafür zumeist auf sonst mögliche Maximalgewinne. Werden hohe Gewinne erwirtschaftet, behält sie das Fondsmanagement nicht selten selbst ein. Durch die Bindung an eine Laufzeit kommt zudem die Inflation ins Spiel. Garantiefonds sind allenfalls in Verbindung mit einer Riester-Förderung (siehe Kapitel 22) zu empfehlen, wenn Sie fette Zulagen vom Staat kriegen. Sonst nicht. Die Garantie ist einfach zu teuer.

Fonds aussuchen: So geht's

Es gibt keine goldene Regel, wie Sie einen Fonds aussuchen. Verabschieden Sie sich von der Idee, Sie könnten zum richtigen Zeitpunkt einsteigen (also das »Timing« optimieren) oder die absolut richtige Anlageform wählen. Sie können nur Ihre eigene Auswahlstrategie festlegen. Einige Überlegungen sollten Sie vorab anstellen:

- ✔ In welcher Region möchten Sie investieren?
- ✔ Welche Wertpapierklasse(n) oder sonstige Anlageformen bevorzugen Sie?
- ✔ Welches Risiko sind Sie zu tragen bereit?
- ✔ Welche Strategie soll gegebenenfalls bei der Wertpapierauswahl berücksichtigt werden?

Wenn Sie diese Fragen alle beantworten können – herzlichen Glückwunsch! Dann können Sie sich auf die Suche nach geeigneten Fonds machen.

Empfehlenswert hierzu sind Fondsratings oder Suchhilfen verschiedener Verbraucherschutzorganisationen, Ratingagenturen oder sonstiger Anbieter. Hier eine Auswahl:

- ✔ **Stiftung Warentest.** Auf deren Internetseite (www.test.de/fonds) finden Sie beispielsweise einen »Produktfinder aktiv gemanagte Fonds«. Gegen eine geringe Gebühr erhalten Sie außerdem die Testergebnisse zu den jeweiligen Fonds. Kostenfrei und ebenfalls hilfreich sind Websites der Ratingagenturen. Auch wenn sie in anderer Hinsicht fragwürdige Bewertungen liefern mögen – für den Fondsvergleich sind sie recht gut.

- ✔ **Morningstar** (www.morningstar.de). Das ist unser Liebling bei der Fondsauswahl. Klicken Sie hier auf den Reiter »Fonds«. Eine Suche der besten Fonds in der gewünschten Kategorie liefert Ihnen beispielsweise das Tool »Quickrank«, wo Sie nur die Investmentregion und den Fondstyp (zum Beispiel Aktienfonds) eingeben müssen. Sie können auch Ihre eigene Sortierung vornehmen, die Fonds etwa nach der besten Performance innerhalb von einem oder drei Jahren auflisten lassen. Ebenfalls hilfreich sind die Tools »Fondsresearch« sowie »Fondsvergleich«.

- ✔ **Andere Ratingagenturen** wie Standard & Poor's (www.funds-sp.com), FondsConsult (www.fondsconsult.de), Feri (http://frr.feri.de/de), Lipper (www.lipperweb.com). Diese Websites können Sie heranziehen, um zu prüfen, ob sie zu ähnlichen Bewertungen Ihres favorisierten Fonds kommen wie etwa Finanztest oder Morningstar.

- ✔ **Sauren** (www.sauren.de). Interessant auf dieser Website ist vor allem das Fondsmanagerrating. Sauren ist allerdings selbst eine Fondsgesellschaft und daher möglicherweise nicht ganz frei von Eigeninteressen.

Ob Sie auf Ihre Suche hin nur eine Handvoll Fonds erhalten oder unglaublich viele: Jeden Fonds, der infrage kommt, sollten Sie einer genauen Prüfung unterziehen.

16 ➤ Fonds: Auf einen Schlag einen Wertpapiermix kaufen

Fünf Kriterien müssen erfüllt sein:

1. Der Fonds sollte liquide sein. Sie müssen den Fonds jederzeit verkaufen können. Am besten sind börsengehandelte Fonds, die eine hohe Nachfrage verzeichnen. Schlecht sind Fonds, für die ein Börsenhandel besteht, der aber sehr gering ist – dies sind Anteile geschlossener Fonds auf Schiffe oder Immobilien. Sehr schlecht sind Fonds, die eine Fondsgesellschaft nicht zurücknimmt: Zahlreiche offene Immobilienfonds durften rechtswirksam von deren Fondsgesellschaften vom Rückkauf ausgeschlossen werden.

2. Der Fonds sollte transparent sein. Sie müssen als Investor wissen, was vor sich geht. Hedgefonds sind ein Extrembeispiel fehlender Transparenz. Sowohl die Anlagestrategie als auch die einzelnen Käufe und Verkäufe erfahren Sie oft zu spät. Tipp: Unter Portalen wie www.finanzen.net können Sie sich durch Eingabe der ISIN oder WKN das »Factsheet« herunterladen. Da sehen Sie das Wichtigste in aller Kürze.

3. Der Fonds sollte vergleichsweise sicher sein. Ein Maß für die Sicherheit ist beispielsweise die »sharpe ratio«, die Sie auf dem Factsheet finden. Diese Kennzahl zeigt Ihnen, wie hoch die Rendite im Vergleich zu sicheren Zinsen und bezogen auf die Schwankungen des Fonds ist. Je höher die »sharpe ratio«, desto besser für Sie. Dann sind die Zinsen deutlich höher und die Schwankungen vergleichsweise niedrig.

4. Der Fonds sollte eine im Vergleich zu anderen, ähnlichen Fonds eine hohe Rendite aufweisen. Auf den Internetseiten der Ratingagenturen (zum Beispiel www.morningstar.de – »Fonds«) finden Sie in der Regel die Möglichkeit, die Fonds nach diesem Kriterium sortieren zu lassen.

5. Der Fonds sollte günstig sein: Es gilt also, auf die Gebühren zu achten. Je niedriger, desto besser. Dazu nur einige Anmerkungen, die vor allem in schwierigeren Zeiten wichtig sind. Viele Gebühren fallen fix an. Das heißt: Selbst wenn der Fonds Verluste macht, zahlen Sie. Meiden sollten Sie Fonds mit leistungsabhängigen Gebühren, die auf die fixen Gebühren noch obendrauf kommen. Das ist reine Beutelschneiderei!

Umgehen Sie die Bankberaterfalle

Wenn Sie zu einem Bankberater gehen, betreten Sie einen Verkaufsraum. Selbst wenn Sie diesen Bankberater schon lange kennen – er ist Angestellter und erhält normalerweise für den Verkauf von Fonds Provisionen. Und auch wenn er sie nicht selbst kriegt: Zumindest seine Bank kassiert einen Teil des Ausgabeaufschlags als Vertriebsprovision. Daneben gibt es Bestandsprovisionen als Lohn dafür, dass Sie als Kunde dem betreffenden Fonds beziehungsweise der Bank die Treue halten.

Dazu kommt: Wenn Sie bei Ihrer Hausbank DWS- oder Deka-Fonds erhalten, sind Sie entweder Kunde der Deutschen Bank oder der Sparkasse. Dies sind die Fonds-Hausmarken. Auch solche Fonds sind teilweise sehr gut – nur: eben nicht immer. In manchen Fondskategorien gibt es bessere. Holen Sie sich deshalb eine zweite oder dritte Meinung ein. Unterzeichnen Sie keine Kaufaufträge. Es kommt nicht auf den Tag an. Fonds sind keine Timing-Investitionen. Und noch etwas: Behalten Sie bei einer Bankberatung stets im Auge, was Sie eigentlich wollen. Sonst ergeht es Ihnen womöglich wie dieser Anlegerin, die ihre Erfahrungen so schilderte: »Ich bin mit mehr Fonds herausgegangen, als ich vorher hatte. Dabei wollte ich ursprünglich all meine Fondsanteile nur verkaufen.«

Die Bewertung: Fonds können die richtige Wahl sein (müssen es aber nicht)

Sind Fonds geeignet für die Geldanlage? Unter dem Strich bleibt bedauerlicherweise ein uneindeutiges Ergebnis: Ob Fonds für Sie das richtige Investment sind, entscheiden Sie selbst. Hier die Bewertung anhand der Kriterien, die Sie ja schon kennen.

1. **Rendite:** Fonds bringen meistens deutlich mehr als einfache Sparkonten. Dies gilt sowohl für Aktienfonds als auch für Mischfonds und sogar für offene Immobilienfonds. Nur bei Dachfonds, reinen Renten- und Geldmarktfonds gibt es derzeit für die nächsten Jahre kaum Aussichten, damit dauerhaft mehr Zinsen zu erzielen als über reine Sparkonten – jedenfalls nicht entscheidend. Eine gewisse Renditebremse sind allerdings die Gebühren. Den Ausgabeaufschlag (Kaufgebühr) können Sie normalerweise umgehen (siehe nächster Abschnitt). Nicht aber die Management- beziehungsweise Verwaltungsgebühren, die Jahr für Jahr zu Buche schlagen. Fonds mit hohen Verwaltungsgebühren kommen somit nur infrage, wenn das Fondsmanagement etwas taugt.

2. **Sicherheit:** Fonds sind im Durchschnitt weniger riskant als eine oder wenige Einzelanlagen. Je mehr Positionen ein Fonds enthält, desto sicherer ist er, weil er auf diese Weise sogar einzelne Verluste in der größeren Masse verkraften kann. Verschiedene Fondsarten sind außerdem sehr schwankungsanfällig. Dies betrifft sowohl Aktien als auch Anleihen. Deshalb sind Fonds für kurzfristige Investments nicht geeignet, sondern nur für Geldanlagen auf längere Sicht (idealerweise mehrere Jahrzehnte). Dann können Sie zwischenzeitliche Verluste einfach aussitzen. Wenn Sie die richtigen Fonds kaufen, sichern Sie sich auch vor den Auswirkungen der neuerlichen Finanzmarktkrise. Vor allem gegen eine Inflation wappnen Sie sich auf einfachste Weise: Aktien, Gold oder Immobilien in Form von offenen Immobilienfonds sind das richtige Instrument. Alle drei Anlageklassen sind sogenannte »Sachwerte« und als solche bei einer Geldentwertung (Inflation) mehr wert. Im schlimmsten aller denkbaren Fälle, wenn die Finanzkrise die Wirtschaft zusammenkrachen lässt, bieten Ihnen Fonds sogar noch einen besonderen Schutz: Das Vermögen gehört Ihnen. Es ist als Sondervermögen auch bei einer Insolvenz der Fondsgesellschaft vor dem Zugriff Dritter geschützt.

3. **Flexibilität:** Fondssparen ist flexibel. Sie können jederzeit Fondsanteile kaufen – für welche Beträge auch immer – und müssen sich dabei weder an einen bestimmten Rhythmus noch an eine bestimmte Mindestanlage halten. Lediglich der Wert eines Fondsanteils bildet die Untergrenze. Mit ein, zwei, fünf oder zehn Euro werden Sie beim Fondssparen nicht viel ausrichten können.

4. **Liquidität:** Fondsanteile können Sie jederzeit wieder verkaufen. Gewisse Einschränkungen gibt es lediglich, wenn Sie enorm viel Geld in offene Immobilienfonds gesteckt haben. Generell kann ein Verkauf in schlechten Börsenphasen zu Verlusten führen.

5. **Transparenz:** Fonds sind schließlich teilweise undurchsichtig. Wer einen Fonds auf »deutsche Aktien« kauft, weiß damit oft noch nicht, was sich im Depot befindet. Hier hilft nur der Blick auf die Jahres- oder Quartalsberichte. Da sehen Sie, was im Fondsvermögen ist und wie die Erträge in der Vergangenheit waren. Allerdings ist eine Prognose darüber, wie viel der jeweilige Fonds in Zukunft abwerfen wird, unmöglich. Insofern trotz aller

Informationen, die Ihnen als Anleger über jeden Fonds zur Verfügung stehen: ein Minuszeichen beim Thema Transparenz.

Der wesentliche Vorteil eines Fonds gegenüber Einzelanlagen besteht neben den guten Renditeaussichten darin, dass Sie sich um die Auswahl einzelner Aktien oder Anleihen nicht kümmern müssen – und auch nicht darum, diese dann permanent zu beobachten. Das verschafft Ihnen weitgehende Entlastung. Der Schutz vor Inflation speziell bei Aktien- und Immobilienfonds ist ebenfalls ein gewichtiges Argument dafür, bei der langfristigen Geldanlage auf Fonds zu setzen. Dass Fondsinvestments flexibel und liquide sind, spricht ebenfalls für diese Form der Geldanlage. Wer allerdings nicht damit leben kann, im Voraus die Gewinne nicht auf Euro und Cent genau berechnen zu können und auch zwischenzeitliche Verluste nicht erträgt, der ist bei Fondsinvestments falsch.

Fonds kaufen: So geht's kostensparend

Wenn Sie sich entschlossen haben, einen Fonds zu kaufen, geht es vergleichsweise schnell und einfach. Sie brauchen nur eine Kauforder aufzugeben. Ihr Ziel ist dabei, Gebühren zu sparen. Das betrifft vor allem den Ausgabeaufschlag. Den können Sie nämlich oft umgehen (die jährlichen Managementgebühren dagegen nicht). Die beiden entscheidenden Fragen hierbei sind, wo Sie Ihre Order aufgeben und an welchem Handelsplatz Sie den gewünschten Fonds ordern:

✔ **Ihre Depotbank in Verbindung mit der Fondsgesellschaft.** So manche Depotbank hat ein Abkommen mit großen Fondsgesellschaften. Bei einigen beliebten Publikumsfonds hat man den Ausgabeaufschlag auf 0 Prozent oder zumindest auf die Hälfte reduziert. Falls das bei Ihrem Wunschfonds der Fall ist, ordern Sie Ihre Anteile dort und wählen Sie als Handelsplatz »KAG« (Kapitalanlagegesellschaft).

✔ **Eine Fondsplattform in Verbindung mit der Fondsgesellschaft.** Wenn Sie Ihren Wunschfonds bei Ihrer Depotbank nicht ohne Ausgabeaufschlag bekommen, schauen Sie auf einer Fondsplattform nach (mehr dazu in Kapitel 10). Etwa bei www.avl-investmentfonds.de oder www.fondsvermittlung24.de oder www.fondsnet.de. Vielleicht ist Ihr Fonds dort ohne Kaufgebühr zu haben. Über den Umweg solcher Fondsplattformen können Sie bei ganz normalen Direktbrokern ein Depot eröffnen. Und wenn Sie extra für den Fondskauf ein neues Depot einrichten: Es lohnt sich, weil Sie damit Hunderte von Euro sparen können.

✔ **Ihre Depotbank in Verbindung mit einer Börse als Handelsplatz.** Wenn es Ihren Wunschfonds weder bei Ihrer Depotbank noch bei einer Fondsplattform ohne Ausgabeaufschlag gibt, dann hilft noch folgender Trick: Ordern Sie ihn an einer Börse. Das ist bei der Mehrzahl der Fonds möglich. Dazu wählen Sie einfach im Orderformular unter »Handelsplatz« eine Börse aus. Das Schöne ist: Bei einer Börsenorder entfällt der Ausgabeaufschlag. Allerdings müssen Sie stattdessen den Spread (meist rund 1 bis 1,5 Prozent des Ordervolumens, bei ETFs deutlich weniger) hinnehmen, das ist der Unterschied zwischen Ankaufs- und Verkaufskurs. Auf den Fondshandel spezialisiert hat sich die Börse Hamburg-Hannover (www.boersenag.de). In aller Regel werden Sie mit diesem Handelsplatz gute Erfahrungen machen. Aber auch die Berliner oder Düsseldorfer Börse bieten bei Fonds oft geringe Spreads (www.berlinerboerse.de und www.boerse-duesseldorf.de) und gute Konditionen.

Der Unterschied zwischen An- und Verkaufskursen, der sogenannte »Spread«, kann durchaus ein Kostentreiber sein. Sie können ihn aber senken, indem Sie sich bei Ihrem Broker unter »Times & Sales« die aktuellen Kurse an den verschiedenen Börsen ansehen und dann die mit dem geringsten Spread für sich auswählen.

Falls Ihr Broker keine aktuellen Kurse anzeigt, gehen Sie beispielsweise auf www.boerse.de. Auch dort können Sie die Daten an allen Börsen sehen. Geben Sie die ISIN Ihres Wunschfonds ein, klicken Sie auf »Alle Börsen« und Sie sehen auf einen Blick den Unterschied zwischen »bid« (Verkaufskurs) und »ask« (Ankaufskurs).

Für die Auswahl können Sie sich über die Börsen zwischen mehreren Tausend Fonds entscheiden. Die Börse Berlin (als Außenseiterbörse) alleine bietet schon mehr als 2 000 Fonds an.

Wenn Sie sich eines Tages dazu entschließen sollten, den Fonds wieder zu verkaufen, können Sie dies zwar über die Börse machen. Nur: Da zahlen Sie oft mehr Gebühren (Börsenprovision, Spread) als bei der entsprechenden Fondsgesellschaft. Sie können die Anteile in der Regel bei der Fondsgesellschaft zurückgeben. Das kostet Sie nichts. Dafür müssten Sie nur einen einzigen Nachteil in Kauf nehmen: Die Kurse der Fondsgesellschaft sind nicht so aktuell wie an der Börse. Der marktnähere Kurs ist der an den Börsen. Möglicherweise jedoch erhalten Sie umgekehrt über die Fondsgesellschaft dadurch einen höheren Profit.

Einfach Dax oder Dow Jones kaufen – börsengehandelte Fonds (ETFs)

17

In diesem Kapitel

- Was ETFs sind und wie sie funktionieren
- Gebühren bei ETFs
- ETFs richtig auswählen
- Die wichtigsten Anbieter
- Bewertung: Wie empfehlenswert sind ETFs?

»Einfach. Transparent. Fair.« So wirbt ein großer Anbieter für seine *ETFs*. Die Abkürzung steht in Wirklichkeit für etwas anderes, nämlich für »Exchange Traded Funds« (börsengehandelte Fonds). Sie kommen immer mehr in Mode, auch bei Privatanlegern. Das hat seinen Grund. Denn ETFs sind oft eine günstige Alternative zu sonstigen Investmentfonds. Erfreulicherweise ist somit an dem Werbespruch durchaus was dran: Bei ETFs sind die Gebühren niedrig und der Handel einfach. Mehr dazu erfahren Sie in diesem Kapitel.

ETFs sind Passivfonds, die meistens einen Index nachbilden

Bei normalen, das heißt aktiv gemanagten Investmentfonds (siehe Kapitel 16) sitzt ein Fondsmanager vor einer Unzahl von Bildschirmen und ist ständig dabei, Wertpapiere zu analysieren, zu kaufen oder zu verkaufen. Nicht so bei ETFs. Hier gibt es kein aktives Fondsmanagement. Vielmehr handelt es sich bei ETFs um sogenannte *Passivfonds*. Was bedeutet: Um die Auswahl der Wertpapiere im Fondsvermögen kümmert sich kein Fondsmanager. Die Wertpapiere werden vielmehr automatisch ausgewählt und gekauft. Fragt sich natürlich, nach welchen Kriterien. Ganz einfach: Die Zusammensetzung richtet sich in aller Regel nach einem Index. Also beispielsweise nach dem Dax, dem EuroStoxx 50 oder dem Dow Jones.

Ein ETF wird sich folglich, grob gesagt, genauso entwickeln wie der zugrundeliegende Index. Ein Dax-ETF also so wie der Dax, ein ETF auf den EuroStoxx 50 so wie der EuroStoxx 50. Und ein ETF auf den Dow Jones so wie der Dow Jones.

Es gibt nur kleine Abweichungen. Die heißen in der Fachsprache »Tracking Error«. Der Grund dafür: So schnell sich die Gewichtung der Einzelwerte in einem Index ändern, so schnell oder genau kann kein Fondsmanagement den Index nachbauen. Transaktionskosten für den Wertpapierkauf und -verkauf entstehen im jeweiligen Index zudem nicht, im Fondsmanagement dagegen schon. Und schließlich mindern noch die Verwaltungskosten die Performance des

Fonds, der deshalb immer ein wenig hinter dem Index herhinkt. Aber den Tracking Error können Sie in der Praxis trotzdem weitestgehend vernachlässigen.

Praktischerweise können Sie somit den Punktestand des jeweiligen Index – und damit den Erfolg Ihres ETFs – jeden Abend in den Börsennachrichten verfolgen. Die Auswahl bleibt aber nicht auf Dax, EuroStoxx 50 oder Dow Jones begrenzt, sondern auch andere Indizes gibt es in Form von ETFs zu kaufen – das Sortiment ist riesengroß. Die meisten ETFs sind Aktienfonds und bilden entsprechend Aktienindizes eins zu eins ab. Es gibt aber auch ETFs auf Rentenfonds – die wir hier vernachlässigen, weil sie für Privatanleger nicht sonderlich interessant sind.

Aktienauswahl ohne Fondsmanager: Kann das gut gehen?

Vielleicht werden Sie sich jetzt fragen: Kann das gut gehen? Dass kein Mensch sich darum kümmert, ob gute oder schlechte Aktien im Fondsportfolio liegen? Da können Sie ganz beruhigt sein. Denn Untersuchungen der Schutzvereinigung für Wertpapierbesitz und des Instituts für Vermögensaufbau zeigen: Fondsmanager, die große deutsche Unternehmen als Aktien kaufen, schneiden meist zu etwa 75 bis 85 Prozent allenfalls gleich gut, oft aber sogar schlechter ab als der entsprechende Index. Demnach schafft es die große Mehrheit von offenen Investmentfonds nicht, besser zu sein als der jeweilige Vergleichsindex. Die Ergebnisse der Studie aus mehr als 2300 Aktien-, Renten- und Mischfonds: Im Betrachtungszeitraum von zehn Jahren haben nur 25 Prozent der aktiven Investmentfonds es geschafft, den Vergleichsindex zu schlagen. Nach 20 Jahren waren es sogar nur noch 15 Prozent. Das liegt nicht unbedingt daran, dass die Fondsmanager nichts können. Sondern vor allem an den Kosten aktiv gemanagter Investmentfonds. Sie sind einfach viel teurer als Passivfonds, deren berühmteste Vertreter die ETFs sind. Bei aktiv gemanagten Fonds muss ein Fondsmanager und eine aufwendige Verwaltung über die jährlichen Managementgebühren teuer bezahlt werden. Das schmälert die Rendite erheblich. Bei ETFs sind diese Kosten deutlich geringer. Neben den Gebühren gibt es aber auch noch einen zweiten Grund für dieses erstaunliche Ergebnis: Häufig legen die Fondsgesellschaften aktiv gemanagte Fonds nach Modethemen oder -regionen auf. Viele dieser Moden erweisen sich aber im Nachhinein als Flop.

Gebühren sparen Sie auch dadurch, dass es ETFs ausschließlich an Börsen zu kaufen gibt. Somit entfällt der Ausgabeaufschlag, also die Kaufgebühr, die sonst immer anfällt, wenn Sie einen Fonds direkt bei der Fondsgesellschaft erwerben. Und wenn wir schon beim Thema Gebühren sind: Hier die Einzelheiten ...

Fondsgebühren bei ETFs: erfreulich niedrig

Sie haben es eben gelesen: Bei ETFs entfällt der Ausgabeaufschlag. Stattdessen zahlen Sie im Börsenhandel den sogenannten *Spread*, den Unterschied zwischen An- und Verkaufskurs. Aber auch der ist erfreulich niedrig, so niedrig wie sonst bei keinem Fonds im Börsenhandel. Während Sie bei börsengehandelten Aktivfonds durchaus mal 1,5 Prozent der Anlagesumme als Spread zahlen, berappen Sie bei einem ETF vielleicht ein gutes Zehntel davon. Also 0,15 bis 0,2 Prozent. Da lacht der Geldbeutel.

Auch die Verwaltungs- beziehungsweise Managementgebühren hauen bei ETFs nicht so sehr rein. Sie liegen meist zwischen 0,15 bis 0,5 Prozent pro Jahr. Auch das lässt sich gut verschmerzen.

Selbstverständlich aber müssen Sie beim Kauf und Verkauf von ETFs auch Transaktionsgebühren zahlen, welche die Depotbank erhebt. Aber darum kommen Sie auch beim Kauf von »normalen« Fonds und sonstigen Wertpapieren nicht herum.

Schritt für Schritt zum richtigen ETF

ETFs auszuwählen und zu kaufen ist keine geheime Wissenschaft. Sondern es ist sogar vergleichsweise einfach. Drei Schritte genügen – und schon haben Sie den gewünschten ETF in Ihrem Depot:

1. Überlegen Sie sich, in welchen Index Sie investieren wollen.
2. Wählen Sie den besten Anbieter aus.
3. Geben Sie eine Wertpapierorder auf, in der Sie Ihren favorisierten ETF bestellen.

Schritt 1: Suchen Sie einen Index aus

Am Anfang steht die Überlegung, in welchen Index Sie investieren wollen. Zur Auswahl steht eine ganze Reihe von Börsenbarometern, die mal auf dem modernsten Stand der Zeit sind und mal recht veraltete Indizes sind. Bevor Sie sich entscheiden, sollten Sie also genauer wissen, was in einem Index drin ist und wie er berechnet wird.

Aber Achtung: Der Begriff »Index« ist nicht geschützt. Jeder kann beliebig selbst einen Index gründen, indem er einfach bestimmte Aktien nach selbst definierten Kriterien zusammenstellt. Die Banken machen das reihenweise. Sie erfinden irgendwelche Indizes, auf die sie dann ETFs herausgeben. Angeblich sind diese Indizes besser als die allseits bekannten. In Wirklichkeit sind sie aber hauptsächlich komplizierter. Dazu kommt: Auf viele dieser künstlich konstruierten Indizes werden ETFs herausgegeben, die dann auch noch teurer sind. Fazit: Kaufen Sie nur ETFs von bekannten und bewährten Indizes.

Wollen Sie es sich einfach machen, wählen Sie einen der großen Länderindizes. Einige davon lernen Sie im Folgenden genauer kennen (wahrscheinlich sind ja auch schon ein paar für Sie altbekannte Indizes dabei).

Dax – der Leitindex des deutschen Aktienmarkts

Der Leitindex des deutschen Aktienmarktes ist der *Deutsche Aktienindex Dax*. Berechnet wird er von der Deutschen Börse AG. In diesem Aktienindex wird die Kursentwicklung der 30 größten deutschen Aktiengesellschaften abgebildet. Genauer gesagt: Die Kursentwicklung der Aktiengesellschaften, deren frei handelbare Aktien den größten Börsenwert haben. Unternehmen, bei denen fast alle Aktien in der Hand eines einzigen Großaktionärs sind, werden Sie im Dax vergeblich suchen. Die Zusammensetzung des Dax ändert sich daher immer wieder mal. Schließlich muss ein Unternehmen, das an der Börse zu den ganz Großen gehört, nicht immer so groß bleiben. Den Dax gibt es seit 1987. Damals wurde sein Punktestand bei 1000 Punkten festgelegt.

Jede Aktiengesellschaft im Dax trägt mit unterschiedlicher Gewichtung zum Punktestand des Index bei. Diese Gewichtung hängt ab vom Börsenwert der frei handelbaren Aktien. Bei 10 Prozent ist allerdings Schluss. Zu mehr als einem Zehntel kann eine einzige Aktiengesellschaft den Zählerstand des Dax nicht beeinflussen.

Eine Besonderheit gibt es beim Dax, die sonst bei kaum einem Index zutrifft: Die Dividenden werden in den Zählerstand mit eingerechnet. Das heißt: Beim Dax zählt nicht nur die Kursentwicklung. Sondern der Punktestand wird auch durch die ausgeschütteten Dividenden beeinflusst.

Ein solcher Index, bei dessen Berechnung die Dividenden berücksichtigt werden, nennt sich *Performance-Index*. Im Gegensatz dazu steht der *Kurs-Index*, bei dem die Dividenden unberücksichtigt bleiben. Vom Dax gibt es auch eine Kurs-Index-Variante, für die sich aber keiner interessiert. In den Nachrichten sehen Sie immer nur den Dax Performance-Index.

ETFs auf den Dax sind daher normalerweise thesaurierend. Die Dividenden werden also nicht ausgeschüttet, sondern verbleiben im Fondsvermögen. Nur so kriegt es die Fondsgesellschaft hin, dass der Dax-Punktestand auch wirklich mit dem Wert des ETFs übereinstimmt und nicht davon abweicht. Bei Kurs-Indizes sind dagegen ausschüttende ETFs die Regel: Hier kriegen Sie als ETF-Anteilseigner die Dividenden ausgeschüttet, damit der ETF im Gleichklang mit dem zugrundeliegenden Index verläuft. Aber dies nur am Rande ...

Unterhalb des Dax ist der MDax angesiedelt. Das sind die 50 nächstgrößten Aktiengesellschaften. Dann kommt der SDax mit noch einmal 50 Werten. Und falls Sie auch noch wissen wollen, was es mit dem TecDax auf sich hat: Darin sind ausschließlich Technologiewerte (Solar, Windkraft, Biotechnologie und so weiter) aus dem MDax und SDax zu finden.

Dow Jones und Standard & Poor's 500 – die beiden US-amerikanischen Leitindizes

Wer auf den amerikanischen Aktienmarkt setzen möchte und keine Lust hat, sich einzelne Aktien herauszupicken, wird in der Regel zuerst an den Dow Jones Index denken, der eigentlich in Langform Dow Jones Industrial Average heißt. Darin sind die 30 wichtigsten börsennotierten Unternehmen der USA enthalten. Der Dow Jones ist allerdings, was seine Berechnungsweise angeht, nicht gerade der modernste Index. Hier werden einfach die Aktienkurse aller Mitglieder aufsummiert und durch die Anzahl der Aktien geteilt. Das führt zu einer recht undurchsichtigen Gewichtung. Auch die Auswahl der Mitglieder liegt weitestgehend im Dunkeln. Es entscheiden einfach die Herausgeber, eine unabhängige Kommission des »Wall Street Journal«, nach ihrem Gusto, ob ein Unternehmen in den Dow Jones aufgenommen wird oder nicht.

Der modernere US-Index ist der Standard & Poor's 500 (kurz S&P 500 genannt). Den Namen Standard & Poor's kennen Sie schon aus Kapitel 15. Es handelt sich dabei um eine Ratingagentur, die auch diesen Index erfunden hat. Das Schöne am S&P 500 ist: Er enthält tatsächlich die 500 größten börsennotierten US-Unternehmen und bildet damit einen repräsentativen Querschnitt durch die amerikanische Wirtschaft. Wie stark ein Unternehmen diesen Index beeinflusst, hängt von seinem Börsenwert ab.

Wenn Sie also in US-Unternehmen investieren wollen, ohne auf Einzelwerte zu setzen, sind Sie mit einem ETF auf den S&P 500 besser bedient als mit einem ETF auf den Dow Jones.

Bei Dow Jones und S&P 500 handelt es sich um reine Kurs-Indizes, in deren Punktestand die Dividenden nicht eingerechnet werden. Folglich sind die zugehörigen ETFs keine thesaurierenden, sondern ausschüttende Fonds.

EuroStoxx 50 und Stoxx 50: die großen europäischen Standardwerte-Indizes

Zwei Indizes repräsentieren die europäische Börsenwelt. Zum einen der EuroStoxx 50, dessen ausführlicher Name Dow Jones EuroStoxx 50 lautet. Seine Mitglieder sind ausschließlich börsennotierte Unternehmen der Eurozone. Raten Sie mal, wie viele Aktiengesellschaften darin enthalten sind! – Genau: 50. Die Berechnungsweise ist modern, die Gewichtung der Indexmitglieder entsprechend dem Börsenwert und die Kriterien zur Indexauswahl sind transparent und nachvollziehbar.

Gleiches gilt für den Stoxx 50. Dieser Index kommt infrage, falls Sie nicht nur in der Eurozone investieren wollen, sondern in ganz Europa. Darin finden Sie zusätzlich zu deutschen, französischen und spanischen Unternehmen dann auch britische, dänische, norwegische oder Schweizer Aktiengesellschaften. Was im Zweifel die interessantere Alternative ist.

Wenn Ihr Schwerpunkt »Europäische Aktien« sein soll, ist der Stoxx 50 eine gute Wahl, eben weil er nicht nur auf die Eurozone beschränkt ist.

EuroStoxx 50 und Stoxx 50 sind reine Kurs-Indizes. Was automatisch wieder bedeutet: Bei ETFs auf diese Indizes kriegen Sie die Dividenden regelmäßig ausgeschüttet.

Länderindizes, von denen Sie zumindest schon mal gehört haben sollten

Wollen Sie Schwerpunkte in einem bestimmten Land (außer Deutschland und den USA) setzen? Dann sollten Sie sich genauer mit deren Leitindizes befassen. ETFs auf Länderindizes sind allerdings in aller Regel nur bei Industriestaaten empfehlenswert. Bei Schwellen- und Entwicklungsländern ist das Risiko zu hoch. Zur Auswahl stehen beispielsweise:

✔ Der österreichische **ATX** (Austrian Traded Index) mit insgesamt 20 Mitgliedern

✔ Der Schweizer **SMI** (Swiss Market Index) mit ebenfalls 20 Mitgliedern

- ✔ Der Britische Leitindex **FTSE 100** (Financial Times Stock Exchange, sprich: »Futzi«) mit – raten Sie mal! – 100 Mitgliedern
- ✔ Der Französische **CAC 40** mit insgesamt – wer hätt's gedacht? – 40 Mitgliedern
- ✔ Der japanische Leitindex **Nikkei 225** mit überraschenden 225 Mitgliedern
- ✔ Der chinesische Leitindex **Hang Seng** mit 45 Mitgliedern. Der zählt allerdings noch zu den Schwellenländerindizes und ist als Investment daher wenig geeignet – auch wenn es durchaus schon ETFs darauf gibt. Da Sie ihn aber verstärkt in den Börsennachrichten finden, sei er hier der Vollständigkeit halber erwähnt.

Achtung: Bei einigen dieser Indizes sind einzelne Werte oder Branchen extrem stark gewichtet. Deshalb gilt: Bevor Sie sich für einen dieser Länderindizes entscheiden, schauen Sie erst die Zusammensetzung und die Gewichtung der einzelnen Mitglieder an. Entfallen beispielsweise 40 Prozent des Indexgewichts allein auf eine Branche (zum Beispiel Banken), ist Vorsicht angebracht.

Wie finden Sie die Zusammensetzung und Gewichtung eines Index heraus? Beispielsweise indem Sie auf ein Börsenportal wie www.onvista.de gehen und auf »Indizes« klicken. Dann geben Sie den Namen des gewünschten Index ins Suchfeld ein und klicken ihn bei den Suchergebnissen an. Unter »Einzelwerte« bekommen Sie dann eine Auflistung aller Mitglieder. Die können Sie nach Marktkapitalisierung (also Börsenwert) absteigend sortieren lassen, indem Sie oben in der Spalte auf den nach unten zeigenden Pfeil klicken. Jetzt sehen Sie ganz oben die Dickschiffe und ihren Börsenwert. Wenn nur ein oder zwei Unternehmen den ganzen Index dominieren oder wenn die gewichtigsten Unternehmen alle zur gleichen Branche gehören – Finger weg!

Schritt 2: Wählen Sie einen ETF-Anbieter aus

Sie haben Schritt 1 hinter sich gebracht und sich für einen Index entschieden, in den Sie investieren wollen? Dann kommt jetzt der wesentlich weniger anstrengende Schritt 2. Sie müssen noch einen ETF-Anbieter finden. ETFs hat inzwischen fast jede Bank(envereinigung) im Angebot, die etwas auf sich hält. Die wichtigsten Anbieter hier in Deutschland sind:

- ✔ **iShares:** Das ist sozusagen das Urgestein der ETF-Anbieter in Deutschland und anderswo. Das unvermeidliche »i« im Namen hat allerdings nichts mit iPods, iPhones oder iPads der Firma Apple zu tun. Vielmehr gehört die ETF-Gesellschaft zum britischen Konzern BlackRock. Die Erfinder fanden das »i« im Namen eben schick. Internet: http://de.ishares.com
- ✔ **db X-trackers:** So nennt sich die ETF-Gesellschaft der Deutschen Bank. Falls Sie sich dieses Namensungetüm merken wollen, hier die Eselsbrücke: »db« steht für »Deutsche Bank«, »X« steht für »Index« und »track« ist das englische Wort für »nachbilden« oder »verfolgen«. Und jetzt können Sie den Knoten wieder aus Ihrer Zunge lösen und zum nächsten Anbieter übergehen. Internet: www.etf.db.com
- ✔ **Lyxor ETF:** Klingt irgendwie luxuriös, ist aber ganz schlicht die ETF-Gesellschaft der Französischen Großbank Lyxor, die ihre ETFs auch deutschen Privatkunden anbietet. Internet: www.lyxoretf.de

✔ **ETFlab:** Das klingt nach Testlabor und weißen Kitteln. Aber keine Sorge, die ETFs, die da herauskommen, haben das Erprobungsstadium schon hinter sich. Hinter ETFlab steckt die Sparkassengruppe, die vermutlich lange an diesem Namen herumlaboriert hat. Internet: www.etflab.de

✔ **Comstage:** »Com« wie »Commerzbank« und »Stage« wie »Bühne«?! – Keine Ahnung, was sich die Marketingleute bei dieser kreativen Namensgebung gedacht haben. Immerhin kann man sich gut merken, dass hier die Commerzbank verantwortlich ist. Internet: www.comstage.de

✔ **Amundi:** Das könnte genauso gut ein Champagner sein. Oder ein Pharmakonzern. Oder ein weltweit agierender Paketzusteller. Aber nein, auch das ist eine ETF-Gesellschaft, die nichts für ihren bescheuerten Namen kann. Für den Namen und die zugehörigen ETFs zeichnen die Werbestrategen der französischen Großbanken Société Générale und Crédit Agricole verantwortlich. Internet: www.amundi.com/deu/

Die Internetadressen brauchen Sie für Ihre weiteren Recherchen. Jetzt machen Sie sich nämlich auf die Suche nach Anbietern, die Ihren favorisierten Index im Angebot haben. Bei den gängigen Indizes werden Sie mehrere Anbieter finden. Bei weniger bekannten Indizes vielleicht nur einen oder zwei. Zwei Kriterien sind für die Auswahl entscheidend:

✔ **Der Preis.** Achten Sie auf die Verwaltungskosten beziehungsweise auf die Gesamtkostenquote TER. Hier gilt: Je billiger, desto besser. 0,2 Prozent Verwaltungskosten pro Jahr sind also besser als 0,3 oder 0,4 Prozent. So einfach ist das.

✔ **Die Art des ETFs.** Es gibt nämlich zweierlei. Die einen, die den zugrundeliegenden Index eins zu eins nachbilden, also genau die Aktien in genau der Gewichtung kaufen, wie sie im Index vertreten sind. Sie heißen voll replizierende ETFs. Die sollten Sie nach Möglichkeit bevorzugen. Daneben gibt es auch noch Swap-basierte ETFs. Die kaufen nicht unbedingt nur Aktien aus dem zugrundeliegenden Index. Sondern sie setzen auf Tauschgeschäfte zwischen der ETF-Gesellschaft und einer Bank (»Swaps«). Bis zu 10 Prozent eines ETFs dürfen durch Swaps abgebildet werden. Mit Swaps lässt sich der betreffende Index zwar genauer nachbilden. Swap-basierte ETFs sind meistens auch etwas billiger als voll replizierende. Aber auch das Ausfallrisiko ist höher, weil ein Swap-Partner pleitegehen kann.

Leider sind voll replizierende ETFs die Ausnahme und nicht die Regel. Sie werden aber durchaus angeboten. Der Anbieter iShares hat sie in seinem ETF-Sortiment. Wenn bei iShares ein ETF »geswapt« ist, steht das ausdrücklich dabei. Die anderen ETF-Gesellschaften informieren über diese Tatsache nur im Fondsprospekt.

Es gibt ETFs, die braucht kein Mensch. Zumindest kein Privatanleger. Entweder weil sie zu teuer sind. Oder weil sie zu riskant sind. Oder weil sie zu intransparent und allenfalls für Profis geeignet sind. Zu dieser Gruppe gehören zunächst einmal die sogenannten Strategie-ETFs. Also ETFs, denen speziell konstruierte Indizes zugrunde liegen, an denen ein oder mehrere Bankenmathematiker wahre Rechenkünste vollbracht haben. Angeblich wird dadurch das Risiko minimiert, angeblich die Rendite erhöht. Ob solche Strategie-ETFs langfristig den versprochenen Erfolg bringen, bleibt allerdings abzuwarten. Eine gewisse Skepsis ist hier angebracht. Sicher ist nur: Diese ETFs kosten deutlich mehr Gebühren als »normale« ETFs. Ein Gewinner steht somit auf jeden Fall fest: die Fondsgesellschaft, die den entsprechenden ETF herausgibt. Der sollten Sie Ihr gutes Geld aber nicht unbedingt in den Rachen werfen.

Ebenfalls unnötig und sogar gefährlich sind »Leveraged« ETFs und »Short« ETFs. »Leveraged« ETFs bilden einen Index mit Hebel ab. Ein Hebel von 2 würde bedeuten: Steigt der Index um ein Prozent, steigt der ETF um zwei Prozent Fällt aber der Index um ein Prozent, dann fällt auch der Leveraged ETF um zwei Prozent. Bei »Short« ETFs marschiert der ETF in die entgegengesetzte Richtung wie der Index. Steigt der Index, fällt der ETF-Kurs. Fällt der Index, steigt der ETF-Kurs. Und schließlich gibt es noch eine Kombination aus »short« und »leveraged« ETFs. Ein »Short ETF« mit Hebel zwei steigt somit um zwei Prozent, wenn der Index um ein Prozent fällt. Umgekehrt fällt er um zwei Prozent, wenn der Index um ein Prozent steigt.

Schritt 3: Wertpapierorder aufgeben

Wenn Sie den ETF gefunden haben, den Sie suchen, notieren Sie sich die Wertpapierkennnummer oder ISIN. Dann geben Sie eine ganz normale Wertpapierorder bei Ihrer Depotbank auf. Das heißt, Sie errechnen aus dem Betrag, den Sie in den betreffenden ETF investieren möchten, und dem aktuellen Kurs die gewünschte Stückzahl, tragen beides in das Orderformular ein und haben so in kürzester Zeit die gewünschten ETF-Anteile im Depot. Für ETFs empfiehlt sich übrigens die elektronische Börse Xetra als in der Regel günstigster Handelsplatz.

Wer kein Depot bei einem Online-Broker hat, erlebt womöglich eine unangenehme Überraschung beim Versuch, ETF-Anteile zu kaufen. So stellen sich manche Banken auf stur und behaupten, ETFs nicht ordern zu können. Grund ist das fehlende kaufmännische Interesse von Banken an diesen Fonds. Sie verdienen daran nichts. Stellen Sie sich in einem solchen Fall auf die Hinterbeine und drohen Sie notfalls mit einem Wechsel zu einer anderen Depotbank. Sie werden sehen: Dann klappt's plötzlich doch mit dem ETF-Kauf.

Ebenso einfach können Sie den Kursverlauf verfolgen – über den Computer entweder auf den Seiten eines der großen Börsenportale wie www.onvista.de, www.boerse.de oder www.finanzen.net oder über das Kurssystem Ihrer Online-Bank. Der Verkauf funktioniert wie der Kauf – einfach über das Orderfomular, die WKN oder ISIN und die Anzahl Ihrer zu verkaufenden Fondsanteile eingeben. Fertig!

Übrigens sind bei vielen ETFs (leider nicht bei allen) auch Fondssparpläne möglich. Mehr dazu lesen Sie in Kapitel 18.

Bewertung: Wie empfehlenswert sind ETFs?

Lohnt es sich wirklich, sein Geld in die vergleichsweise neue Wertpapiergattung der ETFs zu investieren? Entscheiden Sie selbst:

1. **Rendite:** Die hängt davon ab, was der zugrundeliegende Index macht. Langfristig wird er höchstwahrscheinlich stark aufwärtsgehen. Der Dax hat beispielsweise im langjährigen Durchschnitt 9 Prozent pro Jahr gebracht. Kurzfristig kann es allerdings auch mal große Verluste geben. Das A und O bei ETF-Investments ist ein langer Anlagehorizont. Erfreulicherweise mindern die Gebühren die Rendite kaum, denn sie sind ausgesprochen günstig.

2. **Sicherheit:** Sie haben es bereits gelesen: Hohe Verluste sind möglich. Also sollten Sie genug Zeit mitbringen, sie auszusitzen. Unter dem Aspekt der Inflation sind (Aktien-) ETFs allerdings günstig. Denn im Fondsvermögen von ETFs liegen Unternehmensanteile und damit Sachwerte. Die werden immer zu realen Marktpreisen bewertet und werden einfach teurer, wenn die Kaufkraft der Währung sinkt.

3. **Flexibilität:** Die ist vorhanden. ETFs können Sie jederzeit beliebig kaufen. Ob Sie viel oder wenig, ob Sie regelmäßig oder unregelmäßig investieren, ist dabei Ihre Sache. Bedenken Sie allerdings: Börsenorders für nur 50 oder 100 Euro sind wenig sinnvoll (außer vielleicht bei Sparplänen). Sonst schlagen die Transaktionskosten zu stark zu Buche.

4. **Liquidität:** Auch da gibt es kaum Einschränkungen. Verkaufen können Sie Ihre ETF-Anteile an jedem Börsentag. Sind zwischenzeitlich allerdings die Kurse gesunken, müssen Sie bei einem vorzeitigen Verkauf Verluste hinnehmen.

5. **Transparenz:** Sie sehen täglich in den Börsennachrichten, was Ihr ETF macht, denn dafür brauchen Sie nur den zugrundeliegenden Index verfolgen. Eine Zukunftsprognose ist allerdings nicht möglich. Sie wissen heute nicht, wo der Dax oder EuroStoxx 50 in zehn Jahren stehen wird. Hier gibt es – bei aller Übersichtlichkeit – eben doch ein gewisses Manko.

Fazit: Wenn Sie über Börseninvestments nachdenken, sollten Sie erst recht über ETFs nachdenken. Denn die sind deutlich günstiger als herkömmliche Fonds und in der Mehrzahl der Fälle auch nicht schlechter. ETFs lohnen sich als Inflationsschutz für die Langfristanlage. Anders als bei Aktien ist hier die Risikostreuung gleich inklusive. Denn mit einem Fondsanteil kaufen Sie gleich eine Mischung aus mehreren Wertpapieren. Heute ETF-Anteile zu kaufen und sie in wenigen Wochen schon wieder zu verkaufen ergibt dagegen keinen Sinn. Die kurzfristigen Kursschwankungen sind dafür einfach zu hoch.

Fondssparpläne: regelmäßig Anteile kaufen

18

In diesem Kapitel
- Wie Fondssparpläne funktionieren
- Gute Preise dank Cost Average Effect
- Fondssparpläne mit staatlicher Förderung
- Sparplanfähige und nicht sparplanfähige Fonds
- Wie Sie einen Fondssparplan einrichten
- Wie Sie Kostenfallen vermeiden

Ach, wäre das schön: Für einen Batzen Geld Fondsanteile genau dann kaufen, wenn die Kurse gerade im Keller sind. Anschließend warten, bis sie sich erholt haben. Sie schließlich zu Höchstpreisen wieder verkaufen und so satte Gewinne einfahren. – Diesen Traum hegen wohl alle Anleger. Aber er hat etwas an sich, was leider vielen Träumen zu eigen ist: Er hat mit der Realität nicht viel zu tun. Denn wann an der Börse Tiefst- und wann Höchstkurse herrschen, weiß man leider immer erst hinterher. Es gibt aber trotzdem eine Möglichkeit, gerade Fondsanteile (inklusive ETFs) günstig zu kaufen: mit Fondssparplänen. Das Wichtigste dazu erfahren Sie in diesem Kapitel.

Wie Fondssparpläne funktionieren

Das Prinzip aller Sparpläne lautet: Sie zahlen Monat für Monat die gleiche Summe ein und das Geld wird dann für Sie angelegt:

✔ Bei Banksparplänen auf einem Bankkonto.

✔ Bei Bausparverträgen auf einem Bausparkonto.

✔ Und bei Fondssparplänen auf einem Fondskonto – nein Quatsch, so was gibt's ja gar nicht!

Bei Fondssparplänen werden von diesen Monatsraten einfach Fondsanteile gekauft (oder Anteile von ETFs, die ja auch zu den Fonds gehören).

Übrigens müssen es nicht unbedingt Monatsraten sein. Sie können Fondssparpläne auch quartalsweise oder halbjährlich besparen. Oder sogar jährlich, wenn Ihnen das eher entgegenkommt.

Als Fondssparplan bezeichnet man also den regelmäßigen Ankauf von Fondsanteilen für immer die gleiche Summe. Wohlgemerkt, es geht hier um die stets gleiche Summe und nicht um die stets gleiche Anzahl von Fondsanteilen. Warum das so entscheidend ist, dazu gleich mehr im nächsten Abschnitt.

Übrigens gibt es das Spielchen auch andersherum. Eine größere Anzahl von Fondsanteilen wird nach und nach verkauft, und zwar immer für den gleichen Betrag. Dann spricht man von den sogenannten Auszahlplänen. Die sind entscheidend, wenn Sie aus ihrem Fondsvermögen eine regelmäßige Rente beziehen wollen. Sie müssen allerdings wissen, dass irgendwann auch der letzte Fondsanteil verkauft ist und Ihr Rentenbezug damit endet.

Fondsanteile günstig kaufen – der Cost Average Effect macht's möglich

Fondsanteile haben eine Eigenheit, die alle Wertpapiere an der Börse auszeichnet: Sie schwanken ständig im Preis. Mal kostet ein Fondsanteil mehr, mal weniger. Genau aus diesem Grund ist es gut, wenn Sie immer für die gleiche Summe Fondsanteile kaufen. Zum Beispiel für 100 Euro:

✔ Kostet ein Fondsanteil gerade viel, dann werden eben nur wenige Fondsanteile gekauft.

✔ Kostet ein Fondsanteil gerade wenig, dann werden entsprechend mehr Fondsanteile gekauft.

Das heißt: Im Durchschnitt kaufen Sie so die Fondsanteile recht günstig ein. Dieses Phänomen heißt *Cost Average Effect*, zu Deutsch *Durchschnittskosteneffekt*. Im Prinzip ist das nichts anderes als an der Tankstelle. Auch da lohnt es sich, immer für den gleichen Betrag zu tanken. Ist der Sprit gerade teuer, läuft für 50 Euro eben weniger Benzin in den Tank. Ist er gerade billig, gibt's dafür ein paar Liter mehr. Hier ein kleines Rechenbeispiel, was der Durchschnittskosteneffekt bringen kann:

Angenommen, Sie kaufen zwölf Monate lang Fondsanteile für 100 Euro monatlich. Dagegen kauft Ihr Bruder monatlich immer 10 Fondsanteile und zahlt dafür den herrschenden Marktpreis. Der Fonds schwankt im Preis stark um die 10-Euro-Marke herum.

Monat	Fondspreis (Euro)	Sie		Ihr Bruder	
		Betrag (Euro)	Zahl der Fondsanteile	Betrag (Euro)	Zahl der Fondsanteile
Januar	10 Euro	100	10,00	100	10,00
Februar	12 Euro	100	8,33	120	10,00
März	14 Euro	100	7,14	140	10,00
April	11 Euro	100	9,09	110	10,00
Mai	9 Euro	100	11,11	90	10,00
Juni	14 Euro	100	7,14	140	10,00

18 ➤ Fondssparpläne: regelmäßig Anteile kaufen

Monat	Fondspreis (Euro)	Sie		Ihr Bruder	
		Betrag (Euro)	Zahl der Fondsanteile	Betrag (Euro)	Zahl der Fondsanteile
Juli	9 Euro	100	11,11	90	10,00
August	6 Euro	100	16,67	60	10,00
September	5 Euro	100	20,00	50	10,00
Oktober	7 Euro	100	14,28	70	10,00
November	11 Euro	100	9,09	110	10,00
Dezember	12 Euro	100	8,33	120	10,00
Gesamt	Ø 10 Euro	1.200	132,29	1.200	120,00

Tabelle 18.1: Beispielrechnung zum Cost Average Effect

Sie sehen: Im Durchschnitt kosten die Fondsanteile 10 Euro. Die Preise schwanken jedoch von Monat zu Monat beträchtlich. Sie und Ihr Bruder haben am Ende des Jahres jeweils gleich viel Geld für Fondsanteile ausgegeben – nämlich 120 Euro. Da Sie aber monatlich für den gleichen Betrag Fondsanteile gekauft haben, konnten Sie davon 132,29 Fondsanteile kaufen, also über 10 Prozent mehr. Ihr Bruder dagegen hat für das gleiche Geld nur 120 Fondsanteile bekommen. Oder anders gesagt: Ihr Bruder hat im Durchschnitt pro Fondsanteil 10,00 Euro bezahlt. Sie dagegen nur 9,07 Euro. Der Durchschnittskostenpreis wirkt sich übrigens umso stärker aus, je stärker die Kurse schwanken.

Extra Kohle: Einige Fondssparpläne genießen staatliche Förderung

Der Cost Average Effect ist ein schlagkräftiges Argument für die Einrichtung von Fondssparplänen. Es gibt aber noch ein weiteres. Denn bestimmte Fondssparpläne werden vom Staat gefördert. Und zu manchen steuert auch der Arbeitgeber noch etwas bei. Ihre Möglichkeiten:

✔ Für **Riester-Fondssparpläne** können Sie staatliche Zulagen und eventuell eine Steuerersparnis beanspruchen (mehr dazu in Kapitel 22).

✔ Für **Rürup-Fondssparpläne** erhalten Sie die staatliche Förderung in Form von umfassenden steuerlichen Erleichterungen (mehr dazu in Kapitel 23).

✔ Für **VL-Aktienfondssparpläne** erhalten Sie Zuschüsse vom Arbeitgeber (vermögenswirksame Leistungen). Zusätzlich können Geringverdiener noch Zuschüsse vom Staat erhalten (die sogenannte Arbeitnehmersparzulage), sodass sich auch hier die Rendite weiter verbessern lässt (mehr dazu in Kapitel 24).

Erst prüfen: Ist Ihr Wunschfonds sparplanfähig?

Dummerweise sind nicht alle Fonds und ETFs sparplanfähig, sondern nur manche. Es gibt durchaus Fonds, die nicht für Sparpläne geeignet sind. Die können Sie dann eben nicht in regelmäßigen Raten besparen (es sei denn, diese Raten sind immer gleich mehrere Tausend Euro hoch und Sie geben jedes Mal höchstpersönlich die Order auf, anstatt den Fondssparplan zu automatisieren).

Wie finden Sie heraus, ob Ihr Wunschfonds sparplanfähig ist oder nicht? Ganz einfach: Gehen Sie beispielsweise auf das Börsenportal www.finanzen.net. Geben Sie die WKN oder ISIN des betreffenden Fonds in das Suchfeld ein und lassen Sie sich den Fonds anzeigen. Klicken Sie dann auf »Fact Sheet«, also den Kurzprospekt, in dem die wichtigsten Infos zum jeweiligen Fonds angezeigt werden. Darin finden Sie auch Angaben zur Sparplanfähigkeit.

Besonders häufig fehlt es den ETFs an der Sparplanfähigkeit. Aber auch hier sind Hopfen und Malz nicht gleich verloren. Falls ein ETF Ihrer Wahl nicht sparplanfähig sein sollte, schauen Sie nach den Konkurrenzprodukten der anderen ETF-Gesellschaften. Nicht selten bieten sie ETFs auf den gleichen Index an, bei denen Sparpläne durchaus möglich sind.

Manchmal liegt es außerdem nicht am Fonds, dass ein Sparplan nicht möglich ist, sondern am Broker. Bestimmte Broker erlauben nur Sparpläne bei ausgewählten Fonds oder ETFs. Sollten Sie feststellen, dass Ihr (eigentlich sparplanfähiger) Wunschfonds von Ihrer Depotbank nicht angeboten wird, hilft nur eines: Wechseln Sie den Broker!

So richten Sie einen Fondssparplan ein

Die Beispielrechnung oben hat gezeigt. Es spricht viel dafür, Fondsanteile regelmäßig und in immer gleichen Raten zu kaufen. Damit Sie nicht jedes Mal aufs Neue mühsam eine Wertpapierorder aufgeben müssen, bieten die meisten Depotbanken die Möglichkeit, einen Fondssparplan anzulegen. Das ist so ähnlich wie ein Dauerauftrag: Das Geld wird dann automatisch von Ihrem Konto abgebucht und der Gegenwert an Fondsanteilen wird automatisch auf Ihrem Depot gutgeschrieben.

So gut wie jede Depotbank bietet Fondssparpläne an. Bei Internetbanken finden Sie diese Option meist online hinter der Schaltfläche »Fondssparplan einrichten«. Wenn Sie darauf klicken, gelangen Sie zu einem Eingabeformular. Sie müssen dann nur noch folgende Angaben machen:

✔ Name des gewünschten Fonds oder ETFs (zur zweifelsfreien Identifizierung ist die WKN oder ISIN notwendig)

✔ Höhe der Sparraten (zum Beispiel 100, 150 oder 200 Euro)

✔ zeitlicher Abstand der einzelnen Fondskäufe (monatlich, quartalsweise, halbjährlich, jährlich)

✔ Kontonummer und Bankleitzahl des Kontos, von dem das Geld für den Fondskauf abgebucht werden soll (hier geben Sie in der Regel Ihr Girokonto an)

Ein Fondssparplan kann sich auch lohnen, wenn Sie ihn nicht aus Ihrem laufenden Arbeitseinkommen bestreiten. Nämlich dann, wenn Sie genügend Wertpapiere im Depot haben, die laufend Zinsen und Dividenden abwerfen. Fondssparpläne sind geradezu ideal dafür geeignet, dieses Geld so schnell wie möglich wieder zu investieren. In diesem Fall geben Sie nicht Ihr Girokonto, sondern das Verrechnungskonto Ihres Depots als das Konto an, von dem der für den Fondskauf nötige Betrag abgebucht wird. Es sollte aber sichergestellt sein, dass sich darauf immer genügend Geld befindet. Denn in aller Regel dürfen Sie dieses Konto nicht überziehen.

Aufgepasst: So umgehen Sie mögliche Gebührenfallen

Der Fonds- oder ETF-Kauf via Fondssparplan ist nicht ohne Tücken. Wenn Sie nicht aufpassen, tappen Sie womöglich in eine Gebührenfalle. Genauer gesagt drohen sogar deren zwei – der volle Ausgabeaufschlag (sprich die volle Kaufgebühr) und hohe Transaktionskosten. Für beide Nebenwirkungen gibt es aber probate Gegenmittel, die Ihnen nicht Ihr Arzt oder Apotheker empfiehlt, sondern wir in den nächsten Abschnitten.

Ausgabeaufschlag vermeiden

Den Ausgabeaufschlag haben Sie bereits in Kapitel 16 kennengelernt. Bis zu 5,5 Prozent der Anlagesumme werden bei aktiv gemanagten Fonds fällig, wenn Sie Fondsanteile über die Fondsgesellschaft kaufen. Bei Fondssparplänen haben Sie leider nicht die Möglichkeit, Ihre Fondsanteile über die Börse zu ordern (Ausnahme: ETFs), ganz einfach deshalb nicht, weil dort keine Bruchteile von Fondsanteilen verkauft werden, sondern immer nur ganze Anteile. Sie müssen also normalerweise über die Fondsgesellschaft ordern. Was tun? Um den Ausgabeaufschlag zu vermeiden, gibt es drei Möglichkeiten:

✔ Sie suchen gezielt nach einem Fonds, den Ihr Broker ohne Ausgabeaufschlag anbietet. Vor allem beliebte Publikumsfonds werden oft mit 0 Prozent Ausgabeaufschlag verkauft. Manchmal zahlen Sie auch nur den halben Ausgabeaufschlag – also beispielsweise 2,75 statt 5,5 Prozent. Diese Lösung kommt für Sie aber nur infrage, wenn der angebotene Fonds etwas taugt. Wenn nicht, dann ist der gesparte Ausgabeaufschlag nur ein schwacher Trost für den Loser, den Sie sich damit ins Depot holen.

✔ Sie nehmen statt eines aktiv gemanagten Fonds mit Ausgabeaufschlag einen ETF für Ihren Sparplan. Hier entfällt der Ausgabeaufschlag komplett, der Kauf erfolgt grundsätzlich über eine Börse.

✔ Sie eröffnen ein zusätzliches Depot extra für Ihren Fondssparplan und machen dabei den Umweg über einen günstigen Fondsvermittler. Solche Vermittler sind beispielsweise Fondsclever (www.fondsclever.de), AVL (www.fondssparplaene-avl.de) und Fondsvermittlung 24 (www.fondsvermittlung24.de). Sie haben mit verschiedenen Brokern ein Abkommen geschlossen, wonach keine oder nur reduzierte Gebühren für den

Fondskauf anfallen, wenn ein Kunde ein Depot über den jeweiligen Fondsvermittler eröffnet.

Ordergebühren reduzieren

Nicht alle Broker bieten Ihnen Sonderkonditionen für Fondssparpläne an. Manche verlangen die regulären Transaktionskosten für jede Order. Dabei sind vor allem die Fixkosten ein Problem. Wenn beispielsweise pro Anteilskauf schon mal 2,50 Euro fix verlangt werden, sind das bei einer Sparrate von 25 Euro volle 10 Prozent. Bei einer Sparrate von 50 Euro sind es immerhin noch 5 Prozent. Und bei einer Sparrate von 100 Euro sind es noch 2,5 Prozent. Dazu kommt dann noch der volumenabhängige Teil der Ordergebühr. Das frisst ganz schön viel Rendite auf! Ob Ihr Broker Sparpläne besonders teuer oder billig anbietet, erfahren Sie im Preis- und Leistungsverzeichnis. Falls er Apothekerpreise verlangt, sollten Sie selbst aktiv werden, um die Transaktionskosten bei Fondssparplänen zu senken:

- ✔ Kaufen Sie weniger häufig Fondsanteile und setzen Sie dafür den Sparbetrag herauf. Statt monatlich für 50 Euro zu ordern, können Sie beispielsweise für 150 Euro im Quartal Fondsanteile ordern.

- ✔ Eröffnen Sie ein Depot bei einem Broker, der für Sparpläne Sonderkonditionen anbietet.

- ✔ Auch hier lohnt sich oft wieder der Umweg über spezialisierte Fondsvermittler (siehe oben). Nicht selten entfallen die Ordergebühren bei Fondssparplänen dann ganz. Aber Achtung: Manchmal werden stattdessen Depotgebühren verlangt. Falls das der Fall ist, sollten Sie durchrechnen, was für Sie günstiger ist.

Bewertung: Lohnen sich Fondssparpläne?

Im Prinzip gilt für Fondssparpläne in Sachen Bewertung das Gleiche wie für Fonds beziehungsweise ETFs. Hier also nur eine kurze Einschätzung dazu, was diese Sparform so interessant macht.

1. **Rendite:** Die Rendite bei Fondssparplänen fällt oft höher aus als die beim Einmalkauf von Fondsanteilen. Denn hier sorgt der Cost Average Effect für einen im Durchschnitt recht günstigen Anteilskauf. Ansonsten gilt wie bei Fonds: Die Langfristrendite kann hoch sein, zwischenzeitliche Verluste sind aber nicht ausgeschlossen. Und wer einen Dümpelfonds erwischt, guckt in die Röhre ...

2. **Sicherheit:** Die ist bei Fondssparplänen nicht höher als beim Einmalkauf von Fondsanteilen. Lediglich der günstigere Anteilskauf verringert das Verlustrisiko etwas. Aber auch hier gilt: (Aktien-)Fondsanteile im Depot schützen vor Inflation.

3. **Flexibilität:** Auch wenn es zunächst nicht so aussieht, weil Sie in regelmäßigen Raten sparen: Fondssparpläne sind sehr flexibel. Es ist überhaupt kein Problem, die Sparraten nach Belieben herauf- oder herabzusetzen. Es ist auch kein Problem, zeitweise auszusetzen und zu einem beliebigen Zeitpunkt neu mit dem Anteilskauf zu beginnen.

4. **Liquidität:** Sie können Ihre Fondsanteile jederzeit verkaufen. Tun Sie das allerdings, nachdem deren Kurs gefallen ist, machen Sie dabei Verluste. Aber liquidierbar sind Ihre Anteile im Prinzip andauernd. Gewisse Einschränkungen gelten lediglich bei Fondssparplänen, die vom Staat oder Arbeitgeber bezuschusst werden. VL-Fondssparpläne haben eine Laufzeit von mindestens sieben Jahren. Das Geld aus Riester-Fondssparplänen bekommen Sie frühestens mit 60 und dann auch nicht komplett in einer Summe.

5. **Transparenz:** Hier gilt dasselbe wie bei Fonds. Mehr als die Aussage »Langfristig geht es an den Börsen üblicherweise aufwärts« ist bei Fondssparplänen nicht drin. Bei der Transparenz müssen Sie also Abstriche machen. Sie können nicht auf Euro und Cent genau berechnen, was Ihre Fondssparpläne in Zukunft bringen.

Fazit: Für Langfristsparer sind Fondssparpläne empfehlenswert. Denn hier sind die Aussichten auf eine rundum befriedigende Rendite sehr gut. Vor allem ETF-Sparpläne lohnen sich wegen ihrer niedrigen Kosten. Aber Sie sollten Ihren Investments dann auch genug Zeit lassen. Ein Anlagehorizont von mindestens 20 bis 25 Jahren ist bei allen Aktien- und Fondsinvestments ratsam.

Nicht nur was für Zocker: Aktien direkt kaufen

In diesem Kapitel
- Was sind Aktien?
- Kursgewinne und Dividenden
- Standard- und Nebenwerte
- Stamm- und Vorzugsaktien
- Das ABC der Aktienauswahl
- Welche Aktien Sie auf keinen Fall kaufen sollten
- Bewertung: Wie empfehlenswert sind Aktien?

Der Durchschnittsbürger kriegt das große Nervenflattern bei dem Gedanken, in Aktien investieren zu müssen. Tägliche Kursschwankungen und immer wieder mal ein Börsencrash – wer um Himmels willen tut sich das freiwillig an? Aber Aktien sind beileibe nicht nur empfehlenswert für verrückte Zocker, die für die Aussicht aufs große Geld leichtfertig ihr Vermögen aufs Spiel setzen. Als Langfristanlage und Inflationsschutz sind Aktien auch für Otto Normalanleger empfehlenswert. In diesem Kapitel lesen Sie, warum.

Aktien: Sachwerte mit eingebautem Inflationsschutz

Kennen Sie Erich Kästners »Ansprache zum Schulbeginn« aus dem Jahr 1950? Darin empfiehlt der große Dichter und Kinderbuchautor den Schülern, die Zinseszinsrechnung in ihren Schulbüchern dick durchzustreichen. Das bräuchten sie heute nicht mehr zu lernen. Denn, so argumentiert er, Inflation und Währungsreform würden das mühsam Ersparte im Laufe der Zeit ja doch wieder zunichte machen. Daran könnten auch Zins und Zinseszins nichts ändern.

Erstaunlich aktuell, dieser Text, nicht wahr? Machen wir uns nichts vor: Auch wir leben in einer Zeit, in der unsere aktuellen Währungen in ihrer Existenz bedroht sind. Am Euro nagt die Schuldenkrise und auch der US-Dollar ist durch den gewaltigen Schuldenberg gefährdet, den die Vereinigten Staaten angehäuft haben. Ob die milliardenschweren Rettungspakte für Staaten und Banken langfristig etwas bringen, ist ungewiss.

Es ist daher keineswegs ausgeschlossen, dass eine Inflation kommt, die unser Geld entwertet. Genauer gesagt ist es sogar wahrscheinlich. In einem solchen Szenario aber hätte Erich Kästner recht: Die Zinseszinsrechnung wäre dann nutzlos – und zwar nicht nur für Schüler, sondern auch für Anleger. Alle festverzinslichen Geldanlagen könnten rapide an Wert verlieren, wenn eine Inflation kommt. Die Entwertung wäre massiv – ein Millionär wäre dann nicht mehr zwangsläufig ein reicher Mann.

Die folgende Tabelle zeigt, welche Kaufkraft 1000 Euro nach einigen Jahren noch hätten, wenn die Inflationsrate 5 Prozent, 10 Prozent oder gar 15 Prozent betragen würde.

	Kaufkraft bei 5% Inflationsrate	Kaufkraft bei 10% Inflationsrate	Kaufkraft bei 15% Inflationsrate
Nach 5 Jahren	783,52 Euro	620,92 Euro	497,18 Euro
Nach 10 Jahren	613,91 Euro	385,54 Euro	247,18 Euro
Nach 15 Jahren	481,01 Euro	239,39 Euro	122,89 Euro
Nach 20 Jahren	376,89 Euro	148,64 Euro	61,10 Euro

Tabelle 19.1: Kaufkraftverlust des Geldes bei einer Inflation

Bei einer mäßigen Inflation von 5 Prozent pro Jahr würde das bedeuten: Nach 15 Jahren hätte Ihr Geld bereits mehr als die Hälfte seines Wertes eingebüßt! Das erzählen wir Ihnen aber jetzt nicht, weil wir Pessimisten sind, die hier ungehemmt ihrem Hobby Schwarzmalerei frönen. Sondern weil wir überzeugt sind: Sie müssen beim Thema Geldanlage auch für den Fall einer Inflation gerüstet sein. Am besten rüsten Sie sich dagegen mit Sachwerten. Die Aktien- und Immobilienfonds aus den Kapiteln 16 und 17 sind eine Möglichkeit. Eine andere sind Immobilien (siehe Kapitel 20 und 21). Oder Aktien. Und damit sind wir beim Thema dieses Kapitels angekommen: Aktieninvestments als Geldanlage mit eingebautem Inflationsschutz.

Was sind Aktien?

Wer unter Aktien nur elektronische Dokumente versteht, die täglich zu wechselnden Kursen an den Börsen gehandelt werden und ansonsten keine Substanz haben, liegt falsch. Aktien sind zunächst einmal Anteile an real existierenden Unternehmen. »Mir gehört der Laden!«, können Sie also ungelogen sagen, wenn Sie Aktionär eines Unternehmens sind (Sie brauchen ja nicht dazuzusagen, dass es noch Tausende anderer Miteigentümer gibt). Wer Aktien kauft, besitzt in der Tat Teile eines Unternehmens.

Nehmen wir einmal an, Sie hätten Aktien von Daimler. Dann sind Sie Miteigentümer von Büro- und Produktionsgebäuden, von Maschinen, Anlagen und Automaten, von Rechnern und Servern. Und natürlich von der frisch produzierten Fahrzeugflotte vom S-Klasse-Sportwagen bis hin zum schweren LKW mit dem Stern auf dem Kühlergrill.

Folglich lässt sich mit Fug und Recht behaupten: Aktien sind Sachwerte. Hinter einer Aktie steht echtes Firmenvermögen, auch wenn man sich trefflich darüber streiten kann, wie viel es wert ist. Anders als andere Unternehmensanteile werden die Aktien börsennotierter Unternehmen allerdings (börsen-)täglich gehandelt. Der Preis für eine Aktie bildet sich aufgrund von Angebot und Nachfrage und nicht aufgrund von dem, was das Firmenvermögen wirklich wert ist. Wobei die Entwicklung des Geschäftserfolges und des Firmenvermögens sich langfristig sehr wohl auf den Kurs einer Aktie auswirkt. Wohlgemerkt: langfristig. Kurzfristig ist es vielen Anlegern komischerweise egal, wie viele unverkaufte Limousinen noch bei Daimler auf dem Hof stehen. Sie bemessen auf ihre eigene Weise, was die Daimler-Aktie wert ist.

Wobei die verschiedenen Anleger durchaus sehr unterschiedliche Vorstellungen über einen »fairen« Kurs der betreffenden Aktie haben. Klar ist:

✔ Findet ein Anleger den Börsenkurs einer Aktie (zu) niedrig, wird er sie kaufen.

✔ Findet er ihn (zu) hoch, wird er sie womöglich verkaufen, um seine Gewinne in Form von Bargeld zu kassieren.

Schwankende Kurse sind ganz normal für Aktien – und eigentlich kein Grund zur Beunruhigung. Und wenn es wieder mal einen Kurssturz gibt – bleiben Sie ruhig. Die Tiefstkurse halten nicht ewig an, vorausgesetzt, das Unternehmen, dessen Aktien Sie halten, taugt was.

Ihre Chancen: Kursgewinne und Dividenden

Wer Aktien kauft, spekuliert auf zwei Dinge:

✔ Auf **Kursgewinne**. Verdient ein börsennotiertes Unternehmen gutes Geld, dann wird die Nachfrage nach der Aktie steigen – und somit auch der Kurs.

✔ Auf **Dividenden**. Ein Teil der Unternehmensgewinne verbleibt nicht im Unternehmen, sondern wandert als Dividende in den Geldbeutel seiner Aktionäre. Und zwar einmal jährlich, am Tag nach der Hauptversammlung. Spätestens jetzt wissen Sie, was gemeint ist, wenn es im Monopoly-Spiel heißt: »Die Bank zahlt Ihnen eine Dividende von 500 Euro.«

Das Deutsche Aktieninstitut DAI hat errechnet: Wer in den letzten Jahrzehnten in den kompletten Querschnitt der Dax-Aktien investiert hat, konnte damit durchschnittlich 9 Prozent pro Jahr gewinnen. Wohlgemerkt durchschnittlich. Inklusive Kursgewinne und (gleich wieder angelegte) Dividenden. Es kann aber durchaus auch mal Verlustjahre geben.

Auf die Größe kommt es an: Standard- und Nebenwerte

Wie groß ist eine Aktiengesellschaft und wie viele Aktien sind davon im Umlauf? Nach dieser Frage unterteilen sich die Aktien in zwei Kategorien:

✔ **Standardwerte** (Englisch: Large Caps oder Blue Chips) sind die Aktien großer börsennotierter Unternehmen, die üblicherweise in einem der großen Aktienindizes notieren (zum Beispiel Dax, Dow Jones oder Euro Stoxx 50).

✔ **Nebenwerte** (Englisch: Small Caps und Mid Caps) sind die Aktien mittelgroßer und kleiner Aktiengesellschaften, die zumindest nicht in den großen Leitindizes vertreten sind. Manche davon finden sich in nachrangigen Aktienindizes wieder, zum Beispiel im MDax oder SDax. Die Mehrzahl davon ist aber überhaupt nicht in einem Index gelistet.

»Blue Chips« ist übrigens keine extravagante Neukreation der kartoffelverarbeitenden Knabberindustrie. Sie sind vielmehr nach den Jetons (»Chips«) in Monte Carlo benannt. Die teuersten waren einst blau und irgendein Zocker, der sowohl im Kasino als auch an der Börse spekulierte, übertrug diesen Namen dann auf Aktien: Die größten und wertvollsten Aktien heißen Blue Chips.

Dagegen sind die englischen Standardbezeichnungen für Aktiengesellschaften unterschiedlicher Größen (Large, Mid und Small Caps) eher langweilig. Sie verweisen auf die große, mittlere oder kleine Marktkapitalisierung der betreffenden Unternehmen. Oder man könnte auch einfacher sagen: auf den großen, mittleren oder kleinen Börsenwert.

Standardwerte: Dickschiffe gehen selten unter

Diese Unterscheidung ist nicht rein akademisch, sondern durchaus wichtig für Ihre Kaufentscheidungen. Standardwerte sind meist bekannt oder produzieren zumindest bekannte Marken. Oder haben Sie noch nie etwas von Coca-Cola, Microsoft oder BMW gehört?

Standardwerte schwanken traditionell etwas weniger als Nebenwerte. Sie gelten als verlässlicher. Die betreffenden Unternehmen gehen nicht so schnell pleite – wenn es durchaus auch vorkommen kann. Dem Handelskonzern Arcandor (ehemals Karstadt-Quelle) ist dieses Kunststück 2009 gelungen.

Auch die Nachrichtenlage ist bei Standardwerten besser. Denn ihre Zugehörigkeit zu einem großen Index bringt für die betreffenden Unternehmen strenge Pflichten mit sich: Sie müssen meist vierteljährlich ihre Zahlen herausgeben und darüber berichten, wie ihre Geschäfte so laufen. Sie müssen ihre Geschäftsberichte in gedruckter Form und online veröffentlichen. Und garantiert werden Sie in den Medien über jedes Hüsteln des Telekom-Vorstandsvorsitzenden sofort informiert, während Sie es bei einem Nebenwert noch nicht einmal erfahren, wenn der Vorstand mit Lungenentzündung im Krankenhaus liegt.

Dazu kommt: In Standardwerte investieren auch die großen Fonds und sonstigen institutionellen Anleger am liebsten, weil von diesen Unternehmen immer genügend Aktien im Umlauf sind. Versetzen Sie sich einmal in die Lage eines Fondsmanagers und versuchen Sie, für 8 Millionen auf einen Schlag die Aktien eines kleinen Nebenwerts zu kaufen. Das wird schwierig ...

Nebenwerte: Vom Lastenkahn bis zum Schlauchboot ist alles dabei

Nebenwerte sind kleiner und meist weniger bekannt als Standardwerte. Darunter können aber durchaus Marktführer sein. Aber vielleicht eben nicht in der Automobilbranche, sondern eher beim Bau von Feuerwehrautos oder Ölförderanlagen. Neben diversen Marktführern tummeln sich unter den Small und Mid Caps eben auch Unternehmen, die nicht auf den Weltozeanen segeln, sondern nur in vergleichsweise belanglosen Binnengewässern. Oder als Schlauchboot auf einem kleinen Fluss – aber eben alles in bunter Mischung.

Bei den Nebenwerten fließen die Informationen spärlicher. Meist erfahren die Aktionäre nur im Jahresrhythmus, wie gut das betreffende Unternehmen gewirtschaftet hat und wie die Prognose lautet. Nebenwerte werden außerdem an den Börsen seltener gehandelt als Standardwerte. Wobei es da große Unterschiede gibt. Eine Bilfinger-Berger-Aktie wird sicher häufiger angeboten als die Aktien eines kleinen Einzelhandelsunternehmens namens Ludwig Beck (»am Rathauseck«), das vor allem in München bekannt ist, aber kaum darüber hinaus.

19 ➤ Nicht nur was für Zocker: Aktien direkt kaufen

Wenn Sie mit Aktien noch keine Erfahrungen haben, setzen Sie lieber auf Standardwerte. Da müssen Sie sich nicht so anstrengen, um an die nötigen Informationen heranzukommen. Nebenwerte sind dagegen etwas für Menschen, die sich viel und gerne mit dem Thema Börse beschäftigen. Denn es erfordert mehr Geschick, aus diesem Teich die aussichtsreichsten Kandidaten herauszufischen. Aber gerade weil die großen Fonds und sonstigen institutionellen Investoren zumindest kleinere Nebenwerte kaum beachten, können Sie dort manchen goldbeladenen Frachter kapern, um im Bild zu bleiben ...

Stamm- und Vorzugsaktien: Reden ist Silber, Schweigen ist Gold

Bei manchen Aktiengesellschaften – nicht bei allen – gibt es zwei Sorten von Aktien:

- ✔ Stammaktien (mit Stimmrecht) und
- ✔ Vorzugsaktien (ohne Stimmrecht).

Als Aktionär haben Sie dann oft die Wahl, ob Sie Stamm- oder Vorzugsaktien kaufen wollen. Zum Hintergrund einige Infos, die Ihnen diese Entscheidung – hoffentlich! – erleichtern:

Reden ist Silber: Stammaktien

Wer *Stammaktien* (kurz: »Stämme«) besitzt, darf in aller Regel mitreden. Allerdings nicht in der Chefetage, die sich bei Aktiengesellschaften üblicherweise Vorstand beziehungsweise Verwaltungsrat nennt. Sondern nur auf der Hauptversammlung. Da darf der Aktionär dann das Wort ergreifen. Oder per Abstimmung darüber befinden, ob ihm die Nase des Vorstands passt oder nicht. Oder durch seine Stimme kundtun, ob seiner Meinung nach genügend Dividende ausgezahlt wird. Oder mit darüber befinden, wer im Aufsichtsrat sitzt (der Aufsichtsrat kontrolliert den Vorstand).

Wenn ein einzelner Aktionär allerdings nur ein paar wenige Aktien besitzt, wird seine Stimme kaum Gewicht haben. Denn seine Aktien repräsentieren keinen nennenswerten Anteil am Grundkapital des Unternehmens. Oder anders gesagt: Unter den sonstigen Aktionären gibt es viel dickere Fische, die einen einzelnen Kleinaktionär leicht überstimmen können.

Als Privatanleger wird Ihnen daher im Allgemeinen wenig an Ihrem Stimmrecht liegen. Dagegen haben institutionelle Investoren (Banken, Fonds etc.) oft Interesse, möglichst viele Stimmrechte zu bekommen. Denn damit können sie womöglich den Aufsichtsrat des Unternehmens mit einem Kandidaten besetzen, der ihnen genehm ist. Oder Druck auf den Vorstand ausüben, die Firmenpolitik in ihrem Sinne zu gestalten.

Schweigen ist Gold: Vorzugsaktien

Wer *Vorzugsaktien* (kurz: »Vorzüge«) besitzt, verzichtet auf sein Rede- und Stimmrecht. Erfreulicherweise gibt es für diesen Verzicht eine Entschädigung: Die Dividende, die an Vorzugsaktionäre ausgezahlt wird, ist meist höher als die Dividende für Stammaktionäre. Es kann sich somit durchaus lohnen, auf das Stimmrecht zu verzichten und dafür Jahr für Jahr zumindest etwas mehr Kohle zu kassieren als die Stammaktionäre. Zumal Sie als Kleinaktionär mit Ihrer Stimme ohnehin nicht viel ausrichten können.

Heißt das, es ist immer empfehlenswert, die Vorzugsaktien anstatt der Stammaktien zu kaufen? Ganz so einfach ist es nicht. Hier eine kleine Entscheidungshilfe, wann Sie besser Stamm- und wann Sie besser Vorzugsaktien ordern:

- ✔ Stammaktien lohnen sich vor allem bei einer beginnenden Übernahmeschlacht. Da versucht der potenzielle Unternehmenskäufer, möglichst viele Stimmrechte auf sich zu vereinigen, um so die Mehrheit in der Hauptversammlung zu erhalten. Die braucht er, wenn die Übernahme erfolgreich sein soll. Deshalb steigt in solchen Situationen die Nachfrage nach Stammaktien (und somit deren Kurs).

- ✔ Vorzugsaktien kaufen Sie, wenn weit und breit keine Übernahme in Sicht ist. Dann kassieren Sie mehr Dividende als die Stammaktionäre.

- ✔ Vorzugsaktien kaufen Sie auch, wenn eine Übernahme schon weitestgehend abgeschlossen ist. Dann nähert sich normalerweise der Kurs der Vorzugsaktien wieder dem der Stammaktien an.

- ✔ Wenn nur die Stammaktien in einem Aktienindex (zum Beispiel dem Dax) vertreten sind und die Vorzugsaktien nicht, dann kaufen Sie die Stammaktien.

- ✔ Wenn nur die Vorzugsaktien in einem Aktienindex (zum Beispiel dem Dax) vertreten sind und die Stammaktien nicht, dann kaufen Sie die Vorzugsaktien.

Das ABC der Aktienauswahl

Aktien auswählen – viele Bücher sind zu diesem Thema geschrieben worden. Jeder Anleger schwört auf eine andere Auswahlmethode. Alle haben das Ziel, die richtige Aktie zu kaufen. Und zwar genau dann, wenn der Kurs seinen Tiefstpunkt erreicht hat. Nur um sie genau dann wieder zu verkaufen, wenn der Kurs sich zu gewaltigen Höhen aufgeschwungen hat. Dabei lässt sich natürlich fetter Gewinn einstreichen. Wahrscheinlich blinken auch bei Ihnen schon die Dollarzeichen in den Augen, wenn Sie dies lesen. Den Zahn mit dem richtigen Einstiegszeitpunkt müssen wir Ihnen aber gleich mal ziehen. Der Zahn mit der Auswahl der richtigen Aktie dagegen eignet sich gut fürs kraftvolle Zubeißen. Da sollten Sie auf jeden Fall ansetzen. Zum Timing und zur Aktienauswahl gleich mehr in den folgenden Abschnitten.

Wenn Sie sich näher für Strategien zur Aktienauswahl interessieren, empfehlen wir Ihnen unser Buch »Börsenstrategien für Dummies«. Dort erfahren Sie, welche Kennzahlen und Kriterien aus Fundamental- und Chartanalyse Ihnen zu mehr Erfolg bei der Geldanlage in Aktien verhelfen.

Timing: die Sache mit dem richtigen Einstiegszeitpunkt

Es ist eher Zufall, wenn Sie eine Aktie wirklich zu Tiefstkursen erwischen und beim Verkauf tatsächlich den Höchstkurs für die Aktie bekommen. Meist wird das nicht der Fall sein. Denn Sie sind ja kein Hellseher. Und auch Börsenprofis – und mögen sie noch so souverän im Fernsehen auftreten – sind es nicht. Wenn solche Profis behaupten, sie würden in ihrer Glaskugel eine zackig nach oben strebende Kurve sehen, dann liegt das meist eher daran, dass besagte

Glaskugel einen Sprung hat. Denn was der Aktienmarkt kurz- und mittelfristig macht, lässt sich – wenn überhaupt – dann leider nur sehr vage prophezeien.

Börsenanfängern ist es daher nicht zu empfehlen, Aktien für die kurz- und mittelfristige Geldanlage zu kaufen. Also Finger weg, vor allem wenn Sie jetzt schon wissen, dass Sie Ihr Geld in ein, zwei oder fünf Jahren bereits wieder brauchen. Bei erfahrenen Börsenteilnehmern mag das etwas anders sein. Da gibt es schon Methoden, um den Kursverlauf in nächster Zeit mehr oder weniger zutreffend vorauszusagen.

Infos für Kurzfristanleger

Die *Chartanalyse* (und hier besonders die Trendfolge) liefern für die kurz- und mittelfristige Geldanlage manchen wertvollen Anhaltspunkt. Hier wird ausschließlich der Kursverlauf von Aktien untersucht (und nicht die Nachrichten, die über das betreffende Unternehmen unter den Marktteilnehmern kursieren). Dabei geht es immer darum, den idealen Ein- und Ausstiegszeitpunkt zu finden. Wenn Sie sich dafür interessieren, ist womöglich das Buch »Chartanalyse für Dummies« das richtige für Sie.

Wenn Sie auf eine langfristige Geldanlage aus sind, sparen Sie sich die Mühe, den Aktienkauf perfekt zu »timen«. Viel besser ist es, Sie konzentrieren sich bei der Aktienauswahl auf die wirklich vielversprechenden Kandidaten (siehe nächster Abschnitt), deren Kurs auf Dauer mit größter Wahrscheinlichkeit steigen wird und die Sie überdies mit regelmäßigen Dividenden erfreuen.

Damit Sie in Sachen »Timing« aber doch ein Gespür kriegen, hier ein sehr, sehr guter Rat des Multimilliardärs Warren Buffett, der sein Vermögen mit Aktien gemacht hat: »Sei ängstlich, wenn andere gierig sind, und sei gierig, wenn andere ängstlich sind.« Was schlicht und ergreifend bedeutet: Lassen Sie sich von einer an den Börsen herrschenden Massenhysterie möglichst nicht anstecken. Wenn alle Angst haben und ihre Aktien in Panik verkaufen, können Sie womöglich gute Aktien zum Schnäppchenpreis bekommen. Wenn dagegen alle kaufen wie verrückt und der Meinung sind, die Kurse müssten in naher Zeit geradezu explodieren, dann müssen Sie das nicht unbedingt nachmachen. Da ist Innehalten oft sogar die bessere Strategie. In jedem Fall gilt: Bevor Sie eine Entscheidung über Aktienkäufe oder -verkäufe treffen, überdenken und überschlafen Sie die Sache noch einmal. Denn reine Spontanaktionen bringen Ihnen nur Verluste ein. Mit Geduld und langfristigem Denken dagegen gehören Sie auf lange Sicht gesehen zu den Gewinnern.

Aktienauswahl: Diese Regeln helfen Ihnen bei der »Trüffelsuche«

Aktien sollten Sie allenfalls für die langfristige Geldanlage kaufen. Das ist das wichtigste Resümee aus allen vergangenen (und künftigen) Börsencrashs und Krisen. Denn langfristig geht es aufwärts – so war es zumindest in der Vergangenheit immer. Aufwärts geht es zumindest mit substanzhaltigen Aktien. Das sind vor allem Aktien von Unternehmen, die in der Vergangenheit erfolgreich gewirtschaftet haben und dies aller Voraussicht nach auch in Zukunft tun werden.

In Sachen Aktiensuche mutieren Sie also – entschuldigen Sie den Vergleich! – zum »Trüffelschwein«. Dessen Aufgabe ist es, die vielversprechendsten Knollen auszugraben. Anders als echte Trüffelschweine brauchen Sie sich dabei aber nicht allein auf ihr gutes Näschen zu verlassen. Sondern in erster Linie auf Ihr Hirn. Denn zum Glück gibt es klare Kriterien und Regeln, die Sie zur Aktienauswahl einsetzen können. Gefragt ist also nicht der brandheiße Tipp über die Kursrakete von morgen. Gefragt ist vielmehr eine kopfgesteuerte Auswahl von verlässlichen, werthaltigen Aktien, die aller Voraussicht nach gute Zukunftsperspektiven bieten.

Weil Sie als »Dummy« in der Geldanlage sicher keine Lust haben, sich in die Tiefen der Branchen-, Unternehmens- und Bilanzanalyse zu begeben, haben wir für Sie die einfachsten und wichtigsten Regeln zur Aktienauswahl herausgesucht. Das sind zum Teil Kennzahlen, zum Teil aber auch einfache Leitsätze und Faustregeln. Sie stammen allesamt aus der *Fundamentalanalyse*, also jener Methode zur Aktienauswahl, die sich mit den Unternehmensdaten (und nicht mit dem bisherigen Chartverlauf) befasst. Gerade für die langfristige Geldanlage ist die Fundamentalanalyse gut geeignet.

Bevor Sie Aktien kaufen, sollten Sie die richtigen auswählen. Dafür haben wir hier einige Grundsätze für Sie zusammengestellt. Bei Aktien, die diese Anforderungen erfüllen, ist die Wahrscheinlichkeit gering, dass der Kurs irgendwann abschmiert. Denn Sie sollen ja ruhig schlafen können, auch wenn es an den Börsen immer wieder mal panisch zugeht. Beachten Sie die folgenden Faustregeln, dann wissen Sie: Zwar können auch Aktien, die diesen Grundsätzen genügen, zeitweise Kursverluste erleiden. Die Gefahr, dass sie dauerhaft an Wert verlieren, ist gering. Die meisten dieser Regeln stammen übrigens von *Warren Buffett*, einem der erfolgreichsten Anleger aller Zeiten. Er ist der lebende Beweis dafür, dass man mit kluger Aktienauswahl reich werden kann.

Faustregel 1: Kaufen Sie nur Aktien, wenn Sie verstehen, womit das betreffende Unternehmen sein Geld verdient

Womit verdient eigentlich Infineon sein Geld? – Wenn Sie jetzt mit einem zögernden »Ääääh« antworten, kann das nur eines bedeuten: Diese Aktie gehört nicht in Ihr Depot. Nicht, dass wir Ihnen generell von Infineon abraten wollten (nach Empfehlungen konkreter Einzelaktien werden Sie hier vergeblich suchen). Aber in Grundzügen sollten Sie schon verstehen, wie das Geschäftsmodell des Unternehmens funktioniert, dessen Aktien Sie kaufen wollen. Dabei gilt grob gesagt:

✔ Einfach ist besser als kompliziert.

✔ Endprodukte sind besser als Zwischenprodukte (denn Zulieferer hängen am Wohl und Wehe ihrer Abnehmer).

✔ Güter des täglichen Bedarfs sind besser als Dinge, die man nicht unbedingt oder nicht dauernd braucht.

19 ▶ Nicht nur was für Zocker: Aktien direkt kaufen

Der Börsenguru Warren Buffett hat einmal gesagt: »Ich gehe jede Nacht glücklich ins Bett, denn ich weiß, dass bis zum Morgen auf Milliarden Männergesichtern Haare wachsen werden.« Und raten Sie mal, welche Aktie in seinem Depot war? – Genau! Die des Rasierapparate- und Rasierklingenherstellers Gillette, der heute zum Konsumgüterkonzern Procter & Gamble gehört. Wohlgemerkt, das ist keine Aktienempfehlung. Sondern dieses Beispiel soll Ihnen nur zeigen, wie wichtig es ist, das Geschäftsmodell des betreffenden Unternehmens zu verstehen.

Wenn Sie langfristig erfolgreiche Aktien kaufen wollen, müssen Sie wieder lernen, einfach zu denken. Welche Unternehmen haben Erfolg, egal was die Weltwirtschaft gerade macht? Vor allem die Hersteller von Nahrungsmitteln, Medikamenten, Waschmitteln, Basis-Pflegeprodukten, und sonstigen Gütern des täglichen Bedarfs. Auch Versicherer und Rückversicherer betreiben ein Alltagsgeschäft – bloß hängen sie dummerweise auch in den unberechenbaren Kapitalmärkten mit drin. Und auch die Stromerzeuger und Energielieferanten versorgen die Menschen mit etwas, ohne das es einfach nicht geht, auch wenn ihre Verkaufsmengen stärker von der Konjunktur abhängen. Aber Vorsicht, hier können Sie nicht jede Aktie kaufen. Und damit sind wir schon bei der zweiten Faustregel.

Faustregel 2: Setzen Sie auf starke Marken

Was ist weltweit wohl bekannter – Rivella oder Coca-Cola? Keine Frage: Coca-Cola. Die Kräuterlimonade Rivella kennen wohl nur diejenigen, die von Zeit zu Zeit in der Schweiz Ski- oder Wanderurlaub machen. Auch wenn sie lecker ist und womöglich etwas gesünder als Coca-Cola: Bei der Aktienauswahl setzen Sie besser auf Coca-Cola. So jedenfalls macht es Warren Buffett, ein bekennender Fan von Cherry Coke. (Dieses klebrig süße Zeug hat sich in Deutschland allerdings nie so recht durchgesetzt. Da muss man wohl Amerikaner sein, um so was zu mögen.)

Auf Marken kommt es vor allem im Konsumgüterbereich an, aber auch beispielsweise bei Luxusartikeln und Automobilen. Am Beispiel Coca-Cola sehen Sie, was eine erfolgreiche Marke ausmacht:

✔ Sie ist in vielen Ländern, idealerweise sogar weltweit bekannt.

✔ Sie verkauft sich auch dann, wenn sie teurer ist als ihre Nachahmerprodukte.

✔ Sie ist begehrt und irgendwie »cool«.

✔ Sie ist (fast) überall zu haben, aber nirgends zu Schleuderpreisen.

Eine starke Marke muss übrigens nicht identisch sein mit dem Namen des Unternehmens. So werden die Pflegeprodukte unter der Marke Nivea von der Beiersdorf AG hergestellt und die Maggi-Tütensuppe sowie das Thomy-Tomatenketchup vom Schweizer Nahrungsmittelkonzern Nestlé. Gekauft werden sie trotzdem – die Marke macht's.

Faustregel 3: Das Management muss den Aktionären dienen – und nicht sich selbst

Vielleicht erinnern Sie sich an den früheren Arcandor-Chef Thomas Middelhoff? Zur Rettung von Arcandor hat er nichts beigetragen. Im Gegenteil, der Handelskonzern ging 2009 pleite. Aber der spätere Insolvenzverwalter erhob schwere Vorwürfe gegen den ehemaligen Vorstandsvorsitzenden: Der habe möglicherweise in die eigene Tasche gewirtschaftet. Denn er hielt Anteile an dem Fonds, der sein Geld unter anderem mit der Vermietung von Immobilien an Karstadt verdiente, einem Kaufhaus, das zu Arcandor gehörte. Und das zu gesalzenen Mietpreisen. Zudem habe er sich, auch als es dem Konzern schon sichtlich schlecht ging, Dienstreisen im Privatjet, satte Bonuszahlungen und Wein für 2 200 Euro pro Flasche gegönnt. Wie der Streit ausgeht, ist nebensächlich – und für Sie als potenzieller Aktionär auch nicht weiter wichtig. Klar ist aber: Eine Aktiengesellschaft, deren Chefetage sich vor allem um die eigenen Belange kümmert, ist nichts für Ihr Depot.

Auch wenn das altmodisch anmuten mag, singen wir jetzt mal ganz ungeniert ein Loblied auf die guten alten Tugenden, an die wir glauben. Die sucht man zum Glück auch im Vorstand mancher Aktiengesellschaften nicht vergebens:

✔ Bescheidenheit

✔ Fleiß

✔ Sparsamkeit

✔ Anstand (gegenüber den Aktionären, der Belegschaft und den Kunden)

Im Umkehrschluss heißt das: Finger weg von Aktiengesellschaften, deren Chefs sich andauernd selbst inszenieren! Ron Sommer, 1995 bis 2002 Vorstandsvorsitzender der Deutschen Telekom, war auch so eine Gestalt. Dauernd in den Medien – aber ernsthaft vorangebracht hat er den Konzern nicht. Gut fürs Depot sind dagegen Aktiengesellschaften, deren Chefs allenfalls ab und zu in der Presse auftauchen – und zwar mit ihren Leistungen und fundierten Meinungsäußerungen und nicht mit Promi-Kapriolen.

Ein gutes Investment sind oft inhabergeführte Aktiengesellschaften. Also Unternehmen, bei denen der Chef zugleich Großaktionär ist. Oder bei der die Gründerfamilie noch viel im Aufsichtsrat zu sagen hat. Denn zwangsläufig haben die Inhaber die gleichen Interessen wie Sie als langfristig anlegender Kleinaktionär: Die Aktie soll wertvoll und die Dividende hoch sein. Allerdings nicht so hoch, dass sie die Substanz des Unternehmens aufzehrt. Studien beweisen: Inhaber riskieren – anders als viele angestellte Vorstände – nicht Kopf und Kragen für ein gutes Geschäft. Und inhabergeführte Aktiengesellschaften wachsen meistens aus ihrem Kerngeschäft heraus – und weniger durch Unternehmenszukäufe. Denn mit dem Kerngeschäft kennen sich die Gründer aus. Zu den (im weiteren Sinne) inhabergeführten Aktengesellschaften in Deutschland gehören beispielsweise Fielmann, Sixt, Henkel, Merck oder Axel Springer. Wo finden Sie weitere solcher inhabergeführter Unternehmen? In Deutschland zum Beispiel in dem weithin unbekannten Aktienindex Daxplus Family Index mit der ISIN DE000A0YKTN0. Wenn Sie diese

ISIN beispielsweise in die Suchmaske des Börsenportals www.onvista.de eingeben und auf »Einzelwerte« klicken, kriegen Sie die ganze Liste.

Faustregel 4: Kaufen Sie Aktien von Unternehmen mit geringer Verschuldung

Es bringt nichts, wenn ein Unternehmen bis zum Hals in Schulden steckt. Dann hängt es am Tropf der Banken, und wenn die den Kredithahn zudrehen, ist Feierabend. Sie sollten also nach Unternehmen Ausschau halten, deren Schuldenstand vertretbar ist. Denn die sind nicht so schnell pleite. Aber was heißt vertretbar?

Der Schuldenstand wird ausgedrückt in der sogenannten *Verschuldungsquote*. Das ist – ganz einfach – die Höhe des Fremdkapitals (also die Summe der aufgenommen Kredite und emittierten Anleihen) geteilt durch das in der Bilanz ausgewiesene Gesamtkapital des Unternehmens. Je geringer die Verschuldungsquote, desto besser. Höchstens eine Verschuldungsquote von 70 Prozent sollte ein Unternehmen aufweisen, idealerweise liegt sie sogar unter 50 Prozent. Manchmal wird auch das Gegenstück zur Verschuldungsquote veröffentlicht – die sogenannte *Eigenkapitalquote*. Sie drückt aus, wie viel vom Gesamtvermögen nicht fremdfinanziert ist. Hier gilt analog: Je höher die Eigenkapitalquote, desto besser. Sie sollte also mindestens bei 30 Prozent, idealerweise sogar bei über 50 Prozent liegen.

Keine Angst. Die Verschuldungsquote müssen Sie nicht selbst ausrechnen. Sie finden diese in zahlreichen Anlegermagazinen und Börsenpublikationen. Und wenn Sie die passenden Daten über Ihre Wunsch-Aktiengesellschaft gerade nicht zur Hand haben, hilft das Internet. Oft genügt es, deren Namen zusammen mit dem Wort »Verschuldungsquote« oder »Eigenkapitalquote« bei Google einzugeben. Und schon erfahren Sie diese Kennzahl aus der letzten Bilanz.

Faustregel 5: Kaufen Sie unterbewertete Aktien

Das ist die schwierigste und zugleich die wichtigste Regel für den langfristigen Anlageerfolg mit Aktien. Dazu müssen Sie wissen: Was an der Börse für eine Aktie gezahlt wird, ist nicht unbedingt realistisch. Der Börsenkurs liegt mal deutlich über dem, was eine Aktie wirklich wert ist, und mal deutlich darunter. Langfristig aber wird sie sich irgendwann dem annähern, was sie wirklich wert ist (Experten sprechen hier vom *fairen Wert* einer Aktie).

Der Börsenguru André Kostolany hat das einmal mit einem sehr treffenden Vergleich ausgedrückt: »Der Börsenkurs verhält sich zur Wirtschaft wie der Hund zum Spaziergänger: Er läuft oft voraus oder hinterher, kommt aber immer wieder zurück.«

Die Kunst besteht also darin, um mit Kostolany zu sprechen, den Aktienhund genau dann zu erwischen, wenn er der wahren Wirtschaftsentwicklung (sprich dem fairen Wert) hinterherläuft, also die Aktie unterbewertet ist. Welches ist aber nun der faire Wert einer Aktie? Darüber kann man sich trefflich streiten. Vor allem weil Sie zwei Aktienkurse nicht einfach direkt miteinander vergleichen können.

Angenommen, die Aktie von Automobilbauer A liegt bei 90 Euro, die von Automobilbauer B aber bei 497 Euro. Welche ist jetzt billiger? Zu sagen, Automobilbauer A ist billiger, wäre dumm! Denn die Automobilbauer sind wahrscheinlich unterschiedlich groß und haben außerdem unterschiedlich viele Aktien herausgegeben. Ihr Wert ist auch sonst nur sehr schwer miteinander zu vergleichen.

Bevor Sie sich hier mit allzu komplizierten Berechnungen herumquälen müssen, erhalten Sie die gängigste Kennzahl, die Ihnen hilft, herauszufinden, ob eine Aktie an der Börse eher unter- oder eher überbewertet ist. Diese Kennzahl basiert auf einer Bewertung der Gewinne, heißt *Kurs-Gewinn-Verhältnis* und wird mit der Buchstabenfolge *KGV* abgekürzt.

Um das KGV zu berechnen, brauchen Sie nur zwei Zahlen: Den Gewinn pro Aktie und den Aktienkurs. Den Gewinn teilen Sie dann durch den Kurs. Fertig! Die Zahl, die dabei herauskommt, liegt meistens irgendwo zwischen 7 und 25, in Ausnahmefällen aber auch mal bei 60, 70 oder 80. Was sagt Ihnen diese Zahl? Ganz einfach: Angenommen, der Gewinn pro Aktie bliebe auch in Zukunft immer gleich. Dann gibt das Kurs-Gewinn-Verhältnis an, wie viele Jahre Sie warten müssen, bis Sie allein durch die Gewinne Ihren Einsatz wieder erwirtschaftet hätten. Zwangsläufig heißt das: Je niedriger das KGV, desto besser! Unter Experten gilt ein KGV von unter 10 als Schnäppchen, unter 12 ist auch noch okay, aber was darüber liegt, ist keine billige Aktie mehr.

Angenommen, Sie kaufen eine Aktie zum Kurs von 200 Euro. Der Gewinn pro Aktie liegt bei 25 Euro, das KGV folglich bei (200 : 25 =) 8. Also müssen Sie acht Jahre warten, bis sich Ihr Einsatz gelohnt hat, wenn Sie die Kursentwicklung völlig außer Acht lassen.

Aber wie so oft müssen Sie auch hier nicht selbst rechnen. Das erledigen diverse Analysten für Sie. Die müssen allerdings den Gewinn des nächsten Bilanzjahrs schätzen, weswegen die KGV-Berechnungen oft voneinander abweichen. Am verlässlichsten sind die sogenannten Konsensschätzungen. Das ist der Mittelwert der Berechnungen, die verschiedene Analysten zum KGV angestellt haben. Solche Konsensschätzungen finden Sie abermals in diversen Börsenpublikationen, aber auch kostenfrei im Internet. Gehen Sie beispielsweise auf das Börsenportal www.finanzen.net. Geben Sie Ihre Wunschaktie in das Suchfeld ein und klicken Sie auf Suche. Klicken Sie anschließend in der Rubrik »Fundamental« auf Analyse. Schon finden Sie eine Tabelle mit dem erwarteten KGV fürs kommende Bilanzjahr.

Faustregel 6: Kaufen Sie nur Aktien von Unternehmen, die Gewinne erwirtschaften

Eines haben viele »Kursraketen« gemeinsam, die später eine Bruchlandung hinlegen: Die Gewinne, die das jeweilige Unternehmen erwirtschaftet, sind eher mau. Beziehungsweise gar nicht vorhanden. Erinnern Sie sich noch an die Dotcom-Blase? Jede Aktie wurde damals als Hoffnungswert gekauft – Hauptsache, das Unternehmen machte »irgendwas mit Internet oder Technologie«. Viele dieser Unternehmen waren weit davon entfernt, Gewinne zu schreiben. Kein Wunder, dass solche Investments später mit einem gewaltigen Kracher auf dem Boden der Realität einschlugen.

Wie schützen Sie sich vor solchen Sturzflügen? Indem Sie strikt nur Aktien von Unternehmen kaufen, die tatsächlich Gewinne schreiben. Und zwar möglichst dauerhaft. Wie hoch die Gewinne sind, muss jedes börsennotierte Unternehmen in seiner Bilanz veröffentlichen. Dumm ist nur, dass es dafür mehrere verschiedene Kennzahlen gibt.

Die beiden wichtigsten Kennzahlen für den Gewinn sind:

- ✔ Der *Jahresüberschuss*. Der Jahresüberschuss ist das, was übrig bleibt, wenn Sie von den Erträgen eines Jahres die Aufwendungen abziehen. Dummerweise ist der Jahresüberschuss leicht manipulierbar. Die Bilanzkosmetiker sind da gerne mal mit Make-up und Abdeckstift unterwegs. Außerdem wirkt sich auch auf den Jahresüberschuss aus, wie viele Steuern ein Unternehmen in seinem jeweiligen Stammland zahlen muss. Deshalb ist der Jahresüberschuss als Kennzahl unter den Analysten nicht besonders beliebt. Er eignet sich nicht besonders gut dafür, verschiedene Aktiengesellschaften aus unterschiedlichen Ländern miteinander zu vergleichen.

- ✔ Das *EBIT* (Earnings before Interest and Taxes, also auf Deutsch: Gewinn vor Zinsen und Steuern). Das ist eine Art bereinigter Jahresüberschuss. Nämlich der Gewinn einer Aktiengesellschaft, bevor sie Zinsen an Kreditgeber und Steuern an den Staat zahlen muss. Diese Kennzahl ist für den internationalen Vergleich gut geeignet.

Wichtig sind hier nicht unbedingt die höchsten, sondern vor allem dauerhafte Gewinne. Bei stark konjunkturabhängigen Unternehmen (zum Beispiel Chemiekonzernen oder Maschinenbauern) kann der Gewinn während einer Rezession auch mal ausbleiben. Aber im Großen und Ganzen sollten Sie darauf achten, nur Aktien von wirtschaftlich erfolgreichen Unternehmen zu kaufen. Sprich: Am Ende muss eine schwarze Zahl stehen.

Der Gewinn wird in der Bilanz ausgewiesen und die finden Sie auf der Internetseite des jeweiligen Unternehmens. Auch die Medien bringen diese Zahlen häufig in der Unternehmensberichterstattung. Oft reicht aber auch eine Eingabe bei Google (oder direkt nach Veröffentlichung der Jahresbilanz in Google News), die zum Beispiel so aussehen kann: »Siemens EBIT 2012«.

Faustregel 7: Kaufen Sie möglichst Aktien von Unternehmen, die gute Dividenden ausschütten

Diese letzte Regel stammt nicht vom Börsenguru Warren Buffett. Er hält Ausschüttungen für unnötig – hat aber in seinem Portfolio trotzdem ausgesprochen viele Werte, welche die Aktionäre großzügig an ihren Gewinnen beteiligen.

Was heißt großzügig? Ganz einfach: Je höher die ausgeschüttete Dividende im Vergleich zum gezahlten Kurs ist, desto besser. Und schon sind wir bei der Kennzahl, die dies darstellt:

Wie hoch ist die Ausschüttung im Verhältnis zum Kurs? Diese Kennzahl heißt - *Dividendenrendite*. Ausgedrückt wird sie in Prozent. Sie könnten auch einfach sagen: Die Dividendenrendite ist sozusagen der Zins, den Ihr Aktieninvestment abwirft. Und klar gilt auch hier: Je höher die Prozentzahl, desto besser. Vergessen

Sie aber nicht: Bei der Dividendenrendite interessiert Sie Ihr persönlicher Wert – und nicht die Dividendenrendite, die sich auf den aktuellen Kurs bezieht. Sie teilen also die gezahlte Dividende pro Aktie durch den Kurs, den Sie selbst für die jeweilige Aktie gezahlt haben. Oder wenn der Kauf noch bevorsteht: durch den Kurs, den Sie aktuell für die Aktie zahlen würden.

Haben Sie beispielsweise eine Aktie zum Kurs von 100 Euro gekauft und Sie erhalten eine Dividende von 2,50 Euro, dann liegt die Dividendenrendite bei 2,5 Prozent. Das ist ungefähr der langjährige Durchschnitt aller Dax-Aktien. Höher wäre natürlich netter!

Aber Vorsicht: Nach der Dividendenrendite allein sollten Sie nicht gehen! Denn es gibt Unternehmen, die eine hohe Dividende nicht ohne Grund ausschütten. Sie wollen damit ihre Aktionäre trotz mäßiger Geschäftserfolge und eines vor sich hindümpelnden Aktienkurses bei der Stange halten. Dafür sind sie sogar bereit, die Dividende nicht aus den laufend erwirtschafteten Gewinnen zu finanzieren, sondern teilweise aus der Substanz. Langfristig aber schadet das dem Unternehmen und sorgt für weitere Kursdümpeleien. Bekannt dafür ist die Deutsche Telekom AG, die im Dax in den letzten Jahren immer zu den Spitzenreitern in Sachen Dividendenrendite gehört hat. Aber gucken Sie sich mal die Gewinne und den Kursverlauf an – zum Heulen!

Wo finden Sie heraus, ob die Dividende aus dem Gewinn oder aus der Substanz finanziert wird? Sehr praktisch bei der Recherche ist hier wiederum das Börsenportal www.finanzen.net. Suchen Sie abermals zunächst nach der Aktie, deren Dividendenrendite Sie interessiert. Klicken Sie dann unter der Rubrik »Fundamental« auf »Analyse«. In der angezeigten Tabelle finden Sie die Dividendenrendite bezogen auf den aktuellen Börsenkurs. Viel wichtiger ist aber die Angabe, wie viel Prozent des Gewinns für die Dividendenrendite aufgewendet werden müssen. Sind das 80, 90 oder gar 100 Prozent, ist Vorsicht angebracht!

Welche Aktien Sie auf keinen Fall kaufen sollten

Bei einer ganzen Reihe von Aktien steht quasi »Finger weg!« drauf. Gemeint sind diejenigen, die Ihnen mit ziemlicher Sicherheit Verluste bescheren werden. Meiden sollten Sie:

Aktien, die im Freiverkehr gehandelt werden statt im Amtlichen oder Geregelten Markt. Denn das heißt: Diese Aktien gelten nicht im gesetzlichen Sinne als »börsennotiert«, obwohl auch sie an der Börse handelbar sind. Das heißt, sie müssen keinen Zulassungsprospekt, keine Geschäftsberichte und keine Ad-hoc-Mitteilungen (also Sofort-Mitteilungen kursrelevanter Informationen) veröffentlichen. Sie erfüllen damit noch nicht einmal die Minimalanforderungen an Transparenz.

Penny Stocks (wörtlich »Pfennigaktien«): Das sind Aktien, die weniger als einen Euro wert sind. Jede minimale Kursänderung bedeutet gleich große prozentuale Gewinne oder Verluste. Typische Penny-Stocks-Unternehmen sind einfach nur der Mantel einer Aktiengesellschaft, die ihre Geschäftstätigkeit längst aufgegeben haben. Sie zu kaufen hieße zu zocken.

19 ➤ Nicht nur was für Zocker: Aktien direkt kaufen

Aktien, die Ihnen kostenfrei als »Kursrakete« empfohlen werden – per Post, E-Mail oder Fax. Häufig handelt es sich hierbei um Penny Stocks. Fast immer stecken Betrüger dahinter, die sich bereits zum günstigen Preis mit den betreffenden Aktien eingedeckt haben. Sie heizen die Nachfrage durch ihre Empfehlungen künstlich an und werfen dann ihr Aktienpaket auf den Markt, sobald der Kurs angestiegen ist. Die Opfer sind diejenigen, die auf die Kaufempfehlungen hereingefallen sind und dafür einen überhöhten Börsenpreis bezahlt haben. Merken Sie sich: Kein seriöser Analyst wird seine Empfehlungen kostenlos anbieten.

Bewertung: Lohnt sich ein Aktieninvestment?

»Nur was für Zocker« – »Nur was für Profis« – »Nur was für Reiche«. Lassen Sie sich bei Aktieninvestments nicht von den gängigen Vorurteilen verleiten, sondern gehen Sie bei der Beurteilung nach den harten Fakten. Und die sind wiederum in unseren fünf Kriterien verpackt, die Ihnen schon hinlänglich bekannt sein dürften:

1. **Rendite:** Mit Aktien können Sie einen Vollflop landen, aber auch einen Treffer. Trotzdem sind Aktieninvestments kein Glücksspiel. Langfristig sind mit Dax-Investments 9 Prozent pro Jahr möglich, hat das Deutsche Aktieninstitut errechnet. Und hier sind wir auch schon beim Kern von Aktieninvestments angekommen: Investieren Sie langfristig (sodass Sie zwischenzeitliche Verluste aussitzen können) und investieren Sie in solide Aktiengesellschaften (Auswahlregeln siehe oben). Dann ist die Rendite sehr gut.

2. **Sicherheit:** Da gibt es nichts zu beschönigen. Bei Aktieninvestments können Sie viel Geld verlieren. Denn häufig gibt es an den Börsen Kursstürze und Crashs. Dieses Risiko können Sie aber durch langfristige Anlage und gute Auswahl eindämmen. Zudem haben Sie die Sicherheit, in Sachwerte investiert zu haben und somit gut vor einer Inflation geschützt zu sein.

3. **Flexibilität:** Die ist gegeben. Sie können für viel Geld Aktien kaufen oder für wenig. Sie können regelmäßig kaufen oder nur ab und zu.

4. **Liquidität:** Ihre Aktien können Sie jederzeit wieder verkaufen, wenn Sie Geld brauchen. Das gilt zumindest für Aktien, von denen regelmäßig hohe Stückzahlen gehandelt werden. Inzwischen zwingen Sie auch keine steuerlichen Einschränkungen mehr dazu, Ihre Aktien mindestens ein Jahr lang zu halten (das war früher so, sonst musste man als Anleger Spekulationssteuer auf die Kursgewinne zahlen). Möglich sind aber natürlich Verluste, wenn Sie ausgerechnet dann verkaufen müssen, wenn Ihre Aktie Verluste gemacht hat.

5. **Transparenz:** Hier gilt das Gleiche wie bei Fonds. Sie erhalten bei guten Aktien viele Informationen zum Geschäftsverlauf, der Gewinnsituation und den Aussichten des betreffenden Unternehmens. Aber Sie können nicht treffsicher voraussagen, ob und um wie viel der Aktienkurs steigt beziehungsweise fällt. So richtig transparent ist ein Aktieninvestment daher nicht.

Sollen Sie es wagen, in Aktien zu investieren? Wir meinen ja, wenn zwei Bedingungen erfüllt sind. Erstens: Sie müssen das Geld für die Aktien übrig haben und nicht so schnell wieder brauchen. Und Sie müssen sich einen Anlagehorizont von mindestens 15 Jahren geben. Zweitens: Sie müssen Zeit und Lust haben, sich mit

Börsennachrichten zu beschäftigen. Denn von Zeit zu Zeit sollten Sie schon überprüfen, ob die Aktien in Ihrem Depot die Erwartungen erfüllen oder ob die jeweiligen Unternehmen nur noch Negativschlagzeilen liefern. Wenn Sie das feststellen, verkaufen Sie und kaufen Sie lieber Kandidaten mit besseren Aussichten!

Tipps zur Orderaufgabe

Eine Aktie zu ordern heißt: Auf in den Formularkrieg. Schön wäre es, wir könnten Ihnen bei der Orderaufgabe komplizierte Eingaben ersparen. Tatsache ist aber: Wer zum ersten Mal eine Aktie ordert, kann sich nur über die vielen Eingaben wundern, die im Orderformular erforderlich sind. Hier erfahren Sie in aller Kürze, was Sie am besten eingeben.

- ✔ **Ordertyp:** Geben Sie hier ein, ob es sich um eine Kauf- oder eine Verkaufsorder handelt.

- ✔ **WKN oder ISIN:** Geben Sie die Kennnummer der gewünschten Aktie ein. Manche Aktiengesellschaften haben mehrere Aktien mit verschiedenen Kennnummern. Dann wählen Sie die liquideste, die im Internet (etwa auf www.onvista.de) oft mit einem roten Punkt gekennzeichnet ist.

- ✔ **Stückzahl:** Wie viel wollen Sie in die jeweilige Aktie investieren? Nehmen Sie diesen Betrag und teilen Sie ihn durch den aktuellen Kurs. Das, was vor dem Komma steht, ist Ihre Stückzahl. Aber Achtung: Für die Transaktionskosten muss noch genug übrig sein. Die liegen meist bei 5 bis 15 Euro, manchmal aber auch bei 40 bis 50 Euro. Notfalls Stückzahl nach unten korrigieren.

- ✔ **Handelsplatz:** Aktien kaufen Sie an einer Börse. Für Dax-Werte und große Auslandswerte ist die elektronische Börse Xetra richtig. Für Nebenwerte die jeweilige Heimatbörse (zum Beispiel Stuttgart für den schwäbischen Besteck-, Kochgeräte- und Kaffeemaschinenhersteller WMF). Bei ausländischen Nebenwerten sollten Sie es erst einmal bei der Börse Berlin versuchen und nur, wenn die gewünschte Papiere dort nicht erhältlich sind, auf Auslandsbörsen ausweichen. Denn die sind, was die Transaktionskosten angeht, deutlich teurer. Meiden sollten Sie außerdem den Direkthandel, auch wenn der oft billiger ist. Da bekommen Sie meist keine marktnahen Preise. Über den Direkthandel bauen die Banken selbst ihre Wertpapierbestände auf oder ab.

- ✔ **Orderart:** Bei Standardwerten ist »billigst« beziehungsweise »bestens« die richtige Wahl. Das heißt: Ihre Order wird zum aktuellen Börsenpreis ausgeführt. Bei Nebenwerten wählen Sie dagegen besser »Limit«. Damit können Sie beim Kauf einen Höchstpreis und beim Verkauf einen Mindestpreis festsetzen. Wenn Sie Ihr Limit nahe der letzten Notierung setzen, bewahrt Sie das vor ungewollten Kursausschlägen. Die können ansonsten bei selten gehandelten Aktien immer wieder mal vorkommen. Daneben gibt es noch »stop loss« (oder »stop buy«). Das bedeutet, die Aktie wird verkauft (gekauft), sobald der Kurs den von Ihnen eingegebenen Wert berührt oder unterschritten (überschritten) hat. Gültig ist dann die nächste Kursnotierung, egal ob Sie über oder unter dem Stop-Kurs liegt.

- ✔ **Orderbeschränkung:** Hier wählen Sie üblicherweise »variabel«, dann wird die Order in der Regel zur laufenden Kursfeststellung ausgeführt. Wenn Sie stattdessen »Kassa« eingeben, heißt das: Ihre Order wird aufgehoben bis zur nächsten sogenannten Schlussauktion, wo alle bis dahin aufgelaufenen Orders zu einem Durchschnittspreis ausgeführt werden. Allzu viel Bedeutung müssen Sie der Orderbeschränkung aber nicht beimessen.

✔ **Orderzusatz:** Den brauchen Sie in aller Regel nicht. Es gibt neben der Option »Keinen« aber auch noch die Möglichkeit »Fill or Kill« (abgekürzt FOK). Das heißt: eine Order ganz ausfüllen (also keine Teilausführungen zulassen) oder sie streichen, wenn das nicht geht. Bei selten gehandelten Aktien umgehen Sie so die Zusatzgebühren, die zumindest für nicht tagesgleiche Teilausführungen oftmals erhoben werden. »Immediate or Cancel« bedeutet dagegen: Die Order sofort ausführen oder streichen. Wenn also für ein Wertpapier gerade kein passendes Gegenangebot vorliegt, vermeiden Sie so Teilausführungen oder langes Warten.

✔ **Gültigkeit:** Sie können hier wählen zwischen »tagesgültig« (bei Standard- und großen Nebenwerten reicht das), »Ultimo« (bis zum letzten Tag des laufenden Monats) und »Ultimo + 1« (bis zum letzten Tag des Folgemonats). Das empfiehlt sich bei Nebenwerten oder limitierten Orders, die immer erst ausgeführt werden, wenn alle unlimitierten Orders abgehakt sind. Daneben gibt es die Option »unbeschränkt« beziehungsweise »Good till cancelled«, abgekürzt GTC. Dann bleibt die Order bestehen, bis eine Ausführung möglich ist oder bis Sie selbst die Order wieder streichen. Aber Achtung: Bei manchen Brokern kostet die Orderstreichung Gebühren!

Teil IV

Immobilien: »Betongold« als Altersvorsorge

»Da wird mein Depot aber einbrechen.«

In diesem Teil ...

Ein Buch über Geldanlage wäre unvollständig, wenn darin nicht auch das »Betongold« abgehandelt würde (es darf auch »Holzgold« sein, wenn Sie lieber ein Öko-Haus bauen). Gerade in Zeiten wachsender Inflationsgefahr kann ein Eigenheim ein guter Schutz gegen unbezahlbare Mieten im Alter sein. Auch ein Mietshaus schützt in gewissem Umfang vor Kaufkraftverlust und Geldentwertung. In diesem Teil geht es um die Auswahl und Finanzierung selbst bewohnter oder vermieteter Immobilien.

Immobilien: Mietfrei im Alter – eine wichtige Form finanzieller Vorsorge

In diesem Kapitel
▶ Für wen sich eine Immobilie eignet
▶ Bauen oder kaufen?
▶ Wie Sie Ihre Traumimmobilie oder ein gutes Vermietobjekt finden
▶ Wie Sie Preise vergleichen
▶ Bewertung: Wie gut sind Immobilien als Altersvorsorge?

Fast 70 Prozent der 14- bis 29-Jährigen in Deutschland wollen sich um die Absicherung im Alter kümmern. Das ergab eine Umfrage der TNS Infratest im September 2011. Ganz oben auf der Hitliste der besten Anlageformen steht bei 55 Prozent der Befragten das eigene Haus. Eine Immobilie als Geldanlage? – Aber ja doch!

Bei selbst genutzten Immobilien geht es weniger um eine Wertsteigerung und einen späteren Verkauf mit Gewinn. Vielmehr steht die Mietersparnis im Alter im Vordergrund. Und zweifellos ist es außerdem von Vorteil, nicht schon samstagmorgens um 8:00 Uhr vom Schlagbohrhammer des Vermieters geweckt zu werden, der »unbedingt im Keller mal schnell was reparieren muss«. Und ebenfalls erfreulich ist – da sprechen wir aus eigener Erfahrung –, im Eigenheim von Streitereien mit anderen Mietparteien über das Wäschetrocknen im Treppenhaus und die leidige Kehrwoche verschont zu bleiben. Es sei denn, Sie suchen sich eine Eigentumswohnung mit nervigen Nachbarn aus ...

In diesem Kapitel geht es aber nicht nur ums selbst genutzte Eigenheim, sondern auch um Vermietimmobilien. Denn auch diese sind prinzipiell als Geldanlage geeignet.

Eigenheim: Für wen eine selbst bewohnte Immobilie überhaupt infrage kommt

Miete sparen – das ist das wichtigste Argument, das für eine Iimmobilie spricht. Die Preisentwicklung der Immobilie ist dagegen zweitrangig – denn Sie werden Ihr Eigenheim im Idealfall nicht wieder verkaufen. Sie sparen sich die Miete und zahlen stattdessen einen Immobilienkredit ab. Ist die Immobilie erst abbezahlt, sparen Sie Monat für Monat die volle Miete. Und das kann durchaus einer Jahresrendite von 5 Prozent gleichkommen. Der Rechenweg ist dabei vergleichsweise simpel: gesparte Jahresmiete geteilt durch Anschaffungskosten mal 100 Prozent.

Angenommen, Sie kaufen ein Haus für 200 000 Euro und sparen dadurch monatlich die Miete in Höhe von etwa 800 Euro. Das entspricht einer Jahresmiete von 9 600 Euro. Diesen Betrag teilen Sie durch 200 000 Euro und multiplizieren das Ergebnis mit 100 Prozent. So landen Sie bei einer Jahresrendite von 4,8 Prozent.

Erfreulicherweise müssen Sie diesen »Gewinn« nicht versteuern. Denn die gesparte Miete fließt Ihnen nicht auf der Einnahmenseite zu, sondern es ist einfach ein dicker Posten weniger auf der Ausgabenseite. Es wird dem Finanzamt somit nicht gelingen, darauf Einkommensteuer zu erheben.

Das Dumme bei selbst bewohnten Häusern oder Eigentumswohnungen ist: Sie legen sich örtlich fest. Es hat also keinen Sinn, ein Eigenheim zu kaufen, wenn Sie karrierebedingt oder der Liebe wegen noch einige Umzüge vor sich haben. Ebenso wenig zu empfehlen ist eine selbst genutzte Immobilie, wenn Ihr Job wackelt und Sie in der gleichen Gegend voraussichtlich keinen neuen finden werden. Zwar gibt es immer noch die Möglichkeit des Pendelns. Aber mal ehrlich: Das hält man meist nicht lange durch. Voraussetzung Nummer 1 für die Anschaffung einer selbst genutzten Immobilie ist also eine gewisse Ortsgebundenheit. Sie müssen sicher sein, dass Sie so schnell nicht wieder umziehen werden. Ansonsten besteht die Gefahr, Ihre Immobilie mit Verlusten wieder verkaufen zu müssen.

Ebenso wichtig ist Ihre finanzielle Situation. Im Vordergrund steht die Frage, ob Sie sich ein Haus oder eine Eigentumswohnung Ihrer Vorstellungen überhaupt leisten können.

»Ich kann ja das, was ich an Miete spare, in die Abzahlung des Kredits stecken.« Das ist ein schlagkräftiges Argument für die Eigenheimfinanzierung. Das stimmt aber nur teilweise. Denn: Wer zur Miete wohnt, kann sich bei Geldmangel immer noch eine billigere Wohnung suchen. Wer sich für ein Eigenheim entschieden hat und feste Kreditraten zahlen muss, hat diese Möglichkeit nicht.

Und die Moral von der Geschicht? – Ohne Erspartes geht es nicht! Moralinsauer soll dieses Kapitel ansonsten nicht werden – denn wir Autoren sind selbst Immobilieneigentümer und froh darüber. Dennoch lautet unsere Empfehlung: Über den Kauf oder Bau eines Eigenheims oder einer Eigentumswohnung sollten Sie nur nachdenken:

- ✔ Wenn Sie mindestens 25 bis 30 Prozent des voraussichtlichen Immobilienpreises bereits angespart haben.

- ✔ Wenn Sie über ein stabiles, voraussichtlich über Jahre hinweg sicheres Einkommen verfügen.

- ✔ Wenn die Wahrscheinlichkeit eines Ortswechsels in naher Zukunft gering ist.

- ✔ Wenn Sie – je nach Einkommenssituation – bereit sind, für die Tilgung Ihres Immobiliendarlehens eventuell auch Opfer zu bringen (Verzicht auf Urlaub oder Einkaufstouren).

- ✔ Wenn Ihnen klar ist: Fast Ihr gesamtes Geld ist in der Immobilie gebunden. Für andere Sparformen wird zumindest in der Tilgungsphase nichts mehr oder nur wenig übrig sein. Und die dauert üblicherweise durchaus 20 bis 30 Jahre.

- ✔ Wenn es Ihnen nichts ausmacht, die Verantwortung für Ihren Immobilienbesitz selbst zu tragen. Denn von der Dachrinnenreinigung über das Rasenmähen bis zur Bestellung des

Heizungsmonteurs sind Sie in der Pflicht – und kein Vermieter oder Hausverwalter, der Ihnen diese lästigen Arbeiten abnimmt. Und auch bei einer Eigentumswohnung kommen Sie um solche Pflichten nicht ganz herum – entweder müssen Sie diese Leistungen beim Hausverwalter teuer »einkaufen« oder sich abwechselnd mit den anderen Eigentümern im gleichen Haus darum kümmern.

Vermietimmobilie: Geldanlage und Inflationsschutz in einem

Nicht nur Eigenheime sind als Geldanlage interessant, sondern auch Mietshäuser oder Mietwohnungen. Denn es besteht die Möglichkeit, mit deren Vermietung erfreulich hohe Renditen zu erzielen. Und selbstverständlich schützen auch vermietete Immobilien vor Inflation. Eine Vermietung kommt auch bei geerbten Häusern in Frage – statt eines Verkaufs. Denn immerhin können Sie sich auf diese Weise einen regelmäßigen Geldzufluss sichern, wenn es sich dabei nicht gerade um eine abbruchreife Bude handelt. Zunächst sollten Sie sich überlegen, welche Rendite ein Mietshaus oder eine Mietwohnung für Sie abwirft.

Wie rentabel sind Mietshäuser oder Mietwohnungen?

Wie rentabel Vermietimmobilien sind, lässt sich errechnen. Sie müssen dazu allerdings folgende Zahlen kennen:

- ✔ Den **Immobilienpreis** – also das, was die Immobilie insgesamt kostet (mitsamt Kaufnebenkosten wie Grunderwerbssteuer, Makler- und Notargebühren). Wichtig: Auch wenn Sie eine Immobilie erben und damit quasi geschenkt bekommen, sollten Sie deren Marktwert in Ihre Kalkulation einbeziehen. Denn theoretisch könnten Sie die Immobilie verkaufen und den Verkaufserlös anderswo rentabler anlegen. (Ob sich das lohnt, ermitteln Sie ja gerade mit dieser Rechnung.)
- ✔ Die **jährlichen Mieteinnahmen**, die Sie mit der betreffenden Immobilie erzielen.
- ✔ Ihre **jährlichen Zinskosten** – also das, was Sie für den Immobilienkredit pro Jahr zusätzlich an Zinsen aufwenden (abzüglich Steuervorteil: siehe Kasten unten).
- ✔ Die **jährlichen Kosten** für die Instandhaltung (abzüglich Steuervorteil: siehe Kasten unten).

Aus den oben genannten Zahlen errechnen Sie im nächsten Schritt zwei Kenngrößen. Um die Sache nicht unnötig kompliziert zu machen, bleiben die Steuervorteile hier zunächst einmal unberücksichtigt. Sie ermitteln also folgende Kennzahlen:

Ihren **Kapitaleinsatz**. Das ist der Preis beziehungsweise Wert der Immobilie (plus Kaufnebenkosten, wenn Sie die Immobilie nicht geerbt haben).

Ihre **jährlichen Nettoerträge**. Das ist die Summe der Mieteinnahmen minus die jährlichen Zins- und Instandhaltungskosten.

Der Rest ist ein Kinderspiel: Sie teilen Ihre jährlichen Nettoerträge durch den gesamten Kapitaleinsatz und nehmen das Ergebnis mit 100 Prozent mal. Das Ergebnis ist Ihre jährliche Rendite in Prozent. Ein Rechenbeispiel:

Sie kaufen ein Mietshaus, das inklusive Kaufnebenkosten 300 000 Euro kostet. Pro Monat erhalten Sie 1 500 Euro Miete, das sind 18 000 Euro pro Jahr. Von den Mieteinnahmen abgezogen werden nun die Instandhaltungskosten von etwa 3.000 Euro pro Jahr. Abgezogen werden außerdem die Zinsen, die Sie für den Hypothekenkredit an die Bank zahlen. Das sind anfangs rund 10 000 Euro (denn Sie haben rund zwei Drittel der Immobilie, also 200 000 Euro mit einem Sollzins von 5 Prozent pro Jahr fremdfinanziert). Übrig bleiben zunächst also nur vergleichsweise magere (18 000 Euro – 3 000 Euro – 10 000 Euro =) 5 000 Euro. Diese 5 000 Euro teilen Sie jetzt durch Ihren gesamten Kapitaleinsatz von 300 000 Euro und nehmen das Ergebnis mit 100 Prozent mal. Übrig bleibt eine Rendite von 1,67 Prozent.

Nicht gerade üppig, werden Sie jetzt sagen. Aber zwei Dinge verbessern Ihre Rendite in Wirklichkeit spürbar:

✔ Die Steuervorteile, die Sie durch die Vermietung genießen.

✔ Die sinkende Zinslast, die ganz auf Null schrumpft, wenn Ihr Immobilienkredit abbezahlt ist.

Zu den Steuervorteilen: Mieteinnahmen müssen Sie versteuern. Im Gegenzug dürfen Sie aber auch die Kosten, die mit der Immobilie zusammenhängen, als Werbungskosten von der Steuer absetzen.

Wie hoch dieser Steuervorteil ist, hängt von Ihrem persönlichen Einkommensteuersatz ab. Der wiederum richtet sich nach Ihrem Einkommen – je höher, desto höher der persönliche Steuersatz. Rechnen Sie der Einfachheit halber hier einmal mit 33 Prozent. Bei Spitzenverdienern kann der persönliche Steuersatz aber bis zu 45 Prozent betragen.

Zu den Steuervorteilen gehört streng genommen auch die jährliche Abschreibung auf den Gebäudewert. Immerhin 2 Prozent pro Jahr dürfen Sie von der Steuer absetzen, und das 50 Jahre lang.

Wenn Sie Instandhaltungskosten und Zinsen von der Steuer absetzen, sind bei einem persönlichen Steuersatz von 33 Prozent (1 000 Euro + 3 333 Euro =) 4 333 Euro mehr für Sie drin.

Im obigen Beispiel erhöht zudem die Abschreibung auf den Gebäudewert Ihre Nettoerträge um 6 000 Euro. Denn bei einem Immobilienwert von 300 000 Euro und einem persönlichen Steuersatz von 33 Prozent errechnen Sie diesen Steuervorteil so: 2 Prozent von 300 000 Euro sind 6 000 Euro. Davon 33 Prozent sind 2 000 Euro an Steuern, die Sie sparen. Insgesamt belaufen sich die Nettoerträge dann auf 10 333 Euro, und die Jahresrendite somit auf immerhin 3,44 Prozent.

Zur sinkenden Zinslast: Bei einem typischen Immobilienkredit (Annuitätendarlehen, siehe Kapitel 21) müssen Sie Jahr für Jahr weniger Zinsen zahlen. Das wirkt sich zwar in den Anfangsjahren kaum auf die Rendite aus, später dagegen sehr. Und bedenken Sie: Irgendwann ist das Darlehen abgezahlt, und die Zinslast gleich Null. Dann steigt Ihre Rendite bei sonst gleich bleibenden Zahlen auf Prozent.

 Allerdings müssen Sie Mieteinnahmen versteuern, und zwar mit Ihrem persönlichen Einkommensteuersatz – und nicht etwa mit der Abgeltungsteuer. Das heißt, von diesen 6 Prozent bleiben nach Steuern vielleicht noch rund zwei Drittel übrig, also 4 Prozent.

Für wen sich ein Vermieterdasein lohnt

Vermieter zu sein macht nicht jedem Spaß und es bringt auch nicht immer die erhofften Renditen. Prüfen Sie sich daher selbst, ob Sie als Vermieter wirklich glücklich werden.

»Eine Geldanlage, die anruft«

»Ich wollte einfach nur ein sicheres Renditeobjekt, und jetzt habe ich eine Geldanlage, die anruft.« So die Erfahrungen eines Wohnungskäufers in Köln, dessen Mieter sich häufiger mal am Telefon über tropfende Wasserhähne oder streikende Heizkörper beschweren.

Damit ist ein Kernproblem dieser Geldanlage bereits umrissen: Hier arbeitet das investierte Geld zwar für Sie. Aber Sie müssen mitarbeiten. Denn als Vermieter haben Sie die Verantwortung, dass das vermietete Haus oder die vermietete Wohnung gut in Schuss ist. Sonst droht Mietminderung. Sie können die anfallenden Arbeiten (Hausmeisterdienste und Verwaltung) zwar einer professionellen Hausverwaltung übertragen. Aber das wird Ihre Rendite beträchtlich schmälern. Ein glückliches Vermieterdasein führen somit nur Leute, die sich gern um alle anfallenden Aufgaben kümmern und auch die Zeit dazu haben – oder Geld genug, um eine Hausverwaltung zu bezahlen. Idealerweise ist die vermietete Immobilie zudem nicht allzu weit weg vom eigenen Wohnort. Dann können Sie schnell mal hinfahren, wenn eine Arbeit zu erledigen ist.

Wenn das Geld ausbleibt

Auch auf der Renditeseite kann es Probleme geben. Denn es ist nicht unbedingt sichergestellt, dass zu jeder Zeit pünktlich die Mieten fließen. Zum einen gibt es Mietnomaden, die einziehen und Ihnen als Vermieter die Mieten schuldig bleiben. Wenn Sie an so einen geraten, dann Prost Mahlzeit!

Zum anderen müssen Sie auch mit Leerständen rechnen. Es ist nicht gesagt, dass Sie gleich Ersatz finden, wenn ein Mieter kündigt. Beziehungsweise dass Sie für Ihr neues Mietshaus gleich von Anfang an Mieter finden. Solche finanziellen Engpässe zu überbrücken erfordert genügend Kleingeld. Sonst wird's schnell mal eng.

Laufende Investitionen sind nötig

Auch auf der Ausgabenseite kann Ungemach drohen: Plötzlich ist das Dach undicht. Oder die Heizung, die jahrzehntelang treu ihren Dienst getan hat, gibt auf einmal den Geist auf. Und schlagartig müssen Sie Tausende von Euro in ein neues Dach oder eine neue Heizung investieren. Wer als Vermieter dieses Geld nicht hat, steht dumm da. Da hilft nur eines: Laufend Geld für solche Notfälle ansparen. Und von vornherein damit rechnen, dass nicht alles, was Sie an Miete einnehmen, auch wirklich bei Ihnen hängenbleibt. Gerade die laufenden Investitionen wirken sich oft stark auf die Rentabilität Ihres Mietshauses aus.

Bei Eigentumswohnungen: Hausverwaltung und Eigentümergemeinschaft

Wenn Sie eine von vielen Wohnungen in einem Mehrfamilienhaus kaufen und die anderen Wohnungen anderen Hauseigentümern gehören, treten Sie automatisch einer so genannten Eigentümergemeinschaft bei. Sie können Ihre Entscheidungen zur betreffenden Immobilie dann nicht nach Ihrem eigenen Belieben fällen, sondern müssen sich mit den anderen Eigentümern einigen. Gerade bei größeren Investitionsentscheidungen hängen Sie von deren Votum ab.

Üblicherweise gibt es bei solchen Häusern eine Hausverwaltung, die sich um organisatorische Fragen kümmert. Sie kostet Geld, tut aber auch etwas dafür. Sie erstellt beispielsweise die Nebenkostenabrechnungen. Oder übernimmt es, notwendige Reparaturen zu veranlassen, wenn mal wieder ein Mieter anruft.

Übrigens haben Sie als Wohnungskäufer auch nicht die Möglichkeit, die bestehende Hausverwaltung einfach abzuschaffen. Oder sie durch eine tüchtigere und günstigere zu ersetzen. Um das zu erreichen, müssen Sie das Ende der Vertragslaufzeit der bestehenden Hausverwaltung abwarten. Und zudem die anderen Eigentümer überreden, mit Ihnen für eine neue Hausverwaltung zu stimmen.

Die Hausverwaltung zieht auch das Geld für die so genannte Investitionsrücklage ein, in die Sie Monat für Monat einen bestimmten Obolus einzahlen müssen. Dieses Geld fließt in einen gemeinsamen Topf. Größere Investitionen (etwa die Erneuerung des Daches) werden dann aus dieser Rücklage bestritten. Dazu müssen sich die Eigentümer aber erst auf die betreffende Maßnahme einigen. Beschlossen werden solche Dinge auf der Eigentümerversammlung, die mindestens einmal jährlich stattfindet. Daran müssen Sie teilnehmen – oder sollten es zumindest, um zu verhindern, dass dort Entscheidungen getroffen werden, mit denen Sie gar nicht leben können.

Bauen oder kaufen? – Die Qual der Wahl

Wollen Sie Ihr Eigenheim lieber bauen oder lieber kaufen? Und was ist die beste Wahl bei Vermietimmobilien? Ob Bau, ob Kauf – es gibt für beide Varianten viele Gründe, die dafür und dagegen sprechen.

Bauen: Traumhaus in Sicht – aber nicht exakt planbar

Für manche Menschen steht es außer Frage: Wenn schon ein Eigenheim, dann selbst gebaut. Nur so lässt sich das Traumhaus verwirklichen – zumindest so weit das Geld für die lange Liste Ihrer Wünsche reicht. Bei einem Neubau haben Sie zudem die Gewähr, dass das frisch gebaute Haus gut gedämmt und von seiner Technik her auf dem neuesten Stand ist. In den ersten Jahren nach dem Einzug sind somit nicht gleich wieder Handwerkerarbeiten nötig – vorausgesetzt, Sie lassen sich keinen Pfusch andrehen.

Der Hausbau ist allerdings kein Vergnügen, selbst wenn Sie alles Handwerkern überlassen. Denn mit Bauaufsicht, Mängelrügen und der Koordination der Handwerker haben Sie mehr als genug zu tun (sofern Sie nicht in der komfortablen Situation sind, dafür einen Architekten oder Bauingenieur beauftragen zu können). Wer handwerklich geschickt ist, kann allerdings durch Eigenleistungen eine Menge Geld sparen.

Eine Alternative ist der Bau schlüsselfertiger Häuser. Da kriegen Sie alles aus einer Hand und brauchen sich nicht persönlich mit Handwerkern herumzuschlagen.

Das Bauen kann trotzdem einige Nachteile mit sich bringen: Bauen ist häufig teurer als kaufen. Außerdem kann sich die Fertigstellung des Baus verzögern und damit auch der Einzug. Das passiert gar nicht so selten und bedeutet für Sie: Sie müssen länger Miete zahlen als ursprünglich gedacht. Und das sind Monate mit Doppelbelastung, weil Sie üblicherweise schon in der Bauphase Kreditraten zahlen. Oft wird ein Bau auch teurer als beabsichtigt. Deshalb ist die Festpreisgarantie einiger Anbieter gar keine so dumme Idee.

Ob sich der Bau einer Vermietimmobilie lohnt, ist fraglich. Vielleicht ja, wenn Sie viel in Eigenarbeit erledigen können. Und wenn Sie möglicherweise auch noch eine handwerklich geschickte Verwandtschaft haben, die ihre Wochenenden gern auf Ihrer Baustelle verbringt. Ansonsten wird das eher die Ausnahme sein. Ein Kauf ist da die bessere Wahl – ganz einfach, weil sich sowohl die Investitionssumme als auch der Zeitpunkt, wann die betreffende Immobilie bezogen werden kann, besser planen lässt.

Kaufen: Vielleicht kein Traumhaus – aber besser berechenbar

Ihr Traumhaus werden Sie bei einem Kauf in der Regel nicht finden. Denn irgendetwas wird immer anders sein, als Sie sich das vorgestellt haben: Das Wohnzimmer gefliest statt mit Parkett oder Laminat. Das Bad »ein Traum in Popelgrün«, wie Blödel Otto Waalkes es einmal ausgedrückt hat. Und ob Ihnen der rustikale Anstrich des hölzernen Balkongeländers gefällt – na ja! Immerhin haben Sie trotzdem die Chance, ein vergleichsweise schönes und vor allem praktisches Heim zum bezahlbaren Preis zu finden (wenn Sie nicht gerade in der Innenstadt Münchens suchen und kein Millionär sind).

Bei einer Vermietimmobilie sollten Sie sich nicht durch Ihren eigenen Geschmack zu sehr blenden lassen. Hier zählt, was dem Durchschnitt gefällt. Denn diese Immobilien sind besser vermietbar. Ausgefallene Extras kommen ebenso wenig in Frage wie ein exklusiver Wohnungszuschnitt, der nur leider für die Otto-Normalverbraucher-Durchschnittsfamilie zu wenig Zimmer bietet.

Aufgepasst: Beim Kaufen haben Sie allerdings die Gewähr nicht, ein tadelloses Objekt zu bekommen. Denn verkauft werden – abgesehen von wenigen schlüsselfertigen Neubauten – in erster Linie Gebrauchthäuser oder -wohnungen. Da kann es unsichtbare Mängel geben, die Ihnen bei der Besichtigung gar nicht auffallen. Sei es, dass die Heizung andauernd streikt. Sei es, dass im Keller ein Feuchteschaden eintritt. Oder dass die Fußbodenheizung leckt. Oder dass die Dachziegel vom Frost bereits teilweise gesprengt wurden und Sie erst später merken, dass Sie das Dach komplett neu eindecken müssen. Es ist fraglich, ob Sie solche Baumängel im Nachhinein beim Verkäufer geltend machen können. Ist der Verkäufer ein Privatmann, dann eher nicht – es sei denn, er hat einen bereits vorhandenen Mangel arglistig verschwiegen.

Sie haben schon einige Objekte in die engere Wahl gezogen? Dann sollten Sie unbedingt einen Immobiliensachverständigen hinzuziehen. Verlassen Sie sich nicht auf die Aussagen des Maklers, der Ihnen das Haus verkaufen will. Sachverständige finden Sie beispielsweise, indem Sie sich an die örtlich zuständige Industrie- und Handelskammer wenden. Bitten Sie einen Sachverständigen, Sie bei der Hausbesichtigung zu begleiten, und zahlen Sie den dafür geforderten Tagessatz. Dann bleiben Ihnen böse Überraschungen nach dem Kauf später erspart. Und vielleicht findet der Sachverständige ja handfeste Argumente für Sie, mit denen sich der Kaufpreis noch etwas drücken lässt ...

Häufig müssen Sie also nach dem Kauf noch Renovierungs-, Umgestaltungs- oder Reparaturarbeiten ausführen (lassen) und die Kosten dafür tragen.

Aber der Kauf hat auch handfeste Vorteile: Sie wissen, was Sie kriegen, denn Sie sehen das Haus oder die Wohnung nicht nur auf Plänen, sondern können sie schon besichtigen. Sie wissen zudem genau, was Sie zahlen. Zusätzlich zum Immobilienpreis müssen Sie allerdings noch 10 bis 12 Prozent Kaufnebenkosten einkalkulieren (für Maklergebühren, Notargebühren, Grunderwerbsteuer und so weiter). Für notwendige oder gewünschte Renovierungen sollten Sie auch noch eine Reserve einplanen. Der Gutachter kann Ihnen bei den Kosten sicher eine Größenordnung nennen. Sie haben außerdem die Sicherheit über den Zeitpunkt des Bezugs. Sobald der Vertrag unterzeichnet, der Kaufpreis gezahlt und Sie als neuer Eigentümer im Grundbuch eingetragen sind, können Sie einziehen.

Wenn die gekaufte Immobilie allerdings zum Zeitpunkt des Grundbucheintrags noch vermietet ist, können Sie nicht sofort einziehen. Denn grundsätzlich gilt die Regel: Kauf bricht nicht Miete. Sie übernehmen somit als Käufer einfach in die Rolle des Vermieters. Allerdings können Sie den aktuellen Mietern jetzt kündigen, indem Sie Eigenbedarf geltend machen. Dazu müssen Sie aber die Kündigungsfrist wahren, die im Mietvertrag vereinbart ist. Es kann also problematisch werden, ein vermietetes Haus oder eine vermietete Wohnung in der Absicht zu kaufen, sie zu einem bestimmten Zeitpunkt selbst zu beziehen.

Haus, Wohnung, Doppelhaushälfte: Was darf's sein?

Es muss keineswegs immer ein Haus sein. Auch andere Möglichkeiten haben ihren Charme. Überlegen Sie sich gut, was Sie für sich selbst und Ihre Familie brauchen und wollen beziehungsweise, was als Mietobjekt wohl am ehesten gefragt ist (auch im Hinblick auf spätere Zeiten, wenn die Kinder aus dem Haus sind):

✔ **Einfamilienhaus:** Hier sind Sie für sich. Die Kinder können spielen, lärmen und streiten, so laut sie wollen. Oder Sie selbst können Schlagzeug, E-Gitarre oder Posaune üben, bis die Wände wackeln. Das schert niemanden. Allerdings haben Sie hier auch die größte Verantwortung. Alle Entscheidungen über die Immobilie müssen Sie selbst treffen und umsetzen, alle Erhaltungs- und Pflegemaßnahmen müssen Sie selbst ausführen oder in Auftrag geben. Einfamilienhäuser sind durchaus auch als Vermietobjekte geeignet. Bedenken Sie aber: Ein Haus mit nur einem Mieter erhöht das Risiko für Mietausfälle. Ziehen die Mieter aus und Sie finden nicht schnell Ersatz, entfällt die komplette Miete. Bei einem Haus mit drei Wohnungen haben Sie dagegen immer noch zwei Mietparteien, die zahlen.

✔ **Doppelhaushälfte:** Das ist eine oft etwas günstigere Alternative. Aber die Nachbarn sind eben etwas näher dran – was positiv, aber auch negativ sein kann. Ideal ist ein Doppelhaus, wenn Sie die Bewohner der anderen Hälfte kennen und mit ihnen auf freundschaftlichem Fuße stehen. Sparmöglichkeiten bestehen hier auch in einer gemeinsamen Beauftragung von Dienstleistern.
Bei Vermietung gilt hier prinzipiell das Gleiche wie bei Einfamilienhäusern – es sei denn, Sie kaufen gleich beide Doppelhaushälften.

✔ **Reihenhaus:** Das ist oft günstiger. Aber mit lärmempfindlichen oder ansonsten schwierigen Nachbarn kann das zur Qual werden. Und sei es nur, wenn man sich darüber streitet, wer wo parken darf und wer wann Schneeschippen muss. Und wie (einheitlich) die Fassade, die Dachziegel, die Türen und Fensterläden gestaltet werden müssen.
Für eine Vermietung kommen Reihenhäuser durchaus in Frage. Aber auch hier ist es meist besser, mehrere zu erwerben. Fehlt dafür das Geld, setzen Sie besser auf eine Mietwohnung (siehe nächster Punkt).

✔ **Wohnung in einem Mehrfamilienhaus:** Wohnungen sind meist billiger als Häuser – aber oft macht die zentrale Lage diesen Vorteil auch wieder zunichte. Bezogen auf den Quadratmeter Wohnfläche sind Wohnungen dann wieder deutlich teurer. Außerdem ist bei Eigentumswohnungen in aller Regel eine Immobilienverwaltung eingeschaltet, deren Kosten Sie als Eigentümer mitbezahlen müssen (siehe oben).
Bei Vermietungen ist diese Verwaltung für Sie von Vorteil – auch wenn Sie womöglich einen Aufpreis dafür zahlen, dass die Immobilienverwaltung sich um die Mieter kümmert. Denn immerhin klingelt Ihre Geldanlage morgens dann nicht Sie aus dem Bett, sondern den Hausverwalter.

So finden Sie »Ihre« Immobilie

Wenn Sie ein Haus bauen wollen, können Sie einen Architekten oder Bauingenieur beauftragen, eine Baufirma betrauen oder von speziellen Anbietern ein Fertighaus bauen lassen (und sich vorher sogar in deren Musterhäusern umschauen, welches Ihnen am besten gefällt).

Vielleicht wollen Sie sich aber auch nach einer gebrauchten Immobilie umschauen. Dann empfiehlt sich Folgendes:

✔ Konsultieren Sie das Internet. Da sind inzwischen fast alle verkäuflichen Immobilien drin. Auf Websites wie www.immobilienscout24.de, www.immowelt.de oder www.immonet.de können Sie über eine Suchfunktion eingrenzen, was genau Sie suchen – welchen Immobilientyp, welche Region, welche Preisklasse. Die meisten Makler und Privatverkäufer inserieren heutzutage (auch) über Internet.

✔ Schlagen Sie den Immobilienteil der regionalen Zeitung auf. Vor allem mittwochs und freitags werden Haus- und Wohnungsangebote veröffentlicht.

✔ Kontaktieren Sie Immobilienmakler in Ihrer Wunschregion. Das können freie Makler sein. Die Vermittlung einer Immobilie durch einen Makler kostet Sie als Käufer allerdings (inklusive Mehrwertsteuer) bis zu 3,57 Prozent. Die meisten Verkäufer schalten aus Bequemlichkeitsgründen einen Makler ein, sodass es kaum möglich ist, ein Haus provisionsfrei vom Voreigentümer zu kaufen.

✔ Schauen Sie bei örtlichen Banken und Sparkassen nach. Auch die mischen kräftig im Immobiliengeschäft mit und haben viele Objekte im Angebot. Aber auch sie werden in der Regel eine Maklerprovision (siehe oben) verlangen.

✔ Fragen Sie in Ihrem Bekanntenkreis rum und bitten Sie Freunde, sich für Sie umzusehen und umzuhören. Denn manchmal können Sie den Makler umgehen, wenn Sie von der Verkaufsabsicht früh erfahren.

✔ Fahren Sie durch Stadt- oder Ortsteile, für die Sie sich besonders interessieren. Objekte, die verkauft werden sollen, sind oft mit dem Schild »Zu verkaufen« geschmückt. Notieren Sie sich bei interessanten Immobilien die Telefonnummer und rufen Sie den Verkäufer beziehungsweise Makler an.

Kaufen Sie nie eine Immobilie, die Sie nicht besichtigt haben! Das gilt auch für Vermietobjekte und ist leider gar nicht so absurd, wie es sich anhört. Diesen Fehler haben in den 90er-Jahren unzählige Menschen gemacht. Sie kauften unbesehen Immobilien in den neuen Ländern, um sie später zu vermieten. Gewiefte Finanzvertriebler hatten ihnen traumhafte Renditen vorgerechnet – Renditen, die auch durch eine satte Steuerersparnis zustande kommen sollten. Denn in der Tat förderte der Staat nach der Wende den Kauf von Ostimmobilien mit großzügigen Steuersparmöglichkeiten. Das rief zahlreiche »Vermögensberater« auf den Plan, die passend zur Immobilie gleich den entsprechenden Kredit vermittelten. Erst später stellte sich heraus: Die meisten Häuser und Wohnungen waren echte Schrottimmobilien und schlichtweg nicht vermietbar. Den Käufern verging die Lust aufs Steuersparen, als ihnen klar wurde, dass sie mit ihrem Kauf Hunderttausende von Euro verloren hatten.

Preise vergleichen und Kosten senken: So entlasten Sie Ihren Geldbeutel

Im Gegensatz zu allen anderen Anlagekategorien binden Sie mit einer eigenen Immobilie extrem viel Geld auf einmal – und das in der Regel langfristig. Da ist es nur legitim, die Kosten zu vergleichen und alle Sparmöglichkeiten zu nutzen, die sich Ihnen bieten.

Preise: Oft Verhandlungssache!

Um eine erste Vorstellung davon zu bekommen, was ein Haus Ihrer Wunschkategorie und -lage kostet, bieten das Internet, diverse Zeitungsanzeigen oder die Aushänge von Maklern und Banken eine gute Orientierung. Wichtig ist außerdem, nicht gleich das erstbeste Objekt zum angegebenen Preis zu kaufen, sondern mehrere vergleichbare Objekte zu besichtigen, um ein Preisgefühl zu bekommen. Dann merken Sie plötzlich, welche Dörfer oder Stadtteile teurer oder billiger sind, welche Ausstattung wie viel kostet, welche Haus- und Grundstücksgröße für Sie noch bezahlbar ist und welche nicht. Wichtig: Scheuen Sie sich, nicht zu verhandeln.

Die Preise, die Ihnen im Internet, vom Makler oder von der Immobilienabteilung einer Bank genannt werden, müssen Sie nicht gleich als absolut betrachten. Oft ist noch ein gewaltiger Verhandlungsspielraum drin. Bedenken Sie: Gerade die Vermittler haben ein Interesse daran, dass ein Haus oder eine Wohnung möglichst schnell verkauft wird. Denn nur dann kriegen sie ihre Provision. Es ist ihnen folglich meist lieber, viele Häuser für etwas weniger Geld zu verkaufen als nur wenige Häuser zum vollen ursprünglichen Kaufpreis. Als Käufer können Sie so mit der Einschaltung eines Maklers sogar Geld sparen – obwohl der seine Dienste nicht kostenlos anbietet. Sie müssen nicht mit dem Hausverkäufer direkt verhandeln. Sondern Sie können dem Makler Ihre Preisvorstellungen nennen – und ihn bitten, mit den Verkäufern zu verhandeln. Ihre Chancen, den Kaufpreis zu senken, sind übrigens umso besser, je länger das jeweilige Haus oder die jeweilige Wohnung bereits zum Verkauf steht. Auch das kriegen Sie raus, wenn Sie sich regelmäßig im Internet und in Zeitungsannoncen umsehen.

Steuern sparen nicht vergessen!

Ein abschließender Tipp betrifft das Steuersparen. Denn beim Kauf einer Immobilie wird *Grunderwerbsteuer* fällig. Das sind – je nach Bundesland – zwischen 3,5 und 5,0 Prozent der Kaufsumme. Bei Anschaffungskosten in Höhe von 250 000 Euro müssen Sie als Käufer somit zwischen 8 750 und 12 500 Euro an den Staat zahlen. Um diese Steuern können Sie sich nicht einfach drücken. Denn der Notar, der den Kaufvertrag aufsetzt, schickt die Unterlagen ans Finanzamt. So entgeht dem Fiskus nichts. Trotzdem gibt es eine Möglichkeit, die Grunderwerbsteuer zumindest etwas zu senken.

Lassen Sie sich im Kaufvertrag alle Einrichtungsgegenstände separat ausweisen. Das geht los mit der Einbauküche. Aber auch Schränke, Garderoben, Regale und so weiter. Im Kaufvertrag steht also zunächst der Kaufpreis der Immobilie. Und daneben der Preis für die übernommenen Möbel und Einrichtungsgegenstände. Ein paar Tausend Euro können Sie so ganz legal aus dem Kaufpreis der Immobilie herausrechnen. Und darauf fällt dann auch keine Grunderwerbsteuer an.

Sie kaufen im Bundesland Baden-Württemberg eine Immobilie für 100 000 Euro. Die Grunderwerbsteuer liegt bei 5 Prozent des Kaufpreises. Der Notar weist im Kaufpreis für die Einbauküche, Möbel und sonstige Einrichtungsgegenstände einen Betrag von 10 000 Euro aus und den eigentlichen Immobilienpreis folgerichtig mit 90 000 Euro. Das heißt, Sie zahlen statt der vollen 5 000 Euro nur 4 500 Euro Grunderwerbsteuer. Immerhin 500 Euro haben Sie auf diese Weise gespart. Da lacht das Schwabenherz!

Bewertung: Wie gut sind Eigenheim und Vermietimmobilie als Altersvorsorge?

Häuser oder Wohnungen als Geldanlage – das liegt in Zeiten drohender Inflation eigentlich nahe. Trotzdem sollten Sie sich genau ansehen, ob sich das lohnt.

Eigenheim: Bedingt empfehlenswert

Keine Geldanlage ist stärker mit Emotionen beladen als das Eigenheim. Es ist folglich ausgesprochen mühsam, mit Vernunft gegen das Traumbild von einem schönen, gemütlichen, komfortablen Heim anzugehen. Versuchen wir's trotzdem. Denn gerade hier sind Fehlentscheidungen viel teurer als bei anderen Formen der Geldanlage. Wie gut schneidet ein Eigenheim im Hinblick auf unsere fünf Bewertungskriterien ab?

1. **Rendite:** Ein Eigenheim funktioniert nicht gleich wie jede andere Geldanlage. Sie werden ein selbst bewohntes Haus normalerweise nicht einfach kaufen und wieder verkaufen, es sei denn, Sie sind dazu gezwungen. Folglich ist die Preisentwicklung der Immobilie in der Regel nicht so wichtig (falls doch, dann ist die Rendite kaum zu prognostizieren). Was aber durchaus beachtlich ist, sind die im Alter eingesparten Mieten. Sie belaufen sich auf beträchtliche Summen – wenn die Immobilie erst abgezahlt ist.

2. **Sicherheit:** Unsicher ist die Wertentwicklung einer Immobilie. Sie hängt davon ab, ob Sie Ihr Haus oder Ihre Wohnung vergleichsweise billig oder teuer kaufen. Und natürlich hängt sie auch von der Lage, der Ausstattung und der künftigen Nachfrage ab. Verluste (aber auch Gewinne) sind möglich, wenn Sie ein einmal gekauftes Haus wieder verkaufen müssen. Sicher dagegen ist die Immobilie, wenn man sie als Inflationsschutz betrachtet: Bei einer Inflation steigen die Häuserpreise und auch die Mieten. Eine Geldentwertung erwischt Hauseigentümer folglich nicht so kalt wie Mieter.

3. **Flexibilität:** Die haben Sie nicht. Genauer gesagt überhaupt nicht. Sie können Ihre Immobilie nicht einfach mitnehmen. Und Sie können bei der Abzahlung des Kredits nicht einfach die Raten herauf- und heruntersetzen, wie Sie lustig sind. Da gibt es auch nichts zu beschönigen. Dazu kommt die Frage, wann welcher Teil der Immobilie renovierungs- oder sanierungsbedürftig ist. Auch das kann eine Menge Geld schlucken.

4. **Liquidität:** Auch unter diesem Aspekt ist ein Immobilieninvestment riskant. Denn einfach so verkauft man eine Immobilie nicht – es sei denn, es herrscht eine große Nachfrage (was erfahrungsgemäß eher in Städten und Ballungsräumen der Fall ist als auf dem Lande). Eine Immobilie bindet also extrem viel Geld, das Sie nicht einfach wieder lockermachen können. Und ob ein Verkauf tatsächlich Gewinne bringt, ist überdies fraglich.

5. **Transparenz:** Auch hier gibt es einige Fragezeichen. Sie wissen nicht, wie sich der Wert Ihrer Immobilie entwickeln wird. Sie wissen nicht, wie hoch die Miete für ein vergleichbares Objekt in Zukunft wäre. Folglich können Sie kaum einschätzen, wie hoch Ihr Gewinn wirklich ist. Immerhin ein Gutes gibt es: Sie bekommen für Ihr Geld etwas Wertvolles, etwas, das Sie anfassen, bewohnen und nach Ihrem Geschmack einrichten können. Das ist durchaus »transparenter« als irgendwelche Immobilienfonds oder sonstige Geldanlagen, die nur Zahlenfriedhöfe hervorbringen.

Aus rein finanzieller Hinsicht spricht nur ein Argument für eine selbst bewohnte Immobilie: der Inflationsschutz. Ansonsten ist ein Eigenheim für eine reine Geldanlage nicht unbedingt zu empfehlen. Es bindet extrem viel Geld für extrem lange Zeit und Verluste sind durchaus möglich. Wer aber nicht nur an finanzielle Gewinne denkt, sondern auch an den Lustgewinn für die private Lebensführung, die ein Eigenheim mit sich bringt, kann durchaus darüber nachdenken. Allerdings nur nach sorgfältiger Lektüre des Abschnitts »Für wen eine selbst genutzte Immobilie überhaupt infrage kommt« (siehe oben).

Vermietimmobilie: Es kommt darauf an ...

Auch bei Vermietimmobilien sollten Sie sich nicht von irgendwelchen Finanzberatern bequatschen lassen, die Ihnen übertörete Schrottimmobilien im Osten schon deswegen andrehen, weil Sie damit angeblich so hervorragend Steuern sparen können (siehe oben). Bevor Sie sich das Vermieterdasein in allzu rosigen Farben ausmalen, schalten Sie das Fernsehprogramm in Ihrem Kopf erst mal auf Schwarzweiß und betrachten Sie die Vor- und Nachteile.

1. **Rendite:** Hier ist alles möglich. Es hängt schlichtweg von der Immobilie ab, die Sie erwerben. Liegt sie in einer begehrten Wohnlage und ist sie gut ausgestattet und praktisch geschnitten, sind 5 Prozent pro Jahr durchaus drin. Das Gegenmodell dazu sind die bereits erwähnten unvermietbaren Schrottimmobilien im Osten. Von Rendite keine Spur, stattdessen Verluste, Verluste, Verluste ...

In Deutschland sind die Gesetze sehr strikt zugunsten der Mieter und zu ungunsten der Vermieter »gestrickt«. Dazu kommen immer höhere gesetzliche Auflagen, was Wärmedämmung und Energieeffizienz angeht. Was wiederum bedeutet: Als Vermieter müssten Sie Unsummen in Ihre Mietobjekte stecken, um diese Auflagen zu erfüllen. Außerdem ist es nicht immer einfach, zuverlässige, pünktlich zahlende Mieter zu bekommen. Ob das Vermieten daher eine rentable Sache ist, darf bezweifelt werden – wenn Sie es nicht gerade professionell angehen und bereit sind, viel Zeit für Ihr Vermieterdasein aufzuwenden. Diese Überlegungen sollten Sie – zumindest wenn Sie ein Objekt nicht erben, sondern erst kaufen wollen – in Ihre Überlegungen mit einbeziehen.

2. **Sicherheit:** »Betongold« kann eine recht sichere Anlage sein, muss es aber nicht. Auch hier kommt es darauf an, was für eine Immobilie es ist. Um Fehlbewertungen auszuschließen hilft nur eines: Vergleichen, vergleichen, vergleichen. Und das Haus möglichst von einem Gutachter in Augenschein nehmen zu lassen. Und möglichst keine Immobilie an einem Ort zu kaufen, an dem keiner wohnen will. Dass »Betongold« allerdings in Zeiten einer Inflation gut vor Preisanstiegen schützt, sei unbestritten (wobei Sie hier durchaus damit rechnen müssen, dass die Mieter bei einer Inflation mit den laufenden Mieterhöhungen zum Ausgleich des Kaufkraftverlusts nicht klarkommen).

3. **Flexibilität:** Mit einer Immobilie sind Sie nicht flexibel. Punkt. Zumindest nicht, während Sie noch laufend den Kredit bedienen müssen, mit dem Sie die Immobilie finanzieren.

4. **Liquidität:** Mal schnell eine Immobilie zu verkaufen, um Geld für eine notwendige Anschaffung locker zu machen – seien wir ehrlich, das geht nicht so einfach. Das Geld ist eingebaut und eingemauert und entsprechend schwierig wieder lockerzumachen.

5. **Transparenz:** Auch hier müssen Sie bei einer Mietimmobilie Abstriche machen. Sie können nicht damit rechnen, alle künftigen Leerstände, allen Investitionsbedarf und jeden Mietausfall schon jetzt sicher vorherzusagen. Somit lässt es sich auch schlecht prognostizieren, welche Rendite Ihr vermietetes Haus oder Ihre vermietete Wohnung in Zukunft wirklich abwerfen wird. Noch weniger kalkulierbar ist der Preis, den Sie erhalten, falls Sie sich später zu einem Verkauf entschließen. Alles in allem also eine recht undurchsichtige Sache.

Fazit: Vermieten ist für unerfahrene Privatinvestoren nicht die beste Form der Geldanlage. Ganz einfach, weil zu viel Kapital in nur einer einzigen Form gebunden ist und sich damit eine Art »Klumpenrisiko« bildet – nämlich das Risiko, dass alles investierte Geld auf einmal rapide an Wert verliert. Anders sieht es aus,

✔ wenn Sie sich mit Immobilien auskennen und beim Kauf nicht aufs falsche Pferd setzen,

✔ wenn Sie keine Probleme haben mit einer »Geldanlage, die anruft«,

✔ wenn Sie womöglich handwerklich und organisatorisch geschickt sind und sich gerne um die Belange der Mieter kümmern,

✔ wenn Sie das nötige Kleingeld haben, um auch Engpässe einmal zu überbrücken.

✔ wenn Sie so viel verdienen, dass die mögliche Steuerersparnis für Sie ein echtes Renditeplus bringt.

Ansonsten gilt auch bei geerbten Objekten: Wenn dies Ihre einzige Geldanlage ist, lieber verkaufen und das Geld auf mehrere verschiedene Geldanlagen streuen.

Immobilien finanzieren: Kredit ist nicht gleich Kredit

In diesem Kapitel

- Annuitätendarlehen
- Bauspardarlehen
- Festzinskredit mit Kapitallebensversicherung
- Zusatzvereinbarungen, die Ihnen das Leben erleichtern oder erschweren
- Spartipps zur Immobilienfinanzierung

Schön wäre es, Sie könnten Ihr Eigenheim oder Ihre Vermietimmobilie einfach so aus der Portokasse zahlen. Aber dazu müssten Sie schon Krösus heißen und im Laufe Ihres Lebens ein Vermögen angesammelt haben. Die Realität sieht anders aus: Ohne Immobilienkredit wird es in der Regel nicht gehen. Also auf geht's zur Bank oder zu einem privaten Kreditvermittler. Und jetzt? Was folgt, ist meist das übliche Szenario: Ihnen wird eine unverständliche Berechnung vorgelegt. Sie denken gottergeben: »Der ist ja Fachmann und ich Laie. Was er sagt, wird schon stimmen.« Und Sie setzen eine Unterschrift unter einen Vertrag, den Sie gar nicht verstehen. Muss das sein? Nein. Nach dem Lesen dieses Kapitels sollten Sie zumindest die Grundzüge eines Immobiliendarlehens verstanden haben und außerdem wissen, welche Vereinbarungen Ihnen helfen, bares Geld zu sparen, und von welchen Sie besser die Finger lassen.

Stellen Sie sich darauf ein, dass der Bankberater zunächst mal Chinesisch mit Ihnen spricht. Genauer gesagt Fachchinesisch. Bankleute können einfach nicht anders. Es bleibt Ihnen vor der Aufnahme des Kredits also nichts anderes übrig, als Fachchinesisch zu lernen. Zum Glück reichen die paar Vokabeln, die Sie in diesem Kapitel lernen, damit Sie mitreden können und verstehen, was einen Immobilienkredit ausmacht.

Finanzierungsmöglichkeiten und was von ihnen zu halten ist

25 bis 30 Prozent der Kauf- oder Bausumme für Ihre Immobilie sollten Sie als Eigenkapital mitbringen. Wenn möglich sogar noch mehr. Den Rest finanzieren Sie, indem Sie ein (oder mehrere) Darlehen aufnehmen. Prinzipiell gibt es drei gängige und vielfach empfohlene Möglichkeiten zur Immobilienfinanzierung:

✔ ein Annuitätendarlehen

✔ ein Bauspardarlehen

✔ ein Festzinskredit in Verbindung mit einer Kapitallebensversicherung

Nicht alle Finanzierungsmöglichkeiten sind gleich empfehlenswert. Grund genug, sie in den nächsten Abschnitten einmal genauer unter die Lupe zu nehmen.

Eines übrigens haben alle Hypothekendarlehen gemeinsam: Die Immobilie dient als Sicherheit für den Kredit, den Sie zu Ihrer Finanzierung aufnehmen. Dass die Bank bei Zahlungsausfällen Zugriff auf die Immobilie hat, wird im Grundbuch festgeschrieben. Also da, wo Sie als Immobilieneigentümer eingetragen sind. Genauer gesagt wird dies in der Abteilung III des Grundbuches eingetragen, was dummerweise mit Gebühren verbunden ist.

Um den Beleihungswert der Immobilie zu ermitteln, wird die Bank ein Wertgutachten erstellen (lassen). Sehr häufig stellen die Banken dieses Gutachten den Kunden mit mehreren Hundert Euro in Rechnung. Das ist aber rechtswidrig, hat der Bundesgerichtshof entschieden. Wenn Sie also den Posten »Wertermittlung«, »Ermittlung des Beleihungswerts«, »Wertgutachten« oder Ähnliches auf Ihrer Abrechnung zu den Kreditgebühren finden, marschieren Sie zur Bank und verlangen Sie das Geld zurück. Verweisen Sie dabei auf die betreffende BGH-Entscheidung vom 20. März 2007 (Aktenzeichen: XI ZR 414/04).

Annuitätendarlehen: monatlich gleiche Raten zahlen

Wie ein Annuitätendarlehen genau funktioniert, können Sie in Kapitel 5 nachlesen. Sie zahlen monatlich immer gleiche Raten. Ein Teil davon wird für die Zinszahlung aufgewendet, der andere Teil für die Tilgung der noch offen Darlehenssumme. Im Kreditvertrag festgesetzt wird die Anfangstilgung (zum Beispiel 3 Prozent der Darlehenssumme). Die Raten sind immer gleich, aber im Laufe der Zeit ändert sich ihre Zusammensetzung. Sie müssen (weil der Darlehensbetrag mit laufender Tilgung immer kleiner wird) immer weniger Zinsen zahlen und so bleibt immer mehr von der Monatsrate für die Tilgung übrig.

Vorgehen: erst Monatsraten errechnen, dann den Tilgungsplan erstellen

Folgende Fragen stellen sich beim Abschluss eines Annuitätendarlehens:

✔ Wie hoch ist der Darlehensbetrag?

✔ Wie hoch ist der effektive Jahreszins?

✔ Wie lange ist die Zinsbindung?

✔ Welche Monatsraten können Sie sich zur Abzahlung leisten?

✔ Wie lange müssen Sie Ihr Darlehen abzahlen?

Die **Höhe des Darlehensbetrags** können Sie sofort beziffern: Es ist der Kauf- oder Baupreis Ihrer Immobilie (inklusive Nebenkosten) minus das, was Sie an Eigenmitteln aufbringen.

Über die **Höhe des effektiven Jahreszinses** entscheidet die Bank. Wichtig ist, dass Sie sich unterschiedliche Angebote einholen. Der effektive Jahreszins ist das, was Sie jährlich für das Ausleihen des Darlehensbetrags zahlen. Genauer gesagt für den Betrag, den Sie noch nicht über monatliche Raten getilgt haben.

21 ➤ Immobilien finanzieren: Kredit ist nicht gleich Kredit

 Übrigens zahlen Sie einen kräftigen Zinsaufschlag, wenn Sie mit einem normalen Annuitätendarlehen mehr als 60 Prozent des Beleihungswertes (siehe Kapitel 5) beleihen wollen. Auch deshalb lohnt es sich, die Immobilie mit einem dicken Polster an Eigenkapital zu kaufen.

 Häufig lohnt es sich trotz der Kosten, einen unabhängigen Finanzberater einzuschalten, der Ihnen einen günstigen Kredit vermittelt. Der wird zwar nicht kostenlos für Sie arbeiten, aber er hat den besseren Überblick über die gängigen Angebote. Und er wird mehr Banken in den Vergleich einbeziehen als Sie.

Die **Dauer der Zinsbindung** ist Verhandlungssache. Hypothekendarlehen laufen üblicherweise über zehn Jahre. Danach können Sie bei der gleichen oder einer anderen Bank ein Anschlussdarlehen zu neuen Konditionen aufnehmen. Wenn das Zinsniveau aktuell sehr niedrig ist, empfiehlt sich eine längere Zinsbindung. Also beispielsweise 15 oder 20 Jahre. Der Vorteil für Sie als Darlehensnehmer: Sie profitieren über einen längeren Zeitraum von den günstigen Zinsen – auch dann, wenn das Zinsniveau am Geldmarkt wieder steigt. Aber keine Angst: Sie werden durch eine längere Zinsbindungsfrist nicht an ein ungeliebtes, da zu teures Darlehen gebunden. Als Verbraucher können Sie nämlich nach Ablauf von zehn Jahren mit einer Frist von sechs Monaten kündigen. Das heißt: Es bleibt Ihnen auf jeden Fall die Möglichkeit, sich nach der Zehn-Jahres-Frist noch anderswo nach einem günstigeren Darlehen umzusehen und umzuschulden, falls Sie eines finden.

Die **Höhe der Monatsraten** sollten Sie sich genau überlegen. Gehen Sie an diese Frage nicht zu optimistisch heran, sondern überlegen Sie sich ehrlich: Was können Sie sich guten Gewissens überhaupt leisten, ohne künftig aus Spargründen im Winter aufs Heizen zu verzichten, vom Auto aufs Fahrrad umzusteigen und sich vorwiegend von Kartoffeln mit Quark zu ernähren? Es gibt eine einfache Methode, die Höhe der Monatsraten festzulegen: Sie zählen Ihre Kaltmiete mit dem zusammen, was Sie aktuell monatlich an Geld sparen. So haben Sie schon mal eine grobe Näherung. Aber es geht noch genauer: Betrachten Sie Ihre Einkünfte und zudem sämtliche Ausgaben, die sich nicht einfach streichen lassen. Um nichts zu vergessen, gehen Sie am besten Ihre Kontoauszüge der vergangenen Jahre durch: Welche Zahlungen haben Sie monatlich, vierteljährlich oder jährlich geleistet (etwa fürs Auto, für Versicherungen, Strom, Gas, kommunale Gebühren, laufende Zeitungsabos etc.)? Wie viel Geld haben Sie außerdem für Ihre private Lebensführung abgehoben? Die derzeitige Miete müssen Sie allerdings nicht mehr berücksichtigen, weil Sie ja ab Fertigstellung beziehungsweise ab dem Kauf in Ihrem neuen Haus wohnen.

 Wenn Sie es systematisch durchrechnen wollen, empfiehlt sich der Rechner »Kassensturz« auf der Internetseite der Frankfurter FMH Finanzberatung www.fmh.de. Sie finden ihn unter dem Menüpunkt »Tools und Rechner«.

Jetzt wissen Sie: Monatlich 300 Euro, 400 Euro, 500 Euro, 600 Euro, 700 Euro, 800 Euro, 900 Euro, 1000 Euro oder mehr können Sie an Kreditraten aufbringen. Kalkulieren Sie dies nicht zu großzügig, sonst können Sie Ihren Kredit womöglich schon bald nicht mehr bedienen. Nun legen Sie die **anfängliche Tilgungsrate** und die **Laufzeit des Darlehens** fest. Sie ergibt sich aus diesem Betrag und aus der Darlehenshöhe.

Auch hier ist die Internetseite der FMH Finanzberatung Frankfurt www.fmh.de hilfreich. Klicken Sie unter »Tools und Rechner« auf Tilgungsrechner. Geben Sie Darlehenshöhe, Monatsraten, Zinsbindungsfrist und effektiven Jahreszins ein, um zu erfahren, wie hoch die anfängliche Tilgungsrate maximal sein darf und wie lange Sie Ihr Häuschen abzahlen müssen, bis es ganz Ihnen gehört.

Sie wollen Ihren Kredit möglichst schnell abzahlen und die Raten entsprechend hoch festsetzen? Es kann sein, dass Sie sich hier bei Ihrer Bank auf die Hinterfüße stellen müssen. Denn deren Kreditvergaberichtlinien erlauben oft maximal 40 bis 45 Prozent des Nettoeinkommens. Wenn Sie höhere Raten wollen, kann es sein, dass die Bank dies ablehnt.

Zusatzvereinbarungen, die sich lohnen (können)

Annuitätendarlehen ist nicht gleich Annuitätendarlehen. Es ist wie mit einer Scheibe Brot: Es kommt (auch) auf den Belag an. Der »Belag« bei Tilgungsdarlehen sind diverse Zusatzvereinbarungen, die Sie treffen sollten, damit gewährleistet ist, dass Ihnen das Darlehen auch wirklich über die gesamte Laufzeit »schmeckt«:

Tilgungsanpassungen: Eine hohe Tilgungsrate ist zwar prinzipiell schön. Denn sie hat den Vorteil, dass Sie Ihr Annuitätendarlehen schnell abzahlen können. Sie kann aber auch eine riesige Belastung sein, etwa in Zeiten, in denen Sie kaum Einkünfte haben und das Geld nicht für Ihren Lebensunterhalt und die Abzahlung des Kredits gleichzeitig reicht. Bitten Sie daher Ihre Bank gleich zu Beginn, Tilgungsanpassungen in Ihrem Kreditvertrag vorzusehen. Bei vielen Banken ist das kostenfrei möglich, andere verlangen dafür einen Aufschlag oder eine Gebühr.

Sondertilgung: Angenommen, während der Kreditlaufzeit wird eine Lebensversicherung fällig und beschert Ihnen einen Haufen Geld. Oder eine reiche Erbtante stirbt und bedenkt Sie in Ihrem Testament mit etlichen Tausend Euro. Dieses Geld auf einen Schlag in den Abbau Ihrer Hypothekenschulden zu stecken ist mehr als sinnvoll. Die Bank wird das allerdings nur zulassen, wenn Sie eine Sondertilgung vereinbart haben. Diese Option ist absolut sinnvoll, auch wenn Sie keine Lebensversicherung oder Erbtante haben. Denn je niedriger Ihre Kreditsumme, desto niedriger sind Ihre Zinskosten. Die meisten Banken bieten Sondertilgungen bis zu 5 Prozent der Darlehenssumme pro Jahr kostenfrei an. Nur was darüber hinausgeht, wird mit einem Zinsaufschlag belegt. Der ist aber meist vertretbar.

Verzichten Sie auch dann nicht auf die Option einer Sondertilgung, wenn die Bank Ihnen das schmackhaft machen will. Auf welchen Betrag die Sondertilgung beschränkt sein soll, hängt von Ihren Lebensumständen ab. Wenn Sie innerhalb der Kreditlaufzeit keine größeren Geldzuflüsse erwarten, reichen die von Banken meist kostenfrei üblichen 5 Prozent. Dann stecken Sie eben beispielsweise das Weihnachtsgeld oder die Jahresgratifikation Ihres Arbeitgebers in die Sondertilgung. Haben Sie aber bald fällige Lebensversicherungen oder reiche, gebrechliche Erbtanten, dann sollten Sie höhere Sondertilgungen vereinbaren und den Zinsaufschlag dafür zahlen. Wichtig: Manche Banken bieten einen Zinsnachlass an, wenn Sie auf Ihr Recht zur Sondertilgung verzichten. Darauf lassen Sie sich aber besser nicht ein.

Forwarddarlehen: Die Zinsbindungsfrist Ihres Darlehens beträgt vielleicht zehn oder 15 Jahre. Ihren Kredit abzahlen müssen Sie aber womöglich über 20 oder gar 30 Jahre. Welche Zinsen danach gelten, ist ein Ratespiel. In einer Niedrigzinsphase ist es nie verkehrt, von einem steigenden Zinsniveau auszugehen. Das könnte den Anschlusskredit erheblich teurer machen als den bisherigen. Mit einem Forwarddarlehen können Sie das verhindern. Rund drei Jahre vor dem Ende der Zinsbindung sollten Sie mit Ihrer Bank verhandeln (längere Vorlaufzeiten akzeptieren die Banken meistens nicht). Das Kreditinstitut wird Ihnen dann den aktuell gültigen Zinssatz anbieten, allerdings mit einem Aufschlag von meistens 0,025 bis 0,03 Prozentpunkten pro Monat. Der Darlehenszins des Forwarddarlehens berechnet sich dann beispielsweise so:

Sie schließen ein Forwarddarlehen ab – und zwar 36 Monate, bevor die Zinsbindungsfrist endet. Die Zinsbindung soll abermals zehn Jahre betragen, der monatliche Zinsaufschlag 0,03 Prozent. Der aktuelle Zinssatz für Ihr Darlehen beträgt 6 Prozent. Damit ergibt sich für das Anschlussdarlehen ein Folgezinssatz von (6,00 Prozent + 36 Monate × 0,03 Prozent/Monat = 7,08 Prozent). Dieser Zinssatz gilt dann für die Vorlaufzeit von 36 Monaten und für die vereinbarte Zinsbindungsfrist von weiteren zehn Jahren.

Das Forwarddarlehen müssen Sie auch dann in Anspruch nehmen, wenn die Zinsen am Geldmarkt nicht gestiegen sind und Sie einen billigeren Kredit bekommen können. Wenn Sie einmal Ihre Unterschrift unter einen solchen Vertrag gesetzt haben, kommen Sie da nicht wieder heraus. Überlegen Sie sich also gut, wie wahrscheinlich ein Zinsanstieg nach Ablauf der Zinsbindungsfrist aus heutiger Sicht ist. Wenn Sie zum Ende der Zinsbindungsfrist mit fallenden Zinsen rechnen, schließen Sie besser kein Forwarddarlehen ab. Einen hohen Zinssatz müssen Sie sich nicht für die Zukunft sichern ...

Zusatzvereinbarungen, auf die Sie besser verzichten

Manche Dinge drückt Ihnen die Bank im Kreditvertrag auf und erst später stellt sich heraus, dass dies für Sie ziemlich teuer ist. Vor allem folgende wenig schmackhafte Zusatzvereinbarungen sollten Sie meiden:

Disagio (oft auch **Damnum** oder **Abgeld** genannt): In aller Regel werden Ihnen bei einem Darlehensvertrag 100 Prozent der Darlehenssumme ausgezahlt. Es kommt aber vor, dass Sie nur beispielsweise 97 Prozent ausgezahlt bekommen und die Bank von vornherein 3 Prozent einbehält. Diese Differenz nennt sich Disagio und wird als Zinsvorauszahlung betrachtet. Das heißt in unserem Beispiel: Bei einem Darlehen über 100 000 Euro mit einem nominalen Zinssatz von 6 Prozent pro Jahr kriegen Sie nur 97 000 Euro ausgezahlt. Zurückzahlen müssen Sie aber die vollen 100 000 Euro. Der angegebene (nominale) Zinssatz bezieht sich ebenfalls auf die volle Darlehenssumme von 100 000 Euro. Auch deshalb ist dieser nominale Zinssatz oft niedriger als der effektive Zinssatz, bei dem dieses Disagio berücksichtigt wird. Zur Berechnung: 6 Prozent von 100 000 Euro sind 6 000 Euro. Bezogen auf eine Summe von 97 000 Euro sind 6 000 Euro aber 6,19 Prozent. Damit liegt der effektive Jahreszins um fast zwei Zehntel Prozent höher als der nominale. Früher konnte man das Disagio steuerlich geltend machen. Das geht heute bei selbst genutzten Immobilien nicht mehr, sondern nur noch bei vermieteten. Insofern braucht kein Eigenheimkäufer ein Disagio – es macht die Sache nur unnötig kompliziert.

 Eine Ausnahme bilden Vermietimmobilien. Hier ist ein Disagio durchaus zu empfehlen. Ganz einfach deswegen, weil Sie es von der Steuer absetzen und so eine satte Steuerersparnis herausholen können. Nach derzeitigem Recht ist das Disagio steuerlich absetzbar, wenn es »marktüblich« ist. Laut Finanzverwaltung ist das der Fall, wenn es sich auf maximal 1 Prozent pro Jahr der Zinsfestschreibung beläuft. Bei einem Immobilienkredit mit 10 Jahren Zinsbindungsfrist wären also bis zu 10 Prozent Disagio steuerlich absetzbar.
Allerdings dürfen Sie nicht die vollen 10 Prozent auf einmal steuerlich geltend machen. Sondern Sie müssen es durch die Dauer der Zinsbindungsfrist teilen. In unserem Beispiel würde das heißen: 10 Jahre lang könnten Sie je 1 Prozent der Kreditsumme pro Jahr steuerlich absetzen – und das zusätzlich zu den ebenfalls absetzbaren Zinszahlungen.

Bereitstellungszinsen: Wenn Sie eine Immobilie bauen, brauchen Sie oft nicht den ganzen Kreditbetrag auf einmal. Sondern eben dann, wenn die Abschlagszahlungen für den Bau fällig werden. Dummerweise verlangen viele Banken auch für noch nicht abgerufene Darlehen Zinsen, nämlich die sogenannten »Bereitstellungszinsen«. Das können durchaus 0,25 Prozent im Monat sein. Bei einer Kreditsumme von 150 000 Euro würde dies heißen: Sie müssten monatlich allein 375 Euro für die Option zahlen, den Kredit erst später abrufen zu können. Ganz schön happig!

 Verhandeln Sie mit Ihrer Bank. Viele verlangen Bereitstellungszinsen erst, wenn der Kredit sechs oder sieben Monate lang nicht abgerufen wurde. Andere sind wenigstens bereit, Ihnen bei der Höhe der Bereitstellungszinsen entgegenzukommen. Rechnen Sie immer damit, dass der Baufortschritt sich verzögert und der nächste Abschlag somit erst später fällig wird als ursprünglich gedacht. Bereitstellungszinsen sind in einem solchen Fall ein ziemlicher Klotz am Bein! Hier lohnt es sich also, noch Vergleichsangebote von anderen Banken einzuholen.

Kreditausfallversicherung: Häufig verkauft Ihnen die Bank zusammen mit dem Kredit eine Kreditausfallversicherung. Sollten Sie als Kreditnehmer sterben oder berufsunfähig werden, ist die Rückzahlung des Kredits über eine solche Versicherung gewährleistet. Das Problem ist nur: Eine Kreditausfallversicherung gibt's nicht »für umme«, wie man im Ruhrpott sagen würde. Es verteuert das Hypothekendarlehen erheblich. Verbraucherschützer warnen davor, solche Kreditausfallversicherungen gleich zusammen mit dem Darlehensvertrag abzuschließen. Die bessere Lösung:

 Wenn Sie schon eine Risikolebensversicherung mit ausreichender Deckung abgeschlossen haben, brauchen Sie zusätzlich keine Kreditausfallversicherung. Denn die Hinterbliebenen können dann aus der Todesfallsumme den Kredit weiter bedienen. Ansonsten gilt: Eine Kreditausfallversicherung ist im Prinzip nichts anderes als eine Risikolebensversicherung, nur dass dort der Auszahlungsbetrag im Laufe der Zeit sinkt, weil der Kredit Stück für Stück getilgt wird. Falls Sie noch keine Risikolebensversicherung haben, lassen Sie sich von einem Versicherungsmakler oder vom Bund der Versicherten ein passendes Angebot erstellen. Damit fahren Sie garantiert günstiger als mit einer Police, welche die kreditgebende Bank Ihnen andrehen will.

21 ➤ Immobilien finanzieren: Kredit ist nicht gleich Kredit

Bausparkredit: fast das Gleiche ...

Was Sie über einen Bausparkredit wissen müssen, haben Sie in Kapitel 5 schon gelesen. Er ist im Prinzip auch nichts anderes als ein normales Annuitätendarlehen. Es gibt aber ein paar Unterschiede, die für Sie als Kreditnehmer allerdings von großer Bedeutung sind:

- ✔ Die Sollzinsen sind günstiger. Dafür haben Sie jahrelang erduldet, dass sich Ihr in den Bausparvertrag eingezahltes Sparguthaben miserabel verzinst.

- ✔ Bei einem Bauspardarlehen ist die anfängliche Tilgungsrate sehr hoch. Sie liegt meist bei 8 bis 12 Prozent der Darlehenssumme, während bei einem normalen Annuitätendarlehen 1 bis 3 Prozent normal sind. Die Folge: Die Monatsraten eines Bausparkredits können schnell über Ihre persönliche Schmerzgrenze hinausgehen. Eine Immobilie allein über ein Bauspardarlehen zu finanzieren ist daher für Otto Normalverbraucher so gut wie unmöglich.

- ✔ Bei einem Bauspardarlehen können Sie ohne Zinsaufschlag bis zu 80 Prozent des Beleihungswertes ausschöpfen (siehe Kapitel 5). Sie können Ihre Immobilie also höher belasten, ohne dass sich dies nachteilig auf den Sollzins auswirkt. Dafür sorgt die Bausparkasse über die hohen anfänglichen Tilgungsraten auch dafür, dass Sie den Bausparkredit extrem schnell tilgen müssen.

- ✔ Bei einem Bauspardarlehen können Sie dem Kreditinstitut nicht vorschreiben, wann sie den Kredit auszahlen soll. Das hängt von der Zuteilungsreife ab, die Sie nur beschleunigen können, indem Sie die Bausparsumme (und damit auch die Kreditsumme) senken.

Wichtig: Zwischenfinanzierungen bis zur Zuteilung sollten Sie vermeiden. Die sind extrem teuer – denn Sie müssen sich nicht nur die Darlehenssumme von der Bausparkasse leihen, sondern auch Ihr eigenes, im Bausparvertrag angespartes Geld.

Wenn Sie bereits einen Bausparvertrag abgeschlossen haben, sollten Sie die Möglichkeit nutzen, ein zinsgünstiges Darlehen abzurufen. Dummerweise aber sind die Raten wegen der hohen Anfangstilgung meist so hoch, dass Sie Ihre Immobilie kaum allein über den Bausparkredit finanzieren können. Zusätzlich werden Sie in aller Regel ein Annuitätendarlehen (siehe oben) brauchen. Das Bescheuerte dabei: Sie müssen den günstigen Bausparkredit viel schneller abzahlen als das (in der Regel teurere) Annuitätendarlehen von Ihrer Bank. Aus diesem Grund ist beim Neuabschluss von Bausparverträgen Vorsicht geboten!

Festzinskredit mit Kapitallebensversicherung: ein weitverbreiteter Blödsinn

Erstaunlich häufig wird auch heute noch von freien Vermögensberatern folgende Finanzierungsvariante empfohlen: Als Häuslebauer oder -käufer schließen Sie ein Festzinsdarlehen ab, das während der Laufzeit nicht durch regelmäßige Raten getilgt wird. Das Geld, das normalerweise in die Raten fließen würde, zahlen Sie stattdessen in eine Kapitallebensversicherung mit gleicher Laufzeit ein. Am Ende der Laufzeit bekommen Sie von der Lebensversicherung einen Batzen Geld, mit dem Sie den Kredit mitsamt den aufgelaufenen Zinsen dann auf einmal tilgen. Der angebliche Vorteil: Über die gesamte Laufzeit hinweg sind Ihre Angehörigen geschützt. Wenn Ihnen etwas passiert, zahlt die Versicherung die Todesfallsumme aus.

Soweit die Theorie, die ja noch ganz nett klingt. In der Praxis erweisen sich solche Finanzierungsmodelle regelmäßig als Katastrophe. Denn:

Insgesamt fallen über die Laufzeit hinweg ganz schön viele Zinsen an, weil Sie hier zwischenzeitlich Ihre Schuld kein bisschen reduzieren. Die Zinslast solcher Darlehen ist also viel, viel höher als die normaler Annuitätendarlehen. Dazu ein Vergleich:

Ein Annuitätendarlehen mit einer Darlehenssumme von 100 000 Euro läuft über 20 Jahre mit einem Sollzinssatz von 6 Prozent. Es wird mit monatlichen Raten von 716,67 Euro getilgt. Der Darlehensnehmer muss insgesamt 171 890,53 Euro zahlen, also 71 890,53 Euro an Zinsen. (Falls Sie sich fragen, wie diese Zahlen zustande kommen: Die hat der Tilgungsrechner der FMH-Finanzberatung ausgespuckt, als wir dieses Beispiel konstruierten.)

Ein Festzinsdarlehen mit einer Darlehenssumme von 100 000 Euro läuft ebenfalls über 20 Jahre, auch hier mit einem Sollzinssatz von 6 Prozent (bei der üblichen monatlichen Zinsbelastung sind das 0,5 Prozent pro Monat, 240 Monate lang). Das bedeutet: Der Darlehensnehmer muss am Ende der Laufzeit ($100\,000 \times 1{,}005^{240}$ =) 331 020,44 Euro zurückzahlen, und damit insgesamt 231 020,44 Euro an Zinsen. Die Zinsbelastung eines solchen Darlehens ist somit mehr als dreimal so hoch!

Zudem – und das ist mindestens genauso wichtig – ist es höchst ungewiss, ob die Auszahlung aus dem Versicherungsvertrag am Ende der Laufzeit wirklich reicht, um den Kredit mitsamt Zinsen zu tilgen. Genauer gesagt ist die Wahrscheinlichkeit hoch, dass die Ablaufleistung (siehe Kapitel 7) geringer ist als die eigentlich fällige Rückzahlung. Dann sollen Sie plötzlich Zehntausende von Euro herzaubern und wissen nicht, wie. Bedenken Sie: Die Versicherungen tun sich extrem schwer damit, das Geld rentabel anzulegen. Sie erwirtschaften mit Ihren eingezahlten Prämien ganz sicher keine 6 Prozent im Jahr. Dazu kommt: Bei einer Versicherung zahlen Sie immer auch Verwaltungskosten und Provisionen. Auch den Todesfallschutz gibt's nicht kostenfrei. Und die Auszahlungen sind zumindest bei nach 2004 abgeschlossenen Verträgen außerdem nicht mehr steuerfrei. Das alles sind keine Indizien dafür, dass die Kombination Festzinsdarlehen und Lebensversicherung in Zukunft wieder besser funktionieren könnte als in der Vergangenheit.

Deshalb brauchen Sie sich hier nicht länger mit den Einzelheiten dieses Finanzierungsmodells zu beschäftigen. Auch wenn Ihr Vermögensberater etwas anderes behaupten mag (er kassiert ja auch die Provisionen von der Lebensversicherung): Auf so einen Blödsinn sollten Sie sich auf keinen Fall einlassen!

Spartipps zur Immobilienfinanzierung

Immobilienkredite lassen sich leichter schultern, wenn Sie die staatlichen Fördertöpfe anzapfen. Ihre Möglichkeiten:

✔ Nutzen Sie zur Eigenheimfinanzierung Wohn-Riester. Das empfiehlt sich allerdings nur, wenn Sie später nie wieder umziehen und das so geförderte Eigenheim weder verkaufen noch vermieten. Dann können Sie sich die Tilgung Ihres Hypothekendarlehens pro Jahr mit bis zu 154 Euro Grundzulage und 185 Euro (beziehungsweise 300 Euro) Kinderzulage fördern lassen (mehr dazu in Kapitel 22).

✔ Schauen Sie sich nach zinsgünstigen Förderdarlehen oder staatlichen Zuschüssen um. Die gibt's vor allem für energiesparendes Bauen und für die energetische Sanierung von Altbauten (Dämmung verbessern, energiesparende Heizung einbauen etc.). Hauptanbieter ist der Bund über die staatliche Förderbank KfW. Aber auch die einzelnen Bundesländer oder Kommunen legen von Zeit zu Zeit solche Förderprogramme auf, von denen Sie profitieren können.

 Wo finden Sie einen aktuellen Überblick über staatliche Förder- und Kreditprogramme? Sehr sinnvoll ist die Suchfunktion der Internetseite www.foerderdatenbank.de. Geben Sie aus den einzelnen Klappmenüs der Suchmaske als Fördergebiet Ihr Bundesland ein, als förderberechtigte »Privatperson« und als Förderbereich »Wohnungsbau & -modernisierung«. Dann sehen Sie schnell, wofür und unter welchen Voraussetzungen Sie Zuschüsse oder zinsgünstige Darlehen erhalten und wo Sie sie beantragen müssen.

Teil V

Geldanlage mit Förderung von Staat und Arbeitgeber

»Edelmetalle? Schweinebäuche? Ich sage, wir vergraben das Geld so wie immer und dann werfen wir diesen Typen den Haien zum Fraß vor.«

In diesem Teil ...

Wie heißt es so schön? »Einem geschenkten Gaul schaut man nicht ins Maul.« Geschenke als Beitrag zu Geldanlage und Altersvorsorge gibt's eine ganze Menge vom Staat und teilweise auch vom Arbeitgeber. Trotzdem sollten Sie diesem geschenkten Gaul sehr genau ins Maul schauen. Denn den einen oder anderen Nachteil bringen diese Geschenke bei aller Großzügigkeit durchaus mit sich. In diesem Teil geht's um alles Wissenswerte zu Riester, Rürup, vermögenswirksame Leistungen, Wohnungsbauprämie und Arbeitnehmersparzulage.

Riester: Rentenbaustein für (fast) jedermann

In diesem Kapitel

- Wer »riestern« darf
- Was »Riestern« ist
- Wie Riester-Verträge gefördert werden
- Welche Formen von Riester-Verträgen es gibt
- Bewertung: Lohnt sich das »Riestern«?

Erinnern Sie sich noch an Arbeitsminister Walter Riester? Seine politischen Großtaten wären vermutlich längst in Vergessenheit geraten, gäbe es nicht die nach ihm benannte »Riester-Rente«. Unter Walter Riester haben Rentenversicherung und Regierung eingestanden, was die Bürger längst ahnten: Die gesetzliche Rente ist keineswegs »sicher«. Die gesetzliche Rentenversicherung kann den künftigen Rentnern nicht mehr genug Rente zahlen, damit die sorgenfrei davon leben können. Demnach fördert der deutsche Staat jetzt auch die private Altersvorsorge mit Zulagen und Steuervorteilen. Die gängigste Form einer solchen Förderung ist die Riester-Rente, um die es in diesem Kapitel geht.

Wer darf überhaupt »riestern«? – Leider nicht alle Bürger

Bevor Sie sich mit den (selbstredend komplizierten) Einzelheiten der Riester-Förderung beschäftigen, sollten Sie überprüfen, ob Sie überhaupt »Riester-berechtigt« sind. Das sind Sie, wenn Sie folgende Voraussetzungen erfüllen:

- ✓ Sie sind rentenversicherungspflichtig beschäftigt oder verbeamtet. Das nennt sich im schönsten Bürokratendeutsch »unmittelbar förderberechtigt«.
- ✓ Sie sind mit jemandem verheiratet, der rentenversicherungspflichtig oder verbeamtet ist und einen eigenen Riester-Vertrag abgeschlossen hat oder gemeinsam mit Ihnen abschließt. Das nennt sich »mittelbar förderberechtigt«.
- ✓ Sie sind als Künstler oder Publizist selbstständig, aber über die Künstlersozialkasse rentenversicherungspflichtig.
- ✓ Sie haben einen 400-Euro-Job, dessen Rentenversicherungsbeitrag Sie freiwillig auf den vollen gesetzlichen Beitragssatz von 19,9 Prozent (bis 2011) bzw. 19,6 Prozent (seit 2012) aufgestockt haben.

Sie sehen: Riester-Verträge sind vor allem für Angestellte, Beamte und deren Ehepartner(innen) gedacht. Für Selbstständige ist diese Möglichkeit eigentlich nicht vorgesehen. Trotzdem können Sie als Selbstständiger mit einem Trick in den Genuss einer Riester-Rente kommen. Dieser Trick ergibt sich aus den oben genannten Voraussetzungen:

Nehmen Sie zusätzlich zu Ihrer Selbstständigkeit einen Minijob an, schließen Sie also einen 400-Euro-Vertrag ab. Das geht auch in einem Privathaushalt (beispielsweise als Putz- oder Gartenhilfe). Um »Riester-berechtigt« zu werden, müssen Sie die Rentenversicherungsbeiträge freiwillig auf den vollen Prozent Beitragssatz aufstocken. Das Geld wird dann von Ihrem Lohn abgezogen und in die staatliche Rentenkasse eingezahlt. Aber immerhin dürfen Sie dann »riestern«. Noch raffinierter ist die Anstellung Ihres Ehemannes oder Ihrer Ehefrau in Ihrem Unternehmen. Auch dafür reicht ein 400-Euro-Job. Ihr(e) Ehepartner(in) muss ebenfalls die Rentenversicherungsbeiträge freiwillig aufstocken. Dann ist er (sie) unmittelbar und Sie selbst sind mittelbar förderberechtigt.

Um die Beiträge freiwillig aufzustocken, gibt es eine extra Frage im Anmeldeformular, das der Arbeitgeber an die Minijob-Zentrale schickt: Da steht wörtlich: »Möchte Ihre Haushaltshilfe auf den vollen Beitrag zur Rentenversicherung aufstocken?« Wenn Sie »Ja« ankreuzen, sind alle Voraussetzungen für die »Riester-Berechtigung« erfüllt.

Was die Riester-Rente ist

Die Riester-Rente ist keine einheitliche Form von Altersvorsorge, sondern jeder kann sich unter einer Vielzahl von Vorsorgemöglichkeiten die heraussuchen, die seinen Bedürfnissen am nächsten kommt. Die angebotenen Riester-Verträge reichen vom normalen Banksparplan über eine Rentenversicherung bis hin zu Fondssparplänen und Beihilfen zur Hausfinanzierung (Wohn-Riester). Genaueres dazu erfahren Sie im Abschnitt »Durchblick im Riester-Dschungel: welche Formen von Riester-Verträgen es gibt«).

Das Prinzip ist denkbar schlicht: Sie zahlen Geld in einen Riester-Vertrag ein und bekommen dafür vom Staat Zulagen und teilweise auch die Möglichkeit, Ihre Riester-Sparbeiträge als Sonderausgabe von der Steuer abzusetzen. Die Auszahlung der Riester-Rente ist später allerdings voll steuerpflichtig – und zwar mit Ihrem persönlichen Einkommensteuersatz (und nicht mit der Abgeltungsteuer).

Voraussetzung für alle Riester-Verträge

Nicht jeder Altersvorsorge-Vertrag darf sich Riester-Vertrag schimpfen. Folglich kommt auch nicht jeder in den Genuss der staatlichen Förderung. Vielmehr müssen die folgenden Voraussetzungen erfüllt sein, damit ein Vertrag »Riester-fähig« ist:

✔ Wie viel Sie einzahlen, bestimmen Sie selbst. Und diese Festlegung ist nicht nur bei Vertragsabschluss möglich, sondern auch während der Laufzeit. Sie können die monatlichen oder jährlichen Einzahlungen herauf- oder herabsetzen, ganz wie Sie das wollen und wie es zu Ihrer persönlichen Finanzsituation passt. Im Prinzip können Sie das Riester-Sparen

22 ➤ Riester: Rentenbaustein für (fast) jedermann

sogar zeitweise ganz aussetzen. Die einzige Konsequenz: Für diese Zeit erhalten Sie dann keine staatliche Förderung. Es ist aber jederzeit möglich, wieder Beiträge zu zahlen beziehungsweise niedrige Beiträge auf einen höheren Betrag aufzustocken.

✔ Riester-Verträge dürfen bei Fälligkeit keine Verluste machen. Das heißt: Mindestens Ihre Einzahlungen plus die staatlichen Zulagen muss Ihnen der Anbieter bei Rentenbeginn garantieren. Das gilt auch für Fondssparpläne, die von der Börsenlage abhängen. Zwar können in Crash-Phasen die bereits erwirtschafteten Gewinne verpuffen. Nicht aber das eingezahlte Vermögen. Das muss der Anbieter Ihnen garantieren. Bedenken Sie aber: Durch diese Garantie sind die Renditeaussichten von Riester-Fondssparplänen schlechter als die normaler Fondssparpläne.

✔ Wechseln muss möglich sein: Falls Sie von einem Riester-Vertrag in einen anderen wechseln wollen, muss der Anbieter Ihnen das erlauben. Aber Achtung: Stornogebühren sind durchaus möglich (zum Beispiel 100 Euro). Die darf der alte Riester-Anbieter von Ihrem bisher Ersparten abziehen. Das restliche Vermögen (eingezahlte Beiträge plus staatliche Zulagen plus zwischenzeitlich erzielte Gewinne) muss der bisherige Anbieter aber problemlos auf den neuen Riester-Vertrag übertragen. Dummerweise darf der neue Riester-Anbieter aber auch wieder seine üblichen Gebühren erheben. Daher ist ein Wechsel meist unrentabel.

✔ Riester-Einzahlungen werden nicht als Einkommen oder Vermögen auf Arbeitslosengeld I, Arbeitslosengeld II oder Sozialhilfe angerechnet. Was Sie bereits in einem Riester-Vertrag angespart haben, beeinflusst somit bei Bedürftigkeit die Höhe der staatlichen Hilfen nicht. Sie müssen das Riester-Vermögen auch nicht erst aufbrauchen, um überhaupt die staatliche Grundsicherung in Anspruch nehmen zu können.

✔ Riester-Vermögen ist pfändungssicher. Das gilt allerdings nur in der Ansparphase. Falls also – was wir nicht hoffen – die Gläubiger scharenweise vor Ihrer Tür stehen oder immer wieder mal der Gerichtsvollzieher anklopft: Auf das Riester-Vermögen dürfen diese Leute nicht zugreifen, egal wie hoch es ist. Erst bei Auszahlung der Rente ist eine Pfändung möglich (innerhalb der gesetzlichen Pfändungsgrenzen).

✔ Noch nicht einmal Sie selbst haben vor Fälligkeit Zugriff auf das Riester-Vermögen, selbst wenn Sie es dringend brauchen könnten. Frühestens mit 60 Jahren können Sie sich das Geld auszahlen lassen. Falls Sie doch früher kündigen und das Geld nicht auf einen anderen Riester-Vertrag übertragen, bedeutet das: Der Staat verlangt auf einen Schlag alle Zulagen und Steuervorteile zurück.

✔ Einen Riester-Vertrag können Sie nicht beleihen oder als Kreditsicherheit verwenden. Das ergibt sich aus dem Pfändungsschutz.

✔ Maximal 30 Prozent des Auszahlungsbetrags gibt es bei Fälligkeit auf einmal. Den Rest bekommen Sie in Form einer regelmäßigen Monatsrente. Die allerdings erhalten Sie garantiert ein Leben lang – und wenn Sie 120 Jahre alt werden.

✔ Ein Riester-Vertrag lässt sich nicht an die Nachkommen oder sonstige Personen vererben oder verschenken. Lediglich Ihr(e) Ehepartner(in) kann ihn nach Ihrem Tod erben – sonst niemand. Wollen die Kinder das per Riester Ersparte haben, bedeutet dies: Die staatlichen Zulagen und Steuervorteile müssen sie an den Staat zurückzahlen.

Eine Bedingung wurde ersatzlos gestrichen

Ein »Riester-geförderter« Lebensabend auf Mallorca? Das wollte der Gesetzgeber ursprünglich verhindern. Die Riester-Gesetzgebung sah anfangs vor: Förderberechtigte müssen ihren Wohnsitz in Deutschland haben. Sie mussten in Deutschland unbeschränkt steuerpflichtig sein. Wer wegzog, sollte die bereits gewährten Zulagen und Steuervorteile zurückzahlen. Denn die Steuern auf die später ausgezahlte Rente wollte sich der deutsche Staat nicht entgehen lassen. Auch für ausländische Immobilien durfte die Riester-Rente nicht verwendet werden. Der Europäische Gerichtshof »kassierte« allerdings diese Regelung. Denn sie widersprach dem europäischen Gesetz der Freizügigkeit (nicht, was Sie jetzt denken, sondern das Recht auf freie Wohnsitzwahl für EU-Bürger innerhalb der Europäischen Union). Was bedeutet: Auch wenn Sie später auf Mallorca oder in Finnland wohnen, muss der Staat Ihnen die Riester-Förderung gewähren und darf sie nicht nachträglich wegen Ihres Wegzugs zurückverlangen (EuGH-Urteil vom 10.9.2009, Aktenzeichen: C-269/07). Das gilt allerdings nur für EU-Staaten. Wenn Sie im Alter in die ferne Südsee ziehen und dabei nicht zufällig eine französische Kolonialinsel erwischen, müssen Sie sich eben bei Geldmangel von Kokosnüssen ernähren und Baströckchen tragen. »Freizügigkeit« können Sie dann höchstens auf andere Art genießen ...

Keine Sorge, Sie müssen nicht selbst überprüfen, ob ein Riester-Vertrag, der Ihnen angeboten wird, die zur Förderung notwendigen Bedingungen erfüllt. Das erledigt der Anbieter für Sie. Sie müssen aber die Vor- und Nachteile kennen, um entscheiden zu können, ob »Riestern« für Sie sinnvoll ist oder nicht.

Die Riester-Förderung: Zulagen und Steuervorteile

Der größte Vorteil von Riester-Verträgen liegt in der staatlichen Förderung. Die besteht aus zwei Komponenten:

✔ aus Zulagen

✔ aus der Möglichkeit, Steuern zu sparen

Zulagen: Großfamilien bevorzugt – je mehr Kinder, desto besser

Wer »riestert«, bekommt Zulagen. Zum einen die *Grundzulage*, die jeder Riester-Sparer erhält. Sie liegt derzeit bei maximal 154 Euro pro Jahr.

Zum anderen *Kinderzulagen*. Sie haben richtig gelesen. Normalerweise sind Kinder in finanzieller Hinsicht nicht unbedingt rentabel, auch wenn sie unbestritten das Leben bereichern. Bei Riester lohnen sich Kinder dagegen auch in puncto Finanzen. Als Riester-Sparer mit Kindern erhalten Sie pro Kind maximal 185 Euro im Jahr. Bei Kindern, die ab 2008 geboren sind, beläuft sich die Zulage sogar auf maximal 300 Euro pro Jahr. Dabei zählt jedes Kind mit, für das Sie Kindergeld oder den Kinderfreibetrag erhalten. Bei Kindern kann allerdings nur ein Elternteil die entsprechenden Zulagen erhalten. Falls Sie nicht ausdrücklich etwas anderes verlangen, werden die Kinderzulagen meist dem Riester-Vertrag der Mutter gutgeschrieben. Junge Sparer, die direkt (also nicht über ihren Ehepartner) förderberechtigt sind (siehe Ab-

22 ▶ Riester: Rentenbaustein für (fast) jedermann

schnitt »Wer darf überhaupt riestern? – Leider nicht alle Bürger«) können außerdem eine Einmalzulage erhalten, wenn sie bei Vertragsabschluss das 25. Lebensjahr noch nicht überschritten haben. Hier das Ganze noch einmal in tabellarischer Übersicht:

Art der Zulage	Höhe der Zulage
Grundzulage	Maximal 154 Euro pro Jahr
Kinderzulage für bis 2007 geborene Kinder	Maximal 185 Euro pro Jahr
Kinderzulage für ab 2008 geborene Kinder	Maximal 300 Euro pro Jahr
Einmalzulage bei Vertragsabschluss für junge Sparer bis 25	200 Euro im Jahr des Abschlusses

Tabelle 22.1: Riester-Zulagen

Wieso »maximal«? Um die größtmögliche Riester-Förderung zu erhalten, erwartet der Staat von Ihnen einen eigenen Sparbeitrag. Pro Jahr müssen Sie mindestens 4 Prozent Ihres Einkommens, höchstens aber 2100 Euro inklusive Zulagen ansparen. Als »Einkommen« gilt dabei das Vorjahreseinkommen, das der Rentenversicherungspflicht unterliegt. Nur dann gibt es die Maximalzulagen. Ansonsten werden sie anteilig gekürzt. Eine Mindesteinzahlung von 60 Euro pro Jahr ist außerdem Pflicht, sonst gibt es überhaupt keine Zulagen.

So berechnen Sie Ihren jährlichen Mindestbeitrag, um die maximale Förderung zu erhalten:

✔ Multiplizieren Sie Ihr rentenversicherungspflichtiges Vorjahreseinkommen mit 4 Prozent. Liegt das Ergebnis unter 2100 Euro, rechnen Sie mit diesem Ergebnis weiter. Liegt es darüber, rechnen Sie mit dem Betrag 2100 Euro weiter.

✔ Ziehen Sie vom Ergebnis die maximal möglichen Zulagen (Grund- und Kinderzulage) ab.

✔ Was dabei herauskommt, müssen Sie mindestens in Ihren Riester-Vertrag einzahlen. Sonst werden die Zulagen anteilig gekürzt.

Ein Beispiel, damit die Berechnungsweise klarer wird: Mario Mustermann verdient im Jahr 30 000 Euro. Er hat zwei Kinder. Eines davon ist im Jahr 2007 (185 Euro Kinderzulage), das zweite im Jahr 2009 (300 Euro Kinderzulage) geboren. So errechnet sich sein Mindestbeitrag für die maximale Förderung:

✔ 30 000 Euro × 4 Prozent = 1 200 Euro

✔ 1 200 Euro – (154 Euro + 185 Euro + 300 Euro) = 561 Euro.

✔ Den Betrag von 561 Euro muss Mario Mustermann im betreffenden Jahr mindestens in seinen Riester-Vertrag einzahlen. Sonst muss er Abstriche bei der Förderung machen.

Auf keinen Fall dürfen Sie vergessen, den Zulagenantrag beim Anbieter Ihres Riester-Vertrags zu stellen. Sonst entgehen Ihnen die staatlichen Zulagen. Am besten ist ein Dauerzulagenantrag, dann müssen Sie sich nicht jedes Jahr neu mit dem ganzen Papierkram beschäftigen. Das Antragsformular bekommen Sie vom Anbieter. Wenn Sie allerdings zwischendurch Nachwuchs bekommen, denken Sie daran, auch die zusätzliche Kinderzulage zu beantragen. Sonst fällt die womöglich unter den Tisch. Falls Sie den Antrag vergessen haben, können Sie das noch rückwirkend für die letzten zwei Jahre tun. Besser ist es aber, Sie denken gleich daran.

Steuerersparnis: nicht einfach, aber lohnend

Die Steuererklärung zu machen ist für niemanden ein Vergnügen, oder? Immerhin ist ein nachträgliches Vergnügen möglich, wenn Ihre Mühe mit einer Steuererstattung belohnt wird. Unter anderem Ihr Riester-Beitrag kann für eine solche Erstattung sorgen. Die mögliche Steuerersparnis ergibt sich aus dem Umstand, dass Sie die gezahlten Riester-Beiträge als Sonderausgaben absetzen können. Beifügen müssen Sie dazu die Bestätigung des Anbieters über das Bestehen des Vertrags. Die schickt er Ihnen jedes Jahr per Post zu (am Rand steht fett gedruckt »Für das Finanzamt«). In der Steuererklärung geben Sie Ihre eigenen Einzahlungen und die staatlichen Zulagen zu Ihrem Riester-Vertrag als abzugsfähige Sonderausgaben an. Das Finanzamt prüft dann, was für Sie günstiger ist:

✔ Ist der Steuervorteil, der durch den Sonderausgabenabzug entsteht, größer als die Summe der Zulagen? Dann wird Ihre Einkommensteuer um die Zulagen erhöht. Die Differenz ist dann Ihr Steuervorteil, den Sie zusätzlich zu den gezahlten Zulagen als finanziellen Vorteil beanspruchen können.

✔ Ist das nicht der Fall, entfällt der Sonderausgabenabzug und Sie haben keinen Steuervorteil. Aber Sie profitieren immerhin von den Zulagen.

Durchblick im Riester-Dschungel: welche Formen von Riester-Verträgen es gibt

Bei Riester-Verträgen gibt es einen wahren Wildwuchs. Es existieren nicht nur verschiedene Formen, sondern auch verschiedene Anbieter. Und alles resultiert in einem schier unüberschaubaren Markt an Riester-Produkten.

Gehen Sie bei der Entscheidung, welcher Riester-Vertrag es denn sein soll, zweistufig vor:

✔ Überlegen Sie sich erst, in welcher Form Sie einen Riester-Vertrag abschließen wollen. Dabei hilft Ihnen die Aufzählung unten.

✔ Kümmern Sie sich dann um einen guten Anbieter. Hier helfen Ihnen beispielsweise die Testergebnisse der Zeitschrift *Finanztest*, die Vorsorgeberatung der Verbraucherzentralen oder ein unabhängiger Vermögensberater, der Ihnen das beste Angebot heraussucht.

Möglich sind verschiedene Formen der Riester-Rente. Erfreulicherweise sind das alte Bekannte, über die Sie alle in den vorigen Kapiteln bereits gelesen haben. Lediglich die Ausgestaltung als Riester-Vertrag unterscheidet sie von klassischen Sparformen. Folgende Formen von Riester-Verträgen gibt es also (damit Sie entscheiden können, was für Sie infrage kommt – hierzu gleich eine kurze Einschätzung):

- **Riester-Rentenversicherungen (klassisch):** Die sind in der Regel auch nicht rentabler als normale Rentenversicherungen. Der Garantiezins (auch hier gültig) haut niemanden vom Hocker, zumal er gar nicht auf die volle Prämie angewandt wird. Dazu kommt: Die Abschlussgebühr für solche Versicherungen errechnet sich aus der anfänglichen Beitragshöhe. Diese können Sie zwar später senken. Aber die Gebühren sinken dadurch nicht. Also im Zweifel lieber bleiben lassen.

- **Riester-Rentenversicherungen (fondsgebunden):** Dito. Auch hier gilt, was bereits über normale fondsgebundene Rentenversicherungen (siehe Kapitel 7) gesagt wurde: Nur ein Teil der eingezahlten Prämien wird in Fonds investiert. Und das müssen noch nicht einmal die besten sein. Fazit: In aller Regel nicht empfehlenswert.

- **Riester-Banksparpläne:** Hier profitieren Sie von den meist fehlenden Gebühren. Die Zinsen allerdings sind aktuell nicht berauschend, auch wenn sie oft vom Geldmarktgeschehen abhängen. Die magere Rendite wird aber durch die laufend gezahlten Zulagen aufgebessert. Ein Riester-Banksparplan lohnt sich vor allem für Menschen, deren Ruhestand nicht mehr allzu weit entfernt ist. Leider wird diese Vorsorgeform nur von wenigen Banken angeboten.

- **Riester-Fondssparpläne:** Hier können Sie theoretisch von der positiven Kursentwicklung an den Börsen profitieren. Ihre Rendite wird allerdings eingedämmt durch die meist hohen Gebühren. Es ist bei Riester-Fonds nicht so einfach wie bei anderen Fonds, sie ohne Ausgabeaufschlag zu kaufen. Auch jährliche Verwaltungsgebühren müssen Sie zahlen. Dazu kommt, dass der Anbieter Ihnen auch hier mindestens das eingezahlte Geld plus Zulagen garantieren muss. So schön eine solche Garantie ist, sie geht immer zulasten der Rendite. Daher gilt hier das Gleiche wie bei allen Garantiefonds: Ob sie sich lohnen, ist fraglich (siehe Kapitel 16). Trotzdem ist diese Form der Geldanlage meist die beste Alternative für jüngere Sparer. Da werden durchaus nennenswerte Anteile des Fondsvermögens in Aktien investiert – und somit ist eine gute Rendite zumindest möglich.

- **Wohn-Riester** als Beitrag zu einem Bausparvertrag (siehe Kapitel 5) oder zur Tilgung eines Immobiliendarlehens zur Eigenheimfinanzierung. Wohn-Riester ist meistens keine besonders gute Lösung. Denn Sie sind und bleiben an die einmal gekaufte Immobilie gebunden. Außerdem sorgt die nachgelagerte Besteuerung hier für besonders viel Bürokratie und für manche böse Überraschung im Alter. Denn Sie haben im Alter ja keine Auszahlung, sondern beziehen Ihre Rente in Form von gesparter Miete. Diese gesparte Miete müssen Sie trotzdem versteuern, auch wenn sie kein Einkommen darstellt. Dafür wird ein fiktives Sparkonto gebildet, das sich »Wohnförderkonto« nennt. Darauf werden die eingezahlten Beiträge mitsamt Zulagen erfasst und bis Renteneintritt mit 2 Prozent jährlich verzinst. Von diesem fiktiv angesammelten Vermögen zahlen Sie dann Steuern. Also von Geld, das Sie im Zweifel gar nicht mehr besitzen. Fazit: Wohn-Riester ist zumindest nicht ganz unproblematisch. Das haben auch die Anbieter erkannt, die nicht selten hohe Gebühren für Riester-Darlehen verlangen.

Bewertung: Lohnt sich »Riestern«?

Es ist wie beim Einkaufsbummel: Das Wörtchen »gratis« bringt meistens einige Probleme mit sich. Gibt es in einem Ladengeschäft etwas gratis, müssen Sie meist erst einmal Geld ausgeben, um das großzügige Geschenk zu bekommen. So ähnlich funktioniert das auch bei Riester-Verträgen. Da sollten Sie trotz der gratis erhältlichen staatlichen Förderung nicht gleich in einen hemmungslosen Kaufrausch verfallen, sondern sich nach den altbekannten Kriterien erst einmal überlegen, was für und was gegen das »Riestern« spricht.

1. **Rendite:** Die kann von mager bis sehr zufriedenstellend ausfallen. Auf jeden Fall wird die Rendite durch die staatlichen Zulagen und mögliche Steuerersparnisse aufgebessert. Wenngleich die Gebühren oft etwas höher sind als bei Nicht-Riester-Verträgen. Die Rendite ist vor allem für kinderreiche Eltern hoch. Denn die Kinderzulagen sind beträchtlich – und damit erfreulich. Und sie senken den Eigenbeitrag, der für die maximale staatliche Förderung notwendig ist.

2. **Sicherheit:** Riester-Verträge sind bei klassischer Betrachtung sicher: Ihnen geht kein Cent verloren. Denn mindestens die Einzahlungen mitsamt den staatlichen Zulagen muss Ihnen der Anbieter garantieren (das ist gesetzlich vorgeschrieben). Fraglich ist allerdings, ob ein Riester-Vertrag Sie gegen Inflation schützt. Und das ist am ehesten noch bei einem Riester-Fondssparplan der Fall, vorausgesetzt, dieser investiert zu einem guten Teil in Aktien und nicht in Rentenpapiere.

3. **Flexibilität:** Wie viel Sie in welcher Regelmäßigkeit in einen Riester-Vertrag einzahlen, ist ganz allein Ihre Sache. Wenn Sie die Mindestgrenzen einhalten, bekommen Sie auf jeden Fall auch die staatliche (Maximal-)Förderung. In puncto Flexibilität gibt es also nichts zu meckern.

4. **Liquidität:** Hier gibt es Note 6 mit Sternchen. Note 6 deswegen, weil Sie vor dem 60. Lebensjahr auch dann nicht an das Ersparte rankommen, wenn Sie es dringend brauchen. Das Sternchen deswegen, weil immerhin auch Ihre Gläubiger das Ersparte vor Renteneintritt nicht pfänden können.

5. **Transparenz:** Tja – das ist so eine Sache. Sie wissen immerhin, was Sie mindestens kriegen. Das Eingezahlte und die Zulagen. Was genau Ihr Riester-Vertrag allerdings abwirft, können Sie in der Regel nicht im Vorhinein beziffern.

Lohnt es sich, zu »riestern«? Bestimmt nicht für jemanden, der immer wieder mal nahezu pleite ist und dann auf sein gesamtes Ersparstes zurückgreifen muss. Dank der Zulagen ist »Riestern« aber in der Regel durchaus empfehlenswert. Der Pfändungsschutz in der Ansparphase sorgt dafür, dass die Riester-Rente trotz Schulden auch in schwierigen Lebensphasen nicht wieder aufgezehrt wird. Auch die fehlende Anrechnung auf Sozialhilfe und Arbeitslosengeld ist für Sparer eine gute Sache. »Riestern« lohnt sich vor allem für Eltern – und ganz besonders für Mütter. Denn sie sind es, die für ihre Kinder meistens auf den (Vollzeit-)Erwerb verzichten und deren Ansprüche aus der gesetzlichen Rentenkasse dadurch entsprechend geringer ausfallen. Die attraktiven Kinderzulagen sorgen dafür, dass auch sie sich eine (Zusatz-)Rente ansparen können. Sie sind so mit vergleichsweise geringen Eigenbeiträgen vor Altersarmut zumindest teilweise geschützt. Und das Schöne beim Riestern ist: Das Angesparte gehört Ihnen. Es wird nicht durch irgendein Umlageverfahren auf alle Rentenberechtigten verteilt (wie bei der gesetzlichen Rente). Was Ihnen gehört, kann Ihnen auch niemand wegnehmen.

Rürup- oder Basisrente: Altersvorsorge mit Steuerersparnis 23

In diesem Kapitel
▶ Wer einen Rürup-Vertrag abschließen darf
▶ Wie Rürup-Verträge funktionieren
▶ Die Sache mit der Steuerersparnis
▶ Welche Formen von Rürup-Verträgen es gibt
▶ Bewertung: Für wen sich die Rürup-Rente lohnt

Neben der Riester-Rente (siehe voriges Kapitel) ist die Rürup-Rente die zweite große Möglichkeit, mit staatlicher Hilfe Altersvorsorge zu betreiben. Benannt ist sie nach dem »Wirtschaftsweisen« Bert Rürup, der an ihrer Erfindung maßgeblich beteiligt war. Die Rürup-Rente heißt nur inoffiziell so. Der offizielle Name lautet »Basisrente«. Falls Sie diesen Namen also irgendwo lesen, wissen Sie: Eigentlich ist »Rürup« gemeint.

Wer einen Rürup-Vertrag abschließen darf

Viele Menschen meinen, »Rürup« sei nur für Selbstständige gedacht, also für Freiberufler und Gewerbetreibende, die üblicherweise nicht in die Rentenversicherung einzahlen. Tatsache ist aber: Einen Rürup-Vertrag darf jeder abschließen, der in Deutschland unbeschränkt steuerpflichtig ist. Also nicht nur Unternehmer, sondern auch Angestellte oder Beamte.

Ob ein Rürup-Vertrag allerdings für Otto Normalverbraucher geeignet ist, steht auf einem anderen Blatt. Und dieses Blatt heißt »Einkommen«. Die staatliche Förderung solcher Rürup-Verträge besteht nämlich ausschließlich in ihrer steuerlichen Absetzbarkeit (Näheres dazu im nächsten Abschnitt). Zulagen wie bei »Riester« gibt es hier nicht.

Das bedeutet: Wer wenig verdient und folglich wenig Steuern zahlt, hat kaum etwas von der staatlichen Förderung. Somit ist eine Rürup-Rente von vornherein nur für Besserverdienende interessant – egal ob das Selbstständige sind oder Angestellte oder Beamte. Man könnte auch sagen: Vor dem Laden mit den Rürup-Angeboten steht ein Schild mit der Aufschrift: »Geringverdiener müssen draußen bleiben.«

Wie Rürup-Verträge funktionieren

Rürup-Verträge sind anders als Riester-Verträge. Die Voraussetzungen für die Förderung sind andere. Und anders ist auch die Förderung selbst, die im Fall von »Rürup« allein in einer Steuerersparnis besteht und ganz ohne Zulagen auskommt. Und endlich gibt's mal wieder eine Fülle von bürokratischen Regelungen, auf die Sie sicher schon gewartet haben. (Es macht ja so viel Spaß, Vorschriften zu lesen.)

Wann ist ein Vertrag »Rürup-fähig«? – Die Voraussetzungen

Mehrere Voraussetzungen müssen erfüllt sein, damit ein Altersvorsorgevertrag unter die Rürup-Förderung fällt. Das sind folgende:

✔ Es muss eine private, kapitalgedeckte Leibrente sein, also beispielsweise eine Rentenversicherung, ein Fonds- oder ein Banksparplan. Umlagefinanzierte Renten fallen nicht unter die Rürup-Förderung.

✔ Sie müssen Ihre Einzahlungen als monatliche, vierteljährliche, halbjährliche oder jährliche Beiträge erbringen. Aber auch zusätzliche Einzahlungen muss der Anbieter Ihnen erlauben.

✔ Ausgezahlt werden darf die Rente frühestens ab einem Alter von 60 Jahren. Bei Vertragsabschlüssen ab 2012 darf die Rentenzahlung frühestens im Alter von 62 Jahren beginnen.

✔ Ausgezahlt werden darf das im Rürup-Vertrag angesparte Geld nur in Form von einer monatlichen lebenslangen Rente. Eine Auszahlung in Form eines Einmalbetrags ist ausgeschlossen. Anders als bei »Riester« dürfen Sie sich auch keinen Teilbetrag (zum Beispiel 30 Prozent) zu Rentenbeginn auszahlen lassen.

✔ Rürup-Verträge sind in der Ansparphase pfändungsgeschützt. Das heißt: Gläubiger haben bis zur Auszahlung der Rürup-Rente keinen Zugriff auf das Ersparte. Hier gilt somit das Gleiche wie bei Riester-Verträgen.

✔ Rürup-Verträge können nicht beliehen werden. Sie können einen Rürup-Vertrag also nicht als Kreditsicherheit verwenden. Auch hier gibt es keine Unterschiede zu »Riester«.

✔ Rürup-Verträge können nicht vorzeitig gekündigt werden, ohne dass die gewährte Steuerersparnis in voller Höhe auf einen Schlag zurückgezahlt werden muss.

✔ Rürup-Verträge können nicht beliebig vererbt, verkauft oder verschenkt werden. Stirbt der Sparer, auf dessen Namen der Rürup-Vertrag läuft, sind die Ersparnisse für seine Hinterbliebenen verloren. (Sie kommen dann den Personen zugute, die beim gleichen Anbieter einen Rürup-Vertrag abgeschlossen haben).

Es gibt von dieser Regel aber eine Ausnahme: Für Ihren Ehepartner oder Ihre Ehepartnerin und die Kinder, die noch einen Anspruch auf Kindergeld oder den Kinderfreibetrag haben, können Sie im Rürup-Vertrag einen Hinterbliebenenschutz vereinbaren. Für erwachsene Kinder, die finanziell auf eigenen Füßen stehen (oder von denen der Staat meint, dass sie alt genug dafür sind), dagegen nicht. Und für sonstige Personen, die Sie womöglich gerne absichern würden, auch nicht.

✔ Die einfachste Variante des Hinterbliebenenschutzes ist die »Beitragsrückgewähr als Rente«: Der Versicherer zahlt im Todesfall das bereits Angesparte in Form einer monatlichen Rente an Ehepartner(in) und Kinder aus. Das hat steuerlich keine Nachteile.

✔ Daneben gibt es die »Beitragsrückgewähr als Einmalzahlung«. Dann wird das bereits Angesparte als Einmalleistung an Ehepartner(in) und Kinder ausgezahlt. Allerdings erfordert das einen Zusatzvertrag. Für diesen Zusatzvertrag gilt: Die Prämien sind steuerlich nicht als Sonderausgabe absetzbar. Was heißt: Diese Option ist nicht allzu attraktiv.

Wichtig: Eine Mindestrente muss Ihnen kein Rürup-Anbieter garantieren. Bei einem Rürup-Vertrag sind Verluste also – anders als bei Riester-Verträgen – durchaus möglich. Das ist einerseits schlecht, denn Sie können Geld verlieren. Andererseits aber trotzdem nicht übel. Denn die Garantie verschlingt somit nicht die Chance auf mehr Rendite.

Und noch einen wichtigen Unterschied sollten Sie beachten: Sie können nicht von einem Rürup-Vertrag in einen anderen wechseln und das im bisherigen Rürup-Vertrag angesparte Geld einfach zum nächsten Vertrag mitnehmen. Sie können einen Rürup-Vertrag höchstens beitragsfrei stellen beziehungsweise die Sparraten auf null absenken und bis zur Rentenauszahlung warten. Falls Sie zwischenzeitlich wieder einen neuen Rürup-Vertrag abschließen, beginnen Sie dort von vorn.

Wie funktioniert die staatliche Förderung? – Ein reines Steuersparmodell

Rürup-Beiträge können Sie als Sonderausgabe von der Steuer absetzen. Das ist der ganze Zauber. Zulagen gibt's hier keine. Allerdings können Sie nicht beliebig hohe Einzahlungen steuerlich geltend machen, sondern maximal 20 000 Euro pro Jahr (Alleinstehende) beziehungsweise 40 000 Euro pro Jahr (zusammen veranlagte Ehepartner). »Geltend machen« bedeutet aber nicht, dass der volle Betrag als Sonderausgabe Ihr steuerpflichtiges Einkommen mindern würde. Das ist erst ab 2025 möglich, wie die folgende Tabelle zeigt. Davor ist nur ein bestimmter Prozentsatz der eingezahlten Beiträge absetzbar. Wie hoch er ist, hängt vom Steuerjahr ab und ist ebenfalls aus der folgenden Tabelle ersichtlich.

Steuerjahr	Steuerlich absetzbar sind ...	Steuerlich absetzbarer Betrag (Alleinstehende)	Steuerlich absetzbarer Betrag (zusammen veranlagte Ehepaare)
2010	70 %	14 000 Euro	28 000 Euro
2011	72 %	14 400 Euro	28 800 Euro
2012	74 %	14 800 Euro	29 600 Euro
2013	76 %	15 200 Euro	30 400 Euro
2014	78 %	15 600 Euro	31 200 Euro
2015	80 %	16 000 Euro	32 000 Euro
2016	82 %	16 400 Euro	32 800 Euro
2017	84 %	16 800 Euro	33 600 Euro
2018	86 %	17 200 Euro	34 400 Euro
2019	88 %	17 600 Euro	35 200 Euro
2020	90 %	18 000 Euro	36 000 Euro
2021	92 %	18 400 Euro	36 800 Euro

Steuerjahr	Steuerlich absetzbar sind ...	Steuerlich absetzbarer Betrag (Alleinstehende)	Steuerlich absetzbarer Betrag (zusammen veranlagte Ehepaare)
2022	94 %	18 800 Euro	37 600 Euro
2023	96 %	19 200 Euro	38 400 Euro
2024	98 %	19 600 Euro	39 200 Euro
Ab 2025	100 %	20 000 Euro	40 000 Euro

Tabelle 23.1: Steuerliche Absetzbarkeit von Rürup-Beiträgen

Es nutzt Ihnen nichts, wenn Sie weniger als 20 000 Euro beziehungsweise 40 000 Euro einzahlen, um womöglich mehr Steuern zu sparen. Denn auch bei einer Einzahlung von beispielsweise nur 10 000 Euro gilt der gesetzlich festgelegte Prozentsatz. Das würde beispielsweise heißen: Im Jahr 2012 können Sie nur 74 Prozent davon geltend machen, also 7 400 Euro. Im Jahr 2013 immerhin schon 76 Prozent und damit 7 600 Euro. Und so weiter. In der Steuererklärung angeben müssen Sie immer die vollen Einzahlungen. Das Finanzamt ermittelt dann den absetzbaren Anteil (nur sind deren Tabellen nicht so bildhübsch wie die in diesem Buch).

Die Auszahlungen aus einem Rürup-Vertrag sind nicht steuerfrei. Auch hier gibt es eine Staffelung. Maßgeblich ist hier nicht das jeweilige Steuerjahr, sondern das Jahr des Rentenbeginns. Es bestimmt darüber, auf welchen Anteil Ihrer Rürup-Rente Einkommensteuer erhoben wird. Beginnt die Rentenauszahlung 2040 oder später, ist die volle Rürup-Rente steuerpflichtig. Die folgende Tabelle zeigt auch die Prozentsätze, die bei einem früheren Rentenbeginn gelten (gemäß Paragraf 10 Einkommensteuergesetz):

Rentenbeginn im Jahr ...	Wie viel Prozent der Rente unterliegen der Einkommensteuer?
2010	60 %
2011	62 %
2012	64 %
2013	66 %
2014	68 %
2015	70 %
2016	72 %
2017	74 %
2018	76 %
2019	78 %
2020	80 %
2021	81 %
2022	82 %

23 ➤ Rürup- oder Basisrente: Altersvorsorge mit Steuerersparnis

Rentenbeginn im Jahr ...	Wie viel Prozent der Rente unterliegen der Einkommensteuer?
2023	83 %
2024	84 %
2025	85 %
2026	86 %
2027	87 %
2028	88 %
2029	89 %
2030	90 %
2031	91 %
2032	92 %
2033	93 %
2034	94 %
2035	95 %
2036	96 %
2037	97 %
2038	98 %
2039	99 %
Ab 2040	100 %

Tabelle 23.2: Welcher Anteil der Rürup-Rente bei Auszahlung versteuert werden muss

Welche Formen von Rürup-Verträgen es gibt

Bei Rürup haben Sie nicht ganz so viel Auswahl wie bei Riester. Denn im Wesentlichen gibt es nur diese Möglichkeiten:

- ✔ **Rürup-Rentenversicherung (normal):** Hier bekommen Sie einen Garantiezins, der sich allerdings wieder mal nur auf den Sparanteil der Prämien bezieht und insofern nicht viel aussagt. Denn hohe Gebühren können die Rendite von Rentenversicherungen deutlich drücken (siehe Kapitel 7).
- ✔ **Rürup-Rentenversicherung (fondsgebunden):** Hier entfällt der Garantiezins und der Sparanteil der Prämien wird in Fonds angelegt. Wie gut diese Versicherung abschneidet, hängt somit erheblich davon ab, wie gut der ausgewählte Fonds ist.
- ✔ **Rürup-Banksparplan:** Hier entfallen die Gebühren und Sie profitieren von den Zinsen, die ein solcher Sparplan abwirft. Empfehlenswert, wenn Sie nur noch wenige Jahre bis zur Rente haben.

✓ **Rürup-Fondssparplan:** Hier sind Gewinne und Verluste möglich. Es kommt darauf an, in welchen Fonds Sie investieren. Außerdem kommen Sie nicht um die bei Fonds üblichen Kauf- und Verwaltungsgebühren herum (siehe Kapitel 16). Immerhin muss es hier nicht wie bei »Riester« ein Garantiefonds sein. Was heißt, dass Sie nicht schon Renditeeinbußen deswegen haben, weil der Anbieter keine Verluste machen darf. Rürup-Fondssparpläne kommen für junge Sparer infrage – wenn sie noch mehrere Jahrzehnte bis Rentenbeginn Zeit haben, um zwischenzeitliche Verluste auszusitzen.

Auch bei der Rürup-Rente gilt: Schließen Sie nicht den erstbesten Vertrag ab, mit dem ein Anbieter auf Sie zukommt, sondern holen Sie sich Vergleichsangebote ein. Eine erste Orientierung bietet etwa die Zeitschrift *Finanztest*. Auch Verbraucherzentralen, Steuerberater und unabhängige Vermögensberater leisten hier wertvolle (wenn auch nicht kostenlose) Dienste.

Bewertung: Lohnt sich »Rürup«?

Wahrscheinlich hängen Ihnen die üblichen Bewertungskriterien inzwischen schon zum Halse heraus. Aber es hilft nichts. Da müssen Sie jetzt durch. Denn auch »Rürup« sollten Sie mit allen Vor- und Nachteilen betrachten:

1. **Rendite:** Die hängt zum einen vom gewählten Rürup-Vertrag ab, zum anderen vom Steuervorteil, den Sie durch das Absetzen der Prämien genießen. Und zum dritten von der Besteuerung der Auszahlungen und damit vom Jahr des Rentenbeginns. Alles in allem also eine so undurchsichtige Geschichte, dass Sie da ohne professionelle Beratung nicht richtig durchsteigen. Nur so viel lässt sich sagen: Eine gute Rendite erzielen vor allem ältere Sparer, deren Rentenauszahlung möglichst bald beginnt. Und das auch nur dann, wenn sie ein vergleichsweise hohes Einkommen (und damit einen hohen persönlichen Einkommensteuersatz) haben. Dann macht sich der Sonderausgabenabzug in Form von einer dicken Steuerersparnis erst so richtig bemerkbar.

2. **Sicherheit:** Die haben Sie bei einem Rürup-Vertrag nicht. Verluste sind immer möglich, sei es durch eine hohe Gebührenbelastung (Rentenversicherungen), sei es zusätzlich zu den Gebühren noch durch sinkende Aktienkurse (Fondssparpläne). Eine Ausnahme bildet der Banksparplan. Hier können Sie keine Verluste machen. Als Schutz vor einer möglichen Inflation sind allerdings (Aktien-)Fondssparpläne besser, weil sie auf Sachwerte setzen.

3. **Flexibilität:** Die ist hoch, zumindest bei Bank- und Fondssparplänen. Da können Sie die eingezahlten Beiträge beliebig herauf- und heruntersetzen, je nachdem, wie viel Geld Sie gerade für die Altersvorsorge erübrigen können. Bei Rentenversicherungen kann es da Einschränkungen geben. Das sollten Sie vor einem Abschluss immer mit dem betreffenden Anbieter klären.

4. **Liquidität:** Die ist in der Ansparphase nicht vorhanden. Denn Sie kriegen Ihr Geld frühestens im Alter von 60 beziehungsweise 62 Jahren wieder – und das auch nur häppchenweise in Form einer monatlichen Rente. Die lang ersehnte Luxuskarosse können Sie sich davon nicht kaufen. Aber dafür ist die Rürup-Rente ja auch nicht gedacht.

5. **Transparenz:** Welche Transparenz? Es gibt keine, sondern nur ein bürokratisches Monster mit mindestens sieben Köpfen und so langen Hälsen, dass diese Köpfe auch noch verknotet sind. Im Klartext: Sie wissen nicht, was ein Rürup-Vertrag später abwirft. Und die komischen Regelungen um Sonderausgabenabzug und Versteuerung der Rentenauszahlungen macht die Sache auch nicht transparenter. Wegen der Transparenz braucht man einen Rürup-Vertrag sicher nicht abzuschließen.

Fazit: Rürup lohnt sich am ehesten für Gutverdiener, die idealerweise schon kurz vor der Rente stehen (und daher die Auszahlungen nur zum Teil versteuern müssen). Wenn Sie des Deutschen liebstem Hobby, dem Steuersparen, durch Abschluss eines Rürup-Vertrags frönen wollen, gilt: Lassen Sie sich professionell beraten. Etwa von Ihrem Steuerberater, einem unabhängigen Vermögensberater oder einer Verbraucherzentrale. Das in eine solche Beratung investierte Geld lohnt sich, denn es erspart Ihnen teure Fehler.

24
Vermögenswirksame Leistungen, Arbeitnehmersparzulage, Wohnungsbauprämie: kleine Bonbons der Geldanlage

In diesem Kapitel
- Vermögenswirksame Leistungen
- Arbeitnehmersparzulage
- Wohnungsbauprämie

Das Zauberwort »gratis« gilt nicht nur für die klassische, staatlich geförderte Altersvorsorge. Auch zu kleineren Sparverträgen mit kürzerer Laufzeit können Sie Zuschüsse erhalten – und zwar von zwei verschiedenen Stellen: vom Arbeitgeber (vermögenswirksame Leistungen) und vom Staat (Arbeitnehmersparzulage und Wohnungsbauprämie). Das Ganze ist mit ein bisschen Bürokratie verbunden (Sie wissen ja: »Von der Wiege bis zur Bahre Formulare, Formulare«). Aber der Aufwand kann sich durchaus lohnen. Erfahren Sie in diesem Kapitel, welche Zuschüsse es gibt, für welche Sparformen Sie sie erhalten und was Sie dabei beachten müssen.

Vermögenswirksame Leistungen: Der Arbeitgeber leistet »Sparhilfe«

Eine Sparmöglichkeit ist speziell für Arbeitnehmer, Auszubildende oder Beamte gedacht: Die sogenannten *vermögenswirksamen Leistungen*, abgekürzt *VL*. Hier hilft der Arbeitgeber mit einem Zuschuss beim Sparen. Bis zu 40 Euro pro Monat zahlt er womöglich zusätzlich zum Gehalt. »Womöglich« heißt, wenn das im Tarifvertrag, einer Betriebsvereinbarung oder in Ihrem individuellen Arbeitsvertrag so vorgesehen ist.

Dieses Geld können Sie allerdings nicht gleich in die Mitgliedschaft in einem Fitnessclub stecken oder für ein Essen beim schicken Italiener verpulvern. Sie müssen es anlegen. Voraussetzung ist, dass Sie einen Sparvertrag bei einer Bank, Fondsgesellschaft, Bausparkasse oder Versicherung abschließen. Investieren können Sie das Geld folgendermaßen:

✔ **Aktienfondssparplan:** Das ist nur empfehlenswert, wenn Sie das Geld längerfristig anlegen wollen (und nicht nur für die üblichen sieben Jahre, siehe unten). Denn an der Börse geht es ständig auf und ab. Und ausgerechnet dann aussteigen, wenn die Kurse mal wieder im Keller sind, wollen Sie nicht. Andere Fondssparpläne (Rentenfonds, Immobilienfonds, Mischfonds) sind nicht förderfähig.

✔ **Banksparplan:** Das ist empfehlenswert bei kurzer Laufzeit. Also wenn Sie frühestmöglich (sprich nach sieben Jahren, siehe unten) schon wieder über Ihr Geld verfügen wollen.

✔ **Bausparvertrag:** Das ist allenfalls dann ratsam, wenn Sie eine Immobilie haben und das Geld aus dem Bausparvertrag für die Renovierung oder Modernisierung einsetzen wollen. Negativ ist die hohe Gebührenbelastung, die bei einem Bausparvertrag auf Sie zukommt und einen Teil der Arbeitgeberzuschüsse wieder zunichte macht. Außerdem gibt es da noch die sonstigen Zumutungen wie niedrige Guthabenzinsen und hohe Tilgungsraten, welche die Bausparkassen Ihren Kunden üblicherweise antun (siehe Kapitel 5).

✔ **Kapitallebens- oder Rentenversicherung** (meist Direktversicherung, siehe Kapitel 7 und 8): Das lassen Sie lieber bleiben. Denn auch mit Zuschuss vom Arbeitgeber erwirtschaften Versicherungen meist nur magere Renditen. Außerdem ist Ihr Geld in einem Versicherungsvertrag festgelegt und die Höhe der monatlichen Raten können Sie auch nach Ende der Arbeitgeberzuschüsse nicht ohne Einbußen beliebig nach Ihrer Finanzkraft verändern.

✔ **Tilgung eines Baudarlehens:** Das ist Ihre erste Wahl. Denn gesparte Darlehenszinsen sind in der Regel deutlich rentabler als jede Geldanlage, ganz einfach deswegen, weil Kreditzinsen meist höher sind als Guthabenzinsen für Geldanlagen. Wenn Sie also noch Hypothekenschulden bei einer Bank oder Bausparkasse haben, nutzen Sie die vermögenswirksamen Leistungen, um sie möglichst schnell abzuzahlen.

Zu einem VL-Sparvertrag sind freiwillige Zuzahlungen, die Sie aus eigener Tasche leisten, problemlos möglich. Falls Ihnen also das Geld vom Arbeitgeber nicht genug für die Anlage ist – stocken Sie den Beitrag aus eigenen Mitteln auf.

Es ist durchaus möglich, dass ein VL-Vertrag eine bestimmte monatliche Mindestrate verlangt. Bei Bausparverträgen sind das meist 14 bis 40 Euro, bei Fondssparplänen sind Sie oft erst mit 50 Euro dabei. Reicht der Zuschuss vom Arbeitgeber dafür nicht aus, müssen Sie den Rest auf jeden Fall aus eigener Kasse bestreiten. Aber das Geld ist nicht verloren, sondern es wird für Sie angelegt. Lohnend ist ein solches Investment allemal.

So gehen Sie vor: Sie marschieren zum gewünschten Anbieter und schließen einen Sparvertrag ab. Bei Direktversicherungen macht das der Arbeitgeber für Sie, wenn Sie ihn darum bitten.

Ein Sonderfall ist die Darlehenstilgung. Manchmal überweist der Arbeitgeber Ihnen die vermögenswirksamen Leistungen direkt auf Ihr Girokonto. Sie nutzen das Geld dann zur Abzahlung des Kredits, der dazu allerdings die Option einer Sondertilgung bieten muss (siehe Kapitel 21). Dass Sie die entsprechenden Überweisungen vorgenommen haben, müssen Sie dem Arbeitgeber nachweisen. Bei Bauspardarlehen überweist der Arbeitgeber in der Regel das Geld direkt an die Bausparkasse. Bei Bauspardarlehen sind Sondertilgungen jederzeit möglich, auch wenn Sie die betreffende Klausel im Bausparvertrag vielleicht noch gar nicht bemerkt haben.

Aber zurück zum Regelfall, den Sparverträgen und Versicherungen: Den entsprechenden Vertrag legen Sie nach Abschluss Ihrem Arbeitgeber vor. Der überweist das Geld sechs Jahre lang direkt an die Bank, Fondsgesellschaft oder Versicherung, bei welcher der Vertrag läuft. Nach Ablauf von sechs Jahren ist allerdings Schluss mit dem Geldregen vom Arbeitgeber. Trotzdem können Sie sich das Geld nicht direkt auszahlen lassen. Mindestens ein Jahr müssen Sie noch warten, so will es der Gesetzgeber.

Frühestens nach Ablauf von sieben Jahren kommen Sie somit an das Ersparte heran. Das gilt auch, wenn Sie zusätzlich noch eigenes Geld zum betreffenden Sparvertrag beigesteuert haben. Sieben Jahre lang ist das Geld festgelegt, erst dann können Sie es abheben und sinnlos oder sinnvoll verprassen – vorausgesetzt, die Laufzeit Ihrer Sparanlage ist nicht für einen längeren Zeitraum vorgesehen. Bei sehr rentablen Geldanlagen ist es aber durchaus eine Überlegung wert, ob Sie den Sparvertrag weiterführen, also weiter eigene Einzahlungen leisten. Oder ob Sie zumindest das bis zu diesem Zeitpunkt Ersparte noch ein paar Jährchen liegen lassen, damit sich der Zinseszinseffekt noch stärker zu Ihren Gunsten auswirken kann.

In manchen Tarifverträgen gibt es keine vermögenswirksamen Leistungen mehr. Stattdessen ist nur noch von *altersvorsorgewirksamen Leistungen* die Rede. Zuschüsse gibt's dann ausschließlich für Langfristverträge, mit denen Sie die im Alter spärliche Rente aufbessern. Dies nur als Hinweis, falls Sie irgendwo über diesen sperrigen Begriff stolpern sollten (als ob »vermögenswirksame Leistungen« nicht schon Unwort genug wäre)!

In Verbindung mit den vermögenswirksamen Leistungen gibt's oft die staatliche Arbeitnehmersparzulage und die Wohnungsbauprämie. Mehr dazu erfahren Sie weiter unten in diesem Kapitel.

Bewertung: Wenn's Geld umsonst gibt, sollten Sie das auch annehmen

Geld umsonst, wo gibt es das schon? Bei vermögenswirksamen Leistungen gilt tatsächlich der Grundsatz: »Einem geschenkten Gaul schaut man nicht ins Maul.« Oder höchstens, um herauszufinden, welchen »geschenkten Gaul« man am besten wählen sollte. Also lassen wir den Gaul mal wieder den üblichen Hindernislauf absolvieren.

1. **Rendite:** Die ist schon deswegen gut, weil Sie ohne vermögenswirksame Leistungen ganz einfach kein zusätzliches Geld bekämen. So richtig erfreulich wird sie, wenn Sie das Geld zur Abzahlung eines Darlehens nutzen. Ansonsten empfehlen sich vor allem Banksparpläne (bei Anlage über die Mindestdauer von sieben Jahren) und Fondssparpläne (bei längerfristiger Anlage).

2. **Sicherheit:** Das geschenkte Geld können Sie teilweise auch wieder verlieren. Etwa bei Versicherungen (wo die Gebühren einen Teil davon auffressen) oder Fondssparplänen (wo die Aktienmärkte Ihnen einen Streich spielen können). Bei Darlehenstilgung dagegen machen Sie keine Verluste. Und auch bei einem Banksparplan – und sei er noch so mies verzinst – gibt es kein Minus. Allerdings sollten Sie eine mögliche Inflation bedenken. Gegen den schleichenden Kaufkraftverlust sind Sie am besten geschützt mit Aktienfondssparplänen oder mit der Verwendung des Geldes zur Tilgung von Baudarlehen (»Betongold« ist schließlich auch ein Sachwert).

3. **Flexibilität:** Da der Arbeitgeber für Sie die Einzahlungen übernimmt, ist die Flexibilität erst mal unwichtig. Geld, das Sie nicht selbst aufbringen müssen, sollte Ihnen nicht fehlen, wenn es irgendwo in einem Sparvertrag eingemauert ist. Vorsicht ist nur bei Verträgen angebracht, die langfristige Einzahlungen aus Ihrem eigenen Geldbeutel erfordern, etwa bei Versicherungen oder Bausparverträgen mit hoher Bausparsumme. Da ist es mit der Flexibilität nicht mehr weit her.

4. **Liquidität:** An das Geld kommen Sie volle sieben Jahre nicht heran. Erst danach können Sie darüber verfügen – vorausgesetzt, der abgeschlossene Vertrag ist dann schon fällig.

5. **Transparenz:** Ob ein VL-Vertrag transparent ist oder nicht, hängt vom jeweiligen Produkt ab. Sehr transparent sind Beiträge zur Darlehenstilgung und Banksparpläne. Da können Sie auf den Cent genau ausrechnen, was Ihnen das bringt (Zinsersparnis oder Guthabenzinsen). Nicht transparent sind dagegen Versicherungen. Das ist eine Black Box, in die Sie nicht hineingucken können. Ebenfalls nicht transparent sind Fondssparpläne. Denn was die Aktienmärkte in naher oder ferner Zukunft machen, ist leider ebenfalls nicht prognostizierbar.

Fazit: Auch wenn die Geldanlage mit vermögenswirksamen Leistungen so manche Hürde reißt (Sicherheit, Flexibilität, Transparenz), können Sie einen entsprechenden Vertrag bedenkenlos abschließen. Auf jeden Fall nämlich kriegen Sie dadurch Geld, das Ihnen ohne VL-Vertrag schlichtweg entginge. Wenn Sie ganz clever sind, dann bevorzugen Sie als »Sparform« die Tilgung eines Baudarlehens, einen Bank- oder Fondssparplan. Da springt am meisten für Sie heraus.

Arbeitnehmersparzulage: staatliche Zuschüsse zum VL-Vertrag

Wir sind immer noch bei den VL-Verträgen. Denn die sogenannte *Arbeitnehmersparzulage* können Sie nur für genau solche Verträge zusätzlich zu den vermögenswirksamen Leistungen bekommen. Und zwar vom Staat und nicht vom Arbeitgeber. Ein Recht auf dieses Extra-Bonbon haben Sie allerdings nur, wenn Sie zu den Geringverdienern gehören. Anspruch auf die Arbeitnehmersparzulage haben Sie, wenn Sie

✔ als Single nicht mehr als 20 000 Euro pro Jahr verdienen,

✔ als zusammen veranlagtes Ehepaar nicht mehr als 40 000 Euro verdienen.

Maß aller Dinge ist hier das zu versteuernde Einkommen. Ihr eigentliches Einkommen kann also auch wesentlich höher sein. Wenn beispielsweise Kinderfreibeträge es unter diese Grenzen absenken, können Sie den Zuschuss beantragen. Dummerweise hat Sankt Bürokratius seinen zweifelhaften Segen über die Arbeitnehmersparzulage ausgesprochen. Denn bei Bausparverträgen und der Tilgung von Baudarlehen gelten andere Einkommensgrenzen. Sie dürfen hier

✔ als Single nicht mehr als 17 900 Euro verdienen,

✔ als zusammen veranlagtes Ehepaar nicht mehr als 35 800 Euro.

Damit nicht genug. Auch die Höhe des staatlichen Zuschusses hängt von der Anlageform ab – und davon, wie hoch die eigenen Beiträge sind, die Sie in den Vertrag einzahlen:

✔ Bei VL-Aktienfondssparplänen gibt es 20 Prozent auf Ihre jährlichen Einzahlungen, maximal aber 80 Euro pro Jahr. Aber Achtung: Nicht jeder Aktienfonds ist für das VL-Sparen zugelassen.

✔ Bei Bausparverträgen oder der Tilgung von Bauspardarlehen erhalten Sie 9 Prozent auf Ihre Beiträge beziehungsweise Raten, maximal aber 43 Euro pro Jahr.

Aber nicht vergessen: Die Arbeitnehmersparzulage gibt's nur, wenn Sie beim Fiskus einen Antrag stellen. Das tun Sie zusammen mit Ihrer Steuererklärung. Auf dem Mantelbogen ganz oben kreuzen Sie an »Antrag auf Festsetzung der Arbeitnehmersparzulage«. In der Anlage N (Einkünfte aus nicht selbständiger Arbeit) gibt es eine extra Spalte: »Angaben zum Antrag auf Festsetzung der Arbeitnehmersparzulage«. Da tragen Sie die Zahl der Bescheinigungen ein, die Sie vom VL-Anbieter erhalten haben, und schicken diese zusammen mit Ihrer Steuererklärung ans Finanzamt. Das geht auch noch vier Jahre nachträglich. Also beispielsweise im Jahr 2016 für das Jahr 2012 (falls Sie zu den notorischen Steuermuffeln gehören, die ihre Steuererklärung immer erst auf den allerletzten Drücker abgeben …).

Wenn Sie die Einkommensgrenzen nicht überschreiten, ist die Arbeitnehmersparzulage eine gute Sache, mehr Geld zu bekommen. Allerdings nur, wenn Sie die damit verbundene Bürokratie nicht scheuen. Denn maximal 72 beziehungsweise 43 Euro pro Jahr sind keine allzu üppige Entlohnung dafür, sich stundenlang mit Sorgenfalten auf der Stirn über irgendwelche Formulare zu beugen oder sich um deren Beschaffung zu kümmern.

Wohnungsbauprämie: staatliche Förderung für Bausparverträge

Eine weitere Möglichkeit, staatliche Förderung zu erhalten, ist die sogenannte Wohnungsbauprämie. Einen Anspruch darauf haben Sie, wenn Sie in Deutschland unbeschränkt steuerpflichtig und mindestens 16 Jahre alt sind. Vollwaisen können diese Prämie unabhängig von ihrem Alter erhalten. Für die Wohnungsbauprämie gelten – Sankt Bürokratius sei Dank! – noch mal andere Einkommensgrenzen. Verdienen (zu versteuerndes Einkommen) dürfen Sie

✔ als Single maximal 25 600 Euro pro Jahr,

✔ als zusammen veranlagtes Ehepaar maximal 51 200 Euro pro Jahr.

Auch die Wohnungsbauprämie gilt für VL-Verträge. Es ist allerdings nicht möglich, die Arbeitnehmersparzulage **und** die Wohnungsbauprämie gleichzeitig für denselben Sparvertrag zu bekommen. Denn bei jedem VL-Sparvertrag gilt: entweder oder.

Bei der Wohnungsbauprämie sind die förderfähigen Verträge eingeschränkt. Im Wesentlichen haben Sie nur die Wahl zwischen Bausparverträgen und dem Erwerb von Anteilen an einem genossenschaftlichen Wohnbauunternehmen.

Am häufigsten sind in diesem Zusammenhang Bausparverträge (siehe Kapitel 7). Allerdings ist eine »wohnwirtschaftliche Verwendung« der Bausparsumme seit 2009 zwingend vorgeschrieben. Sie sollten sich also tunlichst keinen Luxusurlaub von dem angesparten Geld gönnen. (Bei vor 2009 abgeschlossenen Bausparverträgen war das möglich, wenn die Bindefrist von sieben Jahren abgelaufen war.) Seit 2009 gilt: Fließt das Geld nicht in eine Immobilie, verlangt der Staat sein Geld zurück. Personen unter 25 Jahren dürfen allerdings das Geld auch anderweitig verwenden. Zunächst brauchen Sie also einen Bausparvertrag. Das kann derselbe sein, der schon für die vermögenswirksamen Leistungen und die Arbeitnehmersparzulage herhalten musste.

Sie können aber – wie gesagt – die Wohnungsbauprämie auch für den ersten Erwerb von Anteilen an einer Wohnungsbaugenossenschaft aufwenden. Also für den Kauf von Anteilen an einer genossenschaftlichen Wohnanlage, in die Sie einziehen wollen.

Mindestens 50 Euro pro Kalenderjahr müssen Sie aus eigener Tasche in den entsprechenden Vertrag stecken. Wenn Sie die Höchstförderung erhalten wollen, sogar mehr. Denn Sie bekommen pro Jahr:

✔ als Single 8,8 Prozent der Einzahlungen in Höhe von maximal 512 Euro – und damit höchstens 45,06 Euro,

✔ als zusammen veranlagtes Ehepaar 8,8 Prozent der Einzahlungen in Höhe von maximal 1 024 Euro – und damit höchstens 90,11 Euro.

Auch bei der Wohnungsbauprämie müssen Sie mindestens sieben Jahre warten, bis Sie über das Geld verfügen können. Ungeduld wird übrigens bestraft: Wer sich das Geld früher auszahlen lässt, muss die staatliche Förderung auf einen Schlag wieder an den Fiskus zurückzahlen.

Die Wohnungsbauprämie sichern Sie sich mit einem Antrag, den die Bausparkasse Ihnen aushändigt. Die Prämie wird dann direkt auf Ihr Bausparkonto überwiesen. Beim Kauf von Anteilen an einer Wohnungsbaugenossenschaft müssen Sie sich selbst um die Antragsformulare kümmern, etwa indem Sie ihn sich im Internet etwa von der Website einer Bausparkasse herunterladen. Geben Sie einfach die Begriffe »WoP Antrag« in eine Suchmaschine ein. Wenn Sie dieses Formular ausfüllen und ans Finanzamt schicken, landet die Förderung auf dem Konto der Wohnungsbaugenossenschaft.

Fazit: Auch hier bekommen Sie vom Staat keine großen Beträge geschenkt, aber immerhin kleine Zuschüsse. Nehmen Sie sie mit, wenn der Formularkrieg Sie nicht weiter stört und die vorgeschriebene »wohnwirtschaftliche Verwendung« sowieso das ist, was Sie vorhatten. Ihnen entgehen aber keine Unsummen, wenn Sie die Wohnungsbauprämie nicht beantragen und statt des Formularkriegs lieber einen Spaziergang mit Ihrem inneren Schweinehund machen.

Teil VI

Der Top-Ten-Teil

»Vielleicht sprechen Sie mit Herr Maier – er ist einer unserer risikofreudigeren Broker.«

In diesem Teil ...

Die Sorge um Ihr finanzielles Wohlergehen muss Ihnen nicht den Schlaf rauben. Sie dürfen nur drei Fehler nicht machen: Ihr Geld in falsche Anlagen stecken, unnötig viele Steuern zahlen und ständig nur noch über Ihre Finanzen grübeln. In diesem Teil erfahren Sie, wie Sie diese Fehler vermeiden.

Zehn Geldanlagen, von denen Sie besser die Finger lassen

In diesem Kapitel
- Undurchsichtige Investments
- Gefährliche Investments
- Verlustreiche Investments
- Betrügerische Investments

Es gibt bestimmte Anlagemöglichkeiten, die für Sie als Privatanleger nicht geeignet sind. Das mag eine sehr pauschale Behauptung sein. Aber diese Investments sind tatsächlich schlechter als die Alternativen, die Ihnen zur Verfügung stehen. Hintergrund dieser Bewertung ist weiterhin unser bereits bekanntes Schema: Eine Geldanlage sollte renditestark, flexibel, liquidierbar, renditestark, risikoarm, ohne große Gebühren und vor allem transparent sein. Sie müssen also wissen, was vor sich geht. Nach diesen Bewertungskriterien scheiden folgende zehn Anlagemöglichkeiten schon von vornherein aus.

Geschlossene Fonds

Geschlossene Fonds sind Konstruktionen mit mehr Sprengkraft, als Sie auf den ersten Blick sehen können. Windkraftfonds, Medienfonds, Erdwärmefonds, Immobilienfonds sind oft in dieser Form am Markt und bieten überdurchschnittliche Renditen an: 6 Prozent, 7 Prozent oder 12 Prozent pro Jahr lesen Sie in Anzeigen immer wieder. Dies sind aber keine garantierten Performance-Zahlen, sondern nur »Aussichten«. Zum Hintergrund:

Mit einem geschlossenen Fonds werden Sie Mitunternehmer. Geschlossene Fonds sind Gesellschaften mit einem Geschäftszweck. Das Geld der Anteilseigner wird eingesammelt, um ein bestimmtes Objekt zu erwerben oder zu erbauen, zu betreiben und zu verkaufen. Ein Film ist für Medienfonds etwa ein solches Objekt. Manche Filme schaffen es sogar in die Gewinnzone. Vielleicht kennen Sie den Otto-Waalkes-Film »7 Zwerge – Männer allein im Wald«. Der wurde von einem geschlossenen Fonds finanziert und staatlich auch noch gefördert. Nur: Viele dieser Filme schaffen den Sprung in die Gewinnzone nicht. Oft nutzen Produzenten die Finanzierungsquelle einfach, um alte Konzepte neu aufzulegen. »Geschlossen« bedeutet bei diesen Fonds: Ist der Finanzierungsbedarf gedeckt, verkauft die Gesellschaft keine weiteren Fondsanteile mehr. Umgekehrt haben die bis dann eingestiegenen Anteilseigner keine Möglichkeit, vor Ende der Laufzeit wieder auszusteigen.

Welches Objekt auch immer Ihnen angeboten wird: Finger weg! Geschlossene Fonds lassen Sie in der Regel unternehmerisch mithaften. Nach Ende der Laufzeit ziehen die Fondsmanager den Schlussstrich. Erst dann können Sie prüfen, ob die Windkraftanlage Gewinn gebracht hat, ob das erworbene Schiff überhaupt verkauft werden kann oder ob der Solarpark rentabel errichtet werden konnte. Nach vielen Jahren machen Sie dann Kasse. Falls die Gewinne aber ausbleiben, werden Sie womöglich per Nachschusspflicht zur Kasse gebeten (müssen also Geld »nachschießen«, daher der Name).

Geschlossene Fonds sind nichts für Privatanleger. Das gilt auch für die beliebten Ökoprojekte, die ein nachhaltiges Investment und ein gutes Gewissen versprechen.

Staatsanleihen aus Südeuropa und von Schwellenländern

Sie lesen – leider – richtig. Manche Staatsanleihen sind selbst bei hohen Renditen wegen der Unzuverlässigkeit der Schuldner keine Investition wert. Sie müssen damit rechnen, dass Italien, Spanien oder Portugal in Zukunft bestimmte Anleihen nur noch teilweise zurückzahlen können. Das bedeutet: Nicht nur Banken müssen die teilweisen Ausfälle verkraften, sondern auch Sie, wenn Sie solche Anleihen im Depot haben. »Schuldenschnitt« heißt die Waffe, mit der sogar die Eurozone selbst verordnen kann, dass Sie einen Teil Ihres Einsatzes verlieren.

Falls Sie solche Anleihen schon im Depot halten, verkaufen Sie sofort – auch wenn das nur mit Verlust möglich ist. Die Chancen auf eine Kurserholung oder auf eine vollständige Rückzahlung sind nicht so hoch, dass das Risiko sich lohnen würde.

Außerbörsliche Anleihen und Genussscheine

Manche Unternehmen leihen sich bei Privatanlegern Geld, ohne dafür Anleihen an der Börse zu platzieren. Sie geben dazu quasi nur selbst gebastelte Berechtigungsscheine aus und versprechen, Jahr für Jahr einen bestimmten Zinssatz zu zahlen. Bei Anleihen ist dieser Zins meist fix. Bei Genussscheinen ist er oft an die Gewinnsituation des Emittenten gebunden.

Wenn Sie solche außerbörslichen Anleihen und Genussscheine kaufen, kann das gut gehen, muss es aber nicht. Mal ehrlich: Würden Sie Ihrem neu eingezogenen Nachbarn mehr als 1 000 Euro leihen – ohne weiteren Hintergrund oder Absicherung? Nichts anderes passiert, wenn Sie eine Anleihe kaufen oder »zeichnen«. Börsengehandelte Anleihen können Sie immerhin jederzeit über die Börse an- und wieder verkaufen. Sie reichen dann das Risiko weiter, wenn Sie Geld brauchen oder nicht mehr an die Rückzahlungsfähigkeit des Schuldners glauben.

Der Börsenhandel hat gleich zwei Vorteile für Sie: Liquidierbarkeit und Transparenz. Gehen Sie davon aus, dass das, was an der Börse gehandelt wird, auch intensiv beobachtet wird. An den Börsen finden Sie viele Informationen zum Kurs, zum Handel, zu Besonderheiten, zum Rating und auch »News« zu jeder Unternehmensanleihe. All dies entfällt bei Anleihen, die nicht an der Börse gehandelt werden. Solche Anleihen haben ein festes Laufzeitende – und Sie

25 ➤ Zehn Geldanlagen, von denen Sie besser die Finger lassen

müssen daran glauben, dass der Schuldner Ihnen Ihr Geld dann zurückzahlt und zwischenzeitlich die Zinsen pünktlich auszahlt.

Verleihen Sie Ihr Geld nicht an Unbekannte, indem Sie nicht börsennotierte Anleihen kaufen. So leid es uns auch für so manchen Mittelständler tut, der auf diese Weise versucht, kostengünstig Fremdkapital aufzutreiben. Wenn Sie Anleihen kaufen, vergewissern Sie sich über die WKN (Wertpapierkennnummer) und einen Besuch zum Beispiel bei der auf Anleihen spezialisierten Stuttgarter Börse (www.boerse-stuttgart.de), dass die betreffende Anleihe dort auch wirklich gehandelt wird.

Hebelinvestments (etwa Optionsscheine und Hebelzertifikate)

Hebelinvestments vervielfachen die Kursgewinne. Wenn der Kurs allerdings fällt, geht's bei einer Talfahrt mit Hebel viel weiter runter. Erfahrene Anleger können vor allem Optionsscheine und Optionen nutzen, um mit einem kleinen Teil ihres Vermögens möglichst viel rauszuholen. Börsenneulingen raten wir aber dringend davon ab.

Zwar mag es verlockend sein, Investments zu nutzen, bei denen Sie mit einem hohen Hebel schnell viel Geld verdienen können. In Wahrheit sind Optionsscheine, Hebelzertifikate und andere Hebelprodukte (die Sie oft an dem Namenszusatz »Leveraged« erkennen) nichts als Wetten auf einen zukünftigen Preis.

Folgen Sie hier bitte nicht dem häufigen Handlungsprinzip »Gier frisst Hirn!«. Bei der Geldanlage mit Hebel riskieren Sie Ihren gesamten Einsatz. Außerdem brauchen Sie extrem viel Zeit, die Sie vorm Bildschirm verbringen, denn Sie müssen ja die rasanten Kursbewegungen laufend verfolgen, um den richtigen Ein- und Ausstiegszeitpunkt nicht zu verpassen. Am Schluss sitzen Sie womöglich mit viereckigen Augen und einem Haufen Verluste da.

Garantie- und Kapitalschutzzertifikate

Die Idee ist eigentlich gut: Es gibt Zertifikate (= Anleihen), die Ihnen einen festen Rückzahlungsbetrag garantieren. 90 oder 100 Prozent Ihres Investitionsvolumens sind dies meistens. Das schöne Angebot aber hat seine Tücken. So gilt die Garantie nur für den bei der Emission (Ausgabe des Zertifikates) gezahlten Betrag. Wenn Sie ein solches Zertifikat später etwa über die Börse zu einem Kurs von mehr als 100 Prozent kaufen, erhalten Sie einen geringeren Betrag – »garantiert«.

Die Garantie greift zudem erst zum Ende der Laufzeit. Zwischenzeitlich verlieren viele Garantiepapiere an den Börsen an Kurswert und notieren bei weniger als 100 Prozent. Dann ist es für Sie vergleichsweise teuer, diese Papiere vorzeitig zu liquidieren. Schließlich aber gibt es noch ein weiteres, sehr gravierendes Argument gegen diese Wertpapiere:

Garantiezertifikate garantieren einen Nominalbetrag. Also genau die Summe, die Sie einbezahlt haben, wenn es um 100 Prozent Kapitalschutz geht. Da die Inflation aber Geld entwertet, verlieren Sie faktisch selbst bei einer Garantie Geld – oder vielmehr Kaufkraft. Je länger die Laufzeit eines Garantiezertifikates, umso höher Ihr Verlust. Umgekehrt sind die Garantien für Sie schon deshalb teuer, weil diese Form der Absicherung Gewinne kostet. Die meisten Anbieter deckeln etwa die Gewinnbeteiligung an der Wertentwicklung eines zugrunde liegenden Index so, dass Sie nur wenige Prozent gewinnen werden. Im Ergebnis müssen Sie daher mit einem Wertverlust per Inflation rechnen und nehmen selbst kaum Geld ein, selbst wenn alles optimal läuft.

Garantiezertifikate treten unter verschiedensten Namen auf. »Kapitalschutz-« oder »Teilschutzzertifikate« sind gängige Bezeichnungen. Diese Garantieprodukte bieten zu wenig und kosten zu viel. Dass obendrein bei diesen Papieren immer ein Emittentenrisiko besteht, macht sie noch weniger attraktiv.

Diamanten

Im Zuge der Finanzmarktkrise ab 2008 wurden Diamanten wieder beliebter. Verständlich ist das: Die Klunker sind schön, oft wertvoll und viele steigen im Preis. Nur: Der Handel damit ist viel zu riskant. Sie können damit nicht überall und zu jeder Zeit handeln, sondern brauchen bestimmte Handelsorte. Außerdem ist der Markt nicht transparent, es gibt keine klaren Preise.

Wie sollten Sie als Laie einen »fairen« Diamantenpreis von einem unfairen unterscheiden können? Wenn Sie auch nur um 3 Prozent geringere Preise erzielen als möglich, geht dies sofort zulasten Ihrer Rendite. Und um den Wert eines Diamanten einzuschätzen, müssen Sie mehr wissen als nur die Tatsache, dass er sich nach den 4 Cs (Colour, Clarity, Carats, Cut = Farbe, Klarheit, Gewicht (Karat) und Schliff) bemisst. Schade eigentlich: Aber Diamanten sind als Geldanlage zu riskant.

Auch für geerbte Klunker gilt: Verkaufen Sie sie und legen Sie die Erlöse anders an. Eine einzige Ausnahme sind aus unserer Sicht Erbstücke, mit denen Sie Erinnerungen verbinden. Beim Verkauf haben Sie Zeit. Suchen Sie auf jeden Fall mindestens drei Juweliere auf und lassen Sie sich ein Angebot geben.

Kunst und Antiquitäten

Oft empfehlen ambitionierte Analysten oder Kommentatoren in der Finanzkrise seit 2008 Sachwerte. Dazu zählen ohne Zweifel auch Kunst und Antiquitäten, selbst wenn Sie diese nicht unmittelbar »nutzen« können. Wir allerdings raten Ihnen davon ab, in diese Anlageart zu investieren.

Kunst und Antiquitäten sind spezielle Märkte, deren Boom schnell beendet sein kann, wenn die Nachfrage durch private Investoren sich ändert. Institutionelle Investoren sind auf diesem Markt kaum vertreten. Damit entfällt für diese Anlageform der sonst übliche Stabilisator –

Kenner, die laufend Marktbewertungen liefern. Schon aus diesem Grund raten wir: Finger weg!

Ein anderer Grund ist die schwierige Einschätzung des tatsächlichen Wertes oder des langfristigen Potenzials. Kurzfristig sind Sie sowieso an den Markt gebunden, langfristig aber sind die Transparenz und Liquidierbarkeit in höchster Gefahr. Bei vielen Objekten würden Sie auf deren Verkaufschance lange warten müssen. Daher: Jenseits von möglichen Erbstücken – investieren Sie nicht.

Ersteigern Sie auch keine Schnäppchen vor Ort – selbst wenn »Gutachter« besten Leumunds den Wert der Objekte bescheinigen. Auch kundige Gutachter können die weitere Wertentwicklung am Markt kaum einschätzen. Mit Krisenmärkten hat kein Gutachter Erfahrungen.

Ferienwohnungen im Ausland

Wer erst kürzlich im Ausland Urlaub gemacht hat, kennt wahrscheinlich die Angebote vor Ort: Ferienwohnungen. Am besten in sonnenreichen Gegenden, in denen auch viele Deutsche immer mal wieder ein Feriendomizil suchen. Wer allerdings Ferienwohnungen als Kapitalanlage erwirbt, wird in aller Regel damit kein gutes Geschäft machen.

Die Transparenz fehlt. Vor Ort sind Sie auf Angaben der Makler angewiesen. Diese Angaben beziehen sich auf die Bausubstanz, die Nachfrage vor Ort sowie gleichzeitig noch auf die Vermarktbarkeit unter den Urlaubern. Es fehlt hier an Transparenz und Überprüfbarkeit der Maklerangaben.

Zudem kennen Sie für die meisten Feriengebiete die rechtlichen Rahmenbedingungen vor Ort nicht. Sie wissen nichts über Ihre Rechte – weder gegenüber Handwerkern noch gegenüber Versorgern wie etwa Wasser- oder Elektrizitätswerken noch gegenüber dem Fiskus.

Erst recht gefährlich sind die sogenannten Time-Sharing-Modelle. Dabei kaufen Sie mit anderen Eigentümern zusammen dank der freundlichen Mithilfe von Anbietern eine Immobilie. Typischerweise stehen Ihnen dafür einige Wochen Urlaubszeit in der Ferienwohnung zur Verfügung. Nicht mehr und nicht weniger. Dadurch aber werden Ihre Urlaube extrem teuer. Und Sie sind auf Jahre hinaus festgelegt. Also: Nicht investieren!

Beteiligungsmodelle (»Private Equity«)

Ebenfalls warnen wir vor klassischen Beteiligungsmodellen an Firmen. Oft berichten Medien in Deutschland darüber als »Private-Equity-Finanzierung«. Sie geben einer Firma einen Kredit und erwerben damit einen Teil des Firmenvermögens, werden also Miteigentümer. Sicher gibt es einige sehr attraktive Möglichkeiten, damit Geld zu verdienen. Unter dem Strich jedoch sind die Gefahren größer als die Chancen. Denn Sie sind kein Banker und kein Analyst. Somit haben Sie keine Möglichkeit, die Finanz- und Marktlage des betreffenden Unternehmens vorher genau auszuloten.

 Auch Firmenbeteiligungen sind kein gutes Investment – ganz einfach weil Ihnen die Möglichkeit fehlt, Ihre Chancen und Risiken genau zu analysieren. Selbst wenn Ihr Steuerberater Ihnen zu einem solchen Modell rät – lassen Sie es lieber bleiben.

Finanzprodukte mit seltsamen Namen

Wenn Sie sich redaktionelle Beiträge in Finanzmagazinen und parallel dazu Anzeigen auf deren Seiten ansehen, fallen Ihnen sicher schnell die skurrilsten Bezeichnungen auf. Betroffen sind meist Zertifikate oder Fonds. In den Banken und Fondsgesellschaften sind Marketingexperten am Werk, die zwar klangvolle Namen erfinden, aber von den Produkten selbst herzlich wenig Ahnung haben. Die Namensvielfalt entsteht in dem Bemühen, der Konkurrenz ihre Investoren abspenstig zu machen. So kommen täglich mehr als 3 000 neue verschiedene Zertifikate auf den Markt. Die Namensvielfalt soll der Unterscheidung dienen. In Wirklichkeit stiftet sie aber nur Verwirrung. Hier einige Beispiele (mehr finden Sie in Kapitel 13):

✔ Sprint 2X Zertifikate

✔ One Step Protect-Zertifikat

✔ Dax-Vola-Protect-Zertifikat

✔ Zanonia-Deep-Zertifikat

✔ DAILY SHORTDAX x2 Funds

✔ Trend Allocation Plus Fonds

✔ JB Commodity-CHF/B Fonds

✔ IndexTrend Europe Fonds

✔ IndiGo European Equity I Fonds

Alles klar? Wenn Sie jetzt wie nach einem Schlag auf den Kopf nur noch Sternchen sehen, wundern Sie sich nicht. Die Namen sind Schall und Rauch und verraten nichts über den Kern Ihres Investments. Und als Anleger dürfen Sie verlangen, dass ein Papier nicht so kompliziert konstruiert und benannt ist, dass Sie nur »Bahnhof« verstehen.

 Wenn Sie etwas nicht verstehen, investieren Sie kein Geld in das betreffende Papier. Es gibt genügend Alternativen. Das Unverständnis fängt beim Namen an. Ein kleiner Selbsttest genügt: Wenn Sie sich den Namen eines Investments nicht merken können, reicht dies als Ausschlusskriterium.

Zehn Tipps, um Ihr Erspartes vor dem Finanzamt zu retten

In diesem Kapitel
- Steuern auf Geldanlagen
- Steuersparmöglichkeiten
- Steuerfreie Investments

Bei fast allen Erträgen aus der Geldanlage hält der Fiskus die Hand auf. In aller Regel verlangt er auf erzielte Gewinne die Abgeltungsteuer in Höhe von 25 Prozent (plus Solidaritätszuschlag und Kirchensteuer). Sonderregeln gelten für Versicherungen inklusive Direktversicherungen (siehe Kapitel 7 und 9). Und für Immobilien, bei denen Verkaufserlöse nach einer Haltedauer von zehn Jahren steuerfrei sind und ansonsten mit dem persönlichen Einkommensteuersatz belegt werden. Die gute Nachricht lautet aber: Es gibt einige Steuersparmöglichkeiten – und zwar legale. Und gesparte Steuern sind eine prima Möglichkeit, Ihre Rendite zu verbessern.

Nichtveranlagungsbescheinigung ausstellen lassen

Sie legen Geld für Ihre minderjährigen Kinder an? Oder für irgendeine Organisation, die nicht steuerpflichtig ist? Dann bitten Sie das Finanzamt um eine Nichtveranlagungsbescheinigung. (Ist das nicht ein schönes Wort? Nehmen Sie sich doch bitte mal ein Sekündchen Zeit und bewundern Sie mit uns den Sprachwitz des Sankt Bürokratius). Diese Bescheinigung legen Sie der Bank vor, damit sie weiß: Von den betreffenden Konten braucht sie keine Abgeltungsteuer an den Fiskus abzuführen. Die Nichtveranlagungsbescheinigung gilt längstens für drei Jahre. Danach müssen Sie eine neue beantragen. Falls sich zwischenzeitlich die Besteuerungsgrundlage ändert – sprich: falls beispielsweise Ihr Kind steuerpflichtig wird – müssen Sie das dem Finanzamt aber sofort mitteilen.

Erteilen Sie der Bank einen Freistellungsauftrag (oder mehrere)

Für alle in Deutschland steuerpflichtigen Sparer und Anleger gibt es den sogenannten Sparerpauschbetrag. Will heißen: Immerhin 801 Euro (Singles) beziehungsweise 1 602 Euro (Ehepaare) pro Jahr dürfen Sie steuerfrei kassieren. Das können Kursgewinne von Wertpapieren sein, aber auch beispielsweise Zinsen oder Dividenden. Die Crux ist nur: Die konten- oder depotführende Bank ist zunächst einmal verpflichtet, die 25-prozentige Abgeltungsteuer von vornherein an den Fiskus abzuführen. Und zwar vom ersten Euro an.

Abhilfe schaffen Sie mit einem Freistellungsauftrag. Die Formulare dafür gibt's bei Ihrer Bank. Wichtig: Wenn Sie mehrere Konten und Depots bei verschiedenen Banken haben, müssen Sie für jede Bank einen Freistellungsauftrag ausfüllen. Die freigestellten Beträge (also die Beträge, auf die keine Abgeltungsteuer abgeführt wird), dürfen in Summe den Sparerpauschbetrag nicht überschreiten. Am besten überlegen Sie sich, welche Kapitaleinkünfte Sie von welchen Konten und Depots erwarten. Teilen Sie den Sparerpauschbetrag dann so auf die verschiedenen Freistellungsaufträge auf, dass der freigestellte Betrag möglichst überall voll ausgeschöpft wird und keine Luft mehr nach oben bleibt.

Holen Sie sich zu viel gezahlten Steuern zurück

Manchmal passiert es aber doch: Die Bank führt schon Abgeltungsteuern auf Einkünfte ab, obwohl der Sparerpauschbetrag noch gar nicht ausgeschöpft war. Vielleicht, weil Sie vergessen haben, einen Freistellungsauftrag zu erteilen. Vielleicht aber auch, weil Sie den Sparerpauschbetrag etwas unglücklich auf die verschiedenen Konten und Depots aufgeteilt haben.

Dann können Sie sich nach Ablauf des betreffenden Jahres die zu viel gezahlten Steuern zurückholen. Dafür brauchen Sie nur Ihre Kapitalerträge in Ihrer Steuererklärung geltend zu machen. Das Finanzamt erstattet Ihnen dann die zu viel gezahlte Abgeltungsteuer, die sie bereits von der Bank erhalten hat.

Liegt Ihr Steuersatz unter 25 Prozent, belassen Sie es nicht bei der Abgeltungsteuer

In Ihrer Steuererklärung brauchen Sie die Erträge auf Kapitalvermögen normalerweise nicht anzugeben. Denn die Bank führt automatisch Abgeltungsteuer an den Fiskus ab. Ausgespart werden nur Beträge, die Sie in Ihrem Freistellungsauftrag geltend gemacht haben.

Es kann aber sein, dass Ihr persönlicher Steuersatz niedriger ist als die Abgeltungsteuer, die immerhin bei 25 Prozent liegt. Angenommen, Sie zahlen nur 20 Prozent an Steuern auf Ihr Einkommen: Dann sollten Sie Ihre Kapitalerträge ebenfalls nach Jahresende in der Steuererklärung angeben. Das Finanzamt muss sie dann mit Ihrem persönlichen Steuersatz belegen. Was bedeutet: Sie bekommen die Differenz zur bereits abgeführten Abgeltungsteuer als Steuererstattung ausgezahlt.

Übrigens kann sich das Ausfüllen der Anlage KAP auch lohnen, wenn Sie gar nicht sicher sind, ob Ihr persönlicher Steuersatz über oder unter der Abgeltungsteuer liegt. Denn das Finanzamt prüft automatisch, was für Sie günstiger ist. Liegt Ihr persönlicher Steuersatz über der Abgeltungsteuer, bleibt es bei der Abgeltungsteuer. Liegt er darunter, bekommen Sie eine Erstattung.

Behalten Sie vor 2009 gekaufte Aktien und Fonds im Depot

Sie haben schon vor dem Jahr 2009 Aktien gekauft, an die Sie immer noch glauben? Dann behalten Sie sie! Denn bei »Altaktien« gilt noch die steuerliche Regelung, die bis einschließlich

2008 in Kraft war. Und das bedeutet: Kursgewinne sind steuerfrei. Verzichten Sie bei solchen Papieren darauf, sie zwischenzeitlich zu verkaufen und irgendwann wieder zu kaufen. Sonst geht der Steuervorteil verloren.

Aber Vorsicht: Die Steuerfreiheit gilt nur für Kursgewinne. Dividendenausschüttungen werden auf jeden Fall besteuert, auch von Aktien, die Sie vor 2009 gekauft haben.

Richten Sie für Nachkäufe ein zweites Depot ein

Wollen Sie Aktien oder Fonds, die Sie bereits seit 2008 oder früher im Depot haben, nachkaufen, richten Sie dafür ein extra Depot ein. So lässt sich sauber trennen, auf welche Wertpapiere die Abgeltungsteuer anfällt und welche aufgrund der alten Regelung steuerfrei bleiben.

Zudem sichern Sie sich damit auch bei Verkäufen ab. Denn für das Finanzamt gilt die Regel »First in, first out«, kurz FIFO genannt. Wenn Sie alte und neue Aktien oder Fonds einfach zusammen in ein Depot legen, geht das Finanzamt bei einem teilweisen Verkauf automatisch davon aus, dass Sie die älteren Papiere zuerst verkauft haben. Das heißt: Die Kursgewinne der verbleibenden Wertpapiere sind dann nicht mehr steuerfrei. All das können Sie mit einem Zweitdepot vermeiden.

Sparen Sie bei Immobilienkäufen Grunderwerbsteuer

Die Grunderwerbsteuer wird von jedem verlangt, der sich eine Wohnung oder ein Haus kauft. Oder sonst irgendein (bebautes oder unbebautes) Grundstück. Wie hoch sie ist, hängt vom Bundesland ab, in dem die jeweilige Immobilie liegt. Die aktuellen Steuersätze liegen zwischen 3,5 und 5 Prozent. Bemessungsgrundlage dieser Steuer ist der Kaufpreis der Immobilie beziehungsweise des Grundstücks. Wenn Sie also eine Wohnung für 100 000 Euro kaufen, werden zwischen 3 500 und 5 000 Euro an Grunderwerbsteuer fällig.

Ein Teil davon lässt sich ganz einfach einsparen. Bitten Sie den Notar, der den Kaufvertrag aufsetzt, den Preis für übernommene Ausstattungsgegenstände wie beispielsweise Möbel oder die Einbauküche separat auszuweisen. Auch alle sonstigen Gegenstände, die nicht fest mit der Immobilie verbunden sind, können Sie extra ausweisen. Angenommen, in unserem Beispiel wären das 10 000 Euro. Dieser Preis wird dann nicht zur Bemessung der Grunderwerbsteuer herangezogen. Damit lassen sich meist ein paar Hundert Euro sparen, im Beispiel sind es immerhin 350 bis 500 Euro.

Achten Sie bei Immobilienverkäufen auf die Spekulationsfrist

Sie müssen oder wollen eine Immobilie verkaufen? In solchen Fällen sollten Sie wissen: Verkaufsgewinne bleiben steuerfrei, wenn die Immobilie mindestens zehn Jahre lang in Ihrem Eigentum war. Ansonsten müssen Sie die Gewinne mit Ihrem persönlichen Einkommensteuersatz versteuern. Bevor Sie also versehentlich schon im neunten Jahr verkaufen und Tausende von Euro an den Fiskus abdrücken – rechnen Sie lieber mal nach, wann die Frist abläuft.

 Bei selbst genutzten Immobilien ist die Frist kürzer: Hier reicht es, wenn Sie – ausgehend vom Jahr des Verkaufs – in den beiden Vorjahren Immobilieneigentümer waren. Sobald die Frist verstrichen ist, bleiben Ihre Verkaufsgewinne steuerfrei.

Kündigen Sie alte Kapitallebensversicherungen nicht vorschnell

Konkret geht es um Versicherungen, die Sie noch vor dem Jahr 2005 abgeschlossen haben. »Abgeschlossen« heißt, dass die erste Rate noch vor 2005 geflossen sein muss.

Diese Versicherungen haben nämlich einen entscheidenden Vorteil: Die spätere Auszahlung ist steuerfrei. Vorausgesetzt, der Vertrag läuft mindestens zwölf Jahre, Sie haben mindestens fünf Jahre lang Beiträge eingezahlt und der Todesfallschutz beläuft sich auf mindestens 60 Prozent der Versicherungssumme.

Im Gegensatz dazu sind Kapitallebensversicherungen, die erst ab 2005 abgeschlossen wurden, nicht mehr steuerfrei.

 Wenn Sie es sich nicht mehr leisten können, in eine solche Versicherung einzuzahlen, kündigen Sie sie nicht. Besser ist es meist, sie beitragsfrei zu stellen und bis zur Fälligkeit zu warten.

Machen Sie Ihre Riester- und Rürup-Beiträge in der Steuererklärung geltend

Bei »Riester« erzielen Sie manchmal, aber nicht immer eine Steuerersparnis, die über die reine Gewährung der Zulagen hinausgeht. Sie müssen dafür allerdings die Anlage AV (Altersvorsorge) mit Ihrer Steuererklärung einreichen. Benötigt wird außerdem die Bescheinigung Ihres »Riester«-Anbieters, die Sie normalerweise automatisch per Post erhalten.

Bei »Rürup« erzielen Sie auf jeden Fall einen Steuervorteil. Denn einen Teil der Beiträge können Sie als Sonderausgabe von der Steuer absetzen. Das lohnt sich vor allem bei Besserverdienenden, die kurz vor der Rente stehen.

Zehn Tipps, wie Sie Ihre Freizeit genießen und Ihr Geld für sich arbeiten lassen können

In diesem Kapitel
- Was Ihr Leben wirklich reich macht
- Wie Sie auch als Börsianer ruhig schlafen
- Welche lohnenden Investments Sie nicht in Ratgebern zur Geldanlage finden

Vielleicht sind Sie es allmählich ähnlich leid wie wir: andauernd Nachrichten über Bankenrettung, Pleitestaaten, gefährdete Währungen, Rettungspakete. Der Dauerbeschuss mit unerfreulichen Nachrichten aus der Welt der Finanzen hört überhaupt nicht mehr auf. Zwangsläufig schleicht sich ins eigene Denken ein Widerwille ein: Geld ist etwas Doofes. Etwas Dreckiges. Etwas Unerfreuliches. Und etwas, das ständig Zeit und Aufmerksamkeit erfordert. In diesem letzten Kapitel ermutigen wir Sie dazu, die Sicht einmal umzudrehen. Geld ist in erster Linie ein Mittel zum Zweck. Sie sollen sich das leisten können, was Sie brauchen oder sich wünschen. Sie sollen durch die Geldanlage langfristig Ihre finanziellen Sorgen los sein. Dazu gehört aber auch, dass Sie eine pragmatische Einstellung zum Geld bekommen und ihm nicht den Stellenwert einräumen, dass es Ihnen dauerhaft den Schlaf raubt. Dazu zehn Tipps.

Denken Sie nicht nur ans Geld, sondern auch an das, was Sie sonst noch reich macht

Selbst wenn Sie allen Wohlstand verlieren würden, stünden Sie nicht völlig freud- und mittellos da. Denn es ist nicht nur das Geld, was das Leben reich macht, sondern es sind in erster Linie soziale Beziehungen, Freunde, Familie. Auch Hobbys und Interessen gehören zu einem reichen Leben. Und womöglich auch die eigene Religion oder Weltanschauung sowie politisches oder gesellschaftliches Engagement. Das alles muss nicht zwangsläufig kostspielig sein. Bei aller – sinnvollen! – Beschäftigung mit Geldanlage und Altersvorsorge: Lassen Sie nicht zu, dass das Geld zum Mittelpunkt Ihres Lebens wird.

Investieren Sie vor allem in Bildung

Zurzeit schlagen die Wellen hoch. Inflation ist möglicherweise das Schreckgespenst der nächsten Jahre und Jahrzehnte. Da stellt sich natürlich die Frage, in welche bleibenden Werte man überhaupt noch investieren kann. Aktien, Immobilien, Gold, sonstige Sachwerte, so lautet die Standardantwort auf diese Frage. Eine sehr wertvolle Investition allerdings haben wir in diesem Buch nicht behandelt, weil sie nicht zu den klassischen Geldanlagen gehört: die Investition in Bildung. Denn die kann Ihnen keiner nehmen. Und die können Sie auch unter widrigsten Umständen wieder zu Geld machen. Denn Qualifikation zahlt sich aus.

Halten Sie sich selbst auf dem Laufenden. Machen Sie lieber eine berufliche Fortbildung mehr als eine weniger, auch wenn sie Geld kostet. Bei allem Bestreben, Ihren Kindern und Enkeln einen bestimmten Geldbetrag oder ein Vermögen vererben zu wollen: Kümmern sie sich in erster Linie darum, dass ihnen das Geld für Ausbildung oder Studium nicht fehlt. Denn wie sagte schon der US-amerikanische Politiker Benjamin Franklin im 18. Jahrhundert? »Eine Investition in Wissen bringt immer noch die besten Zinsen.«

Lernen Sie auch als Aktionär, kein Nachrichten-Junkie zu werden

Wer sich intensiv mit den Börsennachrichten beschäftigt, wird leicht zum Nachrichten-Junkie. Es ist wie eine Sucht: Andauernd wird eine neue Sau durchs Dorf getrieben, andauernd heizen Nachrichten die Börsenkurse an oder sorgen für einen Kursverfall. Lassen Sie sich von der ständigen Nachrichtenflut nicht irritieren. Lassen Sie sich nicht von jeder noch so kleinen Meldung in blinden Aktionismus treiben, sondern verfolgen Sie eine klare Strategie. Lernen Sie das langfristige Denken.

Wählen Sie Ihre Aktien mit Bedacht aus (Tipps dazu finden Sie in Kapitel 19). Fragen Sie sich bei jeder beunruhigenden Nachricht: Ist sie so bedeutsam, dass sie meine grundsätzliche Einschätzung zu den Aktien in meinem Depot über den Haufen wirft? Falls ja, verkaufen Sie die betreffenden Aktien. Falls nein, lernen Sie, auch negative Nachrichten einfach einmal zu ignorieren. Wie sagte schon der Börsenspekulant André Kostolany? »Kaufen Sie Aktien, nehmen Sie Schlaftabletten und schauen Sie die Papiere nicht mehr an. Nach vielen Jahren werden Sie sehen: Sie sind reich.« Ganz so können Sie es zwar nicht handhaben, denn manche Informationen sind durchaus wichtig. Aber Sie müssen auch nicht aus jeder x-beliebigen Nachricht dringenden Handlungsbedarf ablesen.

Verkneifen Sie sich für die Geldanlage nicht jede Lebensfreude

Sparsamkeit ist gut, Geiz nicht. Selbstverständlich müssen Sie als Anleger Opfer für die finanzielle Vorsorge bringen. Ohne regelmäßige Sparraten bildet sich das für die Zukunft nötige finanzielle Pölsterchen eben nicht von selbst. Zwangsläufig geht damit auch der Verzicht auf Konsum einher. Trotzdem sollten Sie sich nicht alle Anschaffungen verkneifen, die Ihnen Freude machen. Es wäre doch schade, wenn Sie sich vor lauter Sparen und Geldanlegen kein Buch mehr kaufen könnten. Wenn Sie sich nicht mehr mit Freunden treffen würden, um abends in der Kneipe ein Feierabendbierchen mit ihnen zu trinken. Oder wenn auch der Theater- und Kinobesuch der Sparmanie zum Opfer fiele. Sparen sollte nicht lebensfeindlich sein.

27 ▶ Zehn Tipps, wie Sie Ihre Freizeit genießen und Ihr Geld arbeitet

Es nützt gar nichts, wenn Sie einen Haufen Geld auf dem Konto haben, aber verlernt haben, wie schön das ist, was man sich davon kaufen kann.

Laufen Sie nicht jedem Geldanlagetrend hinterher

Erinnern Sie sich? Im Jahr 1999 galt jeder als hoffnungsloser Dinosaurier, der keine Technologie-Aktien im Depot hatte. Wenigstens die Aktie der Deutschen Telekom musste es schon sein, am besten aber irgendein trendiges Internetunternehmen. Dann platzte die Dotcom-Blase und die einstigen Technologie-Anhänger guckten in die Röhre.

Aktuell werden die neuen Investmenttrends vor allem von der Finanzindustrie angeheizt. Mal sind Rohstoffe in und es werden unzählige Rohstoffzertifikate emittiert. Dann werden Schwellenländer als Trend der Zukunft identifiziert und prompt fasst man die vier größten (Brasilien, Russland, Indien und China) unter dem klangvollen Namen BRIC zusammen, um BRIC-Fonds und BRIC-Zertifikate zu verkaufen. Dann wieder werden Edelmetalle in den Himmel gehoben, und damit nicht jeder Münzen und Barren kauft, werden prompt die passenden Papiere emittiert. Alles in dem Bestreben, am Geld der Anleger mitzuverdienen.

Machen Sie sich frei von solchen Trends. Die wirklich großen Investoren (wie Warren Buffett) haben ihr Geld nicht mit Trends gemacht. Sondern mit klaren, einfachen Überlegungen dazu, welche Produkte und Dienstleistungen sich heute und künftig voraussichtlich am Markt behaupten. Wenn Sie sich nicht der Angst hingeben, einen Anlagetrend zu verpassen, hilft auch das, Verluste zu vermeiden und das Leben zu genießen.

Beachten Sie den Grundsatz: Zeit ist Geld

Es gibt Investments, die sind zeitaufwendiger (zum Beispiel Aktien), und es gibt Investments, um die brauchen Sie sich kaum zu kümmern (zum Beispiel Fondssparpläne oder Bankkonten). Entscheiden Sie bei der Auswahl nicht nur nach Renditegesichtspunkten. Sondern auch nach der Frage, wie viel Zeit Sie in ein Investment stecken können und wollen.

Haben Sie große Lust, sich mit Unternehmensstrategien, Kennzahlen und Bilanzen zu beschäftigen, spricht nichts gegen Aktien. Verfolgen Sie dagegen nur gelegentlich die Börsennachrichten, sind Fondssparpläne für Sie wahrscheinlich die bessere Lösung. Und falls Sie einfach nur Ihre Ruhe haben wollen und der ganze Finanzkram Ihnen völlig auf die Nerven geht, ist vielleicht ein Bankkonto für Sie das Beste. Denn Zeit ist auch Geld.

Überschlafen Sie alle Geldanlage-Entscheidungen

Natürlich brauchen Sie Ihr Köpfchen für die Geldanlage. Mindestens ebenso wichtig – gerade bei Börseninvestments – ist aber auch Ihr Bauchgefühl. Das Bauchgefühl – das haben Neurowissenschaftler längst belegt – spielt sich in Wirklichkeit ebenfalls im Kopf ab. Es ist im Wesentlichen Erfahrungswissen, das der Mensch in bestimmten Situationen aktiviert. Häufig äußert es sich sogar körperlich, etwa durch Magengrummeln oder Sodbrennen.

Lernen Sie, auf Ihr Bauchgefühl zu achten. Folgen Sie allerdings nicht Ihrer ersten Spontanreaktion (zum Beispiel Gier oder Angst). Denn das führt zu unüberlegten Fehlhandlungen. Wichtig ist vielmehr das Gefühl, das sich einstellt, wenn Sie eine Entscheidung noch einmal überschlafen haben. Dann wissen Sie meist, was zu tun ist.

Lassen Sie sich nie zu Investments drängen

»Willst du etwas verkaufen, so setze den Käufer unter Druck.« Diesen Trick aus der Klamottenkiste kennt jeder Verkaufsprofi. Auch bei Vermögensberatern und Versicherungsvertretern ist er hinlänglich bekannt. So werden beispielsweise Angebote nur deshalb befristet, um die Kunden in Zugzwang zu bringen.

Auch die Drängelei, den Vertrag am besten jetzt gleich zu unterschreiben, fällt in diese Kategorie von Verkaufstricks. Bei einem Tupperabend mögen solche Spontanentscheidungen nicht allzu folgenreich sein (außer dass dann eben wieder eine teure Plastikschüssel mehr im Haushalt ist, die im Zweifelsfall kein Mensch braucht). Bei der Geldanlage aber sollten Sie sich niemals von Vermittlern oder Beratern unter Druck setzen lassen. Denn hier bedeutet ein vorschnelles Nachgeben: Sie verlieren womöglich einen Haufen Geld.

Wenn Sie ein Eigenheim haben: Freuen Sie sich darüber

Sollte ein Großteil Ihres Geldes in eine von Ihnen bewohnte Immobilie geflossen sein, dann sehen Sie das nicht nur als Investment. Und auch nicht nur als Betätigungsfeld für so wunderbare Arbeiten wie Rasenmähen, Schneeschippen, Straßenkehren und Treppenhausputzen. Sondern freuen Sie sich über Ihr gemütliches Wohnzimmer, die praktische Einbauküche, das hübsche Badezimmer. Denn damit haben Sie den Brückenschlag zu dem geschafft, was das eigentliche Ziel der Geldanlage ist: Sie haben finanziell fürs Alter vorgesorgt und sich zugleich etwas Schönes gekauft. Und sind somit gegen alle Finanz- und Inflationskrisen der Zukunft gewappnet, weil Sie künftig keine Miete mehr zahlen müssen.

Lehren Sie auch Ihre Kinder den vernünftigen Umgang mit Geld

Vernünftig heißt maßvoll in beide Richtungen: Geld ist dazu da, sich etwas Nützliches und gelegentlich auch etwas Schönes zu kaufen. Geld ist aber auch zur Vorsorge da und sollte nicht einfach für sinnlose Spontankäufe verprasst werden. Beschränken Sie sich bei der Erziehung zum Umgang mit Geld nicht auf die Frage, wie viel Taschengeld Ihrem Kind zusteht. Viel wichtiger ist es, dem Nachwuchs klarzumachen: Geld ist der Gegenwert für geleistete Arbeit. Geld wächst nicht einfach auf den Bäumen. Diese Erkenntnis ist letztlich auch für alle Erwachsenen wertvoll: Mit vernünftiger Geldanlage kann man sein Vermögen vielleicht mehren. Aber den Grundstock für dieses Vermögen legt immer noch die geleistete Arbeit. Von Zinsen und Dividenden allein können nur einige wenige leben. Die meisten müssen für ihr Geld vor allem selbst arbeiten. Aber das ist vielleicht gar nicht das Schlechteste.

Stichwortverzeichnis

A

Abgeld 269
Abgeltungsteuer 307
Abhebegebühr 97 f.
Abheben
   am Schalter 96
   Automat anderer Banken 97
   kostenlose 98
Ablaufleistung 107, 110
   garantierte 108
Abschlussgebühr 95
   Bausparvertrag 94
Abschreibung
   Mietimmobilie 254
Absicherung
   freiwillige 42
Absolute Return Fonds 207
Agio 198
Aktie 45, 71, 231 ff.
   Bewertung 245
   Vor- und Nachteile 245
Aktienauswahl 236
   ohne Fondsmanager 214
   Regeln 237
Aktienfonds 201 f.
Aktiengesellschaft
   inhabergeführte 240
Aktivfonds 214
Altersvorsorge 32 f., 46, 262
   betriebliche 119
Altersvorsorge-Sondervermögen 207
Altersvorsorgewirksame Leistung 295
Anleihe 45
   außerbörsliche
   erstrangig 165
   gedeckte 181
   inflationsgeschützte 169 ff.
   nachrangig 165
Anleihekurs 163, 168
Anleihenauswahl 167
Anleihenrating 190

Annuitätendarlehen 85, 266
Ansprüche
   anmelden 77
Antiquitäten 304
Arbeitnehmersparzulage 46, 296, 310
   Antrag 297
   Einkommensgrenze 297
AS-Fonds 207
ATX 217
Auffanggesellschaft Protektor AG 78
Ausbildungsversicherung 104 f.
Ausfallgefahr 157
Ausgabeaufschlag 198, 227
Auskunft
   am Telefon 100
Ausland
   Geldabheben 99
Auslandsbank 72, 76
Aussteuerversicherung 104 f.
Auszahlplan 224

B

Bank 41
Bankcard ServiceNetz 97
Bankdepot 151
Bankenauswahl 91
Bankeninsolvenz 71
Bankenpleite 78
Bankentgelt 96
Bankgebühren 93
Bankkonto 41
Bankschließfach 71
Banksparplan 42, 62
Basisrente 285
Basiswert 173
Bauspar-Vergleichsrechner 89
Bauspardarlehen 85, 271
   Vor- und Nachteile 88, 89
   Zinsen 86
Bausparkasse 41

Bausparkassen-Einlagensicherungsfonds
  freiwilliger 74
Bausparkredit 271
Bausparsumme 80
Bausparvertrag 42, 79, 297
  Abschlussgebühr 81
  Ansparphase 82
  Gebühren 81
  Kreditraten 87
  Mindestlaufzeit 82
  Nachteil 43, 87
  Vertragsbedingungen 80
  Vorteile 43
  Zuteilung 82
BayernLB 74
Beitragsbemessungsgrenze 123
Beitragsfreistellung 117
Beratung
  kostenlose 39, 128
  kostenpflichtige 130
  objektive 130
  Verbraucherzentrale 130
Bereitstellungszinsen 270
Berufsunfähigkeit 88
Berufsunfähigkeitsversicherung 37
Beteiligungsmodell 305
Bewertungszahl 83
Bezugsverhältnis 173
Bindefrist 93
Blue Chip 233
Börse 246
Börse Stuttgart 167
Börsenkurs 233
Bonität 80, 187 f.
Bonuszertifikat 174, 177
Branchen- oder Themenfonds 202
Broker 136
Bund der Versicherten 109, 131
Bundesanleihe 153 f.
  Bewertung 155
  Konditionen 154
  Vor- und Nachteile 154
Bundesgerichtshof 137
Bundesobligation 44, 148, 150 f.
  Bewertung 153
  Vor- und Nachteile 152

Bundesschatzanweisung 154
Bundesschatzbrief 44, 139, 145
  Bewertung 148
  Typ A 146
  Typ B 147
  Vor- und Nachteile 147
Bundesverband deutscher Banken (BdB) 75
Bundeswertpapiere 139

C

CAC 40 218
Cap 176
Cash Group 97
Cash Pool 97
CDS 193
Chartanalyse 237
Cost Average Effect 224
Covered Bond 181, 184
Credit Default Swap 193
Credit Spread 194

D

Dachfonds 206
Damnum 269
Darlehenstilgung 294
Dax 215
Daxplus Family Index 240
Debitkarte 99
Depot 45, 135
  für mehrere Personen 138
Depotbank 136
Depoteröffnung 137
Depotführung
  kostenlose 137
Deutsche Aktieninstitut DAI 233
Deutsche Kreditbank DKB 74
Diamanten 304
Direktbroker 136
Direkthandel 246
Direktversicherung 43, 111, 119
  ab 2005 abgeschlossen 122 f.
  Arbeitgeberwechsel 124
  Berufsunfähigkeitsversicherung 120

monatliche Prämien 120
Todesfallschutz 120
vor 2005 abgeschlossen 122
Vor- und Nachteile 125
Direktzusage 119
Disagio 149, 269
Discountzertifikat 174, 176
Dispokredit 30
Dividende 233
Dividendenfonds 202
Dividendenrendite 243
Dow Jones Industrial Average 216
Durchschnittskosteneffekt 224
Durchschnittsrendite 164

E

EBIT 243
EC-Karte siehe Girocard
Effektivzins 38
Eigenheim 46, 251, 258, 259, 314
 als Altersvorsorge 262
Eigenkapitalquote 241
Eigentümergemeinschaft 256
Eigentumswohnung 251
Einlagen 56
 geschützte 70
Einlagensicherung 42, 69 f., 73
 Ausländische Banken 76
 Bausparkassen 74, 75
 Genossenschaftsbanken 72
 öffentliche Banken 74
 Privatbanken 75
 Sparkassen 73
Einlagensicherungs- und Anlegerentschädigungsgesetz 71
Einstiegszeitpunkt
 Aktienkauf 236
Emission 165
Emissionsbedingung 160, 162
Emittentenrisiko 179, 184, 193
Entgeltumwandlung 120
Entschädigung 77
Entschädigungseinrichtung
 gesetzliche 74
Entschädigungsverfahren

Bankeninsolvenz 77
Ertragsanteil 113
ETFs 45, 71, 210
 Anbieter 218
 Auswahl 215
 Bewertung 221
 voll replizierende 219
 Vor- und Nachteile 221
Euro 231
Eurobonds 156
EuroStoxx 50 217
Experte 167
Extragebühr 97

F

Ferienwohnung
 Ausland 305
Festgeld
 Vor- und Nachteile 59
Festgeldkonto 41, 58
 Zinsen 59
Festzinskredit
 mit Kapitallebensversicherung 271
Filialbank
 Depot 136
Finanzagentur 150, 154
Finanzagentur des Bundes 139, 143
Finanzberater
 unabhängiger 267
Finanzierungsschatz 44, 148 f.
 Bewertung 150
 Vor- und Nachteile 150
Finanzkrise 188
Finanztest 39, 60, 90, 92, 130
Flexibilität 35, 40
Floater 167
Flugzeugpfandbrief 182
Förderdarlehen 273
Förderung
 durch den Arbeitgeber 46
 durch den Staat 46
 staatliche 90
Fonds 38, 45, 71, 106, 195
 ausschüttender 196
 Bewertung 211

Gebühren 107
geschlossener 301
kaufen 211
Prüfung 208
replizierend 198
Strategie 202
thesaurierender 196, 216
verkaufen 212
Vor- und Nachteile 210
Fondsanteil
  Auswahl 197
Fondsanteilspreis 197
Fondsauswahl 208
Fondsgesellschaft 196
Fondsinvestment
  Sicherheit 199
Fondsmanager 196
Fondsplattform 211
Fondsportfolio 196
Fondsprospekt 198
Fondsrating 208
Fondssparplan 45, 223, 227
  Bewertung 229
  einrichten 226
  staatliche Förderung 225
  Vor- und Nachteile 228
Fondstyp 200
Fondsvermittler 137, 211
Forwarddarlehen 269
Freistellungsauftrag 135, 139 f., 307
Freiverkehr 244
Fremdabheben 97, 98
Fremdwährungskonto 42, 65, 71
  Vor- und Nachteile 66
  Zinsen 65
FTSE 100 218
Fundamentalanalyse 238

G

Garantiefonds 207
Garantierte Ablaufleistung 107
Garantieverzinsung siehe Garantiezins
Garantiezertifikat 174, 178, 303
Garantiezins 107 f.
Gebäudeversicherung 37

Gebühr
  Bausparkassen 94
  ETFs 214
  Fondssparplan 227
  Giro- oder Tagesgeldkonto 94
  plötzliche 93
Gebührenfresser 94 ff., 99
Gebührenmodell 94
Gehaltsumwandlung 120, 122
Geldabheben
  im Ausland 99
Geldanlagetrend 313
Geldmarkt 53
Geldmarktfonds 204
Genossenschaftsbank 72
Genussschein
  außerbörslicher 302
Gesamtkostenquote 198
Gesundheitsprüfung 110
Gewinnsparen 42, 63
  Vor- und Nachteile 64
Girocard 94, 98 f.
Girokonto 41, 95, 101
Growth-Fonds 202
Grunderwerbsteuer 261
Gültigkeit
  Wertpapierorder 247
Guthabenzinsen 91
  für Neukunden 92

H

Haftpflichtversicherung 36
Handelsplatz 246
Hang Seng 218
Hauptrefinantzierungssatz siehe Leitzins 53
Haus 42, 46
Hausverwaltung 256
Hebelinvestments 303
Hebelzertifikat 303
Hedgefonds 199, 207
Hochzinsanleihe 157
Honorarberater 128 f.
Hotline
  kostenpflichtige 100
Hypothekendarlehen 266

Hypothekenkredit 46, 88
Hypothekenpfandbrief 182

I

Immobilie 42, 46, 251
  bauen 256
  Bewertung 263
  Finanzierungsmöglichkeit 265
  finden 259
  kaufen 257 f.
  Kaufvertrag 261
  Spartipps 273
  Vermietung 253
Immobilienfonds 205 f.
Immobilienkredit 46, 85
Immobilienpreis 253, 260
Immobiliensachverständiger 258
Index 213, 215
  Zusammensetzung und Gewichtung 218
Indexzertifikat 174 f.
Inflation 30, 170 ff., 231
Inflationsberechnung 172
Inflationsrate 30, 170
Inflationsschutz 206, 263
Inhaberschuldverschreibung 70, 73, 75
Inhabersparbrief 70
Insolvenz 166
Institutsschutz 73 f.
Investment Grade 192
Investmentfonds 45, 106, 195
  offener 200 f.
ISIN 246
Ivestmentfonds
  geschlossener 200

J

Jahresüberschuss 243
Jahreszins
  effektiver 266
Jumbopfandbrief 183
Junk Bonds 192

K

Kapitalanlagegesellschaft 196
Kapitalisierungsvertrag 44

Kapitallebensversicherung 103 ff.
  ab 2005 abgeschlossen 113
  bis 2004 abgeschlossen 112
  fondsgebundene 106, 109
  Kündigung 310
Kapitalschutzzertifikat 303
Kapitalwahlrecht 111
Kaufkraft 232
Kaufnebenkosten
  Immobilie 253
Kaupthing 69, 72, 76
KGV 242
Konto
  gebührenfrei 94
  kostenloses 95
Kontoauszüge
  Versand 100
Kontoführungsgebühr 95
  vermeiden 94
Kostolany, André 45
Kredit 37
Kreditausfallversicherung 270
Kreditkarte 99
  Kosten 99
  kostenlose 93
Kreditkartenversicherung 99
Kreditversicherung 95
Kreditzinsen 101
Kündigungsrecht
  vorzeitiges 162, 165 f.
Kunst 304
Kurs-Gewinn-Verhältnis 242
Kurs-Index 216
Kursgewinn 233
Kursrakete 242, 245
Kursschwankung 151, 153
Kurzfristanleger 237

L

Länderindizes 217, 218
Large Cap 233
Large-Cap-Fonds 202
Lebensversicherung 43
  als Geldanlage 115
  Kapitallebensversicherung 43
  Risikolebensversicherung 37

Lehman Brothers 69
Leitzins 53
»Leveraged« ETF 220
Liquidität 40
Lockangebot 54, 92
Lotterie 63
Lotteriesteuer 64

M

Managementgebühr 198
Market Maker 174
MDax 216
Mehrabsicherung
    freiwillige 71 f.
Mid Cap 233
Mid-Cap-Fonds 202
Mieteinnahmen 253
Mietimmobilien 251
Mindestabsicherung 72
    gesetzlich vorgeschriebene 71
Mindestanlagebetrag
    Anleihe 162
Mindesteinlage 93
Mindestumsatz
    Kreditkarte 94
Minijob 278
Mischfonds 204 f.
    aggressiver 205
    defensiver 205
    flexibler 205
    offensiver 205
Moratorium 77

N

Nachrangigkeit
    Anleihe 165
Nebenwert 233 f.
Nennwert 149, 151, 161
Nichtveranlagungsbescheinigung 307
Nikkei 225 218
Nominalbetrag 168
Nominalwert 151, 161, 164

O

Online-Banking 94, 96
Online-Broking 136, 138
Optionsschein 303
Orderart 246
Orderaufgabe 246
Orderbeschränkung 246
Ordergebühr 228
Ordertyp 246
Orderzusatz 247

P

Partizipationszertifikat 175 f.
Passivfonds 213
Penny Stock 244
Pensionsfonds 119
Performance-Index 216
Pfandbrief 45, 181 f.
    auswählen 184
    Bewertung 186
    öffentlicher 182
    Sicherheit 183
    Vor- und Nachteile 186
Pfandbriefgesetz 183
Pleite 77, 166
Portfolio 196
Postidentverfahren 137, 139
Prämie 105
Preis- und Leistungsverzeichnis 96
Privatbank 75
Private Equity 305
Provision 39, 104

R

Rahmenbedingung 35
Rating 167, 187 f.
    Ausblick 192
Ratingagentur 188
    privatwirtschaftliche 188
    staatliche 189
Ratingnote 190
Referenzkonto 52
    Depot 138

Stichwortverzeichnis

Regionalfonds 201
Reichtum 311
Rendite 38, 40
Rentenfonds 203 f.
Rentenversicherung 43, 110
   als Geldanlage 115
   Auszahlung 111
   fondsgebunden 111
   fondsgebundene 110
   monatliche Auszahlung 114
Restschuldversicherung 88 f.
Riester
   Direktversicherung 121
   Steuererklärung 310
Riester-Banksparplan 63, 283
Riester-Einmalzulage für junge Sparer 281
Riester-Förderung
   Voraussetzung 277
Riester-Fondssparplan 225, 283
Riester-Grundzulage 280
Riester-Kinderzulage 280
Riester-Rente 38, 46, 277 f.
   Bewertung 284
   im Ausland 280
   Vor- und Nachteile 283
Riester-Rentenversicherung (fondsgebunden) 283
Riester-Rentenversicherung (klassisch) 283
Riester-Vertrag
   Formen 282
   Selbständige 278
   Steuerersparnis 282
   Voraussetzung 278
Riester-Zulage 280
Risiko 35
Risikolebensversicherung 89, 104 f.
Risikostreuung 199
Rücknahmeabschlag 198
Rückzahlungsbetrag 171
Rürup 285
   Bewertung 291
   Steuererklärung 310
   Vor- und Nachteile 290
Rürup-Banksparplan 289
Rürup-Fondssparplan 225, 290

Rürup-Rente 46
Rürup-Rentenversicherung 289
Rürup-Vertrag 285
   Formen 289
   Hinterbliebenenschutz 286
   Voraussetzungen 286

S

Sachwert 231
Scheckeinreichung 101
Schiffspfandbrief 182
Schrottimmobilien 260
Schuldbuchkonto 135, 139, 151
   für mehrere Personen 139
Schuldenkrise 155, 231
SDax 216
»Short« ETF 220
Sicherheit 40
Sicherungseinrichtung
   genossenschaftliche 73
Sichteinlagen 70
Small Cap 233
Small-Cap-Fonds 202
SMI 217
Sollzinsen 101
Sonderentgelt 95
Sondertilgung 268
Sondervermögen 184, 199
Sozialabgaben
   Direktversicherung 121
Sparanteil 106, 108
   Bausparvertrag 80
   Versicherungsprämie 105
Sparbrief 41, 60
   Namens- und Inhabersparbrief 61
   Vor- und Nachteile 61
   Zinsen 60
Spareinlagen 69 f.
Sparerpauschbetrag 140, 307
Sparkassenbrief 41, 60
Sparkassennetz 97
Sparkonto 41, 56
   Kündigungsfrist 57
   Vor- und Nachteile 57
   Zinsen 57

Sparplanfähigkeit 226
Sparraten
  errechnen 33
Sparvertrag 60
Speculative Grade 192
Spekulationsfrist
  Immobilienverkauf 309
Spread 211, 214
Staatsanleihe 141
  anderer Länder 155, 157
  auswählen 157
  außerhalb der Eurozone 156
  Bundesrepublik Deutschland 148, 153
  des Bundes 44
  Eurozone 155 f.
  Schwellenländer 302
  Südeuropa 302
Stammaktie 235
Standard & Poor's 500 216
Standardwert 233 f.
Startguthaben 92
Sterbegeldversicherung 104 f.
Sterbetafel 110
Steuerersparnis
  Rürup 287
Steuern
  Direktversicherung 121
  Versicherung 111
Steuervorteile
  Vermietung 254
Stiftung Warentest 208
Stimmrecht 235
Stoxx 50 217
Stückelung 162
  Anleihe 162
Stückzahl 246
Stückzinsen 152 f., 165
Subfonds 206
Swap-basierter ETF 219
Swap-Fonds 198

T

Tagesanleihe 139
  Bewertung 145
  des Bundes 44

gebührenfrei 142
Mindestanlagebetrag 142
Vor- und Nachteile 144
Zinsen 143
Tagesgeldkonto 31, 41, 51 f.
  Direktbank 53
  Unterschied Girokonto 52
  Versicherung 54
  Vor- und Nachteile 55
  Zinsen 53
TecDax 216
Termineinlagen 70
Tilgungsanpassung 268
Tilgungsphase 84
Tilgungsplan 85 f., 266
Tilgungsrate
  Annuitätendahrlehen 267
  Bauspardarlehen 87
Timing
  Aktienkauf 236
Todesfallschutz 105
Total Expense Ratio (TER) 198
Total Return Fonds 207
Tracking Error 213
Transparenz 40

U

über pari 163
Überschussbeteiligung 107 ff.
Überweisung 96
Überziehung 101
Überziehungskredit 101
Umlaufrendite 154
  Anleihe 164
unter pari 163
Unternehmensanleihe 159 ff.
  auswählen 167
  Bewertung 169
  nicht börsenhandelbar 160
  Vor- und Nachteile 168
Unternehmensrating 190
Unterstützungskasse 119
US-Dollar 231

Stichwortverzeichnis

V

Value-Fonds 202
Verbraucherpreisindex 30, 170
Verbraucherschutzorganisation 109, 131
Verbraucherzentrale 130
Vergleichsportal
   im Internet 132
   Versicherung 131
Vermietimmobilie 253
Vermittlungsprovision 129
Vermögenswirksame Leistung (VL) 46, 82, 293
   Bewertung 296
   Vor- und Nachteile 295
Verrechnungskonto 52
   Depot 138
Verschuldungsquote 241
Versicherung 78, 103
   Zinsen 78
Versicherungsauswahl 127
Versicherungsberater 129
Versicherungsgesellschaft 78
Versicherungsmakler 128 f.
Versicherungsnehmer 120
Versicherungspolice
   Kündigung 117
   Verkauf 117
Versicherungsvergleich 130
   objektiver 129
Versicherungsvertrag 106
Vertriebs- und Verwaltungskosten
   Versicherung 105
Verwaltungsgebühr 198
VL-Aktienfondssparplan 225, 293
VL-Banksparplan 294
VL-Bausparvertrag 294
VL-Kapitallebens- oder Rentenversicherung 294
VL-Tilgungsbeiträge Bausparvertrag 294
Vorzugsaktie 235

W

Währungskonto 65
Werbegeschenk 91 f.

Wertgutachten 266
Wertpapier 45
Wertpapierdepot siehe Depot
Wertpapiere 71
Wertpapierkennnummer 246
Wertpapierorder 220
WKN 246
Wohn-Riester 273, 283
Wohneigentum 251
Wohnung 259
Wohnungsbauprämie 46, 297 f.
   Antrag 298
Wohnwirtschaftliche Verwendung
   Wohnungsbauprämie 298

Z

Zahlungseingang 94
Zahlungsfähigkeit 80
Zertifikat 71, 173
   Bewertung 179
   Vor- und Nachteile 178
   Warnung 174
Ziele 29
Zielfonds 206
Zinsbindungsfrist 267
Zinsen
   variable 167
Zinseszinseffekt 31
Zinsgutschrift 54
   Häufigkeit 54, 143
Zinskosten 253
Zinskupon 142, 161
   Unternehmensanleihe 160
Zinsvergleich 92
Zusatzvereinbarung 268 f.
Zuteilung
   beschleunigen 84
Zweitmarkt 201
Zwischenfinanzierung 83
Zwischenziel 31

JETZT GIBT'S ETWAS FÜR DIE OHREN! HÖRBÜCHER FÜR PROFIS

Erfolgreiche Verkaufsabschlüsse
für Dummies
ISBN 978-3-527-70433-0

Führen mit Zielen für Dummies
ISBN 978-3-527-70355-5

Grundlagen der Börse
für Dummies
ISBN 978-3-527-70495-8

Grundlagen der kognitiven
Verhaltenstherapie für Dummies
ISBN 978-3-527-70844-4

Grundlagen des Projektmanagements für Dummies
ISBN 978-3-527-70494-1

Neu in der Führungsrolle
für Dummies
ISBN 978-3-527-70357-9

NLP-Grundlagen für Dummies
ISBN 978-3-527-70427-9

Stressmanagement-Grundlagen
für Dummies
ISBN 978-3-527-70403-3

Verhandlungstaktiken
für Dummies
ISBN 978-3-527-70434-7

Zeitmanagement für Dummies
ISBN 978-3-527-70356-2

KUNDEN FINDEN UND BINDEN

Beratung und Consulting für Dummies
ISBN 978-3-527-70516-0

Call Center für Dummies
ISBN 978-3-527-70339-5

Dialogmarketing für Dummies
ISBN 978-3-527-70327-2

Erfolgreich Verhandeln für Dummies
ISBN 978-3-527-70410-1

Erfolgreich Verkaufen für Dummies
ISBN 978-3-527-70435-4

Facebook Marketing für Dummies
ISBN 978-3-527-70823-9

Fundraising, Sponsoring und Spenden für Dummies
ISBN 978-3-527-70391-3

Guerilla Marketing für Dummies
ISBN 978-3-527-70549-8

Kundenservice für Dummies
ISBN 978-3-527-70305-0

Marketing für Dummies
ISBN 978-3-527-70640-2

Modernes Verkaufen für Dummies
ISBN 978-3-527-70448-4

Pressearbeit für Dummies
ISBN 978-3-527-70503-0

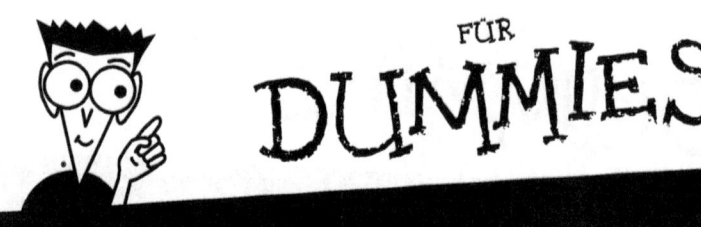

FÜR EINEN ERFOLGREICHEN EINSTIEG

Business-Knigge für Dummies
ISBN 978-3-527-70651-8

Businessplan für Dummies
ISBN 978-3-527-70568-9

Erfolgreich bewerben für Dummies
ISBN 978-3-527-70325-8

Existenzgründung für Dummies
ISBN 978-3-527-70743-9

GMAT für Dummies
ISBN 978-3-527-70557-3

Journalismus für Dummies
ISBN 978-3-527-70746-1

Knigge für Dummies
ISBN 978-3-527-70540-5

Körpersprache für Dummies
ISBN 978-3-527-70449-1

Rechtschreibung für Dummies
ISBN 978-3-527-70740-9

Online bewerben für Dummies
ISBN 978-3-527-70539-9

Top-Antworten im Bewerbungsgespräch für Dummies
ISBN 978-3-527-70422-4

DIE EIGENEN FINANZEN AUF DIE ÜBERHOLSPUR BRINGEN

Börse für Dummies
ISBN 978-3-527-70734-8

Börsenstrategien für Dummies
ISBN 978-3-527-70656-3

Chartanalyse für Dummies
ISBN 978-3-527-70490-3

Erfolgreiche Geldanlage für Dummies
ISBN 978-3-527-70600-6

Finanzielle Vorsorge für Dummies
ISBN 978-3-527-70519-1

Ordnung ist das halbe Leben

ISBN 978-3-527-70616-7

Der richtige Umgang mit Software ist gerade da besonders wichtig, wo sie benötigt wird, um Prozesse zu optimieren. MS Project ist die Microsoft-Software zum Planen, Steuern und Überwachen von Projekten. Dieses Buch hilft dabei, aus Project 2010 das Beste herauszukitzeln. Es geht unter anderem darum, was neu ist bei MS Project 2010 und wie man MS Project 2010 erfolgreich und kreativ nutzen kann.

ISBN 978-3-527-70369-2

Ist man gut organisiert, hat man weniger Arbeit, weniger Stress, mehr Freizeit und mehr Entspannung. Eileen Roth zeigt, wie man den Arbeitsplatz richtig gestaltet, das Zuhause sauber hält und schnell findet, was man sucht. Hier kann jeder lernen, Computerdaten richtig zu ordnen und den Urlaub so zu planen, dass man von der Abreise bis zur Heimreise entspannen kann.

ISBN 978-3-527-70736-2

Stanley Portny zeigt, wie man Projekte richtig plant, durchführt und kontrolliert, damit man die Ziele nicht aus den Augen verliert und den Überblick behält. Dazu gehört natürlich auch zu wissen, was ein gutes Projektteam ausmacht und wie man die Leute bei der Stange hält. Er geht auf die neuesten Projektmanagementtechniken ein und stellt verschiedene Computerprogramme vor, die das Projektmanagement erleichtern.

ISBN 978-3-527-70363-0

Zeit ist Mangelware und strukturiertes Arbeiten ist daher immer wichtiger. Jeffrey J. Mayer zeigt, wie man seine Arbeit und seine Freizeit so strukturiert, dass man wieder Zeit für die schönen Dinge des Lebens hat. Er erklärt, wie man durch Ordnung, effizientes Arbeiten und geplantes Vorgehen Zeit sparen kann und welche Software und technischen Entwicklungen dabei helfen.